阳朔年鉴

YANGSHUO YEARBOOK

2019

阳朔县地方志编纂委员会 编

方志出版社
Publishing House of Local Records

图书在版编目（CIP）数据

阳朔年鉴．2019 / 阳朔县地方志编纂委员会编．--
北京：方志出版社，2019.12
ISBN 978-7-5144-4152-9

Ⅰ．①阳… Ⅱ．①阳… Ⅲ．①阳朔县—2019—年鉴
Ⅳ．①Z526.74

中国版本图书馆 CIP 数据核字(2020)第 048982 号

阳朔年鉴（2019）

编　　者：阳朔县地方志编纂委员会
责任编辑：黄　彦

出 版 者：方志出版社
地址　北京市朝阳区潘家园东里 9 号（国家方志馆 4 层）
邮编　100021
网址　http://www.fzph.org
发　　行：方志出版社图书经销中心
电话（010）67110500
经　　销：各地新华书店
装帧设计：南宁市佳彩广告设计有限公司
印　　刷：深圳市精一瑞兰印刷有限公司

开　　本：787 × 1092　1/16
印　　张：30
字　　数：657 千字
版　　次：2019 年 12 月第 1 版　2019 年 12 月第 1 次印刷
印　　数：001 ～ 500 册

ISBN 978-7-5144-4152-9　定价：198.00 元

编纂说明

一、《阳朔年鉴(2019)》的编纂,坚持以马克思列宁主义、毛泽东思想、邓小平理论、“三个代表”重要思想、科学发展观、习近平新时代中国特色社会主义思想为指导,坚持辩证唯物主义和历史唯物主义的立场、观点和方法。以《地方志工作条例》《地方综合年鉴编纂出版规定》为依据,着重记载 2018 年阳朔县经济和社会发展的基本情况及大事、要事、新事,个别重要内容有上溯或下延。

二、《阳朔年鉴》是阳朔县地方志编纂委员会编纂的地方综合年鉴,是全面系统地记述阳朔县行政区域自然、政治、经济、文化、社会等方面情况的年度资料性文献,是反映阳朔县情的大型百科全书。旨在为阳朔县经济社会的全面发展服务,为构建富裕、文明、和谐阳朔服务,为编修地方志书积累资料。《阳朔年鉴》每年出版 1 卷,已连续出版 9 卷。

三、《阳朔年鉴(2019)》内容层次设类目、分目、条目三个层次,即在类目下设分目,分目下设条目(少数分目下无条目),除特载、附录等类目采用综合性文章外,其余内容均以条目为表现内容的基本形式。条目的标题统一用黑体字加号表示,少数细目和资料性内容用楷体。年鉴内容采用科学分类和社会分工相结合的原则设置类目,机构、企事业单位等排序和层次一般不表示其地位和规模。

四、《阳朔年鉴(2019)》共设特载、大事记、阳朔县概况、中国共产党阳朔县委员会、阳朔县人民代表大会、阳朔县人民政府、中国人民政治协商会议阳朔县委员会、纪检·监察、民主党派·工商联、群众团体、法治、军事、旅游·接待、城乡建设·环境保护、交通运输、信息产业、工业、农业·水利、商务贸易、财政·税务、银行·保险、综合管理、教育·科技、文化·体育·卫生、新闻传播、社会事务、乡镇、人物、附录等 29 个类目。全书共设 118 个分目,897 个条目。彩色插页 48 页,类目照片 29 幅,黑白插图 194 幅。

五、《阳朔年鉴(2019)》采用的文稿,均由全县各乡镇、县直各部门及各有关单位专人提供,并经单位领导审核。主要统计数据由供稿单位提供,因统计口径不同等原因,可能与统计部门公布的数字有出入,引用资料时请加以区别。

六、本年鉴统计数据一般采用法定计量单位。长度单位用“米”或“千米”,重量单位用“克”“千克”“吨”。“特载”部分收录的报告中使用的计量单位,尊重原文,未做改动。考虑到历史原因及习惯,在农村“亩”仍是最主要的土地面积计量单位,本年鉴在记述农业事项时仍使用“亩”作为土地面积的计量单位,1 亩 =666 平方米。机构的计量单位一般用“个”。记述银行开户单位或个人、纳税单位、工商户注册登记事项时,按照行业及政府行政管理部门通行用法,用“户”作为计量单位。

七、本年鉴中称“阳朔县”“全县”是指阳朔县所辖 6 个镇、3 个乡。未冠有行政区划专名的“自治区”“市”“县”称谓,分别指代“广西壮族自治区”“桂林市”“阳朔县”,其他各级行政区划则冠以行政区划专名。

八、本年鉴为便于读者查询,配备双重检索系统,书首设中文目录和英文目录,书尾设索引,索引采用内容分析法,并按汉语拼音字母顺序排列。

阳朔县地方志编纂委员会

《阳朔年鉴·2019》编辑人员

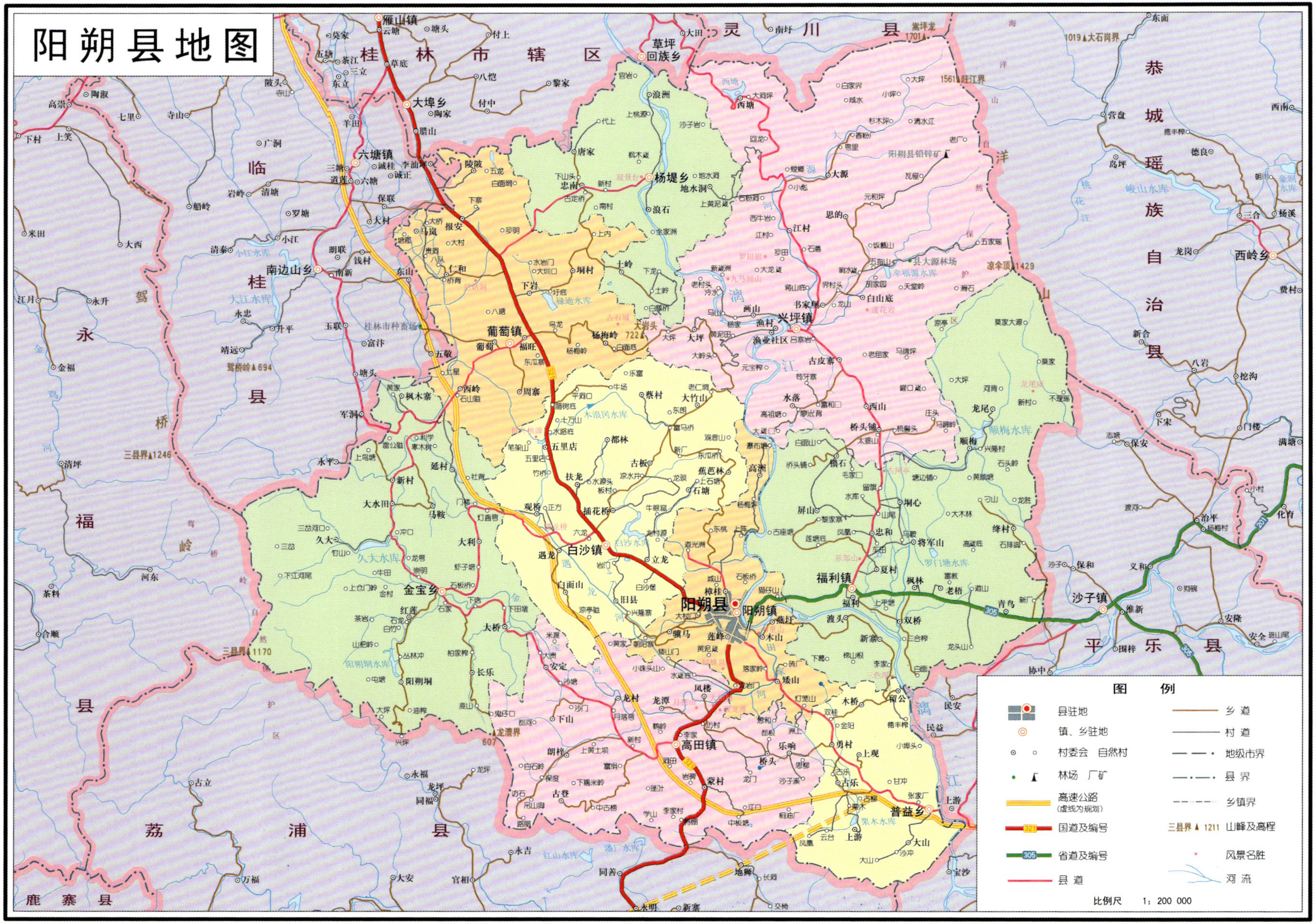

广西地图院编制　　审图号：桂S(2011)36号　　2011年7月

阳朔县城区图

广西南宁六维地理信息服务有限公司编制　　审图号：桂S（2018）141号

数字阳朔 2018

荣 誉

◎ 连续五年蝉联“中国最美丽县”排行榜第一名
◎ 连续 2 年获“广西科学发展先进县”称号
◎ 全区 29 个重点生态功能区第一名
◎ 自治区生态旅游示范区
◎ 国家级农村综合改革“美丽乡村建设”标准化试点县
◎ 全国首个基层标准化改革创新先行区
◎ 首批中国优秀国际乡村旅游目的地
◎ 首批自治区生态县
◎ 全区“四好农村路”示范县
◎ 全区全民健身和全民健康深度融合试点县

成 果

◎ 行政区划：6 镇 3 乡
◎ 县域面积：1436.91 平方千米
◎ 森林覆盖率：64.21%
◎ 年末户籍总人口：33.05 万人
◎ 全县地区生产总值：130.57 亿元
◎ 第一产业增加值：28.39 亿元
◎ 第二产业增加值：37.28 亿元
◎ 第三产业增加值：64.9 亿元
◎ 固定资产投资：47.18 亿元
◎ 组织财政收入：7.32 亿元
◎ 全年粮食总产量：9.44 万吨
◎ 农林牧渔业总产值：44.73 亿元
◎ 工业总产值：39.51 亿元
◎ 城镇居民人均可支配收入：37791 元
◎ 农村居民人均可支配收入：16655 元
◎ 接待旅游总人数：1751.95 万人次
◎ 旅游总消费：242.32 亿元
◎ 金融机构各项存款余额：117.60 亿元
◎ 金融机构各项贷款余额：64.49 亿元

旅 游

◎ 国家全域旅游示范区通过自治区初审评估
◎ 国家 AAAAA 级旅游景区（点）：1 处（漓江景区）
◎ 国家 AAAA 级旅游景区（点）：4 处（世外桃源、图腾古道・聚龙潭、天籁・蝴蝶泉、西街）
◎ 国家 AAA 级旅游景区（点）：2 处（碧莲峰山水园、鉴山寺）
◎ 全区重点文物保护单位：6 处（徐悲鸿故居、仙桂桥、遇龙桥、碧莲峰石刻、富里桥、兴坪古戏台）

《大美漓江》　　（县文旅局　供稿）

领导考察

12 月 20 日，自治区党委常委、自治区人民政府副主席严植婵（左一）到阳朔骥马村调研宜居宜游宜业文化生态古村

（朱玉清 摄）

5 月 22 日，自治区人民政府副主席丁向群（左一）到阳朔调研农村人居环境整治和产业用地改革工作

（任 安 摄）

7 月 12 日，自治区人民政府副主席李彬（左四）到兴坪镇“三千漓”山水人文度假区调研　（覃永鑫　摄）

11 月 9 日，桂林市委书记、市人大常委会主任赵乐秦（前排右二）考察兴坪镇历史街区保护情况（邓　优　摄）

1月6日，桂林市委副书记、市人民政府代市长秦春成（前排中）到阳朔调研教育扶贫情况

（县扶贫办　供稿）

11月1日，桂林市委副书记白松涛（前排左三）一行到阳朔兴坪镇调研休闲养生度假区

（邓　优　摄）

4 月 23 日，桂林市委常委、市人民政府常务副市长张晓武（左）到阳朔世外桃源景区调研台资企业项目建设情况。县委书记谷海洪（右）参加调研

（刘健荣　摄）

9 月 29 日，桂林市委常委、组织部部长彭东光（右二）到杨堤乡主持全市全域党建品牌建设暨旅游红色驿站揭牌仪式。阳朔县委书记蒋春华（左二）等领导参加揭牌仪式

（秦秉凯　摄）

5月17日，桂林市委常委、政法委书记赵志军（前排中）到阳朔调研

（阳朔报社　供稿）

2月7日，桂林市委常委、统战部部长王建毅（右二）到兴坪镇慰问贫困户

（桑碧玉　摄）

5 月 29 日，桂林市人民政府副市长谢灵忠（右二）到白沙镇调研古风博物馆情况

（白沙镇政府　供稿）

6 月 13 日，桂林市人民政府副市长彭代元（左一）到葡萄镇东风采石场检查整治复绿工作

（任　安　摄）

科学决策　共谋发展

9月3日，县委书记蒋春华（前排中），县委副书记张晓阳（前排右二），县委常委、县人民政府政府副县长、脱贫攻坚工作队队长彭代江（前排左一）到高田镇蒙村村委调研集体经济发展

（高田镇政府　供稿）

11月26日，县委书记蒋春华（左三），县人大常委会主任李自军（右二），县委副书记、县人民政府县长周彦（左二）调研县城区河湖水系连通工程建设

（邓　优　摄）

县委副书记张晓阳（前排右一）到金宝乡调研指导新型城镇化建设工作　（王艺捷　摄）

2月8日，县委常委、县人武部部长彭剑辉（左一）到普益乡慰问贫困户

（县人武部　供稿）

9 月 13 日，县委常委、宣传部部长、县人民政府副县长孟璇（前排左三），县委常委、政法委书记曾杰刚（前排左一）陪同自治区党委宣传部副部长赵勇（前排左二）到凤鸣旅游停车场检查工作（阳朔报社　供稿）

11 月 7 日，县委常委、政法委书记曾杰刚（前排右三），县委常委、县人民政府副县长、脱贫攻坚工作队队长彭代江（前排右四）到高田镇下山村委调研脱贫攻坚工作

（诸葛雪玲　摄）

10月9日，县委常委、统战部部长彭莹（左三）到葡萄镇检查统一战线阵地建设

（县委宣传部　供稿）

5月3日，县委常委、县委办主任何宗伦（右一）到白沙镇白面山村走访贫困户　　（刘健荣　摄）

3月22日，县委常委、纪委书记、监委主任杨贵清（左三）到葡萄镇核查民生项目工程建设情况

（黄启科 摄）

7月31日，县委常委、组织部部长唐德华（中）在县委组织部会议室主持召开全县人才工作会议（县委组织部 供稿）

依法履职　团结奋进

1 月 25 日，阳朔县第十七届人大常委会召开第十次常委会会议，为阳朔县第一任监委颁发任命书　（陈文萍　摄）

7 月 25 日，县人大常委会主任李自军（左二）到县特殊教育学校现场调研学校建设情况

（县人大办　供稿）

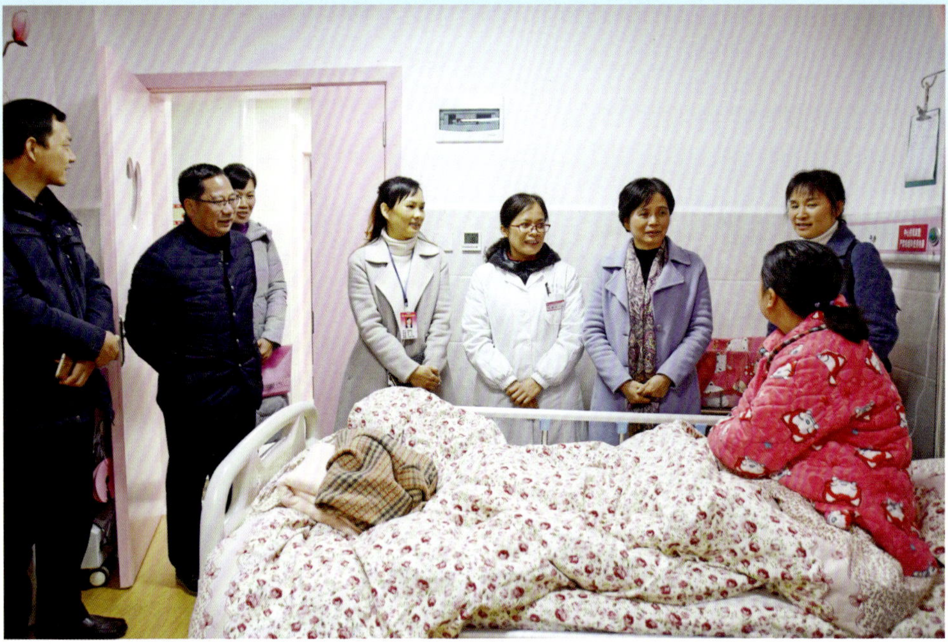

12 月 7 日，县人大常委会副主任黄燕（右二）到县妇幼保健院调研

（朱玉清　摄）

12 月 4 日，县人大常委会副主任梁文干（前排左二）到普益乡调研交通工作

（县人大办　供稿）

5 月 25 日，县人大常委会副主任徐永康（右四）在白沙镇督查人大履职平台建设

（县人大办　供稿）

8 月 28 日，县人大常委会副主任莫永明（右二）到高田镇检查指导人大代表履职平台建设

（县人大办　供稿）

依法行政　求真务实

2月11日，县委副书记、县人民政府县长蒋春华（左四），县委常委、宣传部部长、县人民政府副县长孟璇（左五）到杨堤乡检查指导春节前旅游工作

（杨堤乡政府　供稿）

8月7日，县委副书记、县人民政府县长周彦（前排右二），县委常委、县委办主任何宗伦（前排右一），县人民政府副县长邹茂东（前排左一）到桂林千古情宋城调研

（县委办　供稿）

4月12日，县委常委、县人民政府副县长李首群（右三）到福利镇洞心村委督查土地卫片执法整改工作
（阳朔报社　供稿）

11月5日，县委常委、县人民政府副县长、脱贫攻坚工作队队长彭代江（前排右二）到杨堤乡浪洲村实地查看浪洲—河泊源水泥硬化道路（朱　丽　摄）

1月4日，县人民政府副县长、公安局局长韦星（左三）到葡萄镇杨梅岭村慰问贫困户　（黄　维　摄）

8月25日，县人民政府副县长黄爱荣（左三）陪同自治区考核组考核全县易地扶贫搬迁工作情况

（邓　优　摄）

1月4日，县人民政府副县长蒋东兵（前排左二）到白沙镇古板村委大山村查看临时储油点起火情况　（县政府办　供稿）

12月6日，县人民政府副县长邹茂东（左二）到白沙镇污水处理厂检查工作

（李美秀　摄）

参政议政　民主监督

11 月 15 日，县政协在碧莲江景酒店会议室召开政协系统党的建设工作座谈会。县委书记蒋春华等领导出席会议

（朱志云　摄）

7 月 5 日，县政协主席陈庆武（右二）到福利镇八分榨村考察乡村建设

（县委宣传部　供稿）

12 月 13 日，县政协副主席张猛（右四）带队召集提案人和提案承办单位督办提案落实

（朱志云　摄）

1 月 18 日，县政协副主席吴土得（前排左三）、海强（前排左四）率县政协委员到葡萄镇考察党建工作（莫树英　摄）

11月20日，县政协副主席蔡龙德(右三）到普益乡慰问贫困户

（朱志云　摄）

11月25日，县政协副主席海强（右一）到福利镇调研福利工业园区建设

（朱志云　摄）

牢记使命　勇于担当

正风反腐从严治党

2018 年，阳朔各级纪检监察机关牢固树立“四个意识”，坚定“四个自信”，坚持稳中求进工作总基调，聚焦主业主责，持续正风反腐，多措并举主动作为，蹄疾步稳推动党风廉政建设和反腐败工作。年内，全县立案 182 件。其中，扶贫领域 86 件。结案 185 件（其中有 3 件为上年案件），给予党政纪处分 138 人，采取留置措施 1 人，移送司法机关处理 1 人，收缴涉案款物 239 万元，挽回经济损失 3000 余万元，反腐败斗争取得阶段性成果，为加快实现全县“两个建成”提供坚强保证。

1 月 26 日，阳朔县监察委员会揭牌成立。县委书记谷海洪（右），县委常委、县纪委书记、县监委主任杨贵清（左）参加揭牌仪式

（陈文萍　摄）

4 月 28 日，县纪委、监察委组织党员干部到兴安红色革命基地参观学习，并在红军烈士纪念碑前宣誓　（黄启科　摄）

11 月 23 日，桂林市勤廉榜样先进事迹主题情景报告会在阳朔县人民会堂召开。图为桂林市勤廉榜样赖玉梅（中）在报告会上　（县纪委　供稿）

11 月 23 日，阳朔县在县委党校多媒体教室召开脱贫攻坚发现问题整改情况督查工作会议　（县纪委办　供稿）

12 月 18 日，阳朔县纪委、监委组织专题学习习近平总书记在改革开放 40 周年大会上的讲话精神　（骆兰珍　摄）

党旗领航　加强组织建设

11 月 30 日，桂林市"党旗领航·品质旅游"主题活动启动仪式在阳朔县举行，桂林市、阳朔县有关领导参加启动仪式

（县委组织部　供稿）

11 月 30 日，自治区"两新"组织党工委副书记刘水玉（前排左三），桂林市委常委、组织部部长彭东光（前排左四），桂林市委组织部副部长石凤羽（前排右二），阳朔县委书记蒋春华（前排左二）等为阳朔县外来企业投资者协会党支部揭牌

（梁玉萍　摄）

10 月 30 日，桂林市委常委、纪委书记吕洪安（左三）到高田镇古登村委调研基层组织建设情况

（诸葛雪玲　摄）

4月9日，阳朔县在县人民会堂组织学习中共“十九大”精神专题培训班

（县委办　供稿）

3 月 8 日，阳朔县召开党外各界妇女代表学习中共“十九大”暨“巾帼心向党·建功新时代”座谈会

（县委统战部　供稿）

“党建 + 旅游”覆盖漓江流域。图为漓江先锋服务队的党员筏工。摄于 3 月 23 日

（唐艳兰　摄）

友好交流

9 月 14 日，坦桑尼亚考察团到阳朔考察生态农业建设　　（徐仁秀　摄）

10 月 31 日，越南党政代表团到阳朔西街考察　　（阳朔报社　供稿）

脱贫攻坚 精准帮扶

2018年，阳朔县有“十三五”贫困村23个，贫困户3515户、11338人。年内，阳朔县进一步挖掘潜力整合资源，筹集各方资金，加强基础设施建设和产业扶持等，做强做大农业旅游产业，不断加大政策宣传力度，全面落实易地搬迁、危房改造、医疗、教育各项惠农政策，帮助贫困户摒弃“等、靠、要”思想，积极探索适合本地发展且行之有效的扶贫模式和思路，引导农民走上可持续的脱贫之路。全年全县脱贫摘帽21个贫困村，2020户7223人，为全面实现2020年全县脱贫总体目标打下坚实基础。

2月3日，桂林市委常委、纪委书记吕洪安（右三），阳朔县委书记蒋春华（左二）到阳朔镇高洲村看望贫困户

（熊 晶 摄）

7月5日，自治区水库移民管理局党组副书记、副局长谭峰（右二）到葡萄检查指导易地扶贫搬迁集中安置工作 （熊寒涛 摄）

12 月 13 日，县委副书记、县人民政府县长周彦（左一）到普益乡调研扶贫工作　　（普益乡政府　供稿）

11 月 7 日，金宝乡举行易地扶贫搬迁集中安置工程入住仪式，部分易地搬迁户顺利搬迁入住

（金宝乡政府　供稿）

加快新城区建设

2018年，新城区建设指挥部按照县委、县人民政府“举全县之力，加快新城区建设步伐”的科学部署，大力倡导“实干就是能力，落实才是水平”的工作理念，以中共“十九大”精神为指引，主动担当，攻坚克难，连续奋战在新区建设第一线，新区各项基础设施建设全面推进。全年完成固定资产投资14亿元，完成目标任务的116.7%。2018年度获“桂林市重大项目推进工作先进集体”。

路网桥梁 山水大道（南段）、林溪路、兴福路、临月路、金桂路、河滨二路、河滨四路、瑞祥路、新锐路等9条市政道路管网工程完成总工程量85%，道路路基工程基本完成，部分路段已经封油，完成投资约3.6亿元。9月10日，甲秀桥正式通车，是新区建成的第一座桥梁。栗木河桥和览胜桥分别完成总工程量的60%和90%。

供水供电通信工程 自来水加压泵站5台水泵机组、泵站内进出水管成功安装，并已通过试压合格，具备通水条件；甲一路、兰溪路、林溪路西段等路段已经通水，8月30日自来水已经顺利供水至二中、三幼新校区。新区110千伏碧莲变电站于12月17日开工建设；从老城区至新城区的Ⅰ、Ⅱ、Ⅲ、Ⅳ号供电线路新建工程总投资4042万元，电缆线路45.32千米，开闭所（分支箱）45台，已进场施工。移动光纤已经接通至览胜桥；电信主干光缆完成布放主干光缆288芯15公里。

公共服务设施 9月，阳朔镇第二中学、阳朔镇第三幼儿园正式启用，第三小学进行主体建设施工。应急指挥中心、社保中心、“互联网＋旅游”中心、元宝山公交中心场站、县中医院等项目进行装修工作。县疾病预防中心、县综合档案馆等项目完成主体结构封顶。

9月21日，桂林市委常委、纪委书记吕洪安（前排右二）到阳朔县新城区调研。县委书记蒋春华（前排右三），县委副书记张晓阳（后排左二），县委常委、纪委书记杨桂清（前排右一）参加调研
（廖 艺 摄）

9 月 10 日，新城区甲秀桥竣工通车，县领导周彦、张晓阳、邹茂东等参加通车仪式　（阳朔报社　供稿）

10 月 31 日，新城区“福达·阳朔之心”项目开工奠基，县领导蒋春华、周彦等参加奠基仪式（廖　艺　摄）

11 月 1 日，县委副书记、县人民政府县长周彦（左三）到新城区调研攀岩新基地选址　　（新城区办　供稿）

12 月 17 日，新城区 110 千伏龙城变电站工程开工奠基

（倪华谦　摄）

重点项目建设

2018年，阳朔县坚持生态立县的绿色发展理念，坚持稳中求进的工作总基调，积极转变思路，围绕精品项目招大商，扩大有效投资，强化机制保障，扎实推进县域经济发展项目建设，有效促进全县经济社会持续健康发展。全年完成固定资产投资46.36亿元，同比增长15%，超额完成年度目标任务。2018年，全县列入自治区统筹推进的6个项目、市领导跟踪服务的6个项目、县领导联系的61个项目年度计划总投资72.84亿元。

阳朔宋城演艺项目、阳朔·兴坪休闲养生度假区建设项目、瑞盛旅游休闲世界项目、威尼斯水城、福达阳朔旅游综合街区项目（阳朔之心）、阳朔生态环保科技园、阳朔县十里画廊遇龙河提升整治工程等重点项目扎实推进。

阳朔宋城演艺项目“桂林千古情”景区7月27日正式营业，8月8日始开展大型文化惠民活动。图为桂林市委书记赵乐秦（前排左二）、阳朔县委书记蒋春华（前排左一）参加惠民活动启动仪式　　（阳朔报社　供稿）

11月20日，阳朔兴坪休闲养生度假区项目一期游客接待中心完工交付使用　　（县文广体旅局　供稿）

12 月 27 日，阳朔县生态环保科技园举行进场道路清表仪式

（李小梅　摄）

位于十里画廊内罗兰夏朵花园酒店项目年内新建成的安置区　（林志强　摄）

画里山水 文旅融合

7月27日，阳朔宋城演艺项目“桂林千古情”景区正式营业

（县文旅局 供稿）

2018年，全县以创建“国家全域旅游示范区”为主线，以打造“全球最佳旅居目的地”和“桂林国际旅游胜地先导区”为目标，根据“以创促投、以创促建、以创促管、以创促改”的原则，探索党建引领、交通助畅、业态提质、品牌添彩、生态共享的全域旅游发展五大模式。全力塑造“画里山水 栖居阳朔”旅居目的地新形象。

2018年，全县接待游客1705.8万人次，旅游总消费237.4亿元，分别同比增长24.16%、31.01%。荣获2018中国品牌旅游发展论坛“全域旅游发展突出进步奖”；举办2018民宿高端人才发展国际论坛，在9月全国乡村旅游与旅游扶贫工作推进大会上做典型发言；在12月出版发行《恋上阳朔》丛书。成立“阳荔蒙”旅游联合体，整合三县优质旅游资源，设计出一条精品旅游线路，实现三地联动、互利共赢。

8月8日，“桂林千古情”大型文化惠民活动在桂林千古情景区举行 （邓 优 摄）

9 月 16 日，阳朔“铁人三项赛”在阳朔龙头山码头举行开幕式 （任 安 摄）

10 月 10 日—12 日，阳朔县举行 2018 年民宿高端人才发展国际论坛暨民宿学院成立仪式。图为县委常委、组织部部长唐德华（左一）为首届“十大民宿”获得者颁奖并合影 （阳朔报社 供稿）

10 月 25 日，桂林百姓大舞台到葡萄镇举行文艺专场演出　（梁斌玲　摄）

12 月 1 日，2018 第五届漓江越野跑比赛在阳朔西街起跑　（县文广体旅局　供稿）

美丽阳朔　宜居乡村

6月6日，全国政协人口资源环境委员会到阳朔开展“加强管制与修复，强化土壤污染防治”专题调研　　（甘红宇　摄）

2018年，阳朔县坚持把“美丽阳朔”乡村建设活动当作实施乡村振兴战略的重要抓手，重点实施“产业富民”“服务惠民”“基础便民”三个专项活动，推进“三改、六提、三增”工程，提升人居环境。

“产业富民”专项活动　全县培育白沙镇古板水果专业合作社等76个新型农业经营主体；建立24个现代农业生产示范基地，其中，自治区级示范区2个、市级示范区3个、县级示范区5个、乡级示范区14个。完成49个集体经济收入5000元以上行政村建设，对23个贫困村采取入股龙头企业、参与漓江景区管理、光伏发电项目等形式，发展村级集体经济项目，扶持资金460万元，集体经济收入均达2万元以上。

“服务惠民”专项活动　投入资金580万元，按照“六有”标准建设99个村级综合服务中心，重点做好村级就业、社保经办、教育助学、卫生健康、群众文化体育、法律服务，农民群众办事不出村。全县99个村委目前已建成村卫生室99所，各行政村配备村医。全县99个村委建立村级人民调解委员会，9个乡镇建立乡镇级人民调委会，53个行政村（其中23个贫困村）配备法律顾问，建立法律顾问室。

“基础便民”专项活动　完成村庄亮化工程250个；硬化自然村通村道路168.68千米；建设水岩头、杨家等14个自治区级乡土特色示范村；完成10个村级垃圾处理设施建设项目；完成农村改厨12000户、改厕13153户。全县完工113户危房改造任务，易地扶贫搬迁完成户数为92户。新增及更换变压器155台，改造10千伏线路15.78千米，400伏低压线路251.88千米，一户一表批复62649户，改造17580户；投资1.4亿元，新建基站及扩容500多个，小区宽带建设100多个，光缆布放300多千米。精心打造阳朔镇瀑布塘村、杨堤乡水岩头村、普益乡勇村、福利镇白马山村、兴坪镇厄根底村、白沙镇桥上村等18个示范带动强、富有地方乡土特色的市级宜居乡村示范村。

12月4日，全国绿化乡村现场会在阳朔召开　　（庞　惠　摄）

紫荆花开阳朔城。摄于 4 月 7 日　　（刘金有　摄）

福利镇白马山示范村全景。摄于 9 月 17 日　　（福利镇政府　供稿）

桂（林）阳（朔）公路沿线精心打造的绿化节点。摄于 1 月 23 日　　（何国茂　摄）

葡萄集镇公路沿线房屋立面改造。摄于 10 月 22 日　　（王霜菊　摄）

发展现代特色农业

11月20日—21日，国家统计局农村社会经济调查司司长黄秉信（前排右二）一行到白沙镇百里新村金橘现代特色农业示范区调研，县委副书记、县人民政府县长周彦（前排左一）参加调研　（莫艳兰　摄）

8月26日，县农业部门组织专业植保无人机到杨堤乡杨堤村柑橘黄龙病防控示范区开展木虱施药扑杀作业
（钟　楠　黎继恩　摄）

福利镇枫林村蔗香田园成功创建自治区级现代特色农业核心示范区。摄于 10 月 28 日　　（福利镇政府　供稿）

生态环境优良的七仙峰茶场。摄于 6 月 27 日　　（白沙镇政府　供稿）

创建满意教育　推进均衡发展

12 月 19 日，国家教育专家评估组到阳朔镇二小评估认定阳朔县义务教育均衡发展状况

（莫品军　摄）

9 月 5 日，县委书记蒋春华（前排右二），县委副书记、县人民政府县长周彦（前排左二），县委副书记张晓阳（前排左一）到阳朔镇二中检查指导工作

（县教育局　供稿）

2018 年，阳朔县教育局全面贯彻落实习近平新时代中国特色社会主义思想，把创建人民满意的教育作为工作重点，大力推进义务教育均衡发展，内强素质，外树形象，全县教育事业健康、稳步、协调发展。年内，全县有各级各类学校共 162 所，在校学生 44113 人，教职工 3291 人，中小学校园总面积 1050062.39 平方米，校舍总面积 453364.54 平方米。全县学前三年入学率 94.65%，小学学龄儿童入学率、小学教育巩固率、小学毕业升学率、初中入学率均达 100%，九年义务教育阶段巩固率 99.54%。全县义务教育均衡发展国家督导评估分数排名桂林市 9 个迎检县区第二名，顺利通过国家评估认定。全县中考获得 8 名 6A、一等 140 人的好成绩，各学科平均分排名桂林市前列。高考一本上线人数 121 人，一本上线人数为近十年之最；二本以上上线人数 710 人，比上年增加 60 人，二本上线率 66.48%，一、二本上线人数均超额完成桂林市下达的指标。全县获桂林市三好学生 323 名、优秀学生干部 162 名、先进班集体 64 个。全县有全国模范教师 1 人，特级教师 2 人；自治区级骨干教师 2 名；市级骨干教师 110 名，教学能手 17 名，学科带头人 8 人；县级学科带头人 100 人。

2018 年，全县投入资金 1.64 亿元，建设学前教育工程项目 8 个，义务教育中小学校建设项目 6 个，义务教育均衡发展功能室建设项目 27 个。投入 2097 万元，采购 103 套多媒体教师设备、44 间学生计算机教室设备、1153 台计算机、482043 册图书及配套仪器柜、352485 台件套各学科教学仪器设备。全年发放各类助学金 1917 万多元，惠及 12881 人次。

百尺竿头，更进一步。县教育行政部门将一如既往地深入贯彻党的教育方针，坚持立德树人、“五育”并举，全面实施素质教育，带领全县教育工作者团结拼搏、锐意进取、勇于创新，奋力谱写阳朔教育新篇章。

10月12日，阳朔县举行首届中小学生童声合唱艺术节

（莫品军　摄）

9月2日，阳朔县阳朔镇第二中学新校园正式启用　（徐仁秀　摄）

12月13日，举行“学前智慧教育中国百城公益行—走进阳朔”公益活动启动仪式　（莫品军　摄）

11月16日，阳朔中学举行建校80周年庆典

（邓　优　摄）

目　　录

特　　载

大 事 记

阳朔县概况

中国共产党阳朔县委员会

阳朔县人民代表大会

阳朔县人民政府

中国人民政治协商会议阳朔县委员会

纪检·监察

民主党派·工商联

群众团体

法　治

军　事

旅游·接待

城乡建设·环境保护

交通运输

信息产业

工　业

农业·水利

商务贸易

财政·税务

银行·保险

综合管理

教育·科技

文化・体育・卫生

新闻传播

社会事务

乡　镇

人　物

附　录

索　引

Contents

Special Publication

Memorabilia

Survey of Yangshuo County

Yangshuo County Committee of CPC

Yangshuo County People's Congress

Yangshuo County People's Government

Yangshuo County Committee of CPPCC

Discipline Inspection & Supervision

Democratic Party & the Federation of Industry & Commerce

Mass Organizations

Rule by Law

Military

Tourism & Reception

Urban & Rural Construction & Environmental Protection

Traffic & Transportation

IT Industry

Industry

Agriculture & Water Conservancy

Commercial & Trade Industry

Finance & Taxation

Bank & Insurance

Comprehensive Administration

Education & Science & Technology

Culture, Sports & Health

News Communication

Social Affairs

Village & Town

Character

Appendix

Indexes

特　　载

阳朔碧莲峰　　　　　　　　　　　　（伍维平　摄）

建功新时代　踏上新征程
奋力谱写阳朔高质量发展新篇章

——2019 年 1 月 9 日在中国共产党阳朔县第十三届代表大会第四次会议上的报告

蒋春华

（2019 年 1 月 9 日）

各位代表，同志们：

现在，我代表中国共产党阳朔县第十三届委员会向大会作工作报告，请予审议，并请列席的同志提出意见。

这次会议的主要任务是，深入学习贯彻习近平新时代中国特色社会主义思想、中共十九大精神和习近平总书记在庆祝改革开放 40 周年大会上的重要讲话精神，回顾总结 2018 年各项工作，安排部署 2019 年重点工作，动员全县上下凝心聚力、真抓实干，紧跟新时代、肩负新担当、展现新作为，不忘初心、继续前进，加快实现阳朔“两个建成”目标[1]，以优异成绩庆祝新中国成立 70 周年。

一、2018 年工作回顾

2018 年，全县高举习近平新时代中国特色社会主义思想伟大旗帜，深入学习贯彻中央、自治区党委和桂林市委的各项决策部署，坚持稳中求进工作总基调，坚持改革创新不懈怠，坚持改善民生不减力，坚持全面从严治党不动摇，团结带领全县干部群众围绕年初确立的“一个引领、八个全力”[2]工作目标，统筹做好稳增长、促改革、调结构、惠民生、防风险和基层党建各项工作，奋力谱写了阳朔高质量发展的新篇章。全县预计可实现地区生产总值 131 亿元，同比增长 7.5%；固定资产投资 47.15 亿元，同比增长 17%；组织财政收入 7.32 亿元，同比增长 6.7%；城镇居民、农村居民人均可支配收入同比分别增长 8%、11.8%。2018 年，阳朔成为全国运输服务与旅游融合发展现场会、全国乡村绿化美化现场会的实地考察点，获评“2018 中国最美县域”，并在全区县域经济分类考核中蝉联重点生态功能区第一名，再次荣获广西科学发展先进县。

（一）把党的政治建设摆在首位，推动全面从严治党向纵深发展

我们严格落实党委主体责任，坚持抓党建、促廉洁、把方向、谋全局，扎实推动各项工作迈上新台阶。在全区党政领导班子和党委、政府正职政绩考核中，阳朔 2017 年度得分均排名全区 71 个县（市）第一名。

1. 坚持思想引领，牢牢把握正确政治方向。始终坚持把筑牢思想根基放在首要位置，以习近平新时代中国特色社会主义思想为引领，召开常委会、党建工作领导小组会、中心组学习会等，全面贯彻中共十九大和十九届二中、三中全会精神，全面落实习近平总书记视察广西工作时提出的“五个扎实”[3]重要指示精神，旗帜鲜明讲政治。年内，依托县、乡党校举办专题培训班 35 期，培训党员干部 1.3 万人次。通过“走出去”赴延安、井冈山、百色等干部学院和河南大学举办培训班 9 期，“请进来”邀请北京大学、自治区党校等教授专家授课 2 期，实现了对科级干部十九大精神培训

的全覆盖，得到了中组部干教局领导的好评。同时，持续推进“两学一做”学习教育常态化制度化，通过开展专题研讨、党课宣讲、知识测试等方式，把“两学一做”[4]纳入组织生活。2018年各级党委（党组）中心组开展专题学习研讨268次，各级领导班子成员参加组织生活2300人次，下基层讲党课750场次。

2. 坚持党建引领，提升基层党建科学化水平。立足阳朔大旅游、大阵地、大窗口特色，强党建聚人心，谋发展促转型，不断提升基层党建工作实效。一是真抓实干筑牢基层战斗堡垒。筹集资金3500万元重点打造品牌特色村（点）22个，提档升级面上村（点）47个，实现村级组织活动场所面积和服务功能100%双达标，其中500平米以上的村（社区）达25个，优质率超40%。以高标准阵地建设推动基层党建全域化、品牌化的好做法，得到中国日报、凤凰网等15家主流媒体竞相报道，相继有肯尼亚、老挝等外国政党代表团前来考察学习。二是高质量推进基层党组织建设。全面落实县委常委联系指导党建品牌建设制度，在国道321沿线、漓江东岸沿线、十里画廊遇龙河以及百里新村等4条旅游党建示范带上建成首批旅游红色驿站，红色旅游服务辐射延伸至全县主要景点景区和114个村（居）委，基层党建布点行业全域化、服务旅游全天候向纵深推进。推进村党组织“星级化”和党员积分管理[5]，整顿提升11个村级软弱涣散党组织，新增自治区星级党组织15个。实施机关窗口“一戴三亮”[6]工程，打造工商质监局等6个机关基层党组织示范点。村干部待遇年内人均提高200—250元/月。三是多措并举抓党建促脱贫攻坚。优化绩效考评设置等10项激励措施，落实驻村帮扶工作队员人身意外险和乡镇工作分队专项经费，年度列支520万元用于提高驻村工作补助。全面推行“钉钉”APP管理，解决队员住村“八有两安”[7]问题。出台《阳朔县建立健全绿色发展生态保护奖补机制暨设立扶持村级集体经济发展基金实施方案》等政策文件6个，落实每个贫困村50万元村级集体经济发展基金，114个村（社区）集体经济年稳定收入超过2万元，“空壳村”全部消除。村级集体经济绿色发展模式获得全市典型发言。四是党建系列品牌日渐响亮。深入落实“全域党建”工作思路，创建西街商圈特色党建街区，打造桂林千古情等5个特色党支部，提档升级九州宏福游船公司等12个先锋党支部，漓江排筏协会党总支荣获自治区首批“两新组织党建工作示范点”称号。桂林市全域党建品牌建设启动暨旅游红色驿站揭牌仪式、“党旗领航·品质旅游”主题活动均成功在阳朔启动。此外，2018民宿高端人才发展国际论坛暨阳朔民宿学院成立仪式、阳朔县莲峰揽才育才计划发布会暨首届外来企业高级管理人才研讨会成功举办，得到人民日报、中国日报等国内主流媒体的广泛关注与深度报道。

3. 坚持全面从严治党，始终把纪律和规矩挺在前面。坚决扛起管党治党主体责任，筑牢“四个意识”[8]，践行“两个维护”[9]，持续建设风清气正的政治生态。深入推进中央、自治区党委和市委巡视巡察反馈问题的整改，制定的92条整改措施均按时间节点完成。扎实抓好“政治建设六项重点任务”[10]，出台落实党委主体责任实施细则等10项制度，将63项主体责任清单编印成册发放到全县领导干部手中。倾力构筑机关、学校、家庭、社会“四位一体”的廉洁堡垒，扎实开展“法纪教育强化年”活动，组织县、乡（镇）及村“两委”干部到市廉政教育基地接受教育，向全县党员干部发送廉政短信2.3万条，打造阳朔镇二中廉洁文化进校园示范基地，收到领导干部廉洁家书1500余封。在全市率先建立特约监察员制度，聘请7名“两代表一委员”为首届特约监察员。实践运用监督执纪“四种形态”[11]，宽严相济，运用第一、第二种形态处理党员干部占比94.7%,让问题大多解决在萌芽状态。注重加强纪检监察队伍建设,在全市率先完成监察委组建挂牌,率先实现纪检监察业务骨干高校培训全覆盖,干部队伍逐渐趋于专业化、年轻化、高学历化。力度不减抓惩治,开展落实中央八项规定精神专项督查24次,查处扶贫领域腐败案件86件,问责作风散慢、不作为乱作为干部129人,查处涉黑涉恶“保护伞”4件。2018年全县纪检监察机关立案186件,给予党政纪处分195人,留置2人,移送司法机关处理2人,反腐败斗争取得压倒性胜利。扎实开展从严锻造廉实干部队伍主题活动,白沙镇蕉芭林村党总支书记赖玉梅获评市级勤廉榜样,《与党同心与民同在》节目获市廉政主题朗诵比赛一等奖,全县群众对党风廉政建设满意度连续三年保持在全市前列。

4.坚持落实主体责任,推动县委各项工作再上新台阶。一是牢牢掌握意识形态工作领导权。加强组织领导和统筹指导,在全县形成党委统一领导、党政齐抓共管、宣传部门组织协调、有关部门分工负责的意识形态工作格局。在新时代讲习所举办十九大代表宣讲报告会41场,打造老百姓家门口的红色学堂。创作了《扶贫路上》《阳朔时光》《恋上阳朔》等一批讴歌党的好政策、反映阳朔人民美好生活的音乐作品和文学作品。超额完成文明村镇创建任务,高田民族学校荣获区级文明单位和区级民族团结进步模范集体。全县99个行政村“一约四会”[12]实现全覆盖。积极做好对外宣传推介,上合组织国家重点媒体采访团、越南媒体采访团以及中央电视台、光明日报、人民日报、广西电视台等国内外主流媒体20余次到阳朔采访报道。在国家级媒体的上稿量全市第一,阳朔端午节旅游盛况、《印象刘三姐》山水传说带动脱贫致富、科学保护漓江取得丰硕成果等专题报道通过央视让全世界的目光多次聚焦阳朔。二是全面落实统一战线系列重大决策部署。召开专题座谈会、中秋恳谈会等抓好非公经济人士的思想教育,促进形成“亲”“清”的新型政商关系。成立南宁阳朔商会,在徐悲鸿故居挂牌“民盟中央美术院阳朔创作基地”,在西街统战平台挂牌阳朔县“侨胞之家”。完成欧美达英文书院等5个基层统战阵地建设,党外代表人士之家在乡镇实现全覆盖,基层统战工作取得显著成效。三是深入推进社会治安综合治理。高站位推动扫黑除恶专项斗争,全年侦破九类涉恶案件33起,刑事拘留92人,逮捕直诉74人,打掉团伙14个,摧毁了两个涉恶的犯罪集团。以创建“全区科技强警示范县”“全区指挥体系示范点”为契机,打造了全信息化、全实战化、全智能化的社会治安防控体系。在兴坪、福利、高田和阳朔镇高洲村、福利镇绛村开展公共安全视频监控体系试点建设。成立县级社区矫正中心、公共法律服务中心,在114个村(社区)设立村级法律顾问。县法院组建“院长速裁团队”推进民事案件繁简分流,受理的民商事案件无一被改判和发回重审,打造的高标准诉讼服务中心获得澳大利亚、德国等国外法官代表团的高度赞誉;县检察院成功办理首例广西检察机关提起公诉的食药领域公益诉讼案件,为全县经济社会发展提供了强有力的司法保障。县公安局以高压态势严打“两抢一盗”[13]等侵财类案件,加大对“黄、赌、毒”和治安乱点打击整治力度,全县刑事案件同比下降18.2%,治安案件同比下降16.7%,实现了发案下降、破案上升、治安好转的目标。全县政治社会大局持续保持稳定,群众安全感超过96%。

(二)坚持高质量发展理念,县域经济实现持续健康快速发展

我们牢固树立重点突破、整体推进、着眼全局、谋划长远的思路,推动广大党员干部在“八个全力”上担当作为、建功立业,2018年的各项工作在阳朔历史上写下了浓墨重彩的新篇章。

一是现代农业优化发展。围绕推进农业供给侧结构性改革的工作主线,启动现代特色农业示范区建设增点扩面提质升级三年行动,继续深入实施“10+3”产业提升行动[14],稳定粮食产能在10.6万吨以上。积极创建18个现代特色农业示范区(园)和40个现代特色农业示范点,其中蔗香甜园、牧生源生猪产业等2个示范区获批自治区级现代特色农业核心示范区,七仙峰休闲农业、遇龙金丹等2个示范区获广西现代特色农业县级示范区。继续推动国家基层标准化改革创新先行区和第九批国家农业综合标准化示范县建设。加强“三品一标”[15]认证工作,做好沙田柚、黑皮果蔗等2个国家地理标志产品申报工作,白沙镇桂珠专业合作社、白氏农业公司等12家企业获得无公害农产品认证。中国蜂友联盟第二届双峰会在阳朔举办,阳朔九龙藤蜂蜜成为地标级明星产品。柑桔黄龙病综合防控取得成效。完成农村土地确权颁证工作。白沙镇获批全国农业产业强镇示范建设。完成4个中小河流及主要支流治理工程、3个中央财政小农水项目县工程等水利建设。完成石漠化综合治理封山育林2.99万亩,全民义务植树61万株,国有林场改革以优秀档次通过自治区验收,全国绿化模范县通过自治区级公示。

二是全域旅游深化发展。以打造“全球最佳旅居目的地”和“桂林国际旅游胜地先导区”为目标推进全域旅游,特色乡村旅游获得在全国乡村旅游与旅游扶贫工作推进大会典型发言。开展旅游秩序综合整治“百日行动”,对违法违规的经营场所和游览秩序进行整治,打击非法竹筏漂流,抓获涉嫌聚众扰乱社会秩序11人,维护了阳朔旅游市场的整体形象。成立阳荔蒙旅游联合体[16],实现三地联动、互利共赢。合理调整十里画廊遇龙河景区管制时间和客运专线票价,开通“招手即停”、民宿专线、包车订制等服务项目,切实提升游客的体验感和满意度,景区荣获自治区生态旅游示范区称号。十里画廊遇龙河提升整治进展顺利,三场站一中心的阳朔公交调度中心投入使用,北公交场站、元宝山公交中心场站完成建设待验收。宋城·桂林千古情成为全市文化旅游产业发展的新标杆。隆重举办漓江渔火节等“一节两会”[17]系列活动,成功举办阳朔铁人三项赛、环广西公路自行车世界巡回赛等国际赛事,成为“体育+旅游”深度融合的典范。国际品牌酒店集群、文化旅游集群、休闲度假集群、精品民宿集群、商业购物集群等产业集群初现规模,养生度假、低空旅游等新业态不断完善。旅游新业态带旺旅游新消费,2018年预计接待游客1750万人次,旅游总消费240亿元,同比分别增长12.9%、32.44%,以旅游为龙头的服务业作为县域经济发展的主体支撑作用明显增强。

三是项目建设强劲发展。2018年我县列入自治区层面统筹推进重大项目6项,完成投资17.2亿元,列入市领导跟踪服务推进重大项目6项,完成投资31.08亿元,市层面统筹推进的重大项目41项,完成投资76.31亿元,全部超额完成年度计划。兴坪国家特色镇项目基本完成。精品酒店罗兰夏朵安置区建设完成,如意峰索道建设进展顺利,正好·希尔顿酒店完成外墙装修。阳鹿高速(阳朔段)顺利复工,已完成投资5000万元。凤鸣北路、神山至红颈山农村道路进行路基施工,汽车客运站、福利至新城区一级公路、福利漓江大桥、阳朔至普益公路、绿膳食尚谷等项目前期正紧锣密鼓推进,增强了经济发展后劲。国际酒店品牌香樟华苹即将开业,乌布小镇、兴坪休闲养生度假区商业街将在春节前开街,桂林千古情项目从奠基开工到开园迎客仅用了一年时间,再创阳朔旅游产业项目建设的新速度!

此外,工业经济逆势奋进。积极推进葡

萄工业集中区的搬迁规划，加快推进福利工业集中区及一区多园建设，阳朔生态环保科技园项目进场道路开始清表，园区征地进展顺利。110千伏白沙变电站已进入设备安装阶段，新城区碧莲变电站已开工建设，220千伏金葡站及线路的前期工作有序推进。基本实现农村4G网络全覆盖。电子商务进农村工作有序推进。

（三）坚定贯彻新发展理念，实施乡村振兴战略推进城乡统筹发展

2018年，全县党员干部把新城区作为项目建设主战场，狠抓招商引资，实施乡村振兴，坚持绿色发展，主动谋发展、抓发展、促发展，以创新求实的精神推进城乡一体化的阳朔实践与创新。

1. 城乡一体化建设迈出铿锵步伐。新城区建设累计完成土地征收95%，已签订房屋搬迁安置协议96%，山水大道（南段）等9条市政主干道完成总投资的82%。16个安置点逐步回建，水上农场等8个安置点实现了“群众入住”的目标，学校、医院、自来水加压泵站、综合应急指挥中心等公共服务项目全部完成主体建设并逐步投入使用，甲秀桥、栗木河桥相继通车，行政办公二区完成地块清表。大型文旅项目福达·阳朔之心、高品质住宅项目彰泰·阳朔十里春风开工建设，凤凰山水尚境等一批重大项目即将开工，新城区大招商、大建设、大发展的格局逐步形成，成为县域经济新的增长点和投资热点。县城至白沙、福利、高田三个出口主干道路灯亮化安装顺利进行。西街风貌改造、老城区河湖连通水系改造工程正在实施。完成陈家山路、府前巷、府后巷、龙岳路等小街小巷道路改造项目。漓江风景名胜区范围内的白沙、福利、葡萄、杨堤等4个乡镇总规获市政府批复，全县9个乡镇总体规划已全部完成编制及审批。传统村落保护性建设中，旧县、朗梓已完成建设，渔村、龙潭、留公均已完成建设内容的70%。14个乡土特色示范村、12个村屯公共照明试点项目基本完成建设。兴坪镇荣获广西养生养老小镇授牌。白沙、金宝、普益等3个新型城镇化示范乡镇建设进展顺利，金宝、普益完成投资率超过60%。

2. 乡村振兴战略迈出坚实步伐。建立健全“三清洁”[18]等长效机制，不断巩固提升“清洁乡村”“生态乡村”建设成果。开展“宜居乡村”建设，扎实推进“基础便民”专项活动，重点抓好农村改厨改厕工作，完工改厕4295户、改厨4648户，完工率分别为71.58%、77.47%。完成5个农村饮水安全巩固提升工程、113户危房改造任务。新增及更换变压器155台，新建基站及扩容500多个，改造10kV线路15.78千米，完成7个太阳能光伏发电公共照明示范村建设。扎实推进“服务惠民”专项活动，投资580万元按照“六有”标准[19]全覆盖推进村级综合服务中心示范村建设，全面推进村级六项服务[20]。扎实推进“产业富民”专项活动，全县99个行政村制定村级集体经济发展计划、建立了现代农业生产示范基地，76个行政村完成培育1个以上新型农业经营主体，均超额完成上级下达的任务数。设立行政村电子商务服务点33个。投资1800万元完成农村公路建设项目3个，投资5300万元完成通自然村道路硬化项目45个。持续推进农村环境整治，投入1000多万元启动对农村生活污水处理设施、污水管网的修缮，达到运营条件后移交第三方维护管理。

3. 生态环保迈出自信步伐。牢固树立“绿水青山就是金山银山”的发展理念，大力发展全域旅游和生态经济，坚定不移走生产发展、生活富裕、生态良好的文明发展道路。完成中央环保督查“回头看”工作组交办的案件19件，其余3件正按计划整改。持续开展漓江“四乱一脏”[21]综合整治，拆除漓江沿岸“两违”建筑75处9500平方米，完成杨堤至阳朔段漓江两岸180户房屋风貌改造。架桥岭自

然保护区面积和界线确界方案通过自治区评审,海洋山自然保护区的方案已完成设计。开展“绿剑2018”等系列打击涉林违法犯罪专项行动,全年受理各类涉林案件139起,其中刑事案件立案25起、破24起、逮捕(直诉)24人。加强渔政执法力度,收缴电鱼机头11台,销毁地笼11800米,处罚违法人员4人。查处违法建设、违规搭建245处,拆除违建面积12700平米。坚决打赢蓝天保卫战,淘汰落后产能普益建材公司,多部门联合执法处理渣土违法行为184起,有效解决工地泥浆污染路面、运输车辆抛撒滴漏等污染环境行为,全年环境空气质量优良天数达319天。通过各部门持续发力、久久为功,全县上下进一步增强贯彻绿色发展理念的自觉性和主动性,在推动美丽中国建设上迈出了重要步伐。

(四)始终坚持以人民为中心,在保障和改善民生中实现优先发展

我们把人民对美好生活的向往作为奋斗目标,始终保持党同人民群众的血肉联系,切实增强群众工作本领,以办实事、解难事、做好事诠释执政为民的责任担当。

1.脱贫攻坚取得阶段性成效,贫困群众获得感大幅提升。坚决扛起脱贫攻坚责任,下足绣花功夫苦干实干,全县预脱贫的10个贫困村和602户2021人贫困人口,全部达到“十一有一低于”[22]和“两不愁三保障”[23]的指标要求,顺利通过自治区“四合一”[24]验收。发放建档立卡贫困户幼儿教育补助、农村义务教育阶段寄宿生生活费补助、雨露计划补贴和免除普通高中学杂费等1670人共187.95万元。落实新农合补贴政策,实现建档立卡贫困人员100%参保。实施“先诊疗,后付费”,贫困人口医疗总费用实际报销比例达到91.2%。投资7500万元完成贫困村、贫困户的水、电、路、电视、公共服务等设施建设。安排奖补资金和结对帮扶资金730万元扶持产业发展,县级“5+2”特色产业[25]覆盖80%以上贫困户,杨堤乡中南村委等22户贫困户通过发展养蜂产业,户均增收9000多元,小蜜蜂助力大扶贫获得新华网、中新网等多家媒体广泛报道。发放扶贫小额信贷69户240万元。落实县、乡、村三级信息员80名。完成金宝乡、兴坪古皮寨、兴坪江村三个集中安置点建设,安置贫困户92户319人,金宝乡正通过减免摊租、提供工作岗位等方式为搬迁群众提供基本生活保障,真正做到搬得出、稳得住、可发展、能致富。扶贫宣传成效显著,开展扶贫文艺演出64场,在自治区级以上媒体上稿67篇,阳朔乡村旅游助力脱贫攻坚获得《广西精准脱贫攻坚简报》红榜头条刊登。2018年6月,阳朔荣获2017年度全区县级扶贫成效考核一等的好成绩。

2.民生保障得到持续改善,人民群众幸福感持续增强。县委始终把保障和改善民生作为出发点和落脚点,扎实推进教育事业,加快发展卫生事业,不断完善社会保障体系。投入各级资金1.64亿元发展教育事业,基本完成学前教育、中小学校建设、义务教育均衡发展功能室等项目41个,义务教育均衡发展顺利通过国家督导评估验收。开展自治区健康促进县创建工作,县医院门诊综合楼、妇幼保健院公卫楼、7所乡镇卫生院污垃电项目投入使用,“救心行动”[26]完成手术13例,乡镇卫生院标准化中医科建设不断加强。开展“春风行动”“民营企业招聘周”等活动10场次,城镇新增就业2977人。处理拖欠工资和劳动争议案件62件,结案率均达100%。新农合参合率97.90%,补偿参合农民23.33万人次1.74亿元。对农村最低生活保障对象发放低保资金1400万元,救助临时困难对象1340人次35.92万元。全面开展退役军人和其他优抚对象信息采集工作。通过专题培训、专家研讨、制订团体标准和应急管理体系等,扎实推进国家基层标准化先行区创建活动。一大批涉及人民群众切身利益的民生难题得到

解决，切实让改革发展成果更多更公平惠及全县人民。

3.社会事业实现全面进步，党员干部成就感不断收获。建成全区一流的武装民兵训练基地，完成桂林南部片区6个县（区）的民兵应急分队军事承训任务，并代表桂林警备区圆满完成军委国动部和广西军区关于民兵调整改革落实情况的考评。消防救援大队举行授衔和换装仪式，阳朔应急管理事业开启崭新征程。文物保护力度不断加大，对新城区南北朝时期的三座古墓葬进行抢救性发掘清理。群众性文体活动蓬勃开展，干部职工体育赛事、青少年声乐器乐才艺大赛、漓江越野跑等活动如火如荼。持续推动信访积案化解工作，全年信访件下降28.5%，人次下降28.9%，在全国“两会”等重大敏感时段实现零非访目标。新一轮党政机构改革方案基本确定。深化商事制度改革[27]、推行“双随机一公开”[28]监管、落实“354560”改革[29]等，不断优化营商环境，市场活力持续激发。此外，科技、文化、体育、广播电视等各项社会事业全面发展，人民生活水平不断提高，党员干部在为老百姓美好生活的奋斗中收获了满满的成就感。

一年来，县委充分发挥全县领导核心的作用，支持人大依法监督，支持政府依法行政，支持政协参政议政民主监督，保障法院、检察院公正司法，积极支持工青妇等群团组织开展工作，积极支持党代表、人大代表、政协委员履行职责，在全县上下形成和衷共济、团结进取的良好局面。这些成绩的取得，是市委正确领导、亲切关怀的结果，是历届县委班子扎实工作、接续奋斗的结果，是全县上下齐心协力、团结实干的结果，更是社会各界大力支持、鼎力帮助的结果。在此，我代表中共阳朔县第十三届委员会向奋战在全县各条战线上的共产党员和干部群众，向关心支持阳朔发展的离退休老干部、各民主党派、工商联、武警部队以及社会各界人士表示衷心的感谢并致以崇高的敬意！

在肯定成绩和总结经验的同时，我们也清醒地认识到工作中存在的不足和面临的挑战：一是土地、环境、能源等要素制约加剧，供给侧结构性改革任务繁重；二是财政收支平衡压力增大，发展进入新时代，人民群众对美好生活的向往、对生活品质有更高的需求、对公共服务均等化有更多的期盼，社会各项事业的发展需要更多的财政投入；三是社会治理存在不少薄弱环节，有法不依、执法不严等问题还一定程度存在，法治建设任务艰巨；四是基础设施建设仍然滞后，服务全域旅游发展的现代立体快速交通体系亟待完善；五是部分单位仍存在管党治党不力现象，一些领导干部作风不严不实、失职失责问题依然存在，干部群众干事创业的积极性还没有充分调动起来。对这些困难和问题，我们要高度重视，迅速采取有力措施，在今后的工作中认真加以解决。

二、2019年主要工作部署

今年是新中国成立70周年，是决胜全面建成小康社会第一个百年奋斗目标的关键之年。面对新时代、新形势、新任务、新要求，尤其需要我们广大党员干部群众，紧密团结在以习近平同志为核心的党中央周围，爬坡过坎、破冰前行，一步一个脚印走好2019年的新征程。今年工作的总体思路是：以习近平新时代中国特色社会主义思想为指导，深入贯彻中共十九大和十九届二中、三中全会精神以及中央庆祝改革开放40周年大会、中央经济工作会议精神，深入落实“三大定位”[30]新使命和“五个扎实”新要求，全面落实自治区党委、市委全会各项决策部署，统筹推进“五位一体”[31]总体布局，协调推进“四个全面”[32]战略布局，坚持稳中求进工作总基调，坚持新发展理念，坚持推进高质量发展，坚持以供给侧结构性改革为主线，坚持深化市场化改革、扩大高水平开放，进一步解放思想、创新实干，坚决打好“三大攻坚战”[33]，全力做好稳增长、促改革、调结构、惠民生、防风险、保稳定各项工作，以“为产业谋发展、为民生交答卷、为阳朔绘蓝图”的主人翁意识，实施六大工程、推进两区建设、夯实两个基础，为推动高水平全面建成小康社会收官、实现“建设壮美广西，共圆复兴梦想”的总书记嘱托、加快实现阳朔“两个建成”目标打下决定性基础，以优异成绩庆祝新中国成立70周年。

2019年经济社会发展的主要预期目标是：实现地区生产总值增长7%，力争达到7.5%；财政收入增长6%，力争达到6.5%；固定资产投资增长12%，力争达到15%；社会消费品零售总额增长10%；城镇居民人均可支配收入增长7%；农村居民人均可支配收入增长10%。

为实现预期目标，我们要重点抓好以下工作：

（一）实施六大工程，全面构筑县域经济高质量发展新格局

1.实施乡村大振兴工程。深入贯彻自治区党委鹿心社书记到桂林调研时要求继续加强生态保护的讲话精神，积极做好科学保护漓江大文章，推进生态环境保护长效机制建设。坚持农业农村优先发展，以“三清三拆三整治”[34]为抓手，强化政府引导、群众主体，建立长效机制，深入实施农村人居环境整治三年行动、乡村风貌提升三年行动，开展“美丽广西”幸福乡村建设活动，抓重点、补短板、强基础，落实“三农”发展的硬任务。加快补齐农村人居环境和公共服务短板，重点做好污垃处理、厕所革命、村容村貌提升。持续推进农村移风易俗，治理不良社会风气。进一步深化农村土地制度改革，鼓励农户拿土地经营权入股村集体，发展乡村特色产业适度规模经营，探索农民增收的新途径。加大农村公共服务设施投入，实施“硬化、绿化、美化、净化、亮化”五化工程，实现全县所有的自然村全部通水泥路，20户以上自然村内全部路灯亮化。推进高标准农田水利建设、电网改造等工程，充分发挥农民主体作用和政府投资的带动作用，加快补齐农业农村短板，力争成为全区乡村振兴示范县。

2.实施新区大建设工程。加快行政办公区的集中统一规划建设，争取2—3年内实现党政机关单位全部入驻办公。完成9条市政道路管网工程和览胜桥、栗木河桥的建设。山水大桥、览胜二桥、甲四桥、兰溪桥、朝霞桥尽快开工建设。启动最后一条主干道学院路的建设，全面建成新城区“五纵五横”大路网框架。尽快完成县应急指挥中心、社保中心、互联网+旅游中心、中医院、自来水加压泵站、疾控中心、政务中心、龙城变电站等项目。启动新城区体育公园及“一场两馆”建设，打造阳朔新的体育文化活动中心。尽快高标准实施新城区水系工程，打造新城区优美山水人文环境。全力加快新城区招商引资、项目落地、人才引进等工作，加快土地收储报批工作，力争累计实现10个以上重大项目落地开工，形成新城区大干快上的良好局面。聚焦重点、突破难点，着力解决好新城区建设中遇到的征地拆迁、手续报批等困难和问题，全程做好项目服务工作，掀起新城区开发建设新高潮。

3.实施项目大推进工程。扎实开展“项目建设年”活动，突出实体经济，大力推进产业项目建设。推进阳朔县生态环保科技园、兴坪三千漓休闲养生度假区、古风博物馆等重点项目建设。加快推进洲际度假、万豪、希尔顿、六善等国际品牌酒店集群建设，培育和发展高端精品民宿，促进形成新的经济增长点。加快瑞盛度假区闲置土地的征收，启动户外主题乐园及温泉酒店等项目建设。加快福达·阳朔之心、彰泰·十里春风、凤凰山水尚境等一批重大项目建设。深入实施产业大

招商三年行动计划，围绕优质农产品供应地、乡村旅游目的地、健康养老首选地，着力引进一批农文旅融合和健康养老项目，使生态型建设项目成为阳朔的新支柱产业。大力扶持民营经济发展，通过服务帮扶、融资纾困、减税降费等方式，营造有利于民营企业健康发展的良好环境。加快数字阳朔建设，推进与腾讯公司和三大通讯运营商的战略合作，实现互联网、大数据、人工智能等新技术与实体经济深度融合，让人民群众充分享受信息化带来的获得感幸福感。

4. 实施旅游大提升工程。深化“旅游+”战略，依托阳朔得天独厚的自然资源，打造“商养学闲情奇”旅游新业态。不断完善旅游标识牌、旅游厕所、咨询服务中心等旅游服务配套设施，稳步推进休闲农业与乡村旅游融合发展。建设凤鸣停车集散中心，发挥“三场站一中心”的分级管理和分级接驳功能，实施十里画廊遇龙河智慧交通，使阳朔作为旅居目的地更具通达性和便捷性。大力发展休闲度假集群、精品民宿集群等产业集群，着力提升旅游品质。继续办好环广西公路自行车赛等大型户外赛事，实现体育与旅游的完美结合。继续开展旅游秩序大整治，加快推动全县旅游业提质增效。进一步提升城市管理水平，构建全天候、全覆盖监管的“大城管”新格局。进一步加强对外营销，高水平推动旅游国际化、品牌化、智慧化、标准化转型升级，持续擦亮“画里山水，栖居阳朔”的旅游金质招牌。

5. 实施交通大贯通工程。下半年阳鹿高速顺利通车，要尽快启动乐响至新城区互通道路的前期工作。启动阳朔至普益二级路、新城区至福利一级路、福利漓江二桥等交通项目建设，完成神山至红颈山道路建设，缓解城北交通压力，开展葡金高高等级绕城路前期工作，以四通八达的城市交通网络深度融入全域旅游建设。加快交通场站建设，启动一级汽车客运站建设，完成阳朔南旅游集散与公交枢纽地勘、环评等前期工作。实施县城交通易堵节点改造，加强车辆分流的毛细微循环建设，合理规划县城停车场建设，提高城市道路通行效率。继续打通最后一公里问题，对20户以上自然村道路硬化达到四级路标准的给予55万元/千米的财政奖补，提升自然村道路硬化率，改善农村生产、生活和发展全域旅游的条件，争创全国“四好农村路”[35]示范县。

6. 实施民生福祉大改善工程。坚持把增进民生福祉作为发展的根本目的，以更大力度保障和改善民生。一是全面深化“平安阳朔”建设，不断提升群众安全感和满意度，开展扫黑除恶专项斗争，按照“有黑扫黑、无黑除恶、无恶治乱”的原则，把扫黑除恶与反腐败斗争、基层“拍蝇”结合起来，加强对重点行业、重点地区、重点领域的排查整治，坚决打掉黑恶势力“关系网”“保护伞”，着力解决影响社会和谐稳定的各类风险，确保全县经济社会政治大局持续稳定。二是积极推进城乡统筹发展。完成西街AAAA级景区沿街房屋风貌改造和凤鸣路北段、党校路改造建设，加快推进桑园路南片区改造，完成老城区河湖连通水系改造工程、截污工程和公园灯光美化工程，继续实施一批老城区小街小巷改造建设，利用闲置土地建设停车场，抓好沿街主干道违章建筑整治，实现老城区管理水平大提升。完成县城至白沙、福利、高田等三个出城方向的路灯亮化工程。启动东岭荔阳造船厂码头的改造建设，引导游船、住家船的分类统一靠泊。完成普益、金宝、白沙3个乡镇的新型城镇化建设。三是坚决打赢脱贫攻坚硬仗，积极创新扶贫工作方式，通过完善精准识别新机制，建立精准管理新格局，拓展精准帮扶新渠道，注重“扶思想、扶观念、扶信心”，聚焦核查反馈问题补短板，着力打牢脱贫攻坚工作基础。2019年，实现杨堤地水、葡萄杨梅岭两个贫困村和全县1377人贫困人口的脱贫摘帽目标。四是着力保障和改善民生。大力发展各项社会事业,在办好人民满意的教育、推进医疗卫生事业发展、促进就业增收、健全完善社会保障体系等方面,倾心竭力为民办实事、解民忧、谋福祉,让广大人民群众共享改革发展成果。

(二)推进两大区域建设,创建人居环境典范

深入贯彻市委赵乐秦书记在阳朔调研时提出的,把十里画廊遇龙河片区和兴坪集镇作为阳朔建设的重中之重,认真做好规划、治理和建设工作,打造全市乃至全区和谐优美人居环境试点。

1. 全力创建遇龙河国家级旅游度假区。以县四家班子主要领导任组长、四家班子领导每人挂点一个自然村,成立一个工作小组,对遇龙河沿岸37平方千米区域以及沿岸24个自然村进行整治、建设,并建立长效管理机制。通过实施“三拆三清三整治”工程、农旅产业提升工程、基础设施建设提升工程、生态环境优化提升工程、治理能力提升工程、乡风文明提升工程等六大工程,实现度假区内村庄规划编制全覆盖、违法建筑全处置、文物古迹有效保护、旅游设施配置合理、农村环境明显改善、村民环保意识普遍增强的目标,实现山水、人文、景观完美结合,共建、共治、共享全面落实,走出一条产业优、百姓富、生态美、人民群众幸福感高的绿色发展道路,争创国家级旅游度假区和全区高标准乡村振兴示范区,把美好蓝图变成现实。

2. 倾力打造兴坪集镇区。兴坪镇作为中国历史文化名镇、全国特色景观旅游名镇,目前总规、土规已获自治区批复,要通过3—5年的持续打造建设,打造成阳朔旅游的副中心。一是高标准做好各类专项规划编制,兴坪集镇区按规划将扩建到4.5平方千米,要以高标准的规划促进选商择资,引进高端旅游度假、酒店民宿、健康养生、文化创意、户外运动等项目落户兴坪。要加快新镇区土地征收,尽快启动水、电、路、气等基础设施建设,集镇公共服务功能逐步向新区疏解。二是改造提升兴坪老街区,对兴坪老街引入新业态,激发老房子新活力,对生活功能区进行总体风貌提升,保留老街区的商业中心职能。重点发展符合旅游小镇特色的旅游功能,以厚重的历史底蕴打造城镇文化符号。三是开展码头改造提升,对榕树潭码头主体进行加固改造,提升其安全等级和靠泊能力,并实施码头周边景观改造提升。完成滨江桥的修复加固。四是健全集镇管理长效机制,加强道路交通管理,对占道经营、机动车乱停放等情况从严整治。加强卫生环境管理,强化主干道及背街小巷的保洁力度,加大对乱扔垃圾游客市民的即时处罚力度。加强违建管控,通过日常巡查监管、鼓励市民游客举报,严厉打击私搭乱建行为。

(三)夯实两个基础阵地,基层党组织建设铸造响亮品牌

一是夯实党建基础,激发干部群众活力,打造红色领航品牌。结合2019年“基层党建示范化提升年”活动的开展,将村级阵地功能发挥纳入示范提升体系,建立基层党建阵地评级机制。健全村干部日常工作值班、奖惩措施等管理细则,提升村干部履职能力与工作水平,推动村“两委”干部工作规范化。推进新时代文明实践中心建设,铺开建设乡镇实践所和村级实践站。探索成立阳朔县农村党员乡土人才教育学院,深化拓展农村党员“先锋指数”积分管理,持续整顿软弱涣散党组织,不断提高基层党建工作科学化水平。坚持以组织建设为统领,精心组织开展“不忘初心、牢记使命”主题教育,引导党员干部增强“四个意识”,坚定“四个自信”[36],坚决做到“两个维护”。严格落实“20字”好干部标准[37],注重优选、优培、优用,选优配强各级领导班

子和领导干部。要把新城区建设和重大项目一线作为培养锻炼干部的主阵地，广大党员干部在新区建设的关键时期守纪律、敢担当、有作为。大力倡导“担当为要、实干为本、发展为重、奋斗为荣”为政理念，激励干部敢担当善作为，注重在工作实践中考核、评价和培养干部，让广大干部满怀热情的投入到实现阳朔“两个建成”目标中。选树一批新时代新担当新作为的先进典型，激励广大干部见贤思齐、奋发有为。着眼建党百年的历史契机，启动临阳联队遗址保护三年行动计划，积极做好红色文化和红色旅游资源的挖掘、整理和转化工作。以党建品牌引领党建工作为目标，继续围绕干部培训、全域旅游、两新党建、揽才育才做文章，打造一批在全市乃至全区拿得出、叫得响、传得开的红色领航品牌。

二是夯实廉政基础，打造作风过硬品牌。切实加强作风建设，紧盯不敬畏、不在乎、喊口号、装样子的问题，坚决破除形式主义、官僚主义。保持惩治腐败的高压震慑，有力消减存量、有效遏制增量，巩固发展反腐败斗争压倒性胜利。运用好监督执纪“四种形态”，强化监督执纪问责。深入推进党风廉政建设和反腐败斗争，既要管住乱用滥用权力的渎职行为，又要管住不用弃用权力的失职行为，还要注意保护敢于负责、担当作为的干部。注重健全激励和容错纠错机制，旗帜鲜明地为敢于担当的干部担当，为敢于负责的干部负责，让广大干部有例可循，减少思想顾虑。坚持发现问题和整改落实并重，深化巡视巡察工作，发挥利剑作用，形成持续震慑。严明机构改革工作纪律，在组织转隶、人员管理、资产划转上细化措施、主动作为、加强管理，确保改革工作高效平稳有序进行。坚决打好整顿作风优化营商环境攻坚战，扭住解放思想这个“总开关”，教育引导广大干部群众增强市场意识、增强法治意识、增强服务意识，以良好环境推动新时代阳朔全面振兴发展。继续开展“优作风”主题活动，打造全面过硬纪检铁军，以风清气正的政治生态和优良过硬的干部作风品牌为县域经济各项发展提供坚强保障。

各位代表、同志们，使命需要担当，实干成就未来。让我们更加紧密地团结在以习近平同志为核心的党中央周围，坚持以习近平新时代中国特色社会主义思想为指导，勠力同心、埋头苦干，锐意进取、攻坚克难，为加快实现阳朔“两个建成”目标、决胜全面建成小康社会而努力奋斗，奋力谱写阳朔高质量发展新篇章！

《工作报告》名词解释

［1］“两个建成”目标：加快实现全面建成小康社会、基本建成世界级旅游胜地的目标。

［2］“一个引领、八个全力”：以习近平新时代中国特色社会主义思想为引领，全力做好乡村振兴、新区建设、旅游升级、县域发展、生态保护、民生保障、法治社会、主体责任等八项重点工作。

［3］“五个扎实”：扎实推进积极持续健康发展、扎实推进现代特色农业建设、扎实推进民生建设和脱贫攻坚、扎实推进生态环境保护建设、扎实建设坚强有力的领导班子。

［4］“两学一做”：学习共产党党章党规，学习贯彻习近平总书记系列重要讲话精神，做合格党员。

［5］党组织“星级化”和党员积分管理：区党委组织部着眼推动全面从严治党向农村基

层延伸，从2016年起在全区推行农村基层党组织“星级化”管理。全区农村党组织分为四个档次，即五星级、四星级、三星级和不定星级。星级党组织实行总量控制、动态管理，每年考评命名一次，由区党委组织部统一授予星级牌匾。党员积分管理，是对农村党员日常表现赋分量化，由党员所在支部负责组织实施，实行“一季度一积分、一年度一评议”，以季度积分＋年度评议得分综合评定党员日常表现。积分由基础指数、正向指数、反向指数三部分构成，对违法违纪等情形的党员实施“一票否决”，积分清零，按照党内有关规定进行组织处置。根据积分情况确定星级，评选出“五星党员”“四星党员”“三星党员”，选树一批党员标杆。

［6］“一戴三亮”：戴党徽、亮身份、亮职责、亮承诺。

［7］“八有两安”：有住所、有饭吃、有书桌、有衣柜、有降温取暖设备、有卫生设施、有防火防盗设施、有交通工具，安全住村、安心工作。

［8］“四个意识”：政治意识、大局意识、核心意识、看齐意识。

［9］“两个维护”：坚决维护习近平总书记在党中央的核心、全党的核心地位，坚决维护党中央权威和集中统一领导。

［10］“政治建设六项重点任务”：坚决维护以习近平同志为核心的党中央权威和集中统一领导情况、贯彻落实中共十九大精神情况、贯彻落实习近平总书记对广西工作的重要讲话和指示精神情况、深化党和国家机构改革实施情况、党章党规党纪执行情况、召开民主生活会情况。

［11］“四种形态”：第一种是党内关系要正常化，批评和自我批评要经常开展，让咬耳扯袖、红脸出汗成为常态；第二种是党纪轻处分和组织处理要成为大多数；第三种是对严重违纪的重处分、作出重大职务调整应当是少数；第四种是而严重违纪涉嫌违法立案审查的只能是极极少数。

［12］“一约四会”：村规民约和红白理事会、道德评议会、村民议事会、禁毒禁赌会。

［13］“两抢一盗”：抢劫、抢夺、盗窃（包括入室盗窃和盗窃机动车）等三类多发性侵财案件。

［14］“10+3”产业提升行动：自治区农业厅在全区选取粮食、糖料蔗、水果、蔬菜、茶叶、桑蚕、食用菌、罗非鱼、肉牛肉羊、生猪10大种养产业，以及富硒农业、有机循环农业、休闲农业3个新兴产业，打造现代农业产业发展的龙头集群，进而引领和带动其他产业跟进发展。

［15］“三品一标”：无公害农产品、绿色食品、有机农产品和农产品地理标志。

［16］阳荔蒙旅游联合体：由阳朔、荔浦、蒙山成立的旅游联合体，通过整合三县优质旅游资源，包装、策划一条精品旅游线路对外进行联合推介。

［17］“一节两会”：漓江渔火节、金桔交易会和苗木花卉交易会。

［18］“三清洁”：清洁家园，清洁水源、清洁田园。

［19］“六有”标准：有人员、有场地、有设备、有流程、有网络、有经费。

［20］村级六项服务：就业社保服务、民政保障服务、教育助学服务、卫生健康服务、群众文体服务、村级法律服务。

［21］“四乱一脏”：乱挖、乱建、乱养、乱经营、环境卫生脏。

［22］“十一有一低于”：有特色产业、有住房保障、有基本医疗保障、有义务教育保障、有

安全饮水、有路通村屯、有电用、有基本公共服务、有电视看、有村集体经济收入、有好的“两委”班子；“一低于”指贫困发生率低于3%。

[23]“两不愁三保障”：“两不愁”就是稳定实现农村贫困人口不愁吃、不愁穿，“三保障”就是保障义务教育、基本医疗、住房安全。

[24]“四合一”：对设区市党委和政府开展扶贫开发工作成效考核、贫困县党委和政府扶贫开发工作成效考核、非贫困县扶贫开发工作成效考核、扶贫对象脱贫摘帽实地核查等四项工作合并为统一的实地核查、核验。

[25]“5+2”特色产业：在精准脱贫工作中，县级需要发展5个特色产业和2个自选特色产业。

[26]“救心行动”：阳朔县与广东省红十字会、广东省陈绍常慈善基金会、广东省中医院联合开展贫困家庭先天性心脏病儿童和风湿性心脏病妇女“救心行动”活动，免费为全县贫困家庭14岁以下的先天性心脏病儿童和65岁以下的风湿性心脏病妇女进行手术治疗。

[27]商事制度改革：即由注册资本实缴登记制改为注册资本认缴登记制，取消了原有对公司注册资本、出资方式、出资额、出资时间等硬性规定，取消了经营范围的登记和审批，从以往的“重审批轻监管”转变为“轻审批重监管”。

[28]“双随机一公开”：在监管过程中随机抽取检查对象，随机选派执法检查人员，抽查情况及查处结果及时向社会公开。

[29]“354560”改革：企业开办手续3个工作日内完成，不动产登记5个工作日内完成，园区企业投资项目施工许可45个工作日内完成，企业投资项目施工许可60个工作日内完成。

[30]“三大定位”：是指广西构建面向东盟的国际大通道，打造西南中南地区开放发展新的战略支点，形成21世纪海上丝绸之路和丝绸之路经济带有机衔接的重要门户等三大定位。

[31]“五位一体”：即经济建设、政治建设、文化建设、社会化建设、生态文明建设五位一体。

[32]“四个全面”：是指协调推进全面建成小康社会、全面深化改革、全面推进依法治国、全面从严治党，推动改革开放和社会主义现代化建设迈上新台阶。

[33]“三大攻坚战”：打赢防范化解重大风险、精准脱贫、污染防治等三大战役。

[34]“三清三拆三整治”：清理村巷道及生产工具、建筑材料乱堆乱放，清理房前屋后和村巷道杂草杂物、积存垃圾，清理沟渠池塘溪河淤泥、漂浮物和障碍物；拆除农村的危旧废弃房屋、露天厕所，拆除乱搭乱建房屋，拆除违规商业广告、招牌；整治垃圾，整治污水，整治水体污染。

[35]“四好农村路”：建好、管好、护好、运营好农村公路。

[36]“四个自信”：道路自信、理论自信、制度自信和文化自信。

[37]“20字”好干部标准：信念坚定，为民服务，勤政务实，敢于担当，清正廉洁。

阳朔县人大常委会工作报告

——2019年2月23日在阳朔县第十七届人民代表大会第五次会议上

阳朔县人大常委会主任　李自军

各位代表：

我受县人大常委会委托，向大会报告工作，请予审议，并请列席的同志提出意见。

2018年主要工作

一年来，在县委的正确领导下，县人大常委会坚持以习近平新时代中国特色社会主义思想为统领，坚持党的领导、人民当家做主、依法治国有机统一，紧紧围绕全县工作大局，牢牢把握服务发展、监督为民这个主题，始终抓住依法治县这一根本任务，不断强化监督职能，依法履职，扎实工作，全年共组织召开2次人民代表大会，8次常委会会议，12次党组主任会议，组织开展1次执法检查，7次调研、视察活动，听取和审议专项报告6项，作出1项决议，为全县全面深化改革、促进经济发展、建设法治社会做出了积极贡献。

一、旗帜鲜明坚持党的领导，始终保持人大工作的正确政治方向。牢固树立"四个意识"，坚定"四个自信"，坚决做到"两个维护"，充分发挥常委会党组领导核心作用，将党的领导贯穿于人大履职的各方面和全过程。坚持把推动县委中心工作作为坚持党的领导的重要抓手，使人大工作既与县委的决策部署紧紧相扣，又与人民群众的意愿呼声息息相关。

坚持强化思想政治引领。常委会深入学习习近平新时代中国特色社会主义思想和中共十九大精神，特别是把学习贯彻习近平总书记关于坚持和完善人民代表大会制度的重要思想摆在突出位置，注重抓好领导干部这个"关键少数"，常委会将这些学习内容细分4个专题，由领导班子带头学、分头讲，通过召开常委会、机关座谈会、举办人大代表学习培训班、联合挂点村支部开展交流活动等方式，在学懂弄通做实上下功夫，用以武装头脑、指导实践、推动工作。

坚持党对人大工作的领导。不折不扣执行党的路线方针政策，在履职中贯彻党的主张、维护人民利益、尊崇宪法法律。坚持重大问题和重要事项及时向县委请示报告，确保县委决策部署得到全面贯彻执行。恪守党管干部和依法任免相统一的原则，依法全票补选了县人民政府县长，依法完成了其他48人次的选举任免工作，确保了县委意图的顺利实现，使人大工作始终与县委同心同行，合力合拍。

坚决维护宪法尊严和权威。严格落实宪法宣誓制度，组织新任命国家机关人员进行宪法宣誓，进一步彰显宪法尊严和权威。组织宪法宣讲，通过电视、报纸、网络等媒体，多种形式宣传，在全县形成尊崇宪法、学习宪法、遵守宪法、维护宪法、运用宪法的浓厚氛围。

二、围绕中心工作，服务大局发展，全力构建依法监督新格局。紧扣贯彻落实中央、自治区、市委、县委重大决策部署，紧扣回应人民群众重大关切，紧扣厉行法治、推进全面依法治县，强化正确监督、有效监督，在监督中支持、支持中监督“一府一委两院”工作,监督的形式和效果进一步增强。

一是推动法律贯彻实施。组织《中华人民共和国固体废物污染环境防治法》执法检查,提出着力解决阳朔县兴源铅锌矿有限责任公司尾砂库治理,全面加快生活垃圾处理设施建设,做好社会保障,加强监督透明化等审议意见,督促县人民政府及时整改。加强对公、检、法、司的联系与监督工作,组织县人大代表到县法院参加庭审旁听、庭审观摩及“五查五整顿”活动等。加大信访督办力度,共接待来信来访19件,50人次,办结率为100%。

二是提升财经监督水平。开展上半年国民经济和社会发展计划与财政预算执行情况专题调研,通过召开县直有关经济主管部门座谈会,视察新城区、宋城影艺等项目建设,全面掌握情况,形成调查报告,提出加强财源建设,加大招商引资,有效推进项目建设,强化旅游业的管理等建议。结合开展上半年国民经济和社会发展计划与财政预算执行情况调研工作,对群众关心关注的工业园区建设、神山至红颈山绕城路建设等社会热点难点问题,开展专项调研工作,听取县人民政府专题汇报,指出存在问题,提出合理的审议意见,督促县人民政府尽快落实。目前,县人民政府已把推进福利工业园区建设列为2019年度重点工作,其中阳朔县生态环保科技园项目已基本完成土地征收工作,即将启动建设;全长2.63千米的神山至红颈山绕城路已开工建设。

三是联合关爱弱势群体。与县政协联合开展了阳朔县孤儿、残疾未成年人、残疾人家庭和建档立卡贫困家庭未成年子女教育救助体系调研工作,组织乡镇和财政、公安、民政、教育、残联、扶贫等部门,通过座谈交流、实地调研、商议办法相结合的方式,全面深入了解我县“孤残”情况,并形成了调研报告,提出了加强组织领导、提高救助标准、办好特殊学校、动员社会力量参与等意见和建议,得到县委、政府的充分肯定。县人民政府决定建立“整合部门资源、发挥社会力量、财政兜底保障”机制,提高对全县孤儿、残疾未成年人、残疾人家庭和建档立卡贫困家庭未成年子女教育救助标准。

四是恢复开展述职评议。为进一步增强县人大常委会任命人员的法律意识,提升其依法履职水平,进一步转变其工作作风,本届常委会决定,把人事任免与监督有机结合,恢复开展对任命人员的述职评议工作。2018年开展了对农业局、环保局、卫计局、安监局主要负责同志的述职评议,主要评议被任命人员本届任现职以来依法行政、履行职责、联系群众等情况。整个工作中,被评议同志态度端正、准备充分,工作考评组调研深入、评价中肯,述职评议会议发言和提问热烈认真、切中关键,达到了了解情况、肯定成绩、发现问题、提出建议、促进工作的目的。

五是持续关注民生事业。开展农业科技人才队伍建设调研,初步掌握9个涉农部门、9个乡镇共302名在职在编农业科技人才队伍基本情况,提出加快培养或引进高级农业技术人才,重点引进特色种(养)殖技术人才,制定完善激励创新、晋升考核机制,充分调动农业科技人才工作积极性等建议。开展环境状况和环境保护目标完成情况视察,2018年,我县各项环保目标基本完成,全县大气污染防治“百日攻坚”行动有序开展,中央环保督察组“回头看”期间交办的22件群众举报案件已完成整改19件,其余3件正按要求进行整改。开展基层文化体育情况视察,提出加大建设资金投入、加强基础设施管护、配齐文化专业人员等建议,进一步推动全县基层文体工作的开展。

一年来,县人大常委会还积极配合自治区人大常委会开展了农村医疗卫生调研、桂台产业调研、西街保护条例立法调研、重大项目建设推进情况调研，积极配合市人大常委会开展了《中华人民共和国禁毒法》《中华人民共和国食品安全法》《中华人民共和国旅游法》执法检查，现代特色农业产业发展情况专项调研、公益诉讼专项调研等工作。

三、主动适应代表工作新形势，始终保持与人民群众的血肉联系。人大代表是国家权力机关的组成人员，是人大工作的主体，坚持不断提升代表的政治素质、法律素质和履职能力，并做好履职服务保障。

全面畅通代表履职渠道。投入200多万元完成了9个乡镇人大代表履职活动中心和46个人大代表之家建设，实现了履职平台建设的全覆盖，其中葡萄镇葡萄山景区的“人大代表接待中心”得到市人大高度肯定。指导乡镇人大充分利用履职平台开展代表活动，让闭会期间代表小组活动正常化、规范化和制度化。全面开展县、乡镇人大代表向选民述职工作，促使代表自觉接受选民的监督，共有117名人大代表参加述职。开展常委会组成人员联系代表和代表联系人民群众活动，全年共走访县人大代表120多人次，慰问代表35人，固定走访人民群众595人，收集了320多条建议，交相关单位部门办理，并及时答复，代表群众满意率90%以上。做好县人大代表出缺补选工作，于9月在福利镇绛村选区顺利补选县人大代表1名。

不断提升代表履职能力。5月，组织第三批市、县人大代表到河南省河南大学参加人大代表履职培训班，全面完成了本届县人大代表轮训工作。10月，启动开展集中培训乡镇人大代表工作，举办了第一期乡镇人大代表培训班。受市人大常委会委托，2次组织市人大代表阳朔小组先后到平乐、荔浦、三江、融安等地开展集中视察调研活动。全年共组织600多人次的市、县、乡人大代表参加考察学习、专题讲座和集中封闭培训。为代表订阅《广西人大》杂志，编发《阳朔人大》简报并发给每位代表，通过“阳朔人大”和乡镇人大微信公众号，让代表了解和掌握人大工作动态和相关业务知识。做好人大代表专访工作，通过电视、报纸、网络、微信等媒体多渠道宣传人大代表9名。

切实督办代表意见建议。在县十七届人大三次会议期间，共收到代表的建议、批评、意见共78条，及时交县人民政府办理。同时，确定7条重点督办建议，交由县人大相关委室督促落实。县人民政府高度重视，认真办理，于8月底全部回复代表，回复率为100%。召开代表与建议承办单位当面协商座谈会，使代表建议得到更好的落实。跟踪调查办理情况，对承办代表的建议、批评、意见的满意率进行测评调查，满意率90%以上。评选并表彰优秀代表建议8件、先进承办单位8个，不断提高代表建议质量和办理代表建议的水平。

四、认真落实“两个机关”建设新要求，始终推动自身建设与时俱进。全面推进“两个机关”建设，以加强制度建设强化担当，以加强组织建设激发活力，以加强作风建设增强动力，不断提升依法履职的能力和水平，确保人大常委会及其工作机关真正做到为民、务实、清廉，为人大工作创新发展提供了有力保证。

深入推进党风廉政建设。按照党风廉政建设责任制的具体要求，认真履行主体责任和“一岗双责”的职责，带头并督促班子成员严格遵守领导干部廉洁自律有关规定，提高机关干部职工的自律意识，确保党风廉政建设取得实效。严格贯彻落实中央八项规定和区、市、县配套规定，不断健全和完善机关内部各项制度，进一步转变工作作风。开展好警示教育、廉洁家书、廉政谈话等活动，提高反腐倡廉意识。

积极参与全县重点工作。全力做好新城区征地拆迁安置工作，按照县委、政府的要求，耐心入户走访动员，扎实开展征地拆迁工作，由县人大机关牵头、相关部门负责的第一大队总任务数161户，目前已签订搬迁协议143户，其中134户顺利进行了抽签安置。认真做好驻村帮扶（脱贫攻坚）工作，帮助白沙、兴坪、高田、葡萄、金宝、杨堤、普益等乡镇部分村委的贫困户协调危房改造、以奖代补、结对帮扶等政策资金30多万元，解决一批蜜蜂、苗木等生产物资，帮助普益乡勇村村委解决公益建设资金16.8万元。2018年，勇村党总支部被评为自治区四星级农村基层党组织。

不断提升机关工作水平。修订完善机关工作规程，强化各专工委之间的合作联动。加强人大宣传工作力度，荣获自治区2018年度人大宣传工作先进单位二等奖，编印《阳朔人大》简报5期，通过“阳朔人大”微信公众号推送工作动态、理论知识、政策法规97条。加强对法律法规、人大业务知识的学习，进一步增强常委会组成人员、人大干部的法律素养和业务水平。组织机关老同志到新城区等项目开展专题活动，通过召开座谈会、走访、慰问等形式，认真收集并积极反映老同志的意见和建议。积极开展对外交往，增进交流、开拓视野，去年共组织4批次外出参观学习，接待了韩国议会代表团、联合国各国议会议长和10余批次各级人大来朔考察工作。

各位代表，过去一年县人大常委会工作取得的成绩，是县委正确领导的结果，是县政府、县政协互相支持配合的结果，是各乡镇、各单位和全体代表共同支持努力的结果，是各位老领导和社会各界关心支持的结果。在此，我谨代表县人大常委会致以崇高的敬意和衷心的感谢！

在取得成绩的同时，我们也清醒认识到，县人大常委会的工作与党和人民的要求还有一定差距，监督工作重点与全县工作大局的结合还没有完全到位，监督方式有待改进，监督实效有待提升；提高代表素质和发挥代表主体作用有待加强；服务代表形式有待创新。我们将高度重视这些问题，虚心听取代表意见，自觉接受人民监督，不断加强和改进各方面工作。

2019年主要任务

2019年，是中华人民共和国成立70周年，是决胜全面建成小康社会第一个百年奋斗目标的关键之年，做好今年各项工作意义重大。县人大常委会工作的总体要求是：以习近平新时代中国特色社会主义思想为指导，深入贯彻中共十九大和十九届二中、三中全会精神以及中央庆祝改革开放40周年大会精神，深入学习贯彻习近平总书记关于坚持和完善人民代表大会制度的重要思想，坚持党的领导、人民当家作主、依法治国有机统一，按照县委提出的“实施六大工程、推进两区建设、夯实两个基础”新部署新要求新举措，全面担负起宪法和法律赋予的各项职责，努力提高人大工作水平，为加快实现阳朔“两个建成”、谱写阳朔高质量发展新篇章作出积极贡献。

一、立足政治建设统领，强化使命担当

坚持把贯彻落实中共十九大精神作为当前和今后一个时期的首要政治任务，通过多种形式深入学习贯彻中共十九大精神和习近平新时代中国特色社会主义思想，准确把握核心要义和精神实质，把思想和行动统一到党中央、自治区党委、市委和县委的重大决策部署上来。认真落实全面从严治党的各项工作，全面推进党的政治建设、思想建设、组织建设、作风建设、纪律建设，不断树牢“四个意识”，坚定“四个自信”，坚决做到“两个维护”。依法行使监督权、重大事项决定权和人事任免权，确保县委重大决策部署和人事安排意图经过法定程序得以顺利实现。

二、立足改革发展大局，强化监督质效

突出监督重点，改进监督方式，实行正确监督、有效监督，把监督与支持有机结合起来，促进“一府一委两院”依法行政、司法公

正，确保县委重大决策部署的贯彻落实，推动人民群众普遍关注问题的解决。

一是持续推进法治建设。开展《社区矫正实施办法》执法检查，弘扬宪法精神，进一步推动“七五”普法规划目标任务全面落实。加大对涉法涉诉信访案件的督办力度，促进司法公正，努力维护人民群众合法权益。主动与法院、检察院联系，组织县人大代表参加“两院”的庭审活动和“公众开放日”，增强庭审监督质效。

二是听取审议专项报告。听取和审议县人民政府关于2019年上半年国民经济和社会发展计划与财政预算执行情况的报告、关于2018年县本级财政决算报告及县本级预算执行和财政收支情况的审计报告，审查和批准2018年县本级决算，促进依法组织收入，强化支出管理，助推我县经济社会发展。加大人大对预算决算、国有资产管理的监督职能，积极创新监督方法，发挥人大对审计查出突出问题整改情况进行监督的重要作用，督促做好审计查出问题的整改，建立和完善长效管理机制。

三是积极回应社会关切。关注新城区建设，关注遇龙河国家级旅游度假区创建工作，组织对农产品网上销售平台（电商）、传统民族民俗文化、基层医疗卫生情况、乡镇加油站建设情况的调研、视察。坚持围绕社会普遍关注、群众反映强烈的重大问题开展专题视察、专题询问。继续关注阳朔工业园区建设工作，听取县人民政府专题汇报。监督、支持县人民政府组织实施提高全县孤儿、残疾未成年人、残疾人家庭和建档立卡贫困家庭未成年子女教育救助标准工作，让最需要关心、最应该关心的弱势群体更多地感受到党和政府、社会的温暖，共享经济发展改革开放成果。继续开展对县人大常委会任命的县人民政府主要组阁部门主要负责同志进行述职评议工作，同时，跟踪2018年度被评议同志的评议意见整改落实，推动部门巩固扩大评议成果。

三、立足发挥主体作用，强化代表服务

尊重代表主体地位，努力提高服务水平，健全代表工作各项制度，支持和保障代表依法履职，为阳朔发展汇民心、聚民力。

履职服务保障要不断完善。指导乡镇巩固提升人大代表履职平台，真正把履职平台建成代表履职尽责的平台、代表活动的阵地、联系选民的纽带、促进经济发展的加速器。推动代表工作与“互联网+”融合发展，丰富代表活动载体形式，在发挥代表主体作用上取得新成效。落实“双联”制度，全面开展代表向选民述职工作。

依法履职水平要有效提升。制定代表学习计划，继续对人大代表进行集中培训，实现县、乡人大代表任期内学习培训全覆盖。加强常委会同代表的联系，拓展代表参与常委会、专门委员会工作的广度和深度。组织代表在闭会期间参加专题调研、执法检查和集中视察活动，有效推动代表依法履职、担当尽职。

建议办理实效要持续增强。认真办理代表建议，切实提高办理质量。继续组织开展评选表彰“优秀代表建议”和“建议先进承办单位”活动，推动建议办理工作提质增效，提高建议落实率和代表满意率。

四、立足适应时代要求，强化自身建设

主动适应新时代、新形势、新任务对人大工作提出的新要求，与时俱进加强县人大常委会及其机关建设，不断提高服务大局、调查研究和督促落实的能力水平。

注重理论武装。进一步学懂弄通做实中共十九大精神，切实增强学习贯彻习近平新时代中国特色社会主义思想的政治自觉、思想自觉和行动自觉，采取有力措施，把学习贯彻习近平总书记关于坚持和完善人民代表大会制度的重要思想引向深入，努力使常委会成为全面担负起宪法法律赋予各项职责的工作机关，成为同人民群众保持密切联系的代表机关。

注重作风建设。深化县人大机构改革，健全人大组织和工作制度，完善人大专门委员会设置，更好的发挥其职能作用。深入贯彻落实全面从严治党要求，持之以恒正风肃纪，自觉接受人民监督，虚心听取代表意见，营造忠诚担当、廉洁勤政的工作氛围。

注重服务协作。加强人大新闻舆论工作，办好《阳朔人大》简报、“阳朔人大”微信公众号，编撰《阳朔人大志》。加强机关干部队伍建设，加强全县人大工作交流和业务培训，提高人大工作能力。加强对基层人大工作的联系指导，增强协作配合。进一步做好老干部服务保障工作。

各位代表，同志们！历史的画卷，总是在砥砺前行中铺展；精彩的华章，总是在接续奋斗中书写。让我们更加紧密团结在以习近平同志为核心的党中央周围，在县委坚强领导下，以习近平新时代中国特色社会主义思想为指导，坚定制度自信，强化责任担当，树立“为产业谋发展、为民生交答卷、为阳朔绘蓝图”的主人翁意识，为推动人民代表大会制度和人大工作与时俱进、完善发展，谱写阳朔高质量发展新篇章作出新的更大的贡献，以优异成绩庆祝新中国成立70周年！

政府工作报告

——2019 年 2 月 22 日在阳朔县第十七届人民代表大会第五次会议上

阳朔县人民政府县长　周　彦

各位代表：

现在，我代表县人民政府，向大会报告政府工作，请予审议，并请各位政协委员和列席会议的同志提出意见。

一、2018 年工作回顾

2018 年，全县上下坚持以习近平新时代中国特色社会主义思想为指导，坚持用新发展理念推动高质量发展，统筹做好稳增长、调结构、打基础、强引擎、抓环保、优生态、惠民生、保稳定等工作，全面深化改革，着力扩大开放，最大限度激发发展动力活力。在县委的领导下，在县人大和县政协的监督支持下，各项工作取得了新成绩。

全县完成地区生产总值 130.57 亿元，同比增长 7.5%。其中第一产业完成 28.39 亿元，同比增长 6.5%；第二产业完成 37.28 亿元，同比增长 3.6%；第三产业完成 64.91 亿元，同比增长 11.1%。固定资产投资同比增长 17.1%；财政收入 7.32 亿元，同比增长 6.66%；社会消费品零售总额 32.19 亿元，同比增长 9.3%。城镇、农村居民人均可支配收入分别为 37791 元、16655 元，分别同比增长 7.1%、10.7%。银行存贷款余额分别为 117.6 亿元、69.49 亿元，分别同比增长 8.96%、0.85%。全年接待旅游总人数 1751.95 万人次，旅游总消费 242.32 亿元，分别同比增长 13%，33.7%。三次产业结构比为 21.7∶28.6∶49.7。2018 年，我县成为全国运输服务与旅游融合发展现场会、全国乡村绿化美化现场会的实地考察点；获评“2018 中国最美县域”；并在全区县域经济分类考核中蝉联重点生态功能区第一名，再次荣获广西科学发展先进县。

（一）厚植产业发展优势，实现质量效益新提高。

现代特色农业初具规模。实施现代特色农业示范区建设增点扩面提质升级三年行动，继续深入实施“10+3”产业提升行动[1]，稳定粮食产能 10.6 万吨以上。积极创建 18 个现代特色农业示范（园）区和 40 个现代特色农业示范点。蔗香甜园、牧生源生猪产业获自治区级现代特色农业核心示范区。七仙峰茶叶休闲农业示范区、遇龙金丹绿色食品产业示范园获广西现代特色农业县级示范区。加大新品种、新技术、新成果的试验示范及推广力度，引种柑桔品种 20 个，开展各类新品种试验示范。加强“三品一标”[2]认证工作，做好沙田柚、黑皮果蔗国家地理标志产品申报工作，白沙镇桂珠专业合作社、旺发家庭农场、白氏农业公司等 12 家获得无公害农产品认证。完成柑桔无病苗圃建设，抓好柑桔木虱统防统治，加强绿色防控技术示范推广，柑桔黄龙病综合防控取得成效。培育壮大新型农业经营主体和新型职业农民队伍，全县农民专业合作社已达 265 家。白沙镇古板水果合作社和阳朔镇樟桂茂谷柑合作社被认定为自治区级示范社。白沙镇获农业部批准开展农业产业强镇示范建设工作。持续推进国家基层标准化改革创新先行区和第九批国家农业综合标准化示范县建设。完成全民义务植树61万株,完成2.99万亩石漠化治理封山育林工作。完成1494株古树名木普查及挂牌工作。发放中央下达生态林管护补助资金939.1万元。全国绿化模范县通过自治区公示。完成水利投资6802万元,完成5个农村饮水安全巩固提升、4个中小河流治理、3个中央财政小农水项目县等水利工程。养殖蜜蜂4.55万群,产蜜2350吨,九龙藤蜂蜜成功注册商标,弈春族蜂产品加工基地获食品生产许可,首批蜂产品伴手礼推向市场。制订养殖业禁养规划,生态养殖示范点建设卓有成效。补贴农机具890台套130万元,农机化综合作业水平达到60.17%。加强气象预警预报,提高公共气象服务水平。

现代工业体系加快构建。积极推进葡萄工业集中区的搬迁规划,着重加快推进福利工业集中区建设,完成工业基础设施投资5067万元。坚持走新型工业化道路,关停了普益建材有限公司,在原址新建新型墙体材料企业。阳朔县生态环保科技园项目已基本完成土地征收工作,即将启动建设。完成电网建设投资2.92亿元,同比增长28%。全社会累计用电量5.31亿度,同比增长23.65%。110千伏白沙变电站已安装调试完毕,新城区龙城变电站已开工建设,220千伏金葡站及线路的前期工作有序推进。新增及更换变压器155台,新建基站及扩容500多个,改造10千伏线路15.78千米。电信、移动、联通三大运营商2018年完成投资1.4亿元,进一步加快网络提升工程,新建基站107个,改造提升159个,全县所有村(居)委均实现4G信号覆盖和光网通达。金桔深加工规模不断扩大,金桔产品系列“伴手礼”大受游客青睐。电子商务进农村工作有序推进。设立行政村电子商务服务点33个,邮乐购[3]站点总数达75个,村民足不出村就能“淘”商品。

服务业实现跨越发展。加快推进全域旅游工作。在全国乡村旅游与旅游扶贫工作推进大会作了特色乡村旅游典型发言。十里画廊遇龙河荣获自治区生态旅游示范区称号,国家全域旅游示范区通过自治区初审评估,完成遇龙河国家级旅游度假区初审工作。广西电视台综艺·旅游频道《魅力之旅——书记、县长做导游》旅游形象宣传节目已拍摄完成。配合自治区智慧旅游摄制组、北京世界园艺博览会事务协调局多次拍摄阳朔宣传片,进一步把阳朔推向世界,让世界聚焦阳朔。宋城·桂林千古情自7月底运营以来,接待游客138万人次,实现营业收入5240万元,成为全市文化旅游产业发展的新标杆。积极推动“一键游桂林”项目。民宿集群产业迅猛发展,涌现出一批极具特色的民宿,成功举办2018民宿高端人才发展国际论坛,成立阳朔民宿学院,推动民宿行业规范、有序、健康发展。“三场站一中心”的阳朔公交调度中心已启用,元宝山公交场站已于2019年春节试运行,阳朔北公交场站已完成主体工程,南旅游集散与公交枢纽项目前期工作进展顺利。完善遇龙河景区和漓江景区经营管理机制。制定实施《阳朔县十里画廊遇龙河景区保护与管理暂行规定》,以景区内业主的实际需求、游客体验感和满意度为中心,合理调整管制时间和客运专线票价,开通了“招手即停”、民宿循环专线等服务项目。完善景区基础设施,修建遇龙堡至旧县旅游通道和旧县生态综合码头,实施景区亮化工程。完成漓江景区436张排筏提升改造,提升了旅游品质。两大景区游客和收入均有不同程度增长。开展旅游秩序整治“百日行动”,县公安、工商质监、食药监、物价、交通等相关部门联合严厉查处不合理低价游、非法经营旅游业务、强迫或变相强迫消费等违法违规行为。规范了旅游市场秩序,实现旅游重大安全零事故,取得良好成效。

（二）重点项目建设再发力，打造经济增长新引擎。积极对接国家政策导向，实施项目投资三年滚动计划。2018 年全县列入自治区重大项目 6 项，市领导跟踪推进重大项目 6 项，列入市级层面重大项目 41 项，共完成投资 124.59 亿元。做好建设用地报批工作，全年共新增建设用地 67.94 公顷，农用地 67.41 公顷，耕地 8.51 公顷，为项目建设提供了用地保障，实现供补平衡。全县重点项目推进顺利。乌布小镇、兴坪三千漓休闲养生度假区、兴坪莲花岩项目、香樟华苹酒店已于 2019 年春节前运营，乌布小院、精品酒店罗兰夏朵安置区、宋城・桂林千古情配套景区道路等项目基本完成，如意峰索道建设进展顺利。阳鹿高速（阳朔段）复工以来，项目顺利推进，已完成大部分的路面施工。福达・阳朔之心和彰泰・阳朔十里春风项目、神山至红颈山绕城路已开工建设。启动汽车客运站建设。福利至新城区一级公路、阳朔漓江二桥、阳朔至普益公路、兴坪至漓江景区公路、阳朔美食文创中央大厨房、阳朔春风漓水等项目前期工作进展顺利。增强了县域经济发展后劲。

（三）实施乡村振兴战略，展现城乡建设新面貌。新城区历年累计完成土地征收 11170 亩，占总数的 95%；签订搬迁房屋协议 326 户，占总数的 96.8%；完成抽签 283 户，占总数的 87.3%；拆除主住房屋 225 户，占总数的 70.2%。16 个安置点基本完成“三通一平”[4]工作，正在回建房屋 256 户，部分回建房已建成，实现了“群众入住”的目标。9 条市政道路管网工程建设已完成总工程量的 85%。甲秀桥、栗木河桥相继通车，览胜桥计划 2019 年上半年通车。山水大桥、朝霞桥、览胜二桥、甲四桥和兰溪桥等 5 座桥梁即将开工建设。二中、三幼于 9 月秋季学期投入使用，县应急指挥中心、县社保中心、县档案馆、县“互联网 + 旅游中心”、县中医院、县自来水加压泵站、县疾控中心等项目推进顺利，即将实现“政务入住”的目标。新城区大招商、大建设、大发展的格局逐步形成。老城区建设不断改善，市容、交通、卫生环境综合管理不断加强。启动凤鸣路北段改造工程，推进新型城镇化示范县项目，完成西街小巷、陈家山等一批县城小街小巷改造。完成无障碍环境示范县建设。县城通往白沙、福利、高田 3 个镇的主干道亮化工程部分路灯已于春节前亮起来。大西街立法进入征求意见阶段。完成兴坪国家特色镇项目建设，兴坪镇荣获广西养生养老小镇称号，福利镇荣获中国历史文化名镇称号。完成高田、葡萄新型城镇化建设。启动金宝、普益 2 个乡镇的新型城镇化建设。基本完成旧县、朗梓、渔村、龙潭、留公 5 个传统村落保护项目和 12 个公共照明试点村建设。14 个乡土特色示范村建设进展顺利。完成 237 户农村危房改造工程。启动桂阳公路慢行绿道二期和沿途驿站建设。完成锁石至屏山、马安至门楼、新村桥等公路项目建设。完成通自然村道路硬化项目 40 个 84 千米，通自然村道路硬化率达 97%。开通县城至兴坪、县城至普益城乡公交。

（四）加大生态治理力度，铸就绿色发展新辉煌。牢固树立“绿水青山就是金山银山”的发展理念，大力发展生态经济，坚定不移走生产发展、生活富裕、生态良好的文明发展道路。加强对空气、饮用水源、农村环境质量的监测，空气质量持续好转，优良天数为 319 天。加强露天焚烧管理，巩固“清洁乡村”成果，开展河湖水库“清四乱”[5]、河湖采砂专项整治行动，保护水生态环境。完成了兴坪思的村耕地土壤污染防治与修复项目一期工程。全面开展第二次全国污染源普查工作。大力整治生态环境保护问题，已关停采石场的生态修复成果得到全面巩固。中央环保督察组交办的 22 件群众举报环境问题的整改工作已完成 19 件，其余 3 件正按计划推进。架桥岭自然保护区和海洋山自然保护区的面积和界线确界方案通过自治区评审。持续推进农村环境整治，投入1000多万元启动农村生活污水处理设施、污水管网整改工作，白沙、兴坪、福利、高田、葡萄污水处理设施已正常运行。完成农村改厨改厕各6000户。开展“绿剑2018”等系列打击涉林违法犯罪活动专项行动，全年受理各类涉林案件139起，其中刑事案件立案25起、破案24起、逮捕（含直诉）24人。加强渔政执法力度，收缴电鱼机头11台，销毁地笼1.18千米。查处违法违章建筑245处，拆除违建面积12700平方米。多部门联合执法处理渣土违法行为184起，有效解决工地泥浆污染路面、运输车辆抛撒滴漏等建筑垃圾污染环境行为。开展漓江废弃船舶强制拆除行动和漓江“四乱一脏”[6]专项整治行动，完成漓江两岸180户房屋风貌改造，取得明显成效。

（五）尽锐出战精准施策，夯实脱贫攻坚新堡垒。落实脱贫攻坚主体责任，层层签订目标责任状，精准施策，采取多种方式促进脱贫攻坚，全县脱贫10个贫困村602户2021人，全部达到“两不愁三保障”[7]“八有一超”[8]和“十一有一低于”[9]的脱贫摘帽指标要求。发放建档立卡贫困户幼儿教育补助、义务教育阶段寄宿生生活费补助、普通高中国家助学金补助、雨露计划补贴和免除贫困子女普通高中学杂费1670人次187.95万元。落实城乡居民基本医疗保险补贴政策，实现建档立卡贫困人员100%参保，实施贫困人口“先诊疗，后付费”，贫困户报销实现“一站式”结算，医疗总费用实际报销比例达到91.2%。投资7500万元完成贫困村、贫困户的水、电、路、公共服务设施等91个项目建设。安排奖补资金和结对帮扶资金730万元扶持产业发展，县级“5+2”特色产业[10]覆盖80%以上贫困户。杨堤乡中南村委等22户贫困户通过发展养蜂产业，户均增收9000多元。完成金宝集镇、兴坪古皮寨、兴坪江村三个集中安置点建设，安置贫困户92户319人。完成贫困户危房改造79户、住房修缮168户。发放扶贫小额信贷69户240万元。落实县、乡、村三级信息员80名，23个贫困村都选派了科技特派员。动态调整“应纳尽纳”贫困户84户302人，因病、因灾等返贫户14户45人，剔除错评贫困户11户42人。扶贫宣传成效显著，开展扶贫文艺演出64场，在中央级媒体上稿30篇，自治区级媒体上稿37篇，乡村旅游助力脱贫攻坚的典型经验荣登《广西精准脱贫攻坚简报》头条。2018年6月，阳朔县荣获2017年度全区县级扶贫成效考核一等的好成绩。

（六）坚持共建共治共享，创造各项事业新成绩。高质量完成一批为民办实事项目。社会保险事业进一步完善。开展“春风行动”及“民企招聘周”等活动10场次，提供6768个工作岗位。城镇新增就业2977人。发放就业补助资金203.6万元。受理拖欠工资案件24起，涉及民工311人261万元，全部结案。规范城乡低保发放，实行低保对象动态管理。发放低保资金1415.26万元，发放城市最低生活保障115.12万元，救助临时困难对象1340人次35.92万元，全面开展退役军人和其他优抚对象信息采集工作。做好281名适龄残疾儿童帮扶工作。加大教育投入，夯实教育基础，继续实施高中阶段免费教育。投入各级资金1.64亿元，完成中小学、幼儿园等建设项目41个，九年义务教育巩固率为99.54%，义务教育均衡发展顺利通过国家督导评估认定。实施科技创新驱动，完成专利申请63件，组织完成科技、文化、卫生“三下乡”活动。启动自治区健康促进县创建和开展自治区卫生县城复审工作，完成县医院门诊综合楼、中医院医技楼、妇幼公卫楼、疾控实验楼等项目，基层医疗硬件稳步提升。建立县乡两级医联体，深化医药卫生体制改革。全年无甲类传染发生，妇儿保工作稳步推进，公共卫生服务能力不断提升。完成20个“儿童之家”建设，为留守儿童提供集中管护、学习和活动场所。114个村(居)委实现了“村村都有农家书屋”,实行公共图书馆、文化馆免费开放政策。公益放映电影1188场。成功举办2018漓江渔火节、阳朔铁人三项赛、环广西公路自行车世界巡回赛、漓江越野跑和阳朔攀岩节,通过文化体育赛事推动,提高了阳朔的知名度。创建全区食品安全示范县,完成食品安全示范街、示范店、示范超市等示范创建活动,不断强化食品药品日常监管,杜绝餐桌上的污染,保证舌尖上的安全,食品安全保障水平得到进一步提升。

(七)加强平安建设力度,构建社会治理新格局。加强社会治安综合治理,妥善预防化解社会矛盾,实现大局持续稳定。大力开展信访积案化解工作,积极引导群众网上信访,全年信访总量同比下降28.5%。加强社会治安防控体系建设,构建智能化警务应用“一张图”模式,有效提高警务指挥智能化和打击防范精准化水平,顺利完成各项重大安保任务。深入开展扫黑除恶专项斗争,严厉打击违法犯罪活动。全县总警情环比下降3.7%,刑事案件下降15.3%,侦破9类涉恶案件33起,摧毁2个涉恶犯罪集团和1个开设赌场犯罪集团,营造了良好社会治安环境,全县群众安全感达96.32%。做好“七五”普法中期督查考评工作。成立了县法律公共服务中心,在114个村(社区)设立村级法律顾问,全县法治建设水平明显提升。加强安全生产工作,全县安全生产情况稳定向好。

(八)深化体制机制改革,释放县域经济新活力。加快法制政府建设,深化行政审批改革。圆满完成国地税征管体制改革,减税降费激发经济活力成效明显,全年减免各类税款1.6亿元。完成农村土地确权工作,通过自治区检查验收。完成大源国有林场改革。全面推行河长制,覆盖了全县37座水库、151条河流,构建了河湖管理新机制。协调推进事业单位和国有企业公车改革。完成消防救援大队授衔和换装工作。深化“放管服”改革[11]。加大行政审批制度改革力度。取消、承接和调整行政审批事项58项,清理规范行政审批中介服务事项43项,推行权力清单和责任清单“两单融合”。深化商事制度改革,落实“先照后证”,推行“双随机一公开”监管[12],落实“354560”改革[13],不断优化营商环境。按照“只进一扇门”“最多跑一次”的要求,积极推进“一事通办”,实现了1583项行政审批事项“最多跑一次”,网上办理率达84.5%。破解群众办事堵点,开展减证便民行动,税务、不动产登记、公安、工商质监等部门推出多项便民措施,群众办事实现了“指尖上的便利”。做好第四次全国经济普查工作。加强经济责任、重大投资项目、民生资金等审计工作。全面推进从严治党,认真履行一岗双责,全年立案192件,给予党纪政务轻处分和组织处理186人,党纪重处分和重大职务调整25人,移送司法机关处理2人,挽回经济损失3000余万元。为47名干部澄清事实,对183名受处分的干部进行回访谈心谈话。

一年来,国防建设、双拥及民兵预备役工作得到加强,民族、宗教、侨台、物价、机关事务、档案、保密、海事、地方志、地震、社会科学、老龄、调处、应急、外事、文联、邮政、金融、保险、石油、烟草等事业取得全面新进步,中、区直单位各项工作取得新成绩,工会、共青团、妇联等群团组织在经济社会发展中发挥了重要作用。

各位代表!一年的成绩来之不易。这是县委总揽全局、科学决策的结果,是县人大及其常委会和县政协监督支持的结果,是各级各部门和全县各族人民团结奋斗、顽强拼搏的结果。在此,我谨代表县人民政府,向全县各族人民,向人大代表、政协委员,向各民主党派、无党派人士、各人民团体和各界人士,向离退休的老领导、老同志,向中区直驻阳朔单位，向部队和武警官兵，向所有关心支持阳朔发展的海内外朋友，致以崇高的敬意和衷心的感谢！

在取得成绩的同时，我们也清醒地认识到，我县经济社会发展还存在不少困难和问题：一是土地、环境、能源等要素制约加剧，供给侧结构性改革任务繁重；二是财政收支平衡压力增大，发展进入新时代，人民群众对生活品质有更高的需求、对公共服务均等化有更多的期盼，社会各项事业的发展需要更多的财政投入；三是社会治理存在不少薄弱环节，法治建设任务艰巨；四是基础设施建设仍然滞后，服务全域旅游发展的现代立体快速交通体系亟待完善。面对困难和问题，我们绝不回避，将以勇于担当的态度和责任，切实加以解决，绝不辜负全县人民的期望。

二、2019 年工作总体要求和目标任务

各位代表，2019年是新中国成立70周年，是决胜全面建成小康社会第一个百年奋斗目标的关键之年，做好今年的工作意义重大。我们将紧紧把握国家建设“一带一路”[14]、推进供给侧结构性改革、加快脱贫攻坚等重大机遇，树立强烈的机遇意识和追赶意识，针对我县经济社会发展的瓶颈和薄弱环节，采取积极措施，有效应对各种风险挑战，推动我县经济社会再上新台阶。

今年政府工作的总体思路是：以习近平新时代中国特色社会主义思想为指导，深入贯彻中共十九大和十九届二中、三中全会精神以及中央庆祝改革开放40周年大会、中央经济工作会议和自治区成立60周年大会精神，统筹推进“五位一体”[15]总体布局，协调推进“四个全面”[16]战略布局，坚持稳中求进工作总基调，坚持新发展理念，坚持推进高质量发展，坚持以供给侧结构性改革为主线，坚持深化市场化改革、扩大高水平开放，进一步解放思想、对标找差、创新实干，坚决打好“三大攻坚战”[17]，全力做好稳增长、促改革、调结构、惠民生、防风险、保稳定各项工作，以“为产业谋发展、为民生交答卷、为阳朔绘蓝图”的主人翁意识，按照县委提出的“实施六大工程、推进两区建设、夯实两个基础”，为全面建成小康社会收官、加快实现阳朔“两个建成”目标打下决定性基础，以优异成绩迎接新中国成立70周年。

经济社会发展的主要预期目标是：实现地区生产总值增长7%，力争达到7.5%。其中：第一产业增加值增长5%；第二产业增加值增长4.3%；第三产业增加值增长10%。固定资产投资增长12%，力争达到15%；财政收入增长6%，力争达到6.5%；城镇、农村居民人均可支配收入分别同比增长7%、10%；社会消费品零售总额同比增长10%；接待旅游总人数同比增长10%；旅游总消费同比增长15%。继续保持县域经济发展在自治区的领先位置。居民消费价格涨幅控制在3%左右，城镇登记失业率控制在4.5%以内，能源消耗总量和强度及温室气体排放均控制在目标任务内。

为实现上述奋斗目标，我们将着力抓好以下几项重点工作：

（一）优化产业结构调整，促进产业大发展。

推动农业产业更优化。紧紧围绕农业供给侧结构性改革这条主线，着力培育新动能、打造新业态、扶持新主体、拓宽新渠道，加快推进农业转型升级，加快农业现代化建设。落实各项强农惠农政策，加强基础设施建设及品牌建设，继续推进现代特色农业示范区建设。规范提升农民合作社发展水平，培养一批职业农民和种植大户，提升一批运作规范的农民专业合作社，大力发展专业大户、家庭农场、农业龙头企业等新型经营主体。继续抓好水果新品种的引种和各项试验示范，狠抓绿色生产、测土配方施肥、柑桔黄龙病统防

统治、生态栽培等关键技术的推广应用。切实抓好阳朔名特优农产品品牌保护和对外宣传推介工作，申报阳朔金桔创建自治区特色农产品优势区，提高阳朔特色农产品知名度和市场竞争力。加强森林资源保护，推进林权证发放查缺补漏纠错工作。做好石漠化综合治理工作。实施农村饮水安全巩固提升工程，实施桂江治理普益乡河道治理、金宝河大桥至高田龙村河段、金宝村河段、红莲村河段整治工程、金宝乡集镇至久大水库河段、遇龙河利学桥至新村桥河段等整治工程；完成中央财政小农水项目县建设，完成2000亩高效节水灌溉建设；实施石漠化综合治理工程水利项目；完成县城河湖连通水系一期建设工程。继续提高养殖业规模化、专业化、标准化生产，进一步加强畜禽养殖污染防治工作，推广“微生物+”生态养殖模式。力争启动县城屠宰场搬迁项目建设。抓好农机购置补贴、地力保护、生态公益林等惠农政策的落实。抓好气象服务三农工作。

转变工业发展方式。推进工业基础设施建设，发展生态环保工业。加快推进福利工业集中区建设进度，力争完成3000米园区道路、10000平方米标准厂房建设，推进污水集中处理、工业变电站等基础设施建设。加强项目建设跟踪及开工建设，吸引一批好的项目和优势企业入园发展。做好阳朔县生态环保科技园项目的相关工作，确保项目建设顺利进行。加快实施重点节能降耗技改项目。加大淘汰落后产能工作力度及工艺改进，不断提升企业发展质量。加大规上企业培育力度，加快推进非公经济发展，提高工业经济总量和质量。继续推进通信基础设施建设，拓宽“宽带乡村”试点工程覆盖面，提升宽带网络覆盖率和信息基础设施承载能力。加快数字阳朔建设，加强与腾讯等大公司的合作，让人民群众充分享受信息化带来的获得感、幸福感。

加快全域旅游大提升。依托阳朔得天独厚的自然资源，做好“吃、住、行、游、购、娱”传统旅游模式，打造“商、养、学、闲、情、奇”旅游新业态，不断满足游客多样化、个性化的需要。建设凤鸣停车集散中心，发挥“三场站一中心”的分级管理和分级接驳功能，进一步扩大旅游交通的有效供给。以遇龙河、漓江两个区域为重点，创建遇龙河国家级旅游度假区和生态旅游示范区，不断完善旅游标识牌、码头、旅游公厕、步道、驿站、智能停车场、亮化工程等基础设施建设。加大绿色新能源车辆投放力度，优化运营环境。大力发展休闲度假、文化演艺、精品民宿、商业购物等产业集群，稳步推进休闲农业与乡村旅游融合发展。充分利用山水资源优势，积极举办各种文化活动，承办大型赛事，实现文化体育与旅游的完美结合，综合利用各种媒体对阳朔旅游进行宣传推介，积极参加上级旅游部门组织的对外营销，不断增强阳朔旅游的影响力和吸引力，持续擦亮阳朔旅游的金质招牌。加大老城区、景点景区、十里画廊遇龙河、漓江等重点区域的整治，从管理、秩序、卫生上下功夫，在国际化、标准化、品牌化的基础上，引入智能化管理，实现全县环境和秩序档次大提升。

（二）做强实体经济，组织项目大推进。扎实开展“项目建设年”活动，突出实体经济，大力推进产业项目建设。加大项目用地报批、土地收储和供应工作。加快储备一批重大项目，谋划一批新型工业、文化旅游、健康养生、基础设施和社会民生重大项目，实施重大项目投资三年滚动计划。实施交通大贯通工程，加快新城区至福利、新城区至阳鹿高速互通连接线、兴坪至福利、阳朔至普益、阳朔绕城线高田至白沙、白沙橘香门至高田村等交通项目的谋划、建设，以四通八达的交通体系深度融入全域旅游建设。加快开工一批重大项目，特别是自治区领导和市领导跟踪推进服务的重大项目新开工。阳朔县生态环保科技园、阳朔漓江二桥、古风博物馆、兴坪三千漓休闲养生度假区二期、河畔酒店二期、阳朔美食文创中央大厨房等项目要实现尽早开工。加快续建项目的竣工投产，追目标、赶进度，坚持力度不减，强化施工保障，确保完成年度投资任务。阳鹿高速要竣工通车，为阳朔又增加一条与外界联系的便捷通道。加快推进洲际、万豪、希尔顿等酒店群建设。加快瑞盛度假区闲置土地的征收，启动户外主题乐园及温泉酒店项目建设。大力发展民营经济，鼓励民间资本参与各项目建设，保持县域经济持续稳定增长。

（三）推进产城大融合，开展新区大建设。加快行政办公区的统一规划建设，争取2—3年内实现党政机关单位入驻办公。完成9条市政道路和览胜桥、栗木河桥的建设，开工建设学院路、朝霞路（南段）、山水大桥、览胜二桥、朝霞桥、兰溪桥、甲四桥，全面建设新城区“五纵五横”路网框架。完成县应急指挥中心、县社保中心、县档案馆、县“互联网＋旅游中心”、县中医院、县自来水加压泵站、县疾控中心、政务中心等项目。启动新城区体育公园“一场两馆”建设前期工作，打造阳朔新的体育文化活动中心。高标准实施新城区水系工程，打造新城区优美山水文化环境。全力加快新城区招商引资、项目落地、人才引进等工作，加快土地收储报批，努力实现10个以上重大项目落地开工，形成新城区大干快上的良好局面。聚焦重点、突破难点，着力解决好新城区建设中遇到的征地拆迁、手续报批等困难和问题，完成新城区拆迁安置地和返还安置地抽签工作，全程做好项目服务工作，掀起新城区开发建设新高潮。实现新城区大招商、大建设、大融合、大发展。

（四）实施乡村大振兴，促进城乡大变革。继续实施一批老城区建设项目，抓好老城区的提升。实施西街AAAA景区立面改造、凤鸣路北段和桑园路南片区改造。抓好城乡环境整治，打造幸福乡村。加快发展乡村特色产业发展，推进产业现代化。加快推进农村基础设施建设，完成普益、金宝2个乡的新型城镇化建设，启动白沙新型城镇化建设。实现城乡公交全覆盖，改善群众出行环境。推进“四好”农村公路[18]、土地整治、高标准农田、水利设施建设，完成神山至红颈山绕城路建设，缓解县城交通压力。实施新一轮农村电网改造工程。实施“硬化、绿化、美化、净化、亮化”五化工程，实现全县具备条件的自然村100%通硬化道路，20户以上自然村100%安装路灯。启动自治区全域乡村风貌提升示范县建设，各乡镇都要抓出亮点，抓好示范。由县四家班子主要领导牵头抓总，推进遇龙河国家级旅游度假区和兴坪集镇区两大区域建设，创建人居环境典范。一是对遇龙河沿岸36平方千米内的26个自然村开展高标准综合整治及乡村振兴示范建设。通过实施“三拆、三清、三整治”工程[19]、农旅产业提升工程、基础设施建设提升工程、生态环境优化提升工程、治理能力提升工程、乡风文明提升工程等六大工程，实现遇龙河度假区内村庄规划编制全覆盖、违法建筑全处置、文物古迹有效保护、旅游设施配置合理、农村环境明显改善、村民环保意识普遍增强的目标，实现山水、人文、景观完美结合，共建、共治、共享全面落实，走出一条产业优、百姓富、生态美、人民群众幸福感高的绿色发展道路，争创国家级生态旅游示范区。二是高标准做好兴坪镇的各类专项规划编制，引进高端旅游度假、酒店民宿、健康养生、文化创意、户外运动等项目落户兴坪，加快集镇新区土地征收，尽快启动水、电、路、气等基础设施建设，改造提升兴坪老街区，开展码头改造提升工程，完成滨江桥修复加固。健全集镇长效管理机制。加强违建管控，严厉打击私搭乱建行为。

（五）精准施策再发力，推进脱贫攻坚大决战。进一步突出重点，整合各类扶贫资源和力量，加大工作和投入力度，创新扶贫开发模式，因地制宜，发展“5+2”特色产业，让产业真正成为贫困群众增收致富的重要来源；进一步抓好贫困村和相对贫困地区水、电、路、通讯、绿化美化等基础设施的建设力度，改善贫困村生产生活条件，为农民增收奠定坚实的基础。做好扶贫小额信贷、产业奖补、“雨露计划”[20]、教育、民政、医疗卫生等各项扶贫补助的发放工作，加大对孤、残未成年人和残疾人家庭未成年子女教育的帮扶力度，确保各项扶贫政策落到实处。有针对性地开展实用技术培训和职业技能培训，提高贫困群众的劳动技能，引导贫困村群众有序转移就业，促进增收。动员社会力量参与扶贫，营造大扶贫氛围。深入开展扶贫领域监督执纪问责工作，确保杨堤乡地水、葡萄镇杨梅岭两个贫困村和全县1377人2019年实现摘帽脱贫。

（六）织牢社会保障网，促进各项事业大发展。坚持民生优先，确保完成自治区、桂林市下达的为民办实事项目。落实好就业创业政策，强化城乡社会保障体系建设，全力推进社会保险扩面征缴工作，做好异地就医工作，使各类医保参保人员能够进行异地就医即时结算。落实义务教育经费保障机制改革政策，筹备设立阳朔振兴教育发展基金，建立教育系统激励机制，不断优化教育布局、教师资源配置和教师队伍结构，提高科技兴教水平，逐步缩小城乡、区域和校际间差距。大力推进教育工程项目，改善办学条件。加强普通高中基础能力建设，加快职业教育发展步伐。建立“整合部门资源、发挥社会力量、财政兜底保障”机制，提高对全县孤儿、残疾未成年人、孤残人家庭和建档立卡贫困家庭未成年子女教育救助标准。继续抓好科技三下乡活动，进一步加强知识产权保护，实施专利双倍增计划，抓好广西知识产权试点县工作。继续加大科普惠农力度。认真抓好群众文化体育工作，组织相关项目及时申报桂林市第五批非物质文化遗产名单，继续抓好全民健身与全民健康深度融合试点县工作，继续办好环广西公路自行车世界巡回赛、中法国际山地越野赛、铁人三项赛、漓江越野跑和攀岩大师赛等体育赛事，提高阳朔知名度。挖掘红色文化，传承红色经典，增强文化自信。继续完善县级公立医院综合改革和配套政策，推进紧密型医联体建设，大力推进中医药事业，加强基层卫生能力建设。加大创建自治区健康促进县和自治区卫生县城复审工作力度，力争2019年两项工作通过自治区验收。扎实推进全区食品安全示范县创建工作，重点开展旅游食品市场监管，积极开展食品药品安全宣传和培训工作，确保食品药品安全。

（七）构建稳定大格局，实现阳朔大平安。深入推进扫黑除恶专项斗争，全力做好“攻坚建设”阶段各项工作。要咬定三年为期目标不放松，在打防并举、标本兼治上下真功夫、细功夫，确保扫黑除恶专项斗争取得实效、长效。要妥善预防化解社会矛盾，进一步完善矛盾纠纷多元化解机制，继续开展信访积案化解工作，努力把问题解决在萌芽状态，努力实现赴邕进京“零非访”目标。要严厉打击违法犯罪活动，对抢劫、抢夺、盗窃等多发性侵财犯罪和“黄、赌、毒”违法犯罪活动继续保持高压态势，大力整治人民群众反映强烈的治安突出问题，努力提升人民群众安全感和满意度。要大力推进信息化、立体化社会治安防控体系建设，加快推进农村“雪亮工程”建设，大力提高农村地区治安防控水平。要深入开展社会治安重点地区排查整治，加强重点景区景点反恐防暴和应急处置措施，加大平安创建活动力度，为新中国成立70周年打造良好社会环境。要稳步推进“七五”普法，深化依法治县工作，着力提高干部群众法律知识和法治意识，在全县营造浓厚法治氛围。进一步抓好安全生产等各项安全工作。

（八）深化改革再推进，行政效能大提升。按照上级的总体要求，做好行政体制改革工作，按时间节点要求完成政府机构改革各项工作，保证队伍思想不乱、工作不断、干劲不减。深化国企国资改革，推进旅游体制、国有景区管理体制、农村集体产权制度、医药卫生体制、文化体制、教育体制、城市管理体制等改革工作，完善社会治理机制。大力优化营商环境，积极实施大数据战略，全力推动互联网、大数据、人工智能等新技术与实体经济、政府治理、民生服务、旅游发展深度融合。加快数字阳朔建设，培育形成数字经济发展新动能，推动全县经济社会高质量发展。建成数据共享交换体系和“互联网+政务服务”体系，全面实现高频事项“一事通办”“一次不用跑”和“最多跑一次”，建成决策分析科学化、内部管理精细化、公共服务高效化的数字政府。坚持依法行政，进一步规范重大行政决策的范围、认定标准、决策程序等内容。自觉接受县人大及其常委会的法律监督、工作监督和县政协的民主监督，主动接受社会监督和舆论监督，认真听取各民主党派、工商联、无党派人士和人民团体的意见，全力办好县人大代表建议、县政协提案。严格执行中央八项规定及其实施细则精神，巩固集中整治形式主义、官僚主义成果，严查重点领域特别是涉及群众切身利益的腐败问题，深化标本兼治，为全县经济社会持续健康发展提供坚强纪律保证。

各位代表，站在新的历史起点上，我们一定要更加紧密团结在以习近平同志为核心的党中央周围，以习近平新时代中国特色社会主义思想为指导，牢固树立“四个意识”[21]，切实增强“四个自信”[22]，坚决做到“两个维护”[23]，全面贯彻落实“三大定位”[24]新使命和“五个扎实”[25]新要求，不忘初心，牢记使命，同心同德、群策群力，改革创新、锐意进取，以优异的成绩迎接新中国成立70周年。

《政府工作报告》名词解释

[1]“10+3”产业提升行动：自治区农业厅在全区选取粮食、糖料蔗、水果、蔬菜、茶叶、桑蚕、食用菌、罗非鱼、肉牛肉羊、生猪10大种养产业，以及富硒农业、有机循环农业、休闲农业3个新兴产业，打造现代农业产业发展的龙头集群，进而引领和带动其他产业跟进发展。

[2]“三品一标”：无公害农产品、绿色食品、有机农产品和农产品地理标志。

[3]邮乐购：是中国邮政与TOM集团携手推出的一个结合高端线上网购和线下零售于一体的独特创新购物服务平台。

[4]三通一平：是指基本建设项目开工的前提条件，具体指：水通、电通、路通和场地平整。

[5]河湖水库“清四乱”：指乱占、乱采、乱堆、乱建等河湖管理保护突出问题。

[6]“四乱一脏”：指乱建、乱挖、乱养、乱经营、环境卫生脏。

[7]“两不愁三保障”：“两不愁”就是稳定实现农村贫困人口不愁吃、不愁穿；“三保障”就是保障义务教育、基本医疗、住房安全。

[8]“八有一超”：“八有”即有稳固住房，有饮用水，有电用，有路通自然村，有义务教育保障，有医疗保障，有电视看，有收入来源或最低生活保障。“一超”：家庭人均纯收入超过国家扶贫标准。

[9]“十一有一低于”：有特色产业、有住房保障、有基本医疗保障、有义务教育保障、有安全饮水、有路通村屯、有电用、有基本公共服务、有电视看、有村集体经济收入、有好的“两

委”班子;“一低于”指贫困发生率低于3%。

[10]“5+2”特色产业:在精准脱贫工作中,县级需要发展5个特色产业和2个自选特色产业。

[11]“放管服”改革:指简政放权、放管结合、优化服务改革。

[12]“双随机一公开”监管:在监管过程中随机抽取检查对象,随机选派执法检查人员,抽查情况及查处结果及时向社会公开。

[13]“354560”改革:指企业开办手续3个工作日内完成,不动产登记5个工作日内完成,园区企业投资项目施工许可45个工作日内完成,企业投资项目施工许可60个工作日内完成。

[14]“一带一路”:是“丝绸之路经济带”和“21世纪海上丝绸之路”的简称。

[15]“五位一体”:即经济建设、政治建设、文化建设、社会化建设、生态文明建设五位一体。

[16]“四个全面”:即全面建成小康社会、全面深化改革、全面依法治国、全面从严治党。

[17]“三大攻坚战”:打赢防范化解重大风险、精准脱贫、污染防治等三大战役。

[18]“四好”农村公路:指建好、管好、护好、运营好农村公路。

[19]“三拆、三清、三整治”工程:指清理村巷道及生产工具、建筑材料乱堆乱放,清理房前屋后和村巷道杂草杂物、积存垃圾,清理沟渠池塘溪河淤泥、漂浮物和障碍物;拆除农村的危旧废弃房屋、露天厕所,拆除乱搭乱建房屋,拆除违规商业广告、招牌;整治垃圾,整治污水,整治水体污染。

[20]“雨露计划”:在贫困地区实施以政府主导、社会参与为特色,以提高素质、增强就业和创业能力为宗旨,以中职(中技)学历职业教育、劳动力转移培训、创业培训、农业实用技术培训、政策业务培训为手段,以促成转移就业、自主创业为途径,帮助贫困地区青壮年农民解决在就业、创业中遇到的实际困难,最终达到发展生产、增加收入,最终促进贫困地区经济发展的“雨露计划”。“雨露计划”的主要对象是:一是扶贫工作建档立卡的青壮年农民(16—45岁);二是贫困户中的复员退伍士兵(含技术军士);三是扶贫开发工作重点村的村干部和能帮助带动贫困户脱贫的致富骨干;四是读中职或高职的在校学生。

[21]“四个意识”:政治意识、大局意识、核心意识、看齐意识。

[22]“四个自信”:道路自信、理论自信、制度自信和文化自信。

[23]“两个维护”:坚决维护习近平总书记在党中央的核心、全党的核心地位,坚决维护党中央权威和集中统一领导。

[24]“三大定位”:是指广西构建面向东盟的国际大通道,打造西南中南地区开放发展新的战略支点,形成21世纪海上丝绸之路和丝绸之路经济带有机衔接的重要门户等三大定位。

[25]“五个扎实”:是指扎实推进积极持续健康发展、扎实推进现代特色农业建设、扎实推进民生建设和脱贫攻坚、扎实推进生态环境保护建设、扎实建设坚强有力的领导班子。

中国人民政治协商会议
阳朔县第九届委员会常务委员会工作报告

——2019 年 2 月 21 日在政协阳朔县第九届委员会第四次会议上

陈庆武

各位委员、同志们：

我受政协阳朔县第九届委员会常务委员会委托，向大会作工作报告，请予审议，并请列席的同志提出宝贵意见。

一、2018 年工作回顾

2018 年，县政协常委会坚持以中共十九大精神和习近平新时代中国特色社会主义思想为引领，准确把握新时代人民政协新方位新使命，牢牢把握团结和民主两大主题，全面贯彻中共阳朔县第十三届代表大会第三次会议精神，紧紧围绕“一个引领、八个全力”的部署，切实履行职能，积极发挥作用，为我县决胜“两个建成”目标贡献了智慧和力量。

（一）突出政治引领，把握正确方向

常委会坚持把加强思想政治建设摆在首位，深入开展理论学习，持续推进党的建设，切实提高政治把握能力。一是强化理论学习。充分利用党组会议、主席会议、常委会议、全体会议、专题讲座、培训交流等平台，组织政协委员深入、系统学习中共十九大精神和习近平总书记关于加强和改进人民政协工作的重要思想，用习近平新时代中国特色社会主义思想武装头脑，指导实践，推动工作，始终在思想上政治上行动上同党中央保持高度一致。二是深入理论研究。召开习近平总书记关于加强和改进人民政协工作的重要思想理论研讨会，组织委员积极撰写理论文章，其中 3 篇入选桂林市“深入学习习近平总书记关于加强和改进人民政协工作的重要思想”论文集，1 篇在桂林市政协理论研讨会上宣读，并在《桂林日报》理论专栏刊登。县政协理论研究工作获全市一等奖。三是推进党的建设。继续高标准严要求深入推进“两学一做”学习教育常态化制度化，及时传达学习全国、自治区、市政协系统党的建设工作座谈会精神，首次召开全县政协系统党的建设工作座谈会，研究贯彻落实党中央的决策部署、对政协工作的要求以及县委各项决议的具体实施，全面激发党员委员的先锋模范意识。广大政协委员和政协机关干部思想理论素质不断提高，“四个意识”普遍增强，“四个自信”更加坚定，“两个维护”更加坚决。8 月份，县政协党组在全区政协系统党建工作座谈会上作了书面交流发言。

（二）紧扣发展中心，履行政协职能

常委会坚持把围绕中心、服务大局作为政协履职主线，主动聚焦县委重大决策部署，通过重大课题研究、重点提案督办和难点问题协商，为助推民生改善献计出力。

服务发展大局，全力提升协商成效。县政协常委会坚持把促进发展作为履职重点，充分发挥委员的智慧和专业优势，围绕县委重大决策部署，紧盯打赢“三大攻坚战”、推进乡村振兴、重大民生民本问题等重点工作，搭建不同形式的履职平台，为委员集中发声创造机会，把委员们零星的、分散的意见建议，上升为政协组织的集体智慧。一年来通过开展全会协商、专题协商、对口协商等形式，收集意见、建议 60 多

条,形成多篇专题性调研报告上报县委、县政府,许多意见建议被县委、县政府吸纳进工作方案、转化为部门的工作举措,为全县经济社会发展和民生事业改善出了应尽之力。如李美迪等4位委员提出的“关于加快阳朔县城区内部分水系整治改造的建议”,县委、县政府高度重视,拨出专款500万元,启动了《桂林市阳朔县城区河湖水系连通工程实施方案》,获自治区水利厅批复和国家水利部立项。一期共争取到中央及自治区资金5200万元,目前已开工建设。

创新机制载体,切实提升监督实效。一是抓好提案督办工作。通过强化选题指导、加强提案督办、组织沟通协调等形式,多措并举,提升提案工作实效,促使提案工作由“数量型向质量型转变、答复型向落实型转变”。九届三次会议以来,累计收到委员提案85件,立案81件,题材涉及面广,总体质量高。县政协从中遴选出《关于进一步优化和改造桂阳公路旅游休闲慢行绿道白沙集镇段建设的建议》等8件作为重点提案,组织分管主席和提案人、承办部门负责人,进行现场督办,有效解决了一批群众关心、社会关注的热点问题。目前81件提案均已办复。二是积极开展民主监督。聚焦全域旅游发展、乡村振兴、历史文化保护等重大课题,组织政协委员、各界人士开展新城区建设等专题视察等6次。11月15日,县政协召开全体政协委员会议,听取县政府、纪委、法院、检察院通报相关工作情况,搭建了委员知情明政的平台,激发了政协委员的履职热情,实现了政协组织与通报情况单位之间的良性互动。选派委员40多人次以评议员、监督员或人民陪审员的身份,先后参与县法院“五查五整顿”意见座谈会、检察院“公众开放日”等活动,有效促进职能部门依法履职、转变作风。12月,邓斌、诸葛保满、黄照智等三名委员被县监察委聘为首批特约监察员。

强化责任担当,着力提升服务水平。一是主动参与中心工作。在充分履行政协“三大职能”的同时,县政协班子按照县委统筹分工,人人参与新城区建设、信访维稳、招商引资、精准扶贫,一岗双责做贡献、促发展。对县委、县政府部署的重大事项,与其他班子领导团结协作,坚持矛盾不回避、问题不拖延、困难不上交,不折不扣完成各项任务。二是深入开展调查研究。聚焦全县经济社会发展中的重大问题和群众关切的民生热点,选取事关群众切身利益的推进乡村振兴、孤残贫困儿童教育救助等课题,开展了2次专题调研,形成了《挖掘本土优秀传统文化,助推阳朔乡村振兴发展调研报告》,与县人大联合调研,完成了《阳朔县孤儿、残疾未成年人和残疾人家庭、贫困家庭未成年子女教育救助体系调研工作报告》,提出加强和改进意见建议30多条,得到了县委、县政府领导肯定。三是积极开展扶贫救助。组织全体政协委员积极投身脱贫攻坚主战场,助推脱贫攻坚工作。班子成员和机关干部深入挂点乡镇和贫困村送温暖、抓协调、解难题、办实事,促进贫困村按时出列、建档立卡贫困户早日脱贫。充分发挥政协委员面广经济能人多的优势,为爱心企业和人士牵线搭桥,采取捐资助学、慈善救助、帮扶发展产业等多种形式,筹措资金60余万元,积极为群众办好民生实事。动员政协委员自愿捐助“奖教奖学”款11万元,奖励优秀乡村师生374人次,赢得了社会的广泛赞誉。

(三)加强团结联谊,营造和谐氛围

常委会坚持把促进团结、发扬民主作为政协工作的主题,营造同心同德、助力发展的良好氛围。一是强化委员走访。坚持政协领导集中走访基层委员制度。班子成员分别带队到辖区内委员企业、委员单位,走访外地来朔投资的“新阳朔人”,了解委员工作生活、履职情况和存在的困难问题,认真听取委员意见建议。密切与南宁阳朔商会、广东省广西阳朔商会的联系,加强与阳朔在外地创业的委员及非公经济代表人士、其他阶层人士的交流,鼓励他们返乡创业,为家乡经济发展贡献力量。二是加强联谊交流。加强同外地政协联系、交流，热情接待住云南全国政协委员及浙江德清、四川浦江等50余批次的外省、市、县区政协来朔交流指导，扩大了“朋友圈”，宣传了阳朔，推介了阳朔。积极配合自治区、市政协开展生态旅游、古民居保护利用等专项调研活动，推介了我县相关工作的成功经验和作法。三是注重文史宣传。始终坚持把加强文史工作作为凝聚正能量、提升软实力的重要途径，全员参与、全心投入。坚持为全体政协委员免费订阅《广西政协报》《文史春秋》等报刊；编辑出版县政协文史资料第十三辑《曹邺文化专辑》，填补了全市乃至全区在曹邺文化研究方面的空白，文史资料资政存史作用得到进一步彰显。注重做好政协宣传工作。继续办好“阳朔政协”微信公众号，积极宣传政协履职成效，展现政协委员风采，提升了阳朔政协美誉度。全年共在市级以上新闻媒体上稿50余篇，荣获全区政协系统宣传工作一等奖。7月26日，《广西政协报》以《让人流连的除了山水，还有金桔——阳朔县政协助力金桔产业可持续性发展纪实》为题，头版头条对我县政协工作开展情况进行了报道，提升了阳朔政协的影响力。

（四）强化自身建设，激发工作活力

常委会积极探索加强自身建设的新载体、新途径和新方法，努力使政协工作充满生机和活力。一是加强委员小组建设。认真落实《阳朔县政协委员管理办法》，年初将180名委员重新编成7个委员活动小组，并建立政协委员微信交流群，使之成为政协委员相互联络、反馈情况、交流心得、推广经验的新平台，各专委会、活动小组组织参政议政、联络委员和联系群众等方面的作用发挥得更加突出。全年各委员小组共开展各类履职活动27次，参加委员400多人次。首次召开政协常委会议专题听取各专委会主任、委员小组长述职，有效督促专委会主任、委员小组长带头履职尽责。二是着力提升委员履职能力。5月份组织县政协委员和政协机关干部共60余人次赴河南大学参加政协委员履职能力提升培训，全方位多层面推动委员懂政协、会协商、善议政。三是加强机关作风建设。严格贯彻落实中央八项规定精神，驰而不息纠正“四风”。健全完善政协机关内部管理各项制度，大力开展“学习型、服务型、和谐型”政协机关建设，机关统筹协调和服务保障水平进一步提升，为委员履职提供了有力保障。

各位委员，过去一年县政协常委会取得的成绩，离不开县委的正确领导和县人大、县政府的大力支持，离不开全体委员和各参加单位的共同努力，离不开各位老领导和社会各界的关心支持。在此，我谨代表县政协常委会向全体委员，向所有关心支持政协工作的各位领导、同志们和朋友们，致以崇高的敬意和衷心的感谢！

在取得成绩的同时，我们也清醒地看到，工作中还存在一些不足和问题：结合政协工作特点开展党的建设亮点少、委员活动小组开展工作不平衡、协商成果的转化有待进一步加强等等，真诚希望大家对县政协常委会工作提出意见，我们一定高度重视，切实改进。

二、2019年工作安排

2019年是新中国和人民政协成立70周年。县政协将坚持以习近平新时代中国特色社会主义思想为指导，认真落实习近平总书记关于加强和改进人民政协工作的重要思想，紧紧围绕年初中共阳朔县第十三届代表大会第四次会议部署要求，聚焦县委“实施六大工程、推进两区建设、夯实两个基础”重点工作，认真履行“三大”职能，推动政协工作提质增效，为加快实现阳朔“两个建成”目标作出更大的贡献。

（一）强化党建引领，着力增强政治定力

加强新时代政协党的建设，落实全面从严治党主体责任，切实提高党组、主席会议和常委会的政治把握能力和总揽政协工作全局的能力。深入学习贯彻习近平总书记关于加强和改进人民政协工作的重要思想，认真贯彻落实新时代党的建设和中办《关于加强新时代人民政协党的建设工作的若干意见》,组织好“不忘初心、牢记使命”主题教育,广泛开展新中国成立70周年和人民政协成立70周年系列庆祝活动,引导广大政协委员自觉把中国特色社会主义作为共同理想信念、共同前进方向、共同奋斗目标。协助县委筹备召开全县政协工作会议,对全县政协工作作出全面部署。自觉服从和接受县委的领导,切实把中共阳朔县委的决策部署转化为社会各界的广泛认同和行动自觉。

(二)忠实履行职能,积极助推改革发展

着眼服务全县发展大局,紧扣全县重点工作,认真谋划和推进政协工作,广泛开展协商议政活动,通过政协提案、大会发言、调研报告、意见建议等形式献计出力,务求“建言建在关键处、献策献在点子上”,推动工作向高质量转变。注重提高提案质量,继续坚持县政协领导重点提案领衔督办、界别集体提案协商督办、民生提案视察督办、承办单位和提案人见面督办等“四个督办”制度,适时开展提案办理“回头看”活动,提高提案办理实效,努力推动政协履职从注重“做了什么”“做了多少”向“做出了什么效果”转变。始终坚持为民理念,围绕乡村振兴、精准脱贫、交通教育、养老事业、社会保障、生态环保等民生热点话题,开展议事商量与协商式监督,汇聚各方力量,助推高质量发展,在推动各项民生政策落实上持续发声发力。加大对阳朔工业发展、旅游目的地可持续性发展的调研力度和深度,力求提出有独到见解的观点、有参考价值的建议。广泛动员政协委员参与扶危济困、助老爱幼、捐资助学工作,继续开展“奖教奖学”活动。

(三)坚持两大主题,凝聚团结奋进力量

充分发挥政协大团结大联合的政治优势,汇聚推进改革发展强大力量。坚持主席、副主席联系界别委员和界别小组活动制度,支持委员活动小组组织调查研究、视察考察,并根据界别特色开展座谈学习、团结联谊等,不断扩大界别活动影响力。发挥好界别联系各界群众的桥梁和纽带作用,增强界别凝聚力和归属感。加强与异地阳朔商会联络,密切同在外县创业的阳朔籍政协委员、阳朔籍成功人士的沟通,引导他们关心、支持、参与阳朔经济社会建设。继续做好曹邺文化的搜集整理工作,建成阳朔政协文史馆,发挥传承文化、存史育人作用。全力办好“阳朔政协”公众号,通过宣传政协工作、展示委员风采,充分展示政协组织的履职风采、社会情怀和责任担当。

(四)树立严实标准,提升科学履职能力

主动适应新时代新任务新要求,大力推进自身能力建设,不断提高履职科学化水平。加强委员队伍履职能力建设,年内举办一期政协委员培训班,努力增强委员的履职本领和能力。强化对委员所在单位的走访和联系,定期通报委员履职情况、反映委员工作业绩,完善委员履职激励约束机制,引导委员自觉恪守履行职责的制度和规范。加强对党员委员的组织管理,建立党员委员联系党外委员制度,实现党的组织对党员委员管理的全覆盖、党的工作对政协委员的全覆盖。探索建立政协委员分批次列席常委会会议制度,为委员有效参与协商活动提供更多平台。完善专委会联系指导界别和服务委员工作机制,发挥专委会在政协调研议政、协商监督中的基础性作用。加强政协机关建设,健全完善机关工作制度。从严贯彻中央“八项规定”和自治区、市、县委有关规定,持之以恒转作风、强队伍、树形象,努力营造风清气正、廉洁干事的环境氛围。

各位委员,同志们!

在建设壮美广西、共圆复兴梦想的伟大征程中,我们都在努力奔跑,我们都是追梦人!让我们紧密团结在以习近平同志为核心的中共中央周围,在中共阳朔县委的坚强领导下,认真贯彻习近平总书记在庆祝改革开放40周年大会讲话精神,同心同德,锐意进取,以优异的履职业绩迎接新中国和人民政协成立70周年。

大 事 记

1月12日，举行《阳朔县西街保护管理办法》立法工作启动仪式 （邓 优 摄）

1月

1日 在阳朔益田西街举办的首届国际美食节结束。该活动自2017年12月25日起举办。

2日 县委书记谷海洪到白沙镇督查基层党建、脱贫攻坚工作。

同日 县委常委、副县长陈运春率县城市管理领导小组办公室人员到桂林市七星区和灵川县考察学习城市管理及数字化平台应用等工作经验。

同日 中共阳朔县第十三届委员会第四次全体会议在县委五楼会议室召开。

3日 阳朔县召开第十七届人民政府第二次全体(扩大)会议。

4日 县四家班子领导到白沙镇立龙村、杨堤乡中南村、葡萄镇下岩村等7个乡镇村屯开展党建示范点工作调研。

4—5日 中国共产党阳朔县第十三届代表大会第三次会议在县人民会堂召开。

6日 桂林市委副书记、代市长秦春成到阳朔县公交调度中心、阳朔镇二小、阳朔镇二幼、新城区建设指挥部、益田西街等地实地查看新城区建设推进情况、益田西街项目运营情况。

8日 阳朔县在县人民会堂召开领导干部报告个人事项暨党政领导干部和国有企业领导人员承包经营农村土地问题专项清查工作会议。

10日 县委常委、副县长李首群到兴坪镇调研新农合收缴工作。

同日 福利镇首家村史馆——忠和村史馆建成开馆。

11日 自治区平安建设检查组对阳朔县2017年度平安建设工作进行考评。

12日 阳朔县启动《阳朔县西街保护管理办法》立法工作。

同日 阳朔县召开深化国家监察体制改革工作纪检监察业务培训会。

15日 副县长黄爱荣到葡萄镇检查民政园区建设情况。

16日 阳朔县召开重点项目和重点工作推进会。

同日 阳朔·兴坪休闲养生度假区"三千漓"项目展示中心正式开放。

同日 副县长黄爱荣到金宝乡、白沙镇实地检查易地扶贫搬迁集中安置工程建设工作。

16—18日 中国人民政治协商会议阳朔县第九届委员会第三次会议在县人民会堂召开。

17—20日 阳朔县第十七届人民代表大会第三次会议在县人民会堂召开。会议选举阳朔县监察委员会主任,补选阳朔县人民检察院检察长和1名阳朔县第十七届人大常委会委员。

22日 阳朔县在县委五楼会议室召开县委中心组(扩大)学习会议。

23日 阳朔县召开2018年春节假日旅游安全和旅游秩序整治工作会议。

同日 县委书记谷海洪到漓江兴坪至杨堤段对"四乱一脏"专项整治工作进行督查。

24日 全县交通枢纽工程建设工作推进会在新城区指挥部召开。

25日 阳朔县第十七届人大常委会第十次会议在县委五楼会议室召开。

同日 阳朔直达重庆成都高铁开通运营。

28日 阳朔县召开应对极端天气工作布置会。

29日 桂林市考核验收组到阳朔考核验收新型城镇化示范乡镇建设工作。

30日 阳朔县召开2018年春运工作会议。

31日 自治区党委宣传部纪检组组长肖祥华,市委宣传部副部长、文明办主任唐述东一行到福利镇慰问道德模范粟玉萍。

同日 副市长樊新鸿率检查组到福利镇检查桂林独峰建材有限公司安全生产情况。

同日 阳朔县召开2017年度选调生座谈会。

是月 阳朔县各乡镇先后召开党代会、人代会。

2月

1日 县委常委、副县长李首群到阳朔镇、葡萄镇等乡镇督查指导城乡医保收缴工作。

2日 县委书记谷海洪、县人大常委会主任李自军率县农业局、交通局、供电局等相关单位负责人到杨堤乡地水村调研产业扶贫工作。

同日 2018年阳朔县新春文化月暨文化科技卫生"三下乡"活动启动仪式在福利镇综合文体广场举行。

3日 桂林市委常委、市纪委书记、市监察委主任吕洪安，市委组织部副部长蔡泽军到阳朔镇高洲村走访慰问贫困党员、帮扶贫困户，并调研指导"廉洁+产业扶贫"工作开展情况。

同日 桂林市委常委、市纪委书记、市监察委主任吕洪安，市委组织部副部长蔡泽军率市指导组成员到阳朔指导县委常委班子2017年度民主生活会。

5日 阳朔县召开基层标准化改革创新先行区创建工作推进会。

6日 阳朔县召开2018年各界人士迎新春座谈会。

同日 县长蒋春华到白沙镇调研指导遇龙庄休闲农业项目建设工作。

8日 县委书记谷海洪、副县长蒋东兵到福利镇绛村走访慰问结对帮扶贫困户。

同日 中国共产党阳朔县第十三届纪律检查委员会第三次全体会议在县委党校召开。

同日 桂林市接待办携手桂林万达城投资有限公司到阳朔镇高洲村开展迎春慰问暨扶贫调研活动。

同日 县委书记谷海洪率慰问组到县人武部和驻阳朔武警中队、消防大队看望慰问驻地官兵。

同日 县长蒋春华先后到金宝乡大利村委、金宝村委等地开展节前走访慰问活动，看望慰问残疾人员、特困供养人员、百岁老人和独生子女户。

同日 县人大常委会主任李自军率队到杨堤乡对五保户、军烈属、优秀党员、生活困难群众进行春节慰问。

同日 2018年阳朔县老干部迎新春茶话会在碧玉国际大酒店聚贤厅举行。

11日 县长蒋春华率队到杨堤乡、漓江景区及印象刘三姐剧场开展春节前旅游市场安全大检查工作。

同日 阳朔县召开全县组织工作会议。

同日 阳朔县召开政法工作暨扫黑除恶专项斗争部署会。

14日 县委书记谷海洪率队到十里画廊遇龙河景区开展调研活动。

16日 县委书记谷海洪、县人大常委会主任李自军、县政协主席陈庆武分别率慰问组看望、慰问节日期间坚守一线工作岗位的干部职工。

22日 县委书记谷海洪到白沙镇调研指导道路基础设施建设及交通秩序管理工作。

同日 阳朔召开县委常委班子扶贫领域巡察反馈意见整改专题民主生活会。

27日 阳朔县召开新城区在建项目推进专题会议。

28日 阳朔县召开2018年贫困人口脱贫和贫困村摘帽计划制定暨扶贫领域机动式巡视反馈意见整改工作部署会。

同日 县委书记谷海洪到白沙镇对现代特色农业产业发展、农产品精深加工业发展情况进行调研。

同日 县长蒋春华到福利镇龙尾村、兴坪镇西山村、水洛村调研脱贫攻坚工作。

是月 阳朔西街景区正式获评国家AAAA级景区资质。

是月 阳朔新开通阳朔经葡萄至金宝城乡公交线路。

3月

1日 自治区财政厅副巡视员王捷率自治区督导组到葡萄镇、福利镇、杨堤乡对发展壮大村级集体经济工作进行督导调研。

同日 县长蒋春华到金宝乡指导2017年度扶贫领域巡察反馈意见整改专题民主生活会。

同日 县长蒋春华到白沙镇调研指导脱贫攻坚和特色农业项目建设工作。

2日 阳朔县召开2018年国家基层标准化改革创新先行区创建工作推进会。

5日 桂林市副市长樊新鸿率市安监、工信等部门负责人到阳朔调研指导工业经济发展和安全生产工作。

6日 阳朔县组织600多名干部职工在新城区朝霞路开展全民义务植树活动。

同日 阳朔县2018年春季重大动物疫病防病工作全面启动。

6—8日 县委常委、副县长陈运春率阳朔县《西街保护管理办法》起草组成员一行赴湖南省凤凰县考察学习《凤凰历史文化名城保护条例》立法工作先进经验。

同日 阳朔县在新城区建设指挥部会议室召开新城区征地拆迁工作专题会议，总结和部署新区房屋征拆和九条市政道路建设工作。

8—9日 桂林市副市长彭代元率队赴深圳考察并签订阳朔生态环保科技园项目协议。

12日 阳朔至鹿寨高速公路(阳朔段)复工动员会在高田镇政府三楼会议室召开。

同日 湖南娄底市委书记、市人大常委会主任李荐国率党政考察团到阳朔考察旅游产业发展、生态乡村建设、特色农业产业发展工作。

13日 华润资本管理有限公司考察组一行到普益乡留公村考察古村落、三色潭等旅游资源开发情况。

14日 桂林市副市长、市公安局局长陈荣茂率队到阳朔调研指导公安信息化建设工作。

15日 自治区人大常委会法工委副主任唐政率调研组一行到阳朔实地调研西街保护条例立法进展情况。

19日 阳朔县召开创建国家基层标准化改革创新先行区专题培训会。

同日 阳朔县召开深化扶贫领域腐败和作风问题专项治理工作推进会。

同日 县长蒋春华到阳朔公交调度中心就新城区九条市政道路路网工程及其附属工程项目建设情况进行调研。

20日 县长蒋春华与深圳市能源环保有限公司相关负责人到福利镇青鸟村凤凰谷就生态环保科技园建设项目进行实地考察并召开项目指挥部人员会议。

同日 阳朔县召开落实自治区扶贫领域机动式巡视反馈问题整改工作迎检会。

21日 阳朔县召开2018年阳朔县中心工作和重点项目推进会。

22日 阳朔县召开《桂林市阳朔县西街保护管理条例可行性研究报告》征求意见座谈会。

同日 阳朔县机关单位办公区工会成立。由阳朔县直属工委、阳朔报社、县统计局、县党史办、团县委、县妇联、县扶贫办、县文联、县社科联等10个单位共同组建。选举了第一届工委委员会。

23日 县委书记谷海洪带队到白沙镇调研漓江西岸桂阳公路旅游慢行绿道白沙集镇段道路及白沙集镇改造工程。

同日 阳朔县农村土地承包经营权确权登记颁证工作推进会在县农业局五楼会议室召开。

24日 阳朔县第三个“广西歌圩”点在阳朔公园挂牌。

26日 阳朔县召开县委中心组(扩大)会议学习贯彻全国“两会”精神。

同日 阳朔县2018年乡村建设(扶贫)工作第一次工作会议在县委五楼会议室召开。

27日 自治区体育局调研组到阳朔调研全民健身和全民健康深度融合试点工作。

28日 阳朔县内陆50吨渔政执法船在桂林漓江造船厂交接启用。

29日 阳朔县召开全县农业农村工作会议。

同日 阳朔县召开落实自治区扶贫领域巡视反馈问题整改工作推进会暨2018年脱贫攻坚工作推进会。

30日 阳朔县召开2018年第一季度经济运行分析会议。

同日 阳朔县召开2018年交通运输工作会议。

同日 阳朔县政府召开2017年度土地矿产卫片执法监督检查警示约谈会。

同日 县委书记谷海洪到福利镇绛村开展脱贫攻坚入户及基层党建督查工作。

是月 《阳朔县经济社会统计年鉴(2005—2015)》正式出版发行。

4月

1日 阳朔至平乐漓江游览线路恢复通航。

同日 县委书记谷海洪到新城区元宝山公交场站检查征地拆迁和项目建设情况,现场办公研究解决项目建设中存在的困难和问题。

同日 阳朔县召开“智慧阳朔”二期项目建设工作推进会。

同日 阳朔县召开落实自治区巡视及国家暗访发现问题整改暨近期脱贫攻坚工作部署会。

8日 谷海洪、李自军、陈庆武等县四家班子领导到新城区调研督查九个大队安置点建设进展情况及搬迁进展情况。

9日 阳朔县举办学习贯彻中共十九大精神专题培训班。北京大学教授王剑侠、桂林市总工会副主席叶雪刚受邀授课。

10日 阳朔县开展全县“三月三”及“五一”节前旅游市场秩序大检查。

10—11日 自治区“两新”组织(新经济组织、新社会组织)党工委专职副书记刘水玉率自治区“两新”组织党工委调研组到阳朔调研指导“两新”组织党建工作。

11日 阳朔县召开“美丽阳朔·宜居乡村”工作推进会议。

12日 阳朔县召开2018年卫生计生工作会议暨党风廉政建设会议。

同日 县委常委、副县长李首群到福利镇督查土地卫片执法违法图斑拆除整改工作。

14日 阳朔县召开新区征地搬迁工作专题会议。

15日 县长蒋春华到阳朔县深能环保有限公司会议室主持召开阳朔生态环保科技园项目前期工作推进会议。

15—17日 县委书记谷海洪率考察团赴成都崇州市、郫都区、成华区等地考察学习乡村振兴战略实施、农业产业化发展、智慧综合管理经验。

16日 桂林市人大常委会执法检查组到

阳朔开展《中华人民共和国食品安全法》执法检查并召开座谈会。

23日 桂林市委常委、常务副市长张晓武到阳朔台资企业现场办公，协调解决项目建设过程中遇到的困难和问题。

同日 桂林市示范乡镇办主任、市住建委副主任李维祥率市督查组一行到金宝乡、普益乡督查新型城镇化示范乡镇建设工作。

同日 桂林市委政策研究室副主任龚明聪率调研组在阳朔县委五楼会议室召开乡村振兴战略专题座谈会。

同日 县委书记谷海洪率队到白沙镇蔡村督查指导脱贫攻坚工作。

25日 县长蒋春华率队到杨堤乡调研指导脱贫攻坚工作。

同日 县政协主席陈庆武一行到兴坪镇协调重大项目建设工作。

同日 阳朔县召开县委党建工作领导小组2018年第一次（扩大）会议。

同日 阳朔县召开基层统战工作业务培训会议。

26日 阳朔县召开全县安全生产工作会议。

同日 阳朔县供销合作社第一届代表大会在县委党校多媒体教室召开，大会选举产生新一届理事会和监事会。

27日 阳朔县政府召开2017年度土地卫片执法检查整改工作汇报会。

27日 桂林理工大学党委副书记、纪委书记孙宁到杨堤乡调研指导脱贫攻坚工作。

5月

2日 桂林市副市长谢灵忠率县域经济加快发展第三调研组到阳朔召开县域经济加快发展征求意见座谈会。

同日 谷海洪、李自军、蒋春华、陈庆武等县四家班子领导到新城区调研各项目建设情况。

3日 阳朔县纪念五四运动及“不忘初心跟党走”入团仪式集中示范活动在人民会堂举行。

4日 阳朔县召开全县脱贫攻坚推进会。

同日 阳朔县举办县、乡（镇）、村三级扶贫信息员（档案员）业务培训班。

同日 阳朔县启动“法治进校园”系列巡讲活动。

5日 民盟中央美术院阳朔创作基地在徐悲鸿故居揭牌。全国人大常委会委员、全国文联副主席、民盟中央副主席、民盟广西区委主委刘慕仁；桂林市委常委、统战部部长王建毅，桂林市政协副主席郑毅，民盟桂林市委主委谭建国及县领导谷海洪等参加揭牌仪式。

同日 阳朔县举办2018年全县职工徒步活动。

7日 阳朔县召开全县2018年脱贫攻坚推进大会暨县扶贫开发领导小组第一次全体会议。

同日 阳朔县召开县委中心组（扩大）学习会议。

7—16日 香港汉基国际学校师生一行170多人到阳朔外语实验中学开展为期一周的文化交流活动。

8日 阳朔县召开巡察工作会议。

同日 阳朔县召开全县2018年发展壮大村级集体经济工作推进会。

同日 桂林银行首家村级金融服务站在白沙镇古板村委挂牌开业。

9日 四川省遂宁市考察团到白沙镇、兴坪镇考察宜居乡村建设和环境综合整治、现代特色农业产业化等工作。

9—12日 县长蒋春华、县人大常委会主任李自军率考察团赴浙江省东阳市、淳安县、安吉县、德清县实地考察特色小镇建设、旅游管理和旅游度假区创建等工作。

10—11日 自治区林业厅副厅长黄政康率自治区考核组到阳朔考核2017年县域经济发展工作。

11日 由自治区国土厅、林业厅、农业厅组成的自治区产业开发专责小组到阳朔调研易地扶贫搬迁工作。

同日 阳朔县召开全县中心工作和重点项目推进会。

同日 阳朔县召开创建国家基层标准化改革创新先行区专家研讨会。

14日 阳朔县召开扫黑除恶专项斗争推进会、群众安全感和满意度"双提升"工作会议、政法机关"牢记初心使命·严格公正执法"专题教育活动部署会。

15日 县政协主席陈庆武,县委常委、副县长李首群到兴坪镇贫困村古皮寨村指导扶贫工作。

17日 桂林市委常委、政法委书记赵志军一行到阳朔调研督查政法系统"牢记初心使命·严格公正执法"主题教育活动、队伍建设、扫黑除恶、平安建设等工作。

21日 县长蒋春华到原汽车北站、宋城·漓江千古情等地调研项目建设情况。

同日 阳朔县召开全县非公企业大走访和营商环境大调研工作布置会。

同日 阳朔县召开县城市管理绩效考评工作推进会。

22日 自治区副主席丁向群、自治区国土资源厅厅长陈建军,桂林市副市长彭代元到阳朔调研农村人居环境整治和产业用地改革工作。

同日 阳朔县组织开展旅游市场秩序综合整治"百日行动"。

23日 阳朔县召开2018年全县普通高校招生考试工作联席会议。

23—24日 阳朔县开展深化扶贫领域腐败和作风问题专项治理公开大接访活动。

23—24日 河池市委副秘书长、乡村办主任韦鸿臻率考察团一行到阳朔镇骥马村考察"美丽阳朔"乡村建设。

24日 县长蒋春华到新城区调研各项目建设情况。

同日 县长蒋春华带队到漓江阳朔段督查周边环境综合整治和水利建设施工情况。

25日 阳朔县召开2017年扶贫开发成效考核反馈问题整改落实工作部署会。

同日 阳朔县召开土地储备及供应联席会议。

26日 阳朔县召开第十七届人大常委会第十一次会议。会议接受陈运春、秦勤忠辞去阳朔县人民政府副县长(挂职)职务的请求;审议并票决县人民政府、县监察委员会、县人民法院、县人民检察院有关人事任免。

29日 桂林市副市长谢灵忠到阳朔调研市领导跟踪服务推进重大项目建设情况。

同日 桂林市副市长谢灵忠率桂林市关心下一代工作委员会、市民政局领导到高田镇民族学校举行庆"六一"资助困境儿童仪式暨赠书活动。

30日 阳朔县召开十七届人大三次会议代表建议和政协阳朔县九届三次会议委员提案交办会。

同日 县委常委、副县长李首群带队到漓江阳朔段开展"四乱一脏"巡查工作。

6月

1日 四川广安市委常委、统战部部长、市总工会主席陈伟一行到阳朔镇骥马村参观考察生态乡村建设。

同日 县长蒋春华到金宝乡阳朔垌小学开展"六一"慰问活动,并到金宝村委帮扶联系贫困户家中慰问。

3日 自治区党委书记鹿心社,自治区党委常委、自治区常务副主席秦如培，自治区党委常委、秘书长黄伟京，桂林市委书记、市人大常委会主任赵乐秦，桂林市政府市长秦春成等领导一行到阳朔调研漓江生态保护和综合整治情况，并实地考察阳朔文化旅游产业。

4日 县长蒋春华到白沙、阳朔、高田等乡(镇)调研多个在建项目。

同日 阳朔县在县中等职业技术学校举行地质灾害应急避险演练。

5日 县人大常委会主任李自军率联合调研组到白沙镇、杨堤乡开展“孤残”教育救助体系调研活动。

6日 全国政协人口资源环境委员会副主任杨松调研组一行，自治区政协人口资源环境委员会主任秦敬德，桂林市政协副主席罗永东等到阳朔开展“加强管制与修复，强化土壤污染防治”专题调研。

同日 县长蒋春华带队到漓江阳朔段开展漓江沿岸房屋风貌改造、“两违”专项整治工作调研。

7日 自治区司法厅党委委员、副厅长张军率自治区司法厅第一督查组到阳朔督查司法行政系统重点工作推进情况。

同日 阳朔县召开脱贫攻坚(乡村振兴)工作队管理暨乡村建设工作推进会。

8日 四川省委农工委常务副主任、农业厅厅长杨秀彬率考察组一行到阳朔考察乡村振兴战略工作开展情况。

同日 阳朔县召开迎接中央环保督察“回头看”工作部署会暨全县大气污染防治、全国第二次污染源普查工作布置会。

同日 县人大常委会主任李自军率人大调研组到普益乡勇村村委调研。

同日 阳朔县召开2018年全民健身和全民健康深度融合工作座谈会。

10日 阳朔“三千漓山水徒步日”活动在十里画廊遇龙河景区举行。

11日 阳朔县召开传达桂林市贯彻落实中央第五环境保护督察组对广西开展“回头看”工作动员会。

12日 县政协主席陈庆武率调研组到福利镇、兴坪镇开展“孤残”教育救助体系调研活动。

同日 副县长黄爱荣一行到兴坪镇调研指导易地扶贫搬迁集中安置点建设工作。

13日 桂林市副市长彭代元到阳朔检查采石场整治复绿情况。

同日 副县长黄爱荣一行到普益乡指导扶贫、林业、防汛及新型城镇化建设等工作。

同日 县政协副主席海强率县政协调研组到普益乡召开“挖掘本土优秀文化，助推阳朔乡村振兴发展”座谈会。

同日 阳朔县召开党史工作专题座谈会。

15日 梧州市委书记、市人大常委会主任全桂寿，梧州市市长李杰云率梧州市党政考察团一行39人到阳朔益田西街考察。

同日 阳朔县组织全县领导干部在县人民会堂集中收看广西领导干部“时代前沿知识”系列讲座第111讲，听取全国人大农业与农村委员会主任委员陈锡文作实施乡村振兴战略专题报告。

同日 阳朔县开展环境保护大督查大整治工作。

16日 县委书记谷海洪到新城区督查调研征地搬迁、道路建设等工作进展情况。

17日 由阳朔县妇联、阳朔雄基传媒主办，阳朔益田西街承办的“嫁女归，回娘家”首届端午节民宿文化节活动在阳朔益田西街举行，阳朔百名出嫁女集体回娘家。

同日 县长蒋春华到县北公交场站、宋城漓江千古情等地调研在建项目建设情况。

20日 阳朔县在百色干部学院举办领导干部学习贯彻中共十九大精神暨党性教育专题培训班(第三期)，全县90多名副科级领导干部参加相关课程学习。

21日 自治区党委宣传部副部长赵勇富

率调研组到阳朔调研文化旅游融合情况。

同日 自治区编办副主任、自治区机构改革办综合组组长黄远标率调研组到阳朔调研优化营商环境推行“354560”改革工作。

同日 阳朔县发放首张农药经营许可证。

21—22日 桂林市人大代表阳朔小组开展年中调研活动。

22日 县委常委、副县长李首群到葡萄镇养猪场、垃圾处理场及污水处理厂指导调研。

同日 县委常委、宣传部部长、副县长孟璇到县外语实验中学、白沙初中、高田民族学校三个2018年中考考点检查工作。

同日 阳朔县召开新城区征地搬迁工作专题会议。

25日 阳朔县脱贫攻坚政策“一口清”知识竞赛初赛在县委五楼会议室举行。

26日 兴坪镇在火车站易地扶贫搬迁集中安置点举办“党建引领、企业帮扶”活动启动仪式暨兴坪商会帮扶贫困户“结对认亲”活动。

同日 阳朔县举行2018年扫黑除恶暨“6·26”国际禁毒日宣传活动。

同日 阳朔县召开2018年全县禁毒工作会议。

同日 县委常委、副县长李首群到兴坪镇走访慰问老党员、困难党员。

27日 自治区审计厅厅长眭国华一行到阳朔调研指导审计工作。

同日 县四家班子领导组织收看全市领导干部“双百”法治宣讲报告会。

28日 自治区人大常委会委员、人大外事华侨委员会主任委员刘长林率自治区、桂林市人大常委会调研组到阳朔调研旅游扶贫工作。

同日 市委常委、市纪委书记、市监察委主任吕洪安到阳朔看望慰问部分老党员和贫困党员。

同日 阳朔县召开2018年全县上半年经济运行分析会。

29日 中组部干教局副巡视员孟岩一行3人到阳朔县委党校、兴坪镇党委调研督查干部教育培训情况。

同日 县人大常委会主任李自军一行到杨堤乡走访慰问部分老党员和困难党员。

是月 阳朔县开展第九批国家级农业综合标准化示范县提升工程等系列标准培训。

7月

3日 自治区审计厅机关党委副书记、机关纪委书记张富文率自治区绩效核验组一行到阳朔开展半年绩效项目工作检查。

同日 县政协调研组到白沙镇调研本土优秀传统文化。

同日 阳朔县“新时代讲习所”在普益乡开讲。

同日 阳朔县召开《阳朔县人民防空工程规划(2018—2030)》评审会。

4日 自治区人大常委会教科文卫委员会主任委员叶乐阳率自治区农村医疗专题调研组一行，在桂林市人大常委会副主任赵德明陪同下，到阳朔县开展农村医疗卫生机构综合服务能力建设情况专题调研。

同日 阳朔县召开扶贫开发领导小组各专责小组2018年二季度汇报会。

同日 阳朔县组织收看全市第三季度防范重特大安全事故工作电视电话会议暨市安委会全体会议，并召开阳朔县2018年第三季度防范生产安全事故工作会议。

4—5日 自治区移民工作管理局党组副书记、副局长谭峰专项督查组一行到阳朔高田镇、白沙镇督查易地扶贫搬迁情况。

5日 来宾市金秀瑶族自治县县长兰向

东一行到阳朔考察旅游业发展工作。

同日 桂林市委组织部督察组到阳朔镇、白沙镇督查指导基层党组织建设工作。

同日 市委、市政府督查室到阳朔开展中小学防溺水及水上安全工作专项督查。

5—6日 桂林市人大常委会副主任徐峰带领调研组到高田镇开展乡村振兴、脱贫攻坚情况调研。

6日 阳朔县启动创建“放心消费”示范街。

12日 自治区人民政府副主席李彬，桂林市委常委、宣传部部长、副市长韦凤云到阳朔调研旅游工作。

同日 驻桂林全国人大代表和自治区人大代表，桂林市人大常委会副主任潘永建、石春莲，副市长兰燕、谢灵忠到阳朔开展2018年年中专题调研。

同日 桂林市专项考核初评组第二组到阳朔对2017年度易地扶贫搬迁安置点县级领导干部包点工作进行考核初评。

13日 县长蒋春华率队到县城凤鸣路北段调研改扩建工程前期工作。

16日 县委书记谷海洪率队到白沙镇蔡村开展扶贫工作调研。

17日 县委书记谷海洪到新城区督查中医院、二中、三小、三幼、矮山板房安置点、山水大道燕村段等项目建设进度。

同日 《阳朔政协文史资料·曹邺文化专辑》出版及曹邺文化资源利用座谈会在县政协三楼会议室召开。

18日 阳朔县开展2018年“夏送清凉”慰问环卫工人活动。

同日 自治区卫计委到阳朔开展免疫规划综合业务检查评估。

19日 县委书记谷海洪到新城区公交北场站和桂林千古情项目施工现场调研督查重点项目建设情况。

同日 阳朔县在县委五楼会议室召开中共阳朔县第十三届代表大会第三次会议代表提案交办会。

同日 2018年县人大代表建议、批评、意见和政协委员提案办理工作座谈会在县教育局三楼会议室召开。

同日 阳朔县召开2018年农村改厕改厨工作推进会。

同日 全市首例食药领域公益诉讼案在阳朔法院当庭审理宣判。

20日 阳朔县召开激励广大干部新时代新担当新作为暨优化营商环境助力经济高质量发展大会。

21日 全国“1+N”基层妇产科医师培训工程在阳朔开班。

23日 阳朔县再度荣获“2017年度广西科学发展先进县”荣誉称号，并蝉联全区重点生态功能区第一名。

24日 阳朔县召开国税地税征管体制改革座谈会。

同日 阳朔县开展非法营运竹筏整治行动。

同日 民盟桂林市委会主任谭建国一行到兴坪镇开展脱贫攻坚工作调研。

25日 凤凰卫视有限公司投资考察团一行和桂林市委常委、统战部部长王建毅到白沙镇考察白沙水库地块。

同日 自治区工业和信息化委工业园区处调研员陆武平率督察组到福利镇、葡萄镇、白沙镇督查污水处理厂建设运行情况。

25日 阳朔县召开2018年夏秋季征兵工作会议。

同日 阳朔县召开特殊教育工作座谈会。

25—26日 县委书记谷海洪率队督查旅游市场秩序整治工作并召开专题会议。

26日 县长蒋春华到桂林千古情检查预演筹备情况。

同日 阳朔县召开第十七届人民政府第

二次廉政工作会议。

同日 阳朔县召开2018年第二季度群众安全感和满意度“双提升”分析推进会。

同日 阳朔县召开中央环保督查“回头看”总结暨“边督边看”工作布置会。

同日 阳朔县召开2018年“美丽阳朔·宜居乡村”服务惠民专项活动工作推进会暨为民办实事工作情况汇报会。

同日 阳朔县召开中共阳朔县第十三届委员会第五轮巡察工作动员会暨巡察业务培训会。

同日 阳朔县召开2018年上半年全县政法工作通报会。

27日 由宋城演艺和桂林旅股联合打造的桂林千古情景区开园试运营，大型歌舞《桂林千古情》开演。

同日 县委常委、政法委书记曾杰刚，副县长黄爱荣率慰问组到桂林驻军部队慰问部队官兵。

28日 第十届广西体育节阳朔分会场暨2018年阳朔体育节开幕式在阳朔公园广场举行。

30日 县委书记谷海洪率队到福利镇督查基层党建和脱贫攻坚工作。

同日 县长蒋春华到葡萄镇东风采石场检查采石场复绿后续巡查管护情况。

同日 副县长黄爱荣率慰问组到县人武部、光荣院、消防大队和武警阳朔县中队开展“八一”走访慰问活动。

31日 县委书记谷海洪率队到百里新村七仙峰茶场、阳朔镇高洲蓝莓园和高洲村委瀑布塘村调研产业示范园和村集体经济发展情况。

同日 阳朔县召开全县环境集中整治行动工作推进暨市级督查反馈问题整改落实工作布置会。

同日 县长蒋春华一行到金宝乡检查易地扶贫搬迁集中安置项目工作情况。

同日 县长蒋春华到金宝乡大桥村委走访慰问优抚对象。

同日 县人大常委会主任李自军一行到杨堤乡中南村委走访慰问贫困优抚对象。

同日 县政协主席陈庆武，县委常委、副县长李首群一行到兴坪镇走访慰问优抚对象。

是月 自治区南溪山医院与葡萄镇卫生院医联体正式组建。

是月 阳朔县临阳联队抗日历史资料征集室设立。

是月 阳朔业余体校学生参加2018年广西青少年田径锦标赛获3金2银1铜，打破1项自治区记录。

8月

2日 阳朔·兴坪养生度假区项目第一批(142宗)安置宗地进行抽签。

6日 桂林市委对阳朔县委、县政府主要领导进行调整：蒋春华任中共阳朔县委书记，周彦任中共阳朔县委副书记、提名县人民政府县长人选。

8日 《桂林千古情》启动大型文化惠民活动。市领导赵乐秦、张晓武、吕洪安、赵仲华到场指导，县领导蒋春华、周彦、何宗伦、邹茂东及宋城演艺董事长、桂林旅股董事长、宋城演艺总裁出席启动仪式。

同日 首届桂林国际旅游胜地升级发展论坛在阳朔兴坪(三千漓)召开。

13日 桂林市政府督查室督查专员周凤琴一行到阳朔督查2018年上半年为民办实事工作情况。

14日 重庆市南川区副区长罗弟杰一行14人到阳朔兴坪镇考察乡村旅游、古街保护工作情况。

16日 桂林市政府副秘书长李顺意带队

到阳朔督查2018年保障农民工工资支付工作专项整治行动情况。

同日 县领导周彦到葡萄镇调研脱贫攻坚工作。

同日 阳朔·兴坪休闲养生度假区(三千漓)“空中漓江”首航启动。

17日 县领导周彦到新城区调研新城区建设工作。

19日 阳朔开展庆祝首个“中国医师节”系列活动。

22日 澳门广西社团联合总会会长、自治区政协委员徐家颖率考察团到白沙镇考察项目投资环境。

23日 阳朔县召开旅游市场综合监管工作会议。

24日 民革广西区委会副主委、桂林市政协副主席、民革桂林市委会主委区捷到福利镇龙尾村委调研民族文化保护与传承情况。

同日 阳朔县四家班子领导召开县委中心组学习会议,专题学习习近平新时代中国特色社会主义思想,并传达学习全国宣传思想工作会议精神。

24—26日 自治区2017年易地扶贫搬迁集中安置点包点县级领导干部专项考核组第十五组一行到阳朔开展核验工作。

26日 阳朔县组织专业植保无人机到贫困村杨堤乡杨堤村柑橘黄龙病防控示范区开展木虱施药扑杀作业。

27日 阳朔县召开第十七届人民代表大会常务委员会第十二次会议。

28—29日 县人大常委会检查组一行深入全县各乡(镇)检查验收人大代表联系群众履职平台建设工作。

29日 阳朔县召开全县年中工作会议暨县域经济发展、乡村振兴推进大会。

30日 当日下午4时35分至36分,阳朔县在白沙镇水库实施人工增雨作业,全县普降小到中雨,最大雨量出现在高田镇,累计雨量36.7毫米,全县旱情得到缓解。

31日 阳朔县召开2018年8月重大项目推进会。

是月 阳朔县启动农业产业强镇(白沙镇)示范建设。

是月 阳朔县启动编纂《阳朔农业志》。

是月 进入8月份以来,阳朔县天气持续高温,共发布高温橙色预警11次,其中8月18日至24日连续6天最高气温达到或超过35摄氏度的晴热高温天气。

9月

2日 阳朔县阳朔镇第二中学新校园正式启用。

3日 县委书记蒋春华到高田镇古登村委、下山村委调研脱贫攻坚工作推进情况。

同日 阳朔县启动第四次全国经济普查。

4日 阳朔县召开“2018年阳朔铁人三项赛”工作协调会。

5日 云南省政协主席李江率驻云南全国政协委员考察团一行30余人到福利镇、兴坪镇考察乡村振兴相关工作。自治区政协副主席刘慕仁、市政协副主席邹长新等陪同考察。

同日 县委书记蒋春华,县委副书记、代县长周彦率县四家班子领导到新城区调研。

同日 阳朔县召开扫黑除恶专项斗争联席会议暨全县政法综治信访维稳工作会议。

6日 县委副书记、代县长周彦,县委常委、副县长李首群等县领导分赴全县部分中小学、幼儿园开展教师节慰问活动。

同日 县委常委、副县长李首群一行到兴坪镇就易地扶贫搬迁集中安置点建设进行检查指导。

同日 阳朔县召开“2018阳朔铁人三项

赛”安保工作动员部署暨培训会。

7日　全市党委信息第二季度工作会议在阳朔召开。

同日　县委常委、副县长李首群一行到兴坪镇西山小学、江村小学开展教师节前慰问活动。

10日　阳朔县新城区甲秀桥竣工通车。

同日　阳朔县召开2018年度县党政领导与党外各界代表人士座谈会。

11日　桂林市人大常委会副主任何运保率市人大常委会检查组一行10人到阳朔召开《中华人民共和国旅游法》执法检查座谈会，并实地走访部分旅游企业。

同日　阳朔县召开落实国务院大督查对十里画廊遇龙河景区反馈问题整改工作座谈会。

12日　阳朔县召开扶贫领域腐败和作风问题专项治理工作第二次例会暨脱贫攻坚作风建设年推进会。

同日　阳朔县召开基层党建工作重点任务暨基层党组织规范建设年活动推进会。

同日　阳朔县召开2018年中秋国庆节假日旅游安全工作会议。

同日　阳朔县召开全县义务教育均衡发展迎国检工作“再动员再布置”大会。

同日　市委常委、宣传部部长、副市长韦凤云到阳朔调研观光专线车运行工作情况。

同日　桂林市委常委、政法委书记赵志军率督察组到阳朔督查扫黑除恶专项斗争、禁毒和信访维稳工作。

同日　县委书记蒋春华在全国乡村旅游与旅游扶贫工作推进大会上作典型发言。

14日　坦桑尼亚考察团到阳朔考察生态农业发展状况。

同日　国家统计局党组成员、总经济师盛来运，自治区统计局局长吴建新，桂林市副市长黄加才、市政府副秘书长陆桂弟、市统计局局长李强一行到阳朔开展第三产业发展情况调研。

同日　阳朔县召开“2018年环广西公路自行车世界巡回赛(阳朔段)”工作布置会。

15日　阳朔县召开第十七届人大常委会第十三次会议。

16日　“2018阳朔铁人三项赛”在阳朔举行。来自美国、英国、德国等9个国家和地区，国内23个省(自治区、直辖市)和港澳台地区1000多名选手参加比赛。

17日　副县长黄爱荣到福利镇、杨堤乡调研脱贫攻坚工作。

18日　县委书记蒋春华到福利镇调研脱贫攻坚和党建工作。

同日　阳朔县开展防控警报试鸣和疏散演练。

19日　第五期越南党政领导干部培训班考察团到葡萄镇参观旅游红色驿站建设情况。

同日　阳朔县召开退役军人和其他优抚对象信息采集工作动员部署会。

20日　中央广播电视总台央广MusicRadio音乐之声“我要上学·童梦同圆1200助学行动”启动仪式暨广西义演活动在阳朔“印象刘三姐”剧场举行。有关方面负责人参加启动仪式。

21日　市委常委、市纪委书记吕洪安到白沙镇易地扶贫搬迁集中安置点走访慰问建档立卡贫困户。

同日　阳朔县召开创建“国家全域旅游示范区”专家组调研指导反馈会。

同日　阳朔县召开2018年外来投资企业中秋恳谈会。

22日　县人大常委会主任李自军到杨堤乡走访慰问贫困户。

25日　县委书记蒋春华到葡萄镇调研指导脱贫攻坚工作。

同日　阳朔县召开农村集体产权制度改革工作动员部署暨农村集体资产清产核资培

训会。

26日 县委副书记、代县长周彦到高田镇调研酒店项目建设工作。

同日 县委常委、副县长李首群率全县普查小组对全县第二、第三产业进行第四次全国经济普查。

28日 桂林市委常委、常务副市长张晓武到阳朔调研十里画廊遇龙河道路客运班线有关问题及服务业发展情况。

同日 阳朔县召开2018年9月份重大项目推进会。

同日 阳朔县召开宜居乡村工作现场推进会。

29日 桂林市全域党建品牌建设启动暨旅游红色驿站（阳朔杨堤）揭牌仪式在杨堤旅游红色驿站举行。

同日 阳朔县召开全县2018年第三季度经济运行分析会暨县域经济发展分类考核工作推进会。

同日 阳朔县召开2018年打击传销工作会议。

是月 阳朔县漓江排筏从业者协会党总支部获“自治区两新组织党建工作示范点”荣誉称号。

10月

8日 副县长黄爱荣一行到福利镇、普益乡检查指导蔗香甜园核心示范区、扶贫工作。

9日 县委副书记、代县长周彦率县国土局、住建局、农业局、市容局、环保局、工信局等相关单位到福利镇调研指导工作。

10日 自治区人大常委会委员、外事华侨委员会副主任梁崎峰率调研组到白沙镇开展桂台产业合作情况专题调研。

11日 阳朔县举办2018民宿高端人才发展国际论坛。

同日 阳朔县民宿学院成立。

11—12日 阳朔县举办乡镇人大代表培训班。

13日 阳朔学前教育改革发展试验区工作推进会暨幼儿园自主游戏培训会在人民礼堂召开，全县57所幼儿园的639名幼师参加培训。

14日 县委书记蒋春华，县委副书记、代县长周彦在碧莲江景大酒店桂缘厅会见新西兰皇后镇湖区市长詹姆斯一行。

15日 县委书记蒋春华到普益乡调研脱贫攻坚和新型城镇化示范乡镇工作。

16日 副县长黄爱荣到普益乡部分村（居）委老年协会、普益乡敬老院开展重阳节慰问活动。

17日 国家林业和草原局生态保护修复司副司长许传德、自治区林业厅厅长黄显阳率调研组一行到福利镇开展乡村绿化美化调研活动。

同日 自治区党委改革办2018年广西全面深化改革培训班一行97人到福利镇蔗香甜园核心示范区开展现场教学调研活动。

同日 桂林市委常委、统战部部长王建毅到阿丽拉阳朔糖舍、香草森林精致农业生态旅游园区调研统战工作和非公经济发展情况。

同日 桂林市委常委、统战部部长王建毅率民盟桂林市委、市侨联及市统战部全体干部职工到对口联系的兴坪镇古皮寨村委开展第五个“全国扶贫日”活动。

同日 县委副书记、代县长周彦到杨堤乡调研指导重点工作并与该乡三家班子成员、县乡人大代表座谈。

同日 阳朔县召开2018环广西公路自行车世界巡回赛阳朔赛段工作动员部署会议。

18日 CBFU（中国蜂友联盟）第二届双

峰会在阳朔召开。

19日 阳朔县召开2018年度脱贫攻坚六大行动暨脱贫摘帽决战冲刺动员大会。

22—23日 以国家督学、南宁学院原党委书记夏建军为组长的专家组一行5人到阳朔对义务教育均衡发展工作进行专项督导。

22—24日 县委副书记、代县长周彦率队赴白沙、葡萄、高田、普益等9个乡镇调研,广泛收集民情,听取民意,共商发展大计。

23日 四川省达州市通州区考察团到福利镇枫林村委考察蔗香甜园核心示范区、农村环境综合整治项目分散式污水处理设施工程建设工作。

24日 阳朔县召开2018年全县艾滋病攻坚工程工作会议。

24—25日 自治区第十一次党代会基层一线代表和在桂的中共十九大基层一线代表(第三调研组)到阳朔开展抓党建促脱贫攻坚、乡村振兴专题调研视察。

25日 桂林百姓大舞台到阳朔葡萄镇举行首场文艺演出。

25—26日 阳朔县召开第十七届人民代表大会第四次会议,会议选举周彦为阳朔新一任县人民政府县长。

26日 桂林市委常委、组织部部长彭东光率队到福利镇调研基层党建工作。

27日 阳朔首届中国农民丰收节暨果蔗文化节在福利镇枫林村举办。

同日 自治区省级离退休干部一行在桂林市委常委、组织部部长彭东光等领导陪同下到白沙镇百里新村现代特色农业金橘(核心)示范区、七仙峰生态茶园参观考察。

同日 桂林市委常委、组织部部长彭东光到兴坪镇调研旅游党建、两新党建及扶贫党建工作。

同日 桂林市委常委、纪委书记、市监察委员会主任吕洪安率市脱贫攻坚督导调研组到高田镇、金宝乡督导调研脱贫攻坚工作。

同日 阳朔县开展高速公路服务区预防拥堵及重大事故应急救援演练。

29日 四川省阿坝州常委、副州长徐芝文率党政代表团一行30多人到阳朔考察交流。

30日 自治区高级人民法院副院长林玉棠一行到阳朔调研信息化建设推进情况。

同日 县长周彦到县公安局就“三所一队”(拘留所、看守所、强制隔离戒毒所及武警中队)建设工作开展实地调研。

同日 阳朔县召开创建自治区食品安全示范县工作推进会。

31日 越南外交部副部长范光荣率越南地方外办主任代表团一行28人到阳朔考察百里新村农业产业发展状况和阳朔镇骥马村社会主义新农村建设情况。

同日 福达·阳朔之心项目开工奠基。

11月

1日 自治区副主席费志荣一行到葡萄镇荣兴陶业公司调研县域经济发展情况。

同日 自治区党委防范处理邪教办三处处长李泉率考评组到阳朔检查考评无邪教创建工作。

同日 桂林市委副书记白松涛到兴坪镇古皮寨村(贫困村)、阳朔·兴坪休闲养生度假区、兴坪镇江村调研党建品牌创建工作情况。

同日 县长周彦率县政府办、住建局、国土局、文新广体局等有关单位负责人实地调研攀岩新基地选址工作。

同日 阳朔县委中心组召开专题学习会议,学习习近平总书记的系列讲话精神,传达和学习自治区党委有关文件精神。

同日 阳朔县召开重点项目推进会。

同日 阳朔县召开2018年环保目标责任制完成情况座谈会。

同日 2018年县乡(镇)党委和政府扶贫开发成效考核工作布置会在县委党校多媒体教室召开。

2日 市委党建办主任梁锦率第三组督查组对杨堤乡2018年度实施乡村振兴情况进行督查指导。

同日 市委督查组一行到福利镇就脱贫攻坚工作、驻村“第一书记”及驻村工作队工作情况进行督查指导。

同日 兴坪镇古皮寨易地扶贫移民安置小区举行搬迁入住仪式。县领导陈庆武、李首群出席仪式。

同日 阳朔县部署2019年度城乡居民基本医疗保险费征缴工作。

3日 世界广西妇女联谊总会主席陈丽丽一行11人到阳朔县特殊教育学校捐资助学。

4日 南宁阳朔商会成立庆典活动在南宁沃顿国际大酒店举行。县领导李自军、陈庆武、李首群、彭莹出席庆典活动。

5日 县长周彦到福利镇调研指导漓江二桥筹建、农村基础设施建设、“四好农村路”建设以及农村教育均衡发展等工作。

6日 桂林市中级人民法院党组书记、院长陈敏一行到县人民法院调研诉讼服务中心建设情况。

7日 桂林市园林局局长李兰率市督导组到兴坪镇古皮寨村和白沙镇蔡村督导易地扶贫搬迁安置和危房改造工作。

8日 全国人大监察和司法委员会副主任委员、中国法学会副会长徐显明，自治区法学会会长温卡华，桂林市有关领导赵志军、林鼎立、唐恢豪到阳朔调研法治建设工作。

同日 县领导李自军、蔡龙德一行到杨堤乡调研产业扶贫工作。

同日 阳朔召开全县农村集体产权制度改革清产核资工作培训会。

9日 桂林市委书记赵乐秦率队到兴坪镇、县城新城区调研生态旅游情况。

9—11日 阳朔县举办第十一届阳朔攀岩节。

12日 桂林市侨联主席叶涛、漓江生态人文环境保护研究会会长袁俊涛一行到兴坪调研三千漓项目建设情况。

同日 兴坪镇江村24户移民搬迁户及2户五保户喜迁江村易地扶贫移民安置小区新居。

14日 自治区确权登记颁证成果验收第六组组长、自治区司法厅副厅长王惠琴一行到阳朔开展农村土地承包经营权确权检查验收。

同日 自治区民宗委宗教一处处长谢春明组织广西佛教协会一行18人到阳朔开展佛教工作调研。

同日 蒋春华、李自军、周彦、陈庆武等县四家班子领导率各乡(镇)党委书记、相关单位领导组成的考察团到兴安县、灵川县就城市建设及管理、旅游产业发展进行考察学习。

16日 交通运输部运输服务司道路客运管理处处长许宝利一行到阳朔调研指导全国运输服务与旅游融合发展现场会筹备工作。

同日 阳朔中学举行科技文化艺术节暨建校80周年庆祝活动。蒋春华、李自军、周彦、陈庆武等县四家班子领导，来自全国各地的数百名阳朔中学校友，以及阳朔中学师生近3000人参加庆祝活动。

19日 桂林市人大常委会副主任石春莲一行到阳朔检查指导“人大代表之家”建设工作。

20日 由国家统计局农村社会经济调查司、全国水产技术推广总站、国家统计局广西调查总队、自治区海洋和渔业厅及桂林市相关单位领导联合组成的调研组到福利镇调研生态农业工作。

同日 自治区政法委副书记莫亦翔率自

治区扫黑除恶专项斗争督查组到阳朔督导检查工作。

同日 阳朔县召开创建自治区健康促进县工作布置暨业务培训会。

同日 阳朔县“空中120”正式启动。当日，在凤鸣旅游停车场举行空中应急救援演练。

同日 县领导蒋春华、彭代江到杨堤乡调研指导脱贫攻坚和党建工作。

20—21日 国家统计局农村社会经济调查司司长黄秉信一行到阳朔开展农业生产工作调研。

21日 自治区生态环境厅调研员文伟民率考核组到阳朔开展2018年国家重点生态功能区县域生态环境质量工作核查。

同日 市委组织部副部长、市非公经济组织和社会组织党工委书记石凤羽调研组一行到阳朔镇指导“两新”党建工作。

同日 县人大常委会主任李自军到杨堤乡走访慰问建档立卡贫困户。

22日 县政协主席陈庆武率队到福利镇实地考察临阳联队抗日红色路线建设工作。

同日 民进桂林市委调研组到阳朔调研学校教师流失情况。

23日 中国科协副主席、中国科协常委会老科技工作者专委会主任、中国科学院院士沈岩率调研团到福利镇调研考察特色生态农业发展工作。

24日 第五届中国—东盟“太极一家亲”系列交流活动在阳朔举办。

26日 阳朔县召开集体林地林权证发放查缺补漏纠错和林权不动产登记工作推进会暨业务培训会。

同日 县委书记蒋春华、县人大常委会主任李自军、县长周彦率队到老城区调研河湖水系连通工程建设工作。

27日 自治区考评组到阳朔考评验收现代化特色农业核心示范区建设工作。

同日 桂林市扶贫开发成效考核组到葡萄镇考核2018年扶贫工作成效。

同日 阳朔举办“双百”法治知识(宪法专题)讲座。

27—29日 县人大领导李自军、黄燕、梁文干率县市人大代表小组及各乡(镇)人大领导到柳州三江县、融安县开展2018年年底视察活动。

28日 阳朔县召开2018年第四季度经济运行暨县域经济发展分类考核工作汇报会。

同日 县领导周彦、孟璇到县教育局调研教育工作情况并召开座谈会。

29日 交通运输部党组成员、副部长刘小明，文化和旅游部资源开发司副司长唐兵率全国运输服务与旅游融合发展现场会现场考察组到阳朔考察，自治区领导李盛、陈鸿起、温达勤，桂林市领导秦春成、彭代元、丁东弟，县领导蒋春华、周彦、蒋东兵参加考察活动。

30日 桂林市“党旗领航·品质旅游”主题活动启动仪式在阳朔县高田镇民族广场举行。自治区领导刘水玉、杨济源，桂林市委常委、组织部部长彭东光，县领导蒋春华、唐德华，桂林市各县(区)党委组织部部长等出席启动仪式。

同日 阳朔县召开第十七届人大常委会第十六次会议。

是月 国家自然资源督查广州局到阳朔督查专项清理治理工作。

12月

4日 国家林业和草原局生态司司长赵良平、自治区林业局局长黄显阳率“全国乡村绿化美化现场会”与会代表到阳朔考察村屯绿化、庭院经济和乡村旅游产业。

7日 桂林市委常委、纪委书记、监委主任吕洪安到阳朔慰问老党员和自治区优秀党员。

同日 桂林市秀峰区委书记蒋育亮率考察团一行30余人到阳朔考察旅游产业发展、项目建设等工作情况。

同日 县委常委、副县长李首群一行到普益乡调研环保和2019年城乡居民基本医疗保险收缴情况。

同日 县委常委、副县长李首群率队到福利镇检查开展庆祝自治区成立60周年活动安全生产工作情况。

12日 县长周彦到阳朔镇、白沙镇、普益乡走访慰问贫困户。

12—13日 阳朔县开展自治区成立60周年走访慰问活动。县四家班子领导分组走访慰问离休老干部、老党员、老复员军人、抗战老兵和享受省部级以上待遇的劳动模范和先进工作者。

12—13日 临阳联队创始人之一、中国侨联原主席庄炎林一行到阳朔县参观考察，重温其七十多年前在阳朔抗日战斗的光辉历程。

13日 “学前智慧教育中国百城公益行——走进阳朔”暨“幼视通”公益捐赠活动在阳朔镇实验幼儿园启动。

14日 县长周彦率队到阳朔镇凤鸣小学、高田镇民族学校调研2018年义务教育均衡发展迎国检工作落实情况。

同日 副县长黄爱荣到普益乡检查指导脱贫攻坚工作。

同日 阳朔县召开遇龙河旅游度假区内环境整治和改造提升工作研究座谈会。

15—16日 国家文物局副局长宋新潮率调研组一行到阳朔调研古民居保护开发和文旅项目工作情况。

17日 新城区110千伏龙城变电站工程在新城区学院路与览胜路交会处举行开工奠基仪式。

18日 桂林市人大常委会副主任徐峰到阳朔开展乡村振兴工作调研。

同日 县四家班子领导集中收听收看中共中央总书记、国家主席、中央军委主席习近平在庆祝改革开放40周年大会上重要讲话会议实况。

18—20日 国家督学、福建省福州市钱塘小学原校长、特级教师廖秀梅率国家义务教育均衡发展国家督导评估专家组和自治区教育厅基础教育处处长罗索、桂林市政协副主席郑毅到阳朔开展义务教育均衡发展工作评估认定。

19日 自治区自然资源厅调研组周涛一行到阳朔开展2018年自然资源系统重点工作综合督导调研。

同日 县委中心组召开学习习近平总书记在庆祝改革开放40周年大会上重要讲话精神专题会。

同日 阳朔县召开生态环境保护大会。

同日 阳朔县召开大气污染防治攻坚行动调度会。

20日 自治区党委常委、自治区副主席严植婵，桂林市副市长彭代元到阳朔调研宜居宜游宜业文化生态古村、农村环境连片整治情况、遇龙河沿线生态乡村示范带建设、古村落保护等工作。

20—22日 以原自治区旅游发展委综合协调处副处长王慧为组长的国家全域旅游示范区创建工作验收评定组第二组到阳朔对创建工作进行初审。

21日 阳朔县召开2019年度城乡居民基本医疗保险征缴工作推进会。

22日 阳朔县通过义务教育均衡发展国家评估认定。

24日 阳朔县启动莲峰揽才育才计划并召开首届外来企业高级管理人才研讨会。桂林市委常委、统战部部长王建毅，县领导蒋春华、周彦出席启动仪式。

同日 桂林市委讲师团到阳朔开展庆祝改革开放40周年、自治区成立60周年暨乡村振兴战略宣讲活动。

24日 中国山区儿童就学(香港)关注基金会主席李鸿锏一行到阳朔中学、阳朔镇樟桂小学开展慈善助学活动。

25日 阳朔县召开2018年台资和侨资企业代表恳谈会。

同日 全区民宿治安管理试点工作现场会在阳朔县召开。

27日 桂林市平安建设检查考评组到阳朔对平安建设工作进行年度考评。

同日 阳朔县召开中共阳朔县第十三届委员会第七轮巡察工作动员部署暨巡察业务培训会。

28日 华中农业大学教授伊华林、潘思轶,广西休闲农业协会会长刘永华到阳朔进柑橘(金橘)一二三产业融合发展专题讲座。

同日 阳朔县召开全县乡村振兴工作会议。

29日 阳朔县第十九届漓江渔火节·第十五届金橘交易会·第七届苗木花卉交易会在桂林千古情景区开幕。

同日 阳朔县消防救援大队举行授衔换装仪式。

是月 贵广高铁阳朔火车站安置区完成第二批房屋搬迁(88宗)安置抽签。

阳朔县概况

遇龙河码头一角　　　　（戴雪梅　摄）

建置沿革

秦始皇三十三年(前214年),阳朔属桂林郡地。

西汉元鼎六年(前111年),阳朔为始安县地,属荆州零陵郡管辖。

东汉,阳朔属始安侯国地。

三国吴甘露元年(265年),析始安县置尚安县,县治在今兴坪镇狮子崴村,此为阳朔县地建制之始,隶属始安郡。晋改熙平县,治址不变。隋开皇十年(590年),设阳朔县,以县北有阳朔山得名。治址有二说:一说在今阳朔镇;另说始建治于今兴坪镇北胡家园一带,北宋初年迁今阳朔镇。

唐武德四年(621年),分阳朔县增置归义县,治址在今白沙镇旧县村西北侧。

唐贞观元年(627年),撤销归义县并入阳朔县,至今未变。

五代十国,阳朔县为楚、南汉治地,属桂州所辖。

北宋大观元年(1107年)改桂州为静江府;元至元十五年(1278年)改静江府为静江路,阳朔属静江路;明洪武元年(1368年)改静江路为静江府,明洪武五年(1372年)静江府改为桂林府,阳朔县均归其所辖。

清朝,阳朔县仍属广西桂林府。

中华民国时期,阳朔县分别隶属于:民国2年(1913年)7月,废桂林府设漓江道,属漓江道;民国3年(1914年)6月属桂林道;民国16年(1927年)道废,直隶广西省政府;民国19年(1930年)冬属桂林民团区;民国23年(1934年)3月属桂林行政监督区;民国29年(1940年)4月属广西第一行政督察区;民国31年(1942年)3月直隶广西省政府;民国33年(1944年)5月属广西第八行政督察区;1949年7月属广西第十四行政督察区。

1949年11月25日阳朔县解放后,属桂林专区(1971年易名为桂林地区)管辖。1981年7月1日,经国务院批准阳朔县划归桂林市管辖。

(伍维平　戴雪梅)

地理概况

【位置面积】 阳朔县地处北纬24° 38′ ~25° 04′、东经110° 13′ ~110° 40′之间,位于广西壮族自治区东北部,桂林市区南面。东邻恭城瑶族自治县、平乐县,南邻荔浦县,西界永福县、临桂县,北与灵川县、桂林市雁山区接壤。县域面积1436.91平方千米。县城阳朔镇距桂林市区66千米。

2001年7月6日,阳朔县与荔浦、平乐、恭城、灵川、临桂、永福、雁山等邻县、区勘界工作完成,确定县界全长248.94千米。与周边县、区行政区域界线长度分别是:阳朔与灵川县边界线全长21.4千米;阳朔与临桂县边界线全长46.71千米;阳朔与雁山区边界线全长29.79千米;阳朔与永福县边界线全长10.16千米;阳朔与恭城县边界线全长24.66千米;阳朔与平乐县边界线全长51.53千米;阳朔与荔浦县边界线全长64.69千米。阳朔县与周边县、区行政区域各交会处均于1999年立有界碑。阳朔与临桂县、雁山区交会处的界碑设在葡萄镇陵陂村地域上,界碑是生根石,分别刻有“阳朔”“临桂”“雁山”字样。阳朔与永福县、临桂县交会处的界碑设在金宝乡久大村最高山顶上,界碑是1块花岗岩石,分别刻有“阳朔”“永福”“临桂”字样。阳朔与荔浦县、永福县交会处的界碑设在金宝乡红莲村地域上,界碑是一块花岗岩石,分别刻有“阳朔”“荔浦”“永福”字样。阳朔与平乐县、荔浦县交会处的界碑设在普益乡大山村最高山顶上(有航空标志),界碑是3块花岗岩石,分别刻有“阳朔”“平乐”“荔浦”字样。

阳朔与恭城县、平乐县交会处的界碑设在福利镇龙尾村地域上，界碑是3块花岗岩石，分别刻有“阳朔”“恭城”“平乐”字样。阳朔与灵川县、恭城县交会处的界碑设在兴坪镇大源村鸡笼山顶，界碑是3块花岗岩石，分别刻有“阳朔”“灵川”“恭城”字样。阳朔与灵川县、雁山区交会处的界碑设在兴坪镇西塘村公路边山坳间，界碑是生根石，分别刻有“阳朔”“灵川”“雁山”字样。

【地质】

地壳演变　县内出露的地层，都是漫长地质历史时期中浅海沉积的产物。形成于距今5亿年前的寒武系地层，在4亿多年前的加里东构造运动阶段褶皱抬升成陆地，遭受长期风化剥蚀。晚古生代初，地壳下降，海水浸入，因此在距今约2.8亿年至4亿年的石炭纪和泥盆纪时代，阳朔境域又成为一片汪洋大海，是古地中海黔桂海的部分。在广阔、温暖的浅海中，沉积了几千米厚的石灰岩和砂、页岩。二叠纪后，阳朔附近由于地壳上升而逐渐成为陆地。三叠纪末（距今约1.9亿年）的印支运动，使地区岩层受到强烈挤压，形成了桂林至阳朔复式向斜褶皱。其后在中生代中、晚期和新生代的燕山运动和喜马拉雅运动期间，阳朔境域也都受到影响，形成一些断裂和小规模褶皱，叠加在印支期产生的构造之上。阳朔地壳上升成陆地后，石灰岩层即遭到风化剥蚀，经过漫长地质年代的溶蚀、侵蚀作用，发育成为以峰丛洼地和峰丛谷地为代表的、具有不同发育阶段和不同类型地表、地下岩溶地貌形态的世界典型热带岩溶地貌区。

地层　阳朔县地层出露以泥盆系分布面积最广，其次为寒武系、石炭系、白垩系、第四系。泥盆系：几乎遍布全县各地，发育较完全，下部为碎屑岩，上部为碳酸盐岩；局部相变为硅质岩，总厚度3348米。阳朔镇、白沙镇一带以中、上泥盆统地层为主，杨堤乡、金宝乡、普益乡、高田镇、兴坪镇一带以上泥盆统为主，主要由灰岩、白云岩、泥质灰岩和硅质岩组成。寒武系：分布在老厂、架桥岭、三县界等地。因被上古生界覆盖，分布零星，出露不完整，且露头较差，岩性较单一。其中，碳酸盐岩标志层仅局限于兴坪镇老厂一带。有碳酸盐岩出露的地段，未见顶和底，可见厚度大于3579米，岩性主要为页岩夹砂岩及少量灰岩、白云岩，下部多页岩，上部多砂岩。页岩以绢云母页岩为主，少量为粉砂质页岩及炭质页岩。炭质页岩呈灰、灰绿色及黄绿色，具微层理、斜层理、交错层理。石炭系：在县内有零星分布，但发育不全，以下石炭统为主。兴坪镇一带属下石炭统岩关阶（碳酸盐岩相）中段和下段，厚度382米。中段为泥质灰岩，夹钙质页岩、海百合灰岩；下段为白云岩，夹少量灰岩。福利镇梯山根为岩关阶下段，由砂岩、沙砾岩、泥质页岩夹煤层组成。葡萄镇的葡萄街至报安一带为中石炭统，由泥质灰岩为主，夹钙质页岩、海百合灰岩组成。福利镇枫林、夏村和高田镇中板塘一带有小面积上石炭统出露，由页岩、炭质页岩、夹钙质页岩等组成。白垩系：仅在白沙镇五里店有小面积零星出露。第四系：分布全县的低洼地带及沿河两岸，属全新统，上部为亚砂土、亚黏土、细砂；下部砾石层夹泥炭层。

【地貌】

概貌　阳朔县地貌以石山、丘陵为主，山地为辅。东北部和西南部两侧地势较高，属海洋山脉（东瑶山）和架桥岭山脉（西瑶山）的边缘，山脉走向大致呈西北—东南，是县内主要河溪发源地。中部为一块约150平方千米的山丘，海拔200~500米之间。自西北贯穿东南的宽阔地带属岩溶地貌，地势较低，且自北向南倾斜，东南太平洋暖湿气流进入时，受到地形抬升，容易降雨，同时寒潮易于侵入。境内河流大多自西北而流向东南。岩溶区内石山林立，海拔200~500米，相对高差50~300米。石山间溶蚀洼地、峰林谷地、河流冲积平地交错分布，地势较平坦。

丘陵　高丘：海拔250~500米之间，遍布全县各地，以白沙、兴坪、福利、普益较多，面积约3.26万公顷，占全县总面积14.37万公顷的22.69%。有土丘、半土半石山丘，其中土丘2.83万公顷、半土半石山丘0.43万公顷，由砂页岩组成，坡度35°左右。中丘：海拔100~250米之间，遍布全县，以福利、高田、白沙、葡萄、金宝、兴坪最多，面积约5.1万公顷，占全县总面积35.49%。有土丘、半土半石山丘，其中土丘4.8万公顷、半土半石山丘0.3万公顷，由砂页岩组成，坡度25°左右。低丘：海拔100米以下，主要分布在桂阳公路沿线、漓江两岸及阳朔镇、普益乡一带，由砂页岩组成，坡度为15°左右，全部是土丘。

山地　中山：海拔800米以上，分布在兴坪、福利、金宝等地，面积约0.63万公顷，占全县总面积4.38%。其中，土山约0.45万公顷、半土半石山约0.17万公顷。由灰岩、砂页岩组成。坡度在20°~45°之间。低山：海拔500~800米之间，分布在金宝、福利、兴坪、杨堤、阳朔镇一带，面积约0.78万公顷，占全县总面积5.42%。其中，土山约0.58万公顷、半土半石山约0.2万公顷。由砂页岩组成，坡度35°左右。石山：海拔300~500米之间，主要分布在西北至东南一线，面积约4.16万公顷，占全县总面积28.95%。由石灰岩组成，坡度在85°左右。主要山脉、山峰有海洋山脉（又称东瑶山）、架桥岭山脉（又称西瑶山）、莲花石界、轿顶山、旺江界、宝峰山、白虎山、龙岩门、木弯岭、金子山、癞头山、鸡笼山、香花坳等。

【气候】

概况　阳朔县地处中亚热带季风性气候，热量丰富，雨量充沛，日照充足，温和湿润，四季分明。县内岩溶地区和低海拔地区夏长冬短，东北、西南部高海拔山区冬长夏短，春秋适中。气候受季风影响，一年的旱、涝、冷、热变化大。

气温　全县年平均温度19.6摄氏度。1月最冷，月平均气温8.9度；7月和8月最热，月平均气温28.3度。历年年极端最高气温都在35度以上；历年年极端最低气温大都在1.0度以下。县内气温的时空分布差异较明显，南部高于北部，低丘高于高山。南部的阳朔镇年平均气温19.5度，北部的杨堤乡为18度，西部的金宝乡由于地势高，虽与阳朔同纬度，但年平均温度只有18℃，相差1.5℃。

湿度　全县年平均绝对湿度为19.3毫巴，最大为20毫巴，最小为19.3毫巴。月平均绝对湿度最大在8月，为36.9毫巴；最小在1月，为9.0毫巴。年平均相对湿度在80%左右。

降水　全县年平均降水量1538.9毫米。年降雨量的分布，山区多于平地，并随着海拔的升高而增加，东北、西部山区在1700毫米以上，东南部在1500毫米以下，其他地区为1600毫米左右。年最大降水量2259.8毫米（2015年），最少降水量1051.3毫米（2011年）。每年降雨量主要集中在4—8月，占全年降雨量的70%左右，而9月至次年2月仅占全年降雨量的23%~27%。月降雨量的分布很不均匀，最多为5月，月平均降雨量268.2毫米，占全年的17.4%；其次为6月，月平均降雨量262.1毫米，占全年的17.0%。雨量最少是12月，为42.9毫米，占全年的2.8%。由于降雨年际、月际变化大，时空分布不均，水、旱灾害频繁。历年各月平均雨日最多是3—5月，为16.7~18.8天，最少是9—12月，为7.8天。历年同月的月雨日数相差悬殊。

霜雪　阳朔平均初霜日为12月11日，平均终霜日为1月23日。霜期平均9天左右，每年无霜期平均356天。年均初雪日为1月

25日，平均终雪日为2月8日，雪期平均日数为16天，80%的年份没有积雪。

风　阳朔县季风明显，盛行风向为西北风和东南风，且风向季节变化明显。1—3月受冬季风影响，盛行西北风。6—8月受夏季风影响，盛行东南风。4—5月和9—10月上半月，为冬夏季风过渡季节，风向常呈南北交替状态。年平均风速为每秒1.2米，1—2月为每秒1.3米，其余各月均为每秒1.0~1.2米。瞬时风力一般在3级以下，最高达12级，但出现概率小。每年夏季均有大风出现，阵风风速达每秒20米。

日照　全县年平均日照总时数1432.1小时，日照百分率31%。但日照季节变化较大，1—4月多年月平均日照时数均在75小时以下，特别是2—3月，平均日照时数不足50小时。5月份日照开始明显增多，月平均日照时数均在100小时以上，8月最多，月平均日照时数为200小时左右。最多的8月与最少的2月日照平均差160小时左右。

（邹优富　程　蕾）

【2018年度气候】

气候概况　2018年年平均气温偏高，年总降雨量偏少，年总日照时数偏少。上半年受寒潮、低温阴雨，下半年受高温、"寒露风"等灾害性天气的影响，对农业生产及人民生活造成影响不大，本年气候属一般年景。

2018年度气温偏高，雨量偏少，日照偏少。年平均气温20.0℃，比历年平均值(19.6℃)偏高0.4℃。年极端最高气温38.5℃，出现在7月21日，年极端最低气温-2.0℃，出现在2月6日；年总降水量1482.0毫米，比历年平均值(1538.9毫米)偏少56.9毫米，汛期降水量(4—9月)457.5毫米。年总日照时数1247.2小时，比历年平均值(1432.1小时)偏少157.9小时。春季气温偏高，有利于冬种作物生长，降水充足且时间分布较均匀，对春耕春播有利；夏季气温偏高，雨量偏少，4月出现暴雨天气，日照时数偏多；秋温偏高，降水偏少，7月出现暴雨天气，日照时间比历年平均值偏少；冬季气温偏低，降水偏多，12月出现强降温天气。本年度气候属正常年份。

春季气候　春温偏高，雨量偏多，日照正常。1—3月平均气温12.8℃，比历年平均温度高1.5℃。其中，1月偏高0.1℃，2月偏高0.9℃，3月偏高3.4℃。春季总降水量379.5毫米，比历年偏多四成。春季降水充足且时间分布较均匀，对冬种作物及春耕春播有利。季总日照144.5小时，与历年平均季日照总数持平，对冬种作物生长有利。

夏季气候　夏温偏高，雨量偏少，日照略偏多。4—6月平均气温24.4℃，比历年平均值偏高1℃。其中，4月偏高1℃，5月偏高2.1℃，6月偏低0.1℃。4—6月雨量436.8毫米，比常年偏少4成。其中，4月雨量171.0毫米，5月雨量140.2毫米，6月雨量125.6毫米。季度总日照329.2小时，略偏多。夏季出现暴雨1次，未造成洪涝灾害。

秋季气候　秋季温度略偏高，降水偏少，日照偏少。7—9月平均气温27.6℃，偏高0.1℃。其中，7月偏低0.2℃，8月份偏低0.3℃，9月份偏高0.5℃。7—9月雨量336.4毫米，比同期偏少一成。季雨量略偏少，但雨量分布较均匀，未出现干旱，均匀充足的降水对农作物生长有利。7月10日—13日、17—22日，8月8日—10日、18—23日，9月4日—6日、20—21日出现连续日最高气温大于或等于35.0℃的高温晴热天气。季度未出现"寒露风"天气过程，对晚稻生长有利。季总日照450.4小时，比历年同期偏少。

冬季气候　冬季气温偏低，降水略偏多，日照偏少。10—12月平均气温15.5℃，比同期偏低0.8℃；冬季总降水量233.3毫米，比历年同期偏多9成。降水量充足，对山塘水库蓄水和越冬农作物生长有利。总体冬季雨日正常，对金橘、柚子、甘蔗等农作物成熟糖化有利。季总日照265.6小时，比历年同期偏少3成。其中，12月日照值比历年同期偏少，10月、11月日照值与历年同期持平。

（邹优富　程　蕾）

【水文】

概况　阳朔水文站位于桂江中、上游，东经110° 30′，北纬24° 46′，始建于1967年，集水面积5585平方千米。测验项目：降水、蒸发、岸温、湿度、风速、气压、水位、比降、流量、水质监测。阳朔县域内主要河流有遇龙河、金宝河、兴坪河等大小17条河流，漓江作为主干流贯穿5个乡镇。阳朔水文巡测区内共有1个国家基本水文站（阳朔），中小河流水文监测系统新建的3个专用水文站（兴隆、龙岩门、兴坪）、2个水位站（龙潭、江村）、4个国家基本雨量站（阳朔、兴坪、金宝、仁和）、23个中小河流雨量站。站点均分布在各个乡镇的村屯。多年平均降水量1510毫米，水位104.46米，流量214立方米/秒，年径流量68亿立方米；实测最高水位113.58米，最大流量6320立方米/秒，出现日期为2017年7月2日；最低水位103.38米，最小流量18.9立方米/秒，出现日期为2010年3月26日。

2018年水文概况　2018年，实测最高水位108.03米，最大流量2010立方米/秒，最低水位103.41米，最小流量19.3立方米/秒。本年雨水情特点：全县全年总体降水属偏少年份，水情较为平稳，县域内河流全年无超警洪水。

（阳朔水文站）

自然资源

【土地资源】　全县土地总面积143691.23公顷，以丘陵平地、石山为主，山地为辅。丘陵平地占全县土地总面积的59.20%，石山占29.17%，山地占9.91%，水面占1.72%。多样化的地形地貌条件，利于农业发展多种经营。但灰岩漏水性强，易造成干旱。境内天然山水风景资源极为丰富，十分有利于发展旅游业。但中低山、石山比重过大，平原、低丘比重过低，种植业的发展规模受到限制。全县耕地绝大多数土质适中，水、气、热条件好，适宜多种农作物生长。全县有7个土类、16个亚类、48个土属、126个土种。耕作土分为水稻土、旱地土两大类。水稻土主要有淹育性水稻土、潴育性水稻土，分别占水田总面积的40%和42%。自然土的表土和耕地土壤的耕层厚度多属中、薄层土壤，耕层12厘米以上占10.5%。土壤质地多为泥类，沙泥类、偏沙偏黏的面积小。土壤表层和耕层中，水稻土的有机质、全氮含量较高，速效磷、钾较缺乏。速效磷缺乏的占水田面积的44.8%，速效钾缺乏的占52.4%，偏酸的占24.3%，偏碱的占50.4%。旱地潜在养分含量中等偏低，速效磷缺乏，少数缺钾。在水田中，属潜育性、沼泽性占19.3%，石砾低田、锅巴田占4.32%。全县成土母质发育良好，适耕、适种性强，但土壤中有冷、烂、碱、毒、石、薄等障碍因素的不良影响。

【矿产资源】　县境已发现的矿藏资源，金属矿有铅、锌、铜、铁、锰、铝土，非金属矿有重晶石、大理石、石灰石等。铅、锌矿主要分布在兴坪镇的老厂、咸水、钟家、大源林场的宝峰山一带，储量60万吨左右。铜矿分布在金宝乡的大苏河口、小苏、三岔、陡厂河以及兴坪镇的老厂一带，储量约14000吨。铁矿主要分布在杨堤乡的下龙、高田镇的沙子溪、金宝乡的大桥一带，储量30余万吨。锰矿分布在福利镇的青鸟一带，储量30万吨左右。汞矿分布在高田镇的安定一带。铝土矿分布在杨堤乡的下龙、土岭一带，储量8万吨左右。大理石主要分布在兴坪镇的水洛、白沙镇的枫木坳、福利镇的屏山等地。重晶石分布在阳朔镇的樟桂和金宝乡的青龙口一带。石灰石遍布全县。

【水资源】 全县有水资源总量19.34亿立方米(未含客水过境流量),其中地表水12.52亿立方米、地下水6.82亿立方米。不同保证率的总量50%时为11.597亿立方米,75%时为10.084亿立方米,90%时为8.813亿立方米。开发利用率:可利用水量6.03亿立方米,现有水利工程可供水量2.15亿立方米。需水量(农业、工业、生活、其他用水量)1.18亿立方米。供需平衡(不同保证率)50%供1.544亿立方米,需0.921亿立方米;75%供1.41亿立方米,需1.0514亿立方米;90%供1.332亿立方米,需1.1亿立方米。缺水区域在北部区和西部区。全县水资源较为丰富,可满足工业、农业、生产生活用水需要。除地表水和地下水外,每年还有漓江54亿立方米的过境流量由北往南穿过,不但对全县工农业生产起到较大作用,而且为发展县内旅游业提供了可靠保障。但由于漓江沿岸和全县区域内植被较差,水土流失严重,每逢汛期易发洪涝灾害,再加上工农业用水均以粗放型灌溉,群众节约用水意识淡薄,大量浪费水资源,对生活、生产、旅游用水造成一定影响。

【动植物资源】 县境主要动物有170多种。其中,鱼类110种,两栖类7种,爬行类17种,鸟类21种,哺乳类18种。属国家重点保护的野生动物有穿山甲、果子狸、蛤蚧、麝等。野生植物主要有菌类、地衣类、蕨类、裸子植物和被子植物。其中,较珍稀的为灵香草、青天葵、月月桂、古巨榕、黄兰花、观光木、鸡屎杨梅、竹柏、长枝油杉等。

(伍维平　戴雪梅)

人　口

2018年12月31日,全县总户数94969户,总人口330515人。其中男性170747人,女性159768人。

乡镇	总户数(户)	总人口(人)
阳朔镇	16481	48829
白沙镇	13573	50125
福利镇	13650	50534
兴坪镇	13405	46686
葡萄镇	10269	36542
高田镇	10420	37791
金宝乡	9791	34896
普益乡	3794	13082
杨堤乡	3586	12030

行政区划

2018年,阳朔县辖6个镇,3个乡,99个村民委员会,15个居民委员会,975个自然村。所辖乡镇为:阳朔镇、白沙镇、福利镇、兴坪镇、葡萄镇、高田镇、普益乡、金宝乡、杨堤乡。

2018年阳朔县行政区划:阳朔镇有莲峰、屏风山、北门厄、鲤鱼井、东岭、凤鸣6个社区居民委员会;矮山、木山、骥马、樟桂、高洲5个村民委员会。白沙镇有白沙街1个社区居民委员会;白沙、观桥、龙村、白面山、旧县、立龙、石塘、蕉芭、大竹山、蔡村、都林、古板、插花桥、扶龙、五里店15个村民委员会。福利镇有福利街1个社区居民委员会;福利、渡头、新寨、双桥、枫林、将军、老梧、青鸟、绛村、顺梅、龙尾、垌心、忠和、夏村、锁石、屏山16个村民委员会。兴坪镇有兴坪、渔业2个社区居民委员会;兴坪、桥头铺、西山、古皮寨、书家堡、白山底、思的、大源、西塘、江村、画山、大坪、渔村、水洛14个村民委员会。葡萄镇有福旺街1个社区居民委员会;福旺、葡萄、西岭、周寨、杨梅岭、下岩、垌村、报安、陵陂、马岚、仁和11个村民委员会。高田镇有高田街1个社区居民委员会;高田、安定、下山、朗梓、古登、龙村、蒙村、龙潭、凤楼、桥头、乐响11个村民委员会。金宝乡有金宝街1个社区居民委员会;金宝、红莲、阳朔垌、长乐、大桥、大利、延村、枫木寨、新村、马鞍、大水田、久大12个村民委员会。普益乡有普益街1个社区居民委员会;普益、上观、木桥、留公、勇村、古乐、上游、大山8个村民委员会。杨堤乡有杨堤街1个社区居民委员会;杨堤、浪洲、浪石、地水洞、忠南、唐家、土岭7个村民委员会。

(伍维平　戴雪梅)

经济与社会发展

【概况】 阳朔县位于桂林市南部,辖阳朔、白沙、福利、兴坪、葡萄、高田6个镇和金宝、普益、杨堤3个乡,下设社区15个、建制村99个。县人民政府驻阳朔镇。行政区域面积1436平方千米。2018年年末,户籍人口33.05万人,人口自然增长率0.66%。

经济总指标　全县完成地区生产总值130.57亿元,同比增长7.5%。其中第一产业增加值28.38亿元,同比增长6.5%;第二产业增加值37.27亿元,同比增长3.6%;第三产业增加值64.91亿元,同比增长11.1%。全社会固定资产投资完成额47.18亿元,同比增长17.1%;社会消费品零售总额32.19亿元,同比增长9.3%。

财政·金融　全年财政收入7.32亿元,同比增长6.66%,其中一般公共财政预算收入5.14亿元,增长8.9%。一般公共财政预算支出22.03亿元,增长10.5%。年末,金融机构各项存款余额117.6亿元,增长9.0%;各项贷款余额69.49亿元,增长0.90%。

农业　全年实现农林牧渔业总产值44.73亿元,其中农业产值33.76亿元,增长6.6%;林业产值1.35亿元,增长39.1%;畜牧业产值6.92亿元,增长2.9%;渔业产值1.43亿元,增长4.5%。粮食播种面积1.95万公顷,增长0.3%;总产量9.44万吨,增长4.0%。森林覆盖率64.21%。农业机械总动力31.3万千瓦。

工业　全年完成工业总产值39.51亿元,同比增长9.8%;其中规模以上工业产值31.73亿元,同比增长10.2%。其中规模工业增加值10.57亿元,同比增长3.8%。完成工业固定资产投资8788万元,同比增长-18.65%。完成企业技术改造固定资产投资同比增长-96.3%。

交通·邮电　公路里程830.48千米,其中国省道165.95千米,县乡村道664.52千米。公路客货运周转量75074万吨千米,同比增长9.7%;水路客货运周转量3457万吨千米,同比增长4.5%。全年邮电业务总量2.52亿元,同比增长14.17%,其中邮政业务总量0.32亿元,电信业务总量2.20亿元。年末,全县固定电话用户1.08万户,移动电话用户24.68万户,互联网宽带接入用户5.82万户。

文化·科技　年末拥有文艺表演团体8家,县级公共图书馆1个,农家书屋81家。文化馆培训文艺骨干及各类学员1100人次。电影放映单位1个,全年放映电影1200场次,观众20多万人次。全年向科技部和自治区科技厅申报科技项目1个。县级科技项目6个,总共投资604万元。年内,全县完成专利申请68件,其中发明专利10件,实用新型专利15件,外观设计专利43件。专利授权33件,其中发明专利授权4件、实用新型专利授权6件、外观设计专利授权23件,有效发明专利拥有量31件,同比增长10.71%。

教育　全县有普通中学12所,专任教师973人,在校生13044人。有中等职业教育学校1所,专任教师36人,在校生263人。有普通小学91所,专任教师1116人,在校生20282人。

卫生　全县共有医疗卫生机构266个,其中医院2个,乡镇卫生院9个,诊所(卫生所、医务室)47个,村卫生室204个,疾病预防控制中心1个,卫生监督所(中心)1个,妇幼保健院(所、站)1个。年末全县卫生技术人员1136人,其中执业医师和执业助理医师391人,注册护士519人,乡村医生和卫生员225人。医疗卫生机构床位868张,其中医院460张,乡镇卫生院408张。

体育　全县有体育单项协会9个,漂流公司1家、健身馆1家、太极武术学校2家、户外休闲运动俱乐部6家、滑翔运动营地1家、攀岩俱乐部20家、篮球俱乐部12家。阳朔籍运动员参加自治区青少年田径锦标赛,获金牌2枚、银牌3枚、铜牌3枚。参加桂林市中小学生田径运动会初中组获团体总分第一名、小学组获团体总分第一名,个人项目获得金牌22枚、银牌16枚、铜牌17枚。

计划生育　全年全县新生儿出生4121人,死亡2122人。出生男女性别比104.8∶100。计划生育奖励扶助政策兑现率100%。

固定资产投资　全县固定资产投资47.18亿元,同比增长17.1%。桂林市级层面重大项目6个,全年实际完成投资31.08亿元;自治区层面统筹推进项目6个,全年实际完成投资17.2亿元。

招商引资　2018年度招商引资新签项目4个,在谈项目9个。纳入本年度招商引资项目统计8个,其中内资项目4个,外资项目4个。全年内资实际到位资金20.5亿元,实际利用外资3210万美元。

居民生活　全县全体居民人均可支配收入24433元,比上年增长7.3%。城镇居民人均可支配收入37791元,同比增长7.1%;农村居民可支配收入16655元,同比增长10.7%。全年完成10个贫困村602户2021名贫困人口脱贫摘帽。

旅游　全县共有AAAA级及以上旅游区(点)5家。全年接待国内外游客1751.95万人次,增长27.5%。其中,国内游客1680.92万人次,增长28.5%;入境过夜游客71.03万人次,增长7.4%。实现旅游总消费242.32亿元,增长33.7%。

【现代特色农业初具规模】 实施现代特色农业示范区建设增点扩面提质升级三年行动,推进现代特色农业示范区建设、国家基层标准化改革创新先行区和第九批国家农业综合标准化示范县建设。年内,蔗香甜园、牧生源生猪产业获自治区级现代特色农业核心示范区。七仙峰茶叶休闲农业示范区、遇龙金丹绿色食品产业示范园获广西现代特色农业县级示范区。白沙镇桂珠专业合作社、旺发家庭农场、白氏农业公司等12家获无公害农产品认证。白沙镇古板水果合作社、阳朔镇樟桂茂谷柑合作社被认定为自治区级示范社。白沙镇获农业部批准开展农业产业强镇示范建设工作。九龙藤蜂蜜成功注册商标。

【全域旅游加快发展】 代表桂林市在全国乡村旅游与旅游扶贫工作推进大会作特色乡村旅游典型发言。国家全域旅游示范区通过自治区初审评估,遇龙河国家级旅游度假区完成初审。十里画廊遇龙河获自治区生态旅游示范区称号。宋城·桂林千古情项目于7月底正式运营。10月,成功举办2018民宿高端人才发展国际论坛,成立阳朔民宿学院,民宿行业规范发展;完善遇龙河景区和漓江景区经营管理机制,出台实施《阳朔县十里画廊遇龙河景区保护与管理暂行规定》,合理调整管制时间和客运专线票价,开通了"招手即停"、民宿循环专线等服务项目。完善景区基础设施,修建遇龙堡至旧县旅游通道和旧县生态综合码头,实施景区亮化工程。改造漓江景区排筏改造436张,提升旅游品质。开展旅游秩序整治，规范旅游市场秩序，全年旅游重大安全实现零事故目标。

【城乡建设步伐明显加快】 新城区累计完成土地征收11170亩，占总数的95%；签订搬迁房屋协议326户，占总数的96.8%；完成抽签283户，占总数的87.3%；拆除主住房屋225户，占总数的70.2%。16个安置点基本完成“三通一平”，回建房屋256户。临月路、林溪路、河滨四路、河滨二路、新锐路、瑞祥路、兴福路、金桂路与山水大道（南段）等9条市政道路管网工程建设完成总工程量的85%。甲秀桥、栗木河桥建成通车；阳朔镇第二中学、阳朔镇第三幼儿园于9月秋季学期投入使用。阳朔县应急指挥中心、县社保中心、县档案馆、县“互联网＋旅游中心”、县中医院、县自来水加压泵站、县疾控中心等项目推进顺利。阳朔公交调度中心启用，元宝山公交场站实现试运行，阳朔北公交场站主体工程完成，南旅游集散与公交枢纽工程项目前期工作进展顺利。新城区110千伏龙城变电站、首个大型文化旅游综合项目福达·阳朔之心顺利开工奠基；老城区凤鸣路北段改造工程启动，完成西街小巷、陈家山等一批县城小街小巷改造。完成无障碍环境示范县建设。启动实施县城通往白沙、福利、高田3个镇主干道亮化工程、金宝乡和普益乡2乡新型城镇化建设、桂（林）至阳（朔）公路慢行绿道二期和沿途驿站建设工程。完成兴坪镇国家特色镇项目建设、高田镇和葡萄镇新型城镇化建设。兴坪镇获广西养生养老小镇称号，福利镇获中国历史文化名镇称号。县城至兴坪镇、县城至普益乡城乡公交车成功开通运营。

《桂林市阳朔县西街保护管理条例》立法启动。1月12日启动。《阳朔县西街保护管理条例》是2018年桂林市人大立法调研项目。阳朔县立法工作起草小组成员先后赴贺州市黄姚古镇和湘西凤凰古镇，实地考察当地立法工作经验，并就法规出台前后在景区管理工作上的差异和经验进行深入学习和探讨，组织召开各层次征求意见座谈会4次，完成《桂林市阳朔县西街保护管理条例》文本、立法指引、立法说明等6个立法文件初稿，第4稿在政府门户网站进行了公示。

【桂林市率先实行国家监察体制改革试点县】 2018年，阳朔县纪委作为全市率先实行国家监察体制改革试点单位改革取得成功。1月26日，阳朔县监察委员会挂牌成立。全县平稳转隶干部8人，监察对象由改革前4300余人增加至9500余人，实现对所有行使公权力的公职人员监察全覆盖，形成纪律监督、监察监督、巡察监督、派驻监督“四位一体”的监督格局，构建集中统一、权威高效的监督体系。

【阳朔连续2年获广西科学发展先进县称号】 7月23日，在自治区年中工作会议暨县域经济发展·乡村振兴推进大会上，继2017年获得2016年度广西科学发展先进县后，再获2017年度广西科学发展先进县称号。阳朔县在2017年度县域经济分类考核中位列全自治区29个重点生态功能区第1名，并且是全自治区考核结果连续排第1名的两个县（区）之一。

【“我要上学·童梦同圆1200助学行动”启动仪式暨广西义演活动】 9月20日在阳朔《印象·刘三姐》剧场举行，由中央广播电视总台央广MusicRadio音乐之声与中国儿童少年基金会共同举办。“我要上学”活动举办16年，累计募集款物超过7199万元，累计资助贫困地区儿童超过5.60万名。阳朔是2018“我要上学”开展资助活动第1站。

【阳朔启动“空中120”应急救援】 11月20日在凤鸣旅游停车场举行启动仪式。“空中120”旨在提高全县医疗救援标准化建设，打造立体化救援体系，提高应急反应和医疗救援能力，为患者争取宝贵的抢救时间。

【阳朔“美丽乡村建设”项目成功申报国家级农村综合改革标准化试点】 12月，国家标准化管理委员会下达第三批农村综合改革标准化试点项目，阳朔“美丽乡村建设”项目入选。该项目建设周期3年，运用标准化手段，推进全县开展国家基层标准化改革创新先行区和“美丽阳朔·宜居乡村”活动，开展“产业富民”“基础富民”和“服务惠民”行动，推动乡村振兴战略落地落实。（县地方志办综合）

党政机关、直属事业单位、党派团体和部分自治区直属单位及其领导人

（2018年1月—12月）

中国共产党阳朔县委员会

中国共产党阳朔县第十三届委员会

书　记：谷海洪（任至7月）　蒋春华（7月任职）
副书记：蒋春华（任至7月）　周　彦（7月任职）
　　　　张晓阳
常　委：彭剑辉　李首群　孟　璇　曾杰刚
　　　　彭　莹　何宗伦（12月任职改挂职）
　　　　杨贵清　唐德华　彭代江（4月挂职）
　　　　秦勤忠（挂职至3月）
　　　　陈运春（挂职至3月）

县委工作部门

县委办公室
　主　任：何宗伦（任至12月）
　副主任：莫记文　曾庆秋　莫绍恒
　　　　　杨金香　何顺培
组织部（挂两新党工委牌子）
　部　长：唐德华
　副部长：莫启兴　卢运四　李世科
　　　　　蔡文斌
两新党工委
　书　记：莫启兴
　副书记：刘　洁
宣传部（挂县委文明办、外宣办牌子）
　部　长：孟　璇
　副部长：管德乐　徐应宁
　　　　　李　慧（任至4月）
县委文明办
　主　任：管德乐
　副主任：陆家忠
县委外宣办
　主　任：李　慧（任至4月）
统一战线工作部（挂台湾事务办公室、民族宗教事务委员会牌子）
　部　长：彭　莹
　副部长：陈守锡　廖志鹏
民族宗教事务委员会
　主　任：廖志鹏
　副主任：李高伦
侨台事务办公室
　副主任：李欣霞
政法委员会
　书　记：曾杰刚
　副书记：张发星　秦青山
　　　　　黎中顺（任至11月）
县社会管理综合治理委员会办公室（与政法委员会合署办公）
　主　任：张发星
机构编制委员会办公室
　主　任：唐丹妮
　副主任：徐晓华
直属机关工作委员会
　书　记：陆新明（任至5月）
　副书记：黄　雪

县委、县人民政府信访局(由县委办领导)
局　长:莫记文
副局长:廖献勤
老干部局(由县委组织部领导)
局　长:卢运四
副局长:赵云辉
机要局(在县委办挂牌)
局　长:黄荣发
副局长:莫龙贵
督查室(在县委办挂牌)
主　任:曾庆秋
县保密局
副局长:高　伟
县保密办
副主任:高　伟
接待办公室
主　任:杨金香

县委直属事业单位

中共阳朔县委党校
校　长:张晓阳
常务副校长:赖顺志
副校长:黎承志
行政学校
校　长:李首群
中共阳朔县委党史研究室
主　任:何慧荣
副主任:周茂国
事业单位登记管理局
局　长:廖荣文
阳朔报社
社　长:徐应宁
副社长:诸葛保满
副总编:容科彪

中国共产党阳朔县纪律检查委员会

书　记:杨贵清
副书记:谢长剑　黎明德
常　委:叶呈新　易太英　何先永　魏先发
巡察办
主　任:潘成就(5月任职)
副主任:毛海昌(5月任职)
巡察组
组　长:李保安(5月任职)
陆新明(5月任职)
梁　成(5月任职)
鄢红燕(5月任职)
副组长:李艳云(5月任职)
刘宽先(5月任职)
黄俊彰(5月任职)
陈文萍(5月任职)
巡察专员:梁高荣(6月任职)
覃　冠(6月任职)
莫　军(6月任职)
秦晓林(6月任职)

阳朔县第十七届人民代表大会

党组书记:李自军
副书记:黄　燕
主　任:李自军
副主任:黄　燕　梁文干　徐永康　莫永明
常委会委员:吕小娟　邬如清　杨兆堂
杨润华　肖恩玺　张伟寿
郑　江　屈文祥　莫明秀
夏智连　倪有光　唐小茜
宾焕兴　黄永华　黄树勤
谢　黎　赖玉梅　蔡文斌
黎明德　潘成就　戴远辉
李　静

县人大常委会工作部门

县人大常委会办公室
主　任:张伟寿
副主任:李小英
法制与内务司法委员会
主任委员:戴远辉

副主任委员:郑永能
财政经济委员会
主任委员:莫明秀
副主任委员:杨　锋
选举联络工作委员会
主　任:杨兆堂
副主任:徐青丽
教科文卫与民族工作委员会
主　任:李双庆
副主任:莫剑文
农业农村与环资城建工作委员会
主　任:肖恩犁

阳朔县人民政府

阳朔县第十七届人民政府

县政府党组书记:蒋春华(任至8月)
周　彦(8月任职)
副书记:李首群
县　长:蒋春华(任至8月)
周　彦(8月任职,代理县长)
副县长:李首群　孟　璇　彭代江(5月挂职)
韦　星　黄爱荣　蒋东兵
邹茂东(8月任职)
秦勤忠(挂职至3月)
陈运春(挂职至3月)
莫　冰(任至8月)
县长助理:杨伟东(挂职)　宋江杰(挂职)

县人民政府工作部门

县政府办公室
主　任:邹茂东(任至11月)
林小波(11月任职)
副主任:邓寅峰　莫记文
黄光远(7月任职)
陈竹明　陆秀福　莫善军
梁花义　张丽香　王　斌
宾雪旺(4月挂职)
法制办
主　任:王　斌
处理土地、山林、水利纠纷办公室(在县政府办公室挂牌)
副主任:覃　超(任至4月)
政务服务管理办公室
主　任:梁花义
应急办
副主任:柏振海
接待办
主　任:杨金香
发展和改革局
党组书记:莫长明(任至1月)
陈建华(1月任职)
局　长:莫长明(任至1月)
陈建华(1月任职)
副局长:杨嘉文　莫坤宣　石雪冰
徐符淞　林袁旭(4月任职)
物价局
局　长:莫坤宣
副局长:谢玉明　管祥英
粮食局
党组书记:杨嘉文
局　长:杨嘉文
副局长:徐朝元
财政局
党组书记:陈建华(任至1月)
张铭江(1月任职)
局　长:陈建华(任至1月)
张铭江(1月任职)
副局长:毛谋泉(4月任职)　李才平
梁文胜(任至4月)　李启明
总会计师:徐　华
人力资源和社会保障局
党组书记:李世科
党组副书记:李远旭
局　长:李世科
副局长:李远旭　廖鸿盛　谢秀云

社会保险事业局
局　长:廖鸿盛
副局长:黄树勤(7月任职)　倪永强
李东风　黎祥华
公安局
党委书记:韦　星
副书记:黄成龙
局　长:韦　星
副局长:龙作勤　张开云(4月任职)
徐　翼(6月挂职)
政　委:黄成龙
副政委:邓作钦
司法局
党组书记:莫金养
局　长:莫金养
副局长:邱宝庆　莫林清
监察局(因机构改革,撤销监察局,成立监察委员会)
局　长:谢长剑(任至1月)
副局长:叶呈新(任至1月)
何先永(任至1月)
莫悬明(任至1月)
监察委员会(与县纪律检查委员会机关合署办公)
主　任:杨贵清(1月任职)
副主任:谢长剑(1月任职)
黎明德(1月任职)
委　员:李树生(1月任职)
叶呈新(1月任职)
何先永(1月任职)
郭金明(5月任职)
县绩效办
主　任:徐　川
副主任:崔顺芝
民政局
党组书记:唐　博
局　长:唐　博
副局长:邱龄逸(任至4月)　倪运志
黄伟华(7月任职)
住建局
党组书记:潘智军
局　长:潘智军
副局长:马　刚(任至7月)　杨颖斌
李　鹏(1月任职)
蒋锡勇(7月挂职)
市容管理局
党组书记:陈兆茂
局　长:陈兆茂
副局长:黄　锋　刘勇兵
县房管所
所　长:谢　斌
县环卫站
站　长:石修勇
自来水公司
党组书记:蒋　进
党组副书记:邱　立
经　理:覃雪峰
副经理:莫宗庭　毛重端
吕建民　赵庆明
交通运输局
党组书记:廖洪承(任至1月)
韦守荣(1月任职)
局　长:廖洪承(任至1月)
韦守荣(1月任职)
副局长:倪有国　毛红明　运管所
所　长:莫悬明(3月任职)
农业局
党组书记:诸葛净
局　长:诸葛净
副局长:姚若祥　廖新贵(任至12月)
徐粹明　谢田发
水产畜牧兽医局
局　长:姚若祥
副局长:游裔军　蒋先彪

林业局
党组书记:张铭江(任至1月)
廖洪承(1月任职)
局　长:张铭江(任至1月)
廖洪承(1月任职)
副局长:马　刚(7月任职)
陈祖荣(任至4月)　张起刚
森林公安局
局　长:黎继东
政　委:陈艺中
大源林场
场　长:黄镜名
副场长:黄树友(任至6月)　邱为松
园林管理所
副所长:陈祖荣(主持工作)(4月任职)
刘远明
发展苗木花卉和绿化工作站
站　长:诸葛昌荣
副站长:覃宏明
水利局(挂防汛抗旱指挥部办公室牌子)
党组书记:梁军城
局　长:梁军城
副局长:谢明才　李　鹏(任至1月)
水库移民工作管理局
局　长:黄开明
副局长:宾长德
教育局
党组书记:诸葛长军
局　长:诸葛长军
副局长:黎瑞喜　陈德灿(任至12月)
科学技术知识产权局
局　长:李保安(任至7月)
黄光远(6月任职)
知识产权局
局　长:欧连军
地震局
局　长:朱继春
文化新闻出版广播电视体育局
党组书记:龙燕秀
局　长:龙燕秀
副局长:李祥林　秦剑峰
黄　焰(任至7月)
广播电视台
台　长:龙燕秀
副台长:朱名娥　黄秀琴
卫生和计划生育局
党组书记:陈水平
局　长:陈水平
副局长:钟喜珍　诸葛星
潘赐就(4月任职)
覃　文(1月挂职)
爱国卫生运动办公室
副主任:莫玉琴
人民医院
院　长:董继烈
副院长:胡文斌(任至1月)　覃　文
丁爱民　唐　荣
唐玉波(3月任职)
妇幼保健院
院　长:陈琴姣
副院长:黎　四　朱名保　王丽英
疾控中心
主　任:李秀苾
副主任:杨春元
卫生监督所
所　长:邓显新
副所长:张宜桥
审计局
党组书记:周光富(任至1月)
莫长明(1月任职)
局　长:周光富(任至1月)
莫长明(1月任职)
副局长:毛谋泉(任至4月)　陆　文
梁文胜(4月任职)

环境保护局
党组书记:苏定乾
局　长:苏定乾
副局长:黄黎华　甘红宇
陈　喆(11月挂职)
统计局
党组书记:张英畅
局　长:何　毅
副局长:张家贤　梁小云
安全生产监督管理局
党组书记:蒋平顺
局　长:蒋平顺
副局长:莫福养　李　毅
徐富春　赵静诚
工业和信息化局
局　长:莫福养
副局长:梁　成(任至7月)　李屹东
总经济师:曾宪华
旅游和发展委员会
党组书记:韦守荣(任至1月)
廖梅荣(1月任职)
主　任:韦守荣(任至1月)
廖梅荣(1月任职)
副主任:陆　峰(1月任职)
肖　勇(1月任职)
汪戒姣(1月任职)
投资促进局
党组书记:廖梅荣(任至1月)
局　长:廖梅荣(任至1月)
副局长:倪向阳
食品药品监督管理局
党组书记:黄光远(任至6月)
局　长:黄光远(任至6月)
副局长:潘赐就(任至4月)
吴宏升(9月主持工作)
阳朔县工商行政管理质量技术监督局
党组书记:梁文强
局　长:梁文强
副局长:刘运山(任至1月)
林袁旭(任至3月)
邱龄逸(4月任职)
黄明生　覃　超(4月任职)
机关事务管理局(后勤服务中心)
局长(主任):覃　宏
副局长(副主任):覃宜先
县扶贫开发领导小组办公室
主　任:邓寅峰
副主任:李其松　邱小明(4月挂职)
邱龄逸(挂任至5月)

县人民政府直属事业单位

档案局(馆)
局(馆)长:李运宽
副局(馆)长:高　丽　覃庆芳
县地方志编纂委员会办公室
主　任:戴雪梅
副主任:秦　彬
农业机械化管理局(农业机械化管理中心)
党组书记:曹泽波
副书记:梁　箐
局　长:曹泽波
副局长:莫业跃　梁　箐
手工业联社
主　任:李艳萍
副主任:黄象英
供销合作社
理事会主任:徐继芳(4月任职)
理事会副主任:潘成权(4月任职)
邱小明(4月任职)
监事会主任:李　慧(4月任职)
监事会副主任:韦建辉(4月任职)
市场开发服务中心
主　任:陆纯家
副主任:滕红叶　费家贵

县人民法院·县人民检察院

县人民法院

党组书记:苗小所

党组副书记:赵家良

院　长:苗小所

副院长:赵家良(任至1月)　黎继勤

韦金存(1月任职)

高延韬(任至3月)

县人民法院执行局

局　长:夏兆海

县人民检察院

党组书记:胡晓晖

检察长:胡晓晖(4月任职)

副检察长:石玉亮　廖希安　容　兴

反贪污贿赂局

局　长:李树生(任至1月)

反渎职侵权局

局　长:唐　迪(任至1月)

职务犯罪预防局

局　长:徐慧平(任至1月)

县人民武装部·阳朔武警中队

县人民武装部

部　长:彭剑辉

副部长:杨伏云

阳朔武警中队

队　长:高良天

指导员:张　伟

中国人民政治协商会议阳朔县委员会

中国人民政治协商会议阳朔县第九届委员会

党组书记:陈庆武

副书记:张　猛

党组成员:张　猛　吴土得　张世军

主　席:陈庆武

副主席:张　猛　吴土得　蔡龙德　海　强

县政协第九届常务委员会委员:

马　刚　龙土发　孙军红　李自龙

杨瑞林　吴金敏　管德乐　陆　军

陆世飞　陈守锡　陈秀凤　陈德文

罗峥曦　余世程　秦大华　莫启兴

莫品县　唐福理　诸葛星　诸葛玉光

诸葛保满　覃　文　谢长剑　廖献勤

黎少和

秘书长:张世军

县政协工作部门

县政协办公室

主　任:张世军

副主任:莫美鸾

提案和社会法制委员会

主　任:陈秀凤

副主任:黄伟华(任至7月)

教文卫体委员会

主　任:诸葛玉光

副主任:曾宪丁

经济科技联谊和委员联络委员会

主　任:秦大华

副主任:朱志云(1月任职)

群众团体

总工会

党组书记:吕小娟

主　席:吴土得

常务副主席:吕小娟

副主席:吴云良

中国共产主义青年团阳朔县委员会

书　记:谢　黎

副书记:刘　倩

妇女联合会

主　席:李　静

副主席:万瑞佳

科学技术协会
　主　席:曾宪松
　副主席:石学智
文学艺术界联合会
　主　席:张运贵
归国华侨联合会
　副主席:莫远婷(主持日常工作)
残疾人联合会第五届执行理事会
　理事长:黄永忠
红十字会
　副会长:夏庆华
社会科学界联合会
　主　席:容道禄
　副主席:陆春雄

民主党派·工商联

中国民主同盟阳朔县总支部委员会
　主　委:徐永康
　副主委:蔡龙德　戴雪梅
　　　　唐　荣　徐朝军
中国民主促进会阳朔县总支部委员会
　主　委:覃　文
　副主委:吴树强　廖继平　莫远婷
工商业联合会
　党组书记:陈守锡
　主　席:孙军红
　副会长:唐云燕　朱拉夫(4月挂职)

中央及自治区直属单位

阳朔县国家税务局(7月20日机构改革前)
　党组书记:诸葛俭(任至7月)
　局　长:诸葛俭(任至7月)
　副局长:徐成建(任至7月)
　　　　李开雄(任至7月)
　　　　苏志成(任至7月)
　　　　郑绍文(任至7月)
阳朔县地方税务局(7月20日机构改革前)
　党组书记:秦木建(任至7月)
　局　长:秦木建(任至7月)
　副局长:陈彦旭(任至7月)
　　　　冯小美(任至7月)
　　　　苏　涛(任至7月)
国家税务总局阳朔县税务局(7月20日机构改革合并后)
　党委书记:诸葛俭(7月任职)
　副书记:秦木建(7月任职)
　局　长:诸葛俭(7月任职)
　副局长:秦木建(7月任职)
　　　　徐成建(7月任职)
　　　　陈彦旭(7月任职)
　　　　李开雄(7月任职)
　　　　冯小美(7月任职)
　　　　苏志成(7月任职)
　　　　苏　涛(7月任职)
　　　　郑绍文(7月任职)
　　　　陆春香(7月任职)
阳朔县国土资源局
　党组书记:梁　斌
　局　长:梁　斌
　副局长:蒋艳莲
阳朔供电公司
　党委书记:石静波
　副书记:唐　康(10月任职)
　局　长:陈碧波(任至2月)
　　　　石静波(10月任职)
　副局长:石静波(任至1月,2月—9月主持工作)
　　　　阳光远　王海龙　刘洪斌
　　　　唐　康(10月任职)
阳朔县气象局
　局　长:邹优富
　副局长:杨　盛　刘　斌

阳朔县水文水资源局

副局长:苏　钊(主持工作)　徐　茜

阳朔公路管理局

局　长:唐家财

副局长:李桂红　宾聚连

书　记:龙青松

路政大队长:覃　尘

邮政阳朔分公司

总经理:杨齐军

副经理:谢岳军(5 月任职)

阳朔县烟草局

局长(经理):郭　辉

副局长:许桓彰

副经理:费　静

国家统计局阳朔调查队

队　长:翟中元

副队长:徐海刚

市公积金管理中心阳朔管理部

主　任:陶宇星

广西广电网络公司阳朔分公司

总经理:彭维东

副总经理:蒋文新　廖海玉

阳朔海事处

处　长:李长龙

副处长:李　见

各乡镇党委、人民政府

阳朔镇

党委书记:廖元强

副书记:覃惟华　黄永华

刘勇兵(挂职至 6 月)

汪　娟(挂职)

徐自权(4 月挂职)

人大主席:黄永华

副主席:王　春

镇　长:覃惟华

副镇长:秦玉军　练忠权

唐良勇(任至 5 月)　诸葛安

陈林娜(5 月任职)

白沙镇

党委书记:雷长发(11 月任职)

林小波(任至 11 月)

副书记:龙时文　潘成就(任至 5 月)

黄祖光(11 月任职)

陶　忠(4 月挂职)

廖荣文(挂任至 3 月)

李连忠(6 月挂职)　陈定源(挂职)

人大主席:潘成就(任至 5 月)

黄祖光(11 月任职)

副主席:容燕琼

镇　长:龙时文

副镇长:徐学芳　陈余海(任至 4 月)

廖广良　龙贵刚

覃民军(11 月任职)

兴坪镇

党委书记:杨礼华

副书记:陆建明　屈文祥

刘耀明(挂职至 6 月)

谢　黎(挂职至 3 月)

李林燕(4 月挂职)

人大主席:屈文祥

副主席:周　靖

镇　长:陆建明

副镇长:易秀明　秦　巍

刘宽先(任至 5 月)　徐　杰

福利镇

党委书记:莫绍廷

副书记:谢小勇　杨润华

倪向阳(挂职至 6 月)

曾　珂(4 月挂职)

人大主席:杨润华

副主席:李少勇

镇　长:谢小勇

副镇长:莫海平　徐忠华

陈　斌

高田镇
党委书记:唐　虎
副书记:侯平军　夏智连
王丽英(挂职至6月)
朱名保(4月挂职)
人大主席:夏智连
副主席:韦绍科
镇　长:侯平军
副镇长:梁高兴　陆世飞
黄祖光(任至11月)
廖庆益　吕斌川(4月挂职)
葡萄镇
党委书记:何显国(11月任职)
雷长发(任至11月)
副书记:宋江杰　唐小茜
莫业跃(挂任至3月)
张红富(挂任至5月)
陈思尧(4月挂职)
人大主席:唐小茜
副主席:莫　军(任至6月)
镇　长:宋江杰
副镇长:黎　超　何　浩
韦建辉(任至4月)　覃永丽
谢恩建(6月任职)
金宝乡
党委书记:黎中顺(11月任职)
何显国(任至11月)
副书记:唐明生　黄树勤(任至6月)
张红富(6月任职)
宾雪旺(挂任至3月)
任　锋(4月挂职)
人大主席:黄树勤(任至6月)
张红富(6月任职)
副主席:张春福
乡　长:唐明生
副乡长:梁高荣(任至6月)
李攻科　张　燕
杨堤乡
党委书记:刘环美
副书记:张　波　宾焕兴
容作帆(任至10月)
莫业跃(10月挂职)
人大主席:宾焕兴
副主席:卿良芳
乡　长:张　波
副乡长:秦才祝　杨永杰
唐　凯(任至11月)　何先亮
普益乡
党委书记:莫翠芳
副书记:倪发军　邬如清
郑永能(挂任至3月)
人大主席:邬如清
副主席:黄　超
乡　长:倪发军
副乡长:黄荣平　韦妍宏
苏永江　任臣涛(4月挂职)

金融·保险·通信

中国人民银行阳朔县支行
行　长:黄海宁
副行长:刘　涛　张仕伟　龙新梅
中国工商银行阳朔县支行
行　长:李　殷(任至4月)
李茂平(4月任至9月)
申忠华(9月任职)
副行长:龙秋德(任至9月)
黄正璐(9月任职)
阳清华(任至5月)
中国农业银行股份有限公司阳朔县支行
行　长:蔡　晶
副行长:刘　涛(4月任职)　邱彧民
吕　玲　杨桂兰(任至4月)
中国建设银行股份有限公司阳朔支行
行　长:谢　景

副行长:俸明荃　管麟兴(11 任职)

中国银行股份有限公司阳朔支行

行　长:张　胜

副行长:时先进　秦晶莹

广西阳朔农村合作银行

董事长:袁福生

行　长:韦继雄

监事长:莫　慧

副行长:秦继泉　黄德顺

桂林银行阳朔支行

行　长:陶开健

副行长:莫县荣

中国邮政银行阳朔支行

行　长:孙朝成(任至 7 月)

　　　　廖　凯(7 月任职)

副行长:龙明健　何　伟(6 月任职)

中国人民财产保险股份有限公司阳朔支公司

经　理:容科哲(任至 4 月)

　　　　黄燕阳(5 月任职)

中国人寿保险股份有限公司阳朔支公司

经　理:李　诚

副经理:唐启程　曹豫君(12 月任职)

中国太平洋财产保险股份有限公司阳朔支公司

经　理:谢振罡(4 月)　陈昌斌(任至 4 月)

副经理:粟希鹏

中国太平洋人寿保险股份有限公司阳朔支公司

经　理:张选芸

中国移动通信集团阳朔分公司

总经理:张逢媛(任至 3 月)

　　　　陈春华(3 月任职)

中国联合网络通信有限公司阳朔分公司

总经理:呙林杰(1 月任职)

中国电信股份有限公司阳朔分公司

总经理:欧格宇

副总经理:练继珍

(县委组织部、各单位综合)

中国共产党阳朔县委员会

8月24日，阳朔县委召开中心组学习会议

（黎夏芳　摄）

重要会议

【中国共产党阳朔县第十三届委员会第六次全体会议】 1月7日，在县委五楼会议室召开。会议应到委员40名，候补委员7名，因病因事请假3名。实到会委员37名，候补委员7名。县四家班子领导出席会议，中共阳朔县第十三届委员会委员、候补委员44人参加会议。会议审议通过中共阳朔县第十三届委员会2018年度工作报告(讨论稿)和中共阳朔县第十三届纪律检查委员会2018年度工作报告(讨论稿)。表决通过关于全县党费收缴、使用和管理情况的报告(草案)。审议并原则通过中共阳朔县第十三届代表大会第四次会议的有关材料。通过了中共阳朔县第十三届委员会第六次全体会议公报(草案)。

【中国共产党阳朔县第十三届代表大会第四次会议】 1月8日至9日，在县人民会堂胜利召开。会议应到党员代表232名，因病因事请假16名，实到216名。会议审议通过县委书记蒋春华代表县委常委会所作的《县委工作报告》；审议通过《中国共产党阳朔县第十三届代表大会第四次会议关于中共阳朔县委员会工作报告的决议》《中国共产党阳朔县第十三届代表大会第四次会议关于中共阳朔县纪律检查委员会工作报告的决议》。《县委工作报告》对2019年主要工作进行了部署：以习近平新时代中国特色社会主义思想为指导，深入贯彻中共十九大和十九届二中、三中全会精神以及中央庆祝改革开放40周年大会、中央经济工作会议精神，深入落实“三大定位”新使命和“五个扎实”新要求，全面落实自治区党委、市委全会各项决策部署，统筹推进“五位一体”总体布局，协调推进“四个全面”战略布局，坚持稳中求进工作总基调，坚持新发展理念，坚持推进高质量发展，坚持以供给侧结构性改革为主线，坚持深化市场化改革、扩大高水平开放，进一步解放思想、创新实干，坚决打好“三大攻坚战”，全力做好稳增长、促改革、调结构、惠民生、防风险、保稳定各项工作，以“为产业谋发展、为民生交答卷、为阳朔绘蓝图”的主人翁意识，实施六大工程、推进两区建设、夯实两个基础，为推动高水平全面建成小康社会收官、实现“建设壮美广西，共圆复兴梦想”的总书记嘱托、加快实现阳朔“两个建成”目标打下决定性基础，以优异成绩庆祝新中国成立70周年。

（县委办　供稿）

重要决策

【关于印发《阳朔县农村集体产权制度改革实施方案》的通知】 12月13日，中共阳朔县委办公室印发《阳朔县农村集体产权制度改革实施方案》，提出全面贯彻中共十九大和十九届二中、三中全会精神，以习近平新时代中国特色社会主义思想为指导，坚持新发展理念，坚持农业农村优先发展，实施乡村振兴战略，深化农村土地制度改革和农村集体产权制度改革，以明晰农村集体产权归属、维护农村集体经济组织成员权利为目的，以推进农村集体经营性资产改革为重点任务，以发展股份合作等多种形式的合作与联合为导向，以实现好、维护好、发展好广大农民的根本利益为出发点和落脚点，坚持农村土地集体所有，坚持家庭承包经营基础性地位，探索农村集体经济新的实现形式和运行机制，构建科学完善的农村集体产权制度体系，巩固和完善农村基本经营制度，发展壮大农村集体经济，促进农村产业兴旺、生态宜居、乡风文明、治理有效、生活富裕，为持续营造“三大生态”、加快实现“两个建成”、全面推进阳朔县农村经济社会快速协调健康发展。

《方案》明确，坚持农村基层党组织的领导核心地位不动摇，围绕巩固党在农村的执政基础来谋划和实施农村集体产权制度改革。强化各级党委、政府的主体责任，明确部门责任分工，完善领导体制和工作机制，确保农村集体经济组织依法依规运行和改革举措落地生根见效。坚定农民集体所有不动摇，防止集体资产流失；坚持农民权利不受损，防止内部少数人控制和外部资本侵占。严格依法办事，妥善处理各种利益关系。

《方案》提出，充分发挥市场在资源配置中的决定性作用，明确农村集体经济组织市场主体地位，完善农民对集体资产股份权能，促进农村集体经济发展和农民持续增收。发挥农民主体作用，鼓励和支持农民创新创造，把选择权交给农民，保障农民知情权、参与权、表达权和监督权，真正让农民成为改革的参与者和受益者。

《方案》明确，根据农村集体资产的不同类型和不同地区条件确定改革任务，坚持分类实施、稳慎开展、配套协同、有序推进，坚持先行试点、先易后难，总结经验、示范引导，不搞齐步走、不搞一刀切。以问题为导向，确定改革的突破口和优先次序，明确改革路径和方式，着力在关键环节和重点领域取得突破。

【关于印发《阳朔县发展壮大村级集体经济工作三年规划(2018—2020年)》的通知】 5月2日，中共阳朔县委办公室印发《阳朔县发展壮大村级集体经济工作三年规划(2018—2020年)》，按照中央和自治区脱贫攻坚的决策部署，以提高村级集体经济收入为核心，以推进资源变资产、资金变股金、农村变股东为重点，用足内力提升集体经济发展实力，广借外力拓宽集体经济发展路子，压实责任加快集体经济发展步伐，激活村级经济发展要素，推进一、二、三产业融合发展，不断增强村级集体经济组织"造血"功能，实现集体资金、资产、资源保值增值，解决贫困村脱贫摘帽缺乏集体经济的难题，实现乡村振兴。

《规划》明确到每个贫困村有50万元以上壮大村级集体经济发展基金，自2017年每个贫困村集体经济收入达2万元后逐年递增1万元至2020年达5万元以上，非贫困村(农村社区)力争达到5万元以上(含)的目标。

《规划》提出县政府把发展壮大村级集体经济作为脱贫攻坚工作的重中之重，列为加强基层组织建设的一项重要工作。县、乡级党政"一把手"落实村级集体经济发展职责，一级抓一级，层层抓落实。县、乡、村要分别制定村级集体经济发展工作方案，摸清底数，倒排完成帮扶的时间表，细化帮扶措施，落实责任、权力、资金、任务"四到县"管理制度，强化管理；乡镇要统筹谋划村级集体经济发展项目，抓好村级集体经济发展的组织谋划、管理协调和工作指导；村"两委"要指导村级集体经济组织抓好具体实施。各部门要紧密协作，各司其职，落实政策措施，加大帮扶力度，加强服务指导。宣传部门和新闻媒体要加大对发展村级集体经济先进典型的宣传，形成良好舆论氛围。

《规划》明确，把发展村级集体经济工作纳入各级各部门和村"两委"干部年度述职评议考核的一项重要内容。对发展村级集体经济成效突出的单位和个人给予通报表扬。经村民集体协商同意，在村民合作社任职的村干部可以获取相应报酬，各村可以在村民合作社当年利润中提取一定的资金奖励有功人员。村级集体经济发展成效与乡镇、村干部考核挂钩。 (县委办　供稿)

组织工作

【概况】 中国共产党阳朔县委员会组织部

（以下简称县委组织部）是中共阳朔县委主管组织工作和干部工作的职能部门，内设办公室、组织股、干部股、干部监督股、青年干部股、人才股、干部教育股、公务员管理股、调研股、电教中心等 10 个股室；行政编制 14 名，事业编制 5 名。2018 年，县委组织部紧紧围绕县委党建工作思路，突出从严治党这条主线，坚持思想教育从严、干部管理从严、作风要求从严、组织建设从严、制度执行从严，各项工作扎实开展并取得一定的成效。

【推动党建促脱贫攻坚与乡村振兴工作】 2018 年，县委组织部全面从严从实抓好工作队管理，完成选派新一轮工作队员 261 名。积极推行“广西扶贫”APP 管理，统筹协调各乡镇、后盾单位为工作队员解决好住村“八有两安”。实行挂牌上岗制度，自觉接受群众监督。开展县级督查 7 次，发出督查通报 7 期，对驻村工作不力的 7 个单位进行集体约谈。全年共排查整顿软弱涣散党组织 11 个，全面完成整顿提升工作。树立脱贫攻坚党员干部先进典型，全年全县脱贫攻坚工作表扬表彰先进工作集体 44 个，先进个人 67 人，获自治区、市级表扬表彰工作队员 3 名。大力推动抓党建促乡村振兴，制定《阳朔县建立健全绿色发展生态保护奖补机制暨设立扶持集体经济发展基金实施方案》，以全域旅游助推构建“村企共建”模式发展绿色集体经济，以生态保护奖补“分红”形式实现所有村集体经济收入达到 2 万元及以上，所有贫困村均达到 3 万元以上的目标。探索规范村民合作社运行，5 月举办村民合作社骨干培训班，进一步强化提升发展集体经济带头素质能力。

2 月 12 日，阳朔县组织工作会议在县委党校人民礼堂召开

（组织部　供稿）

【农村基层组织建设】 2018 年，县委组织部全面推进基层党建规范化建设。一是开展基层党组织规范建设年活动。制定实施《阳朔县开展基层党组织规范建设年活动实施方案》《阳朔县创建福兴文化旅游党建示范带实施方案》《阳朔县基层党建嵌入国际旅游胜地建设实现融合发展实施方案》《阳朔县村级组织活动场所规范化建设实施方案》等政策文件，引领全县基层党建规范化建设。二是加强村（社区）组织活动场所规范化标准化建设。全年全县筹集资金 3500 万元，全面铺开村级组织活动场所规范化建设，重点打造阵地示范点 22 个，巩固提升 47 个，全县 90% 的村委楼已完成夜间党徽亮化工程，年底实现所有村级组织活动场所 100% 达标，其中 500 平方米以上的达 25 个，优质率超过 40%，继续处于全市前列，全县 9 个乡镇、114 个村（居）委已成为全域旅游的主阵地，并相继接待了肯尼亚、越南、老挝等外国政党代表团的考察参观。阳朔县以阵地建设谱写基层全域党建新篇章的好做法，吸引《中国日报》、凤凰网等 15 家主流媒体竞相报道。三是以“星级化”管理推进各项规范建

设。认真落实“直评联考”工作机制,全面深化基层党组织“星级化”管理。在“阳朔党建”公众号开设“五星堡垒”专栏,开展五星级党组织典型经验专项宣传。2018年,阳朔镇东岭社区党支部等15个农村基层党组织被命名为星级党组织,全县星级党组织有34个,星级率达29.8%。深化拓展农村党员积分管理,全面推行支部主题党日制度。

【党的基层组织建设】 2018年,县委组织部认真贯彻落实中共阳朔县第十三届代表大会第三次会议精神,不断夯实党在基层的执政基础。严肃党内政治生活。全县731个基层党组织认真落实民主集中制、“三会一课”制度、民主生活会和组织生活会制度、民主评议党员制度等党的组织生活各项制度。做好慰问及表彰工作。认真开展走访慰问活动,组织开展走访慰问生活困难党员和老党员1574人,发放慰问金及慰问品共计54.80万元。开展推优评先表扬活动,全县共表扬先进基层党组织48个、优秀共产党员50名、优秀党务工作者40名。扎实抓好发展党员工作。针对农村发展党员工作薄弱环节,县委领导约谈乡镇党委书记和分管党务工作副书记12人次。逐村制定整改落实方案,建立发展党员工作问题台账和整改落实责任清单,全年发展党员166名。专项整治机关党建“灯下黑”。制定《阳朔县开展机关党建“灯下黑”专项整治实施方案》,严格落实抓机关党建工作责任,促工作目标化、任务项目化、责任清单化、管理制度化、基础规范化。组织30多个机关党组织负责人赴桂林市和七星区考察学习机关党建规范化建设工作。采取抽查、不定期督查,指导督促支部完成“支部主题党日”活动、“三会一课”、组织生活会、工作台账等工作。县教育局、县市场监管局、县林业局、县交运局成为全县机关党建示范点。

【旅游红色驿站建设】 全面实施“党旗领航+”活动,分批在杨堤驿站、世外桃源等景区景点一线建设旅游红色驿站,构建旅游红色服务体系。9月29日,桂林市全域党建品牌建设启动暨旅游红色驿站(阳朔杨堤)揭牌仪式在阳朔县举行。

【党代表工作室建设】 2018年,全县乡(镇)、村(社区)两级党代表工作室全部完成挂牌,党代表开始常态化进驻工作室开展工作。

【两新组织建设】 2018年,单独新建县外来企业投资者协会党支部、棕榈仟坤文化旅游投资有限公司党支部、千古情演艺发展有限公司党支部等6个两新组织党组织,其中新增规模以上非公企业党组织4个。选派了72名业务精、能力强的优秀党务工作者担任两新党建工作指导员,进驻两新组织开展“一对一、一对多”业务指导;截至2018年年底,全县共有非公企业党组织61个,社会组织党组织30个,非公企业党组织和社会组织党组织覆盖率分别达86.8%和88.1%。全县各党工委共举办两新组织党建工作培训班50期,培训两新组织党员职工2499人次,支出培训经费61.01万元。2018年内创建两新党建品牌示范点16个。阳朔县漓江排筏从业者协会党总支部荣获“自治区两新组织党建工作示范点”荣誉称号。

【党员远程教育】 2018年,学用示范基地建设迈上新台阶,成功建设白沙镇桂珠金橘合作社、福利镇黑皮果蔗协会、普益乡古乐村等一批学用示范基地,起到良好的示范效应。制作的专题片《七仙峰上垦荒人》分别荣获2018全国脱贫攻坚盛典三等奖、改革开放40周年影像盛典二等奖。八桂先锋手机APP开启学习新途径。全县共有党员8000余名安装八桂先锋手机APP,占全县党员数的67%。

5月20日，阳朔县领导干部学习贯彻中共十九大精神暨脱贫攻坚专题培训班参训学员在河南大学焦裕禄纪念馆进行现场教学

（组织部　供稿）

【干部队伍建设】 2018年，加强对乡镇和县直部门的科级领导班子的研判，抓住机构改革时机，调整优化干部队伍。全县共提拔正科级干部6人，副科级干部29人，交流科级干部171人次，试用期满确定正式任职的13人，没有出现“带病提拔”、违规提拔干部现象。认真落实机关公务员职务与职级并行政策，晋升副处职级13人，晋升正科职级7人，晋升副科职级32人。注重在基层一线和艰苦的地方培养锻炼年轻干部，在重点项目和基层一线提拔科级干部16名，选派到乡镇挂职锻炼的机关干部12名。建立正向激励机制，召开全县激励广大干部新时代新担当新作为工作推进大会，激励全县干部担当新使命、展现新作为。

【干部教育】 2018年，共举办各类理论、业务、文化及各种实用技能技术培训班145期，培训人数11900多人次，培训科级及以下干部3700多人次。其中，共举办主体班16个班次，分别是：学习贯彻中共十九大精神专题培训班11期、阳朔县创建国家基层标准化改革创新先行区专题培训班、阳朔县发展壮大村级集体经济专题培训班、青年干部培训班、妇女干部培训班、行政村（社区）党组织书记、主任培训班。配合上级组织部门做好领导干部的调训工作，2018年以来，共选送领导干部参加上级调训72人次，其中县处级领导干部41人次，科级干部31人次，全面落实新一轮大规模培训干部的要求。

【干部日常监督管理情况】 2018年，通过签字立状、挂图作战、提醒谈话、严督实导“四措并举”，扎实开展全县党政领导干部和国有企业领导人员承包经营农村土地问题专项清理工作，全县21个单位的31名清退对象在6月底前完成清退任务，清退土地70.31公顷，涉及承包金额586.42万元。严格规范干部借调管理工作，严格执行科级干部因私出国（境）管理相关规定，全年共审批因私出国（境）0人次，办理因私出国（境）证件5人次。加强推进提醒谈话工作常态化，针对领导干部苗头性、倾向性问题以及其他需要引起注意的情况，及时开展提醒谈话250人次。严格执行经济责任审计制度，对县交运局、县林业局、县食药监局、县移民局、县市容局及县历史文化民俗风情旅游管理区管理中心等6个县直单位的党政正职进行了经济责任审计，对杨堤乡党政正职进行自然资源资产管理责任审计。

【人才培养】 2018年，制定深化人才发展体制机制改革实施意见等政策文件4个，提出改革意见25条。出台《阳朔县莲峰揽才育才计划》，明晰以“四条原则、五项制度、五大工程”

为核心的人才发展路径。2018民宿高端人才发展国际论坛、阳朔县莲峰揽才育才计划发布会等重大人才活动成功举办，得到《人民日报》等国内主流媒体的广泛关注与深度报道。搭建人才交流服务平台，聘请阳朔旅游发展顾问，吸引各类高端人才120余人集聚阳朔建言献策。筹备成立阳朔民宿学院，培训各类民宿旅游从业者约1200人次。与桂林旅游学院等院校建立交流合作机制，首批9名印尼留学生进入阳朔民宿业开展实践创新。重点打造蕉芭林金橘、枫林果蔗等12个市县级农村实用人才培训示范基地，全年培训农村实用人才4860多人次。开设“名医传承工作室”，创建“特级教师工作坊”。落实县委常委联系服务优秀人才工作制度，评选表彰阳朔优秀民宿人才、十佳金橘种植能手等各领域优秀人才70人，慰问企业高级管理人才29人，极大激发人才创新创业活力。

【组工信息与宣传】 2018年，县委组织部积极加强组工信息与宣传工作。强化信息员骨干力量，从各党（工）委、党组精心挑选政治素质好、业务能力强、有较好写作能力年轻干部65人组成骨干信息员队伍。邀请市委组织部领导到阳朔开展组工信息写作培训，举办组织系统调研信息座谈会，对乡镇信息员开展短期培训，到各乡（镇）党委开展信息写作调研和指导。整合微信公众号，新改版阳朔党建微信公众平台，全年采用稿件400多篇，及时报道全县重点工作及组织工作动态。向《桂林组工通讯》刊物投稿113篇（条），采用26篇（条），超额完成市级上稿任务217%，在全市各县（含荔浦市、临桂区）中排名第一。向桂林党建网投稿736篇，采用268篇，在全市排名第二。重点课题获桂林市重点调研课题成果二等奖1篇，三等奖1篇，全县组工调研信息工作保持在全市前列。

（秦秉凯）

宣传工作

【概况】 2018年，阳朔县委宣传部在阳朔县委的正确领导和市委宣传部的指导下，全县宣传思想文化战线深入学习贯彻习近平新时代中国特色社会主义思想，紧紧围绕全面宣传贯彻落实中共十九大精神这条主线，科学谋划全县意识形态和宣传思想文化工作，努力开创阳朔宣传思想文化工作新局面，展现了新气象、实现了新作为，为决胜全面建成小康社会、谱写新时代阳朔发展新篇章提供了有力的思想舆论保障和良好的精神文化条件。

【理论工作】 2018年，阳朔县委宣传部严格按照市委关于“全覆盖大学习大培训、全方位大宣传大宣讲”工作部署，抓好中共十九大精神学习宣传贯彻工作。利用文化墙、大型户外广告牌、城镇路灯电杆道旗张挂宣传标语1000多处，利用电子显示屏滚动播出标语、电视报纸开辟学习专栏、各单位出版宣传专栏等形式，营造浓厚的学习宣传氛围。结合“不忘初心·牢记使命”主题教育和“两学一做”学习教育，抓好党委（党组）理论学习中心组这个“龙头”，带动广大党员干部深入学习中共十九大以及十九届二中、三中全会精神，在全县掀起一股学习十九大精神的热潮。积极开展理论宣讲。开展“与十九大代表面对面”专题活动，近距离聆听十九大精神；全县镇村124个新时代讲习所开展“身边讲习”1000多场次；各乡镇、各单位结合本单位工作组织各种形式的宣讲活动1000多场次；组织县宣讲团成员深入各乡镇、学校、社区宣讲60多场次；组建精准扶贫文艺宣讲队，深入全县23个贫困村和9各乡镇开展中共十九大精神宣讲32场次。

【意识形态工作】 制定完善意识形态工作联席会议、督查、应急处置机制、问责等制度，健全意识形态工作的保障机制。通过召开全县意识形态工作会议、签订意识形态工作责任状、专项巡察和纳入年度绩效考核等措施，进一步明确各党委(党组)意识形态工作的职责，切实增强全县各级党组织做好意识形态工作的政治责任、领导责任，确保意识形态工作责任横到边、纵到底，切实形成县委统一领导、党政齐抓共管、宣传部门组织协调、有关部门分工负责的意识形态工作格局。积极开展意识形态工作调研和分析研判，积极开展专项督查。为加强网络阵地建设，强化对微信公众号的管理，全县各官方微信号、社会微信公众号成为习近平新时代特色社会主义思想和中共十九大精神的学习阵地和县委、县政府中心工作的宣传阵地。强化各部门联动机制，积极开展舆情信息调研，及时处置网络舆情，成功处置“印象·刘三姐倒闭”等网络舆情，为阳朔县文化旅游产业发展保驾护航。

【宣传报道】 结合纪念改革开放40周年，自治区成立60周年宣传活动，深入宣传中共十九大和十九届二中、三中全会精神，精心策划乡村振兴、全域旅游、文化产业发展、脱贫攻坚和基层党组织建设等多个专题宣传方案，开展一系列宣传报道工作，推动阳朔宣传工作上新台阶。邀请二十余家媒体报道阳朔县“画里山水·栖居阳朔”旅游推介会，邀请近百家媒体报道桂林千古情正式开园，上合组织国家重点媒体采访团、越南媒体采访团等先后到阳朔，对阳朔县旅游产业发展、生态文明建设等方面进行宣传报道，极大地提升了阳朔的影响力。中央电视台、《光明日报》《人民日报》等国家级媒体近20次派出记者到阳朔采访报道。《人民日报》刊登《看，“老外”办民宿点缀中国美丽乡村》以阳朔秘密花园酒店为例报道中国全域旅游发展情况；端午节期间，中央电视台《东方时空》《新闻直播间》推出阳朔专题报道节目；10月，中央电视台《朝闻天下》栏目庆祝改革开放40年·百城百县百企调研行系列报道以阳朔为重点报道科学保护漓江取得的丰硕成果。中新社图文报道《阳朔七旬渔翁成摄影圈“名模”》被国内多家媒体转载报道，并被国外六家媒体转载。2018年阳朔县在中央、自治区和桂林市各级媒体上稿650多篇，国家级媒体上稿量在全市各县区排名第一。

【精神文明建设】 积极培育和践行社会主义核心价值观。阳朔电视台和今日阳朔开辟专栏加大对社会主义核心价值观和中国梦的宣传，在重要交通节点、景点景区、村社区(居)委等新增社会主义核心价值观大型宣传标语、文化墙、宣传栏等1000余处，让市民群众在潜移默化中受到教育。通过举行丰富多彩的宣传教育活动，大力推进社会主义核心

10月25日，桂林百姓大舞台走进阳朔县葡萄镇文艺专场

(贺振敏　摄)

价值观进机关、进农村、进社区、进企业、进学校、进景区等“六进”活动，确保社会主义核心价值观教育全覆盖无死角。举办庆祝改革开放40周年文艺会演，青少年爱国主义教育诗词诵读大赛和读书活动等，用中华优秀传统文化涵养社会主义核心价值观。结合阳朔特色，在旅游产业中狠抓社会主义核心价值观的学习实践，通过在景区张挂宣传标语、发放宣传册、举办社会主义核心价值观主题实践活动等，让旅游行业每一位从业人员成为社会主义核心价值观学习者、宣传者和践行者。深入开展群众性精神文明创建活动。在全县深入开展移风易俗、弘扬时代新风行动，推动市民素质不断提高。继续深化文明城市、文明村镇、文明单位、文明家庭、文明校园“五大创建”活动。积极开展文明城市创建工作，组建创城队伍，细化分解指标，开展创城督查，促进创城工作科学化、制度化和常态化。完成3个镇38个行政村文明村镇的创建任务，超额完成上级下达的指标任务。完成全县99个行政村“一约四会”全覆盖工作，评选县级星级文明户47户，市级星级文明户6户。以文明校园创建为载体，在各中小学开展“扣好人生第一粒扣子”教育活动，“新时代好少年”宣传活动，着力提升未成年人思想道德素质。组织阳朔县第一届道德模范深入各单位、各村屯开展宣讲活动30余场次，开展阳朔县“勤廉榜样”评选工作，赖玉梅获得桂林市勤廉模范荣誉称号。通过建立新时代文明实践中心，积极开展志愿者服务活动，推动社会文明水平提高。

【文化工作】 坚定文化自信，不断寻找阳朔文化力量，挖掘阳朔文化价值，讲好阳朔故事，推动文化创新，促进文化繁荣兴盛。围绕改革开放40周年、自治区成立60周年、全面建成小康社会、脱贫攻坚和乡村振兴等重大主题，积极支持文联、诗词协会和摄影协会等社会团体开展各种文艺采风活动。利用徐悲鸿故居创建文化交流基地，组织阳朔本土文化艺术人士开展交流培训，鼓励本土文化人士创作优秀精品文化作品，引导阳朔画院和阳朔音乐联盟众多文化人士到学校、乡村开展文化培训，在“深入生活、扎根人民”中进行文艺创作。收集整理出版了阳朔精品文学作品汇编《阳朔时光》、山水游记《恋上阳朔》，创作了《扶贫路上》《我在阳朔等你》《阳光下的歌》等一系列讴歌党的好政策、反映阳朔人民美好生活的音乐作品。在第39届漓江之声比赛中，阳朔县编排创作的作品崭获一等奖2个，二等奖1个，三等奖2个。发展文化事业，持续实施文化惠民工程。完成10个村级公共服务中心建设任务，为广大村民文体娱乐、健康服务、文化学习、宣传教育提供服务。组织开展新春文化月、“三下乡”活动，配合市委宣传部做好百姓大舞台文艺演出活动，丰富群众文化生活，共演出文艺节目50多场，出动演职人员800人次，观看演出的群众达5万余人次。加强对文化古迹、传统村落的保护，完成高田镇朗梓村、普益乡留公村、孙中山下榻处等古迹、古村落修复任务，古迹古村落重新焕发风采，进入保护与发展的良性循环。推动传统文化产业与科技、旅游和制造等行业深度融合，培育新型文化业态，支持民族风情演艺产业发展。做好文化旅游产业服务工作，推动《印象·刘三姐》项目进行升级改造，游客接待量进一步提升；宋城·桂林千古情开园营业，再创旅游演艺集群项目建设的“阳朔速度”，成为广西旅游新地标。狠抓地方文化与旅游产业融合，通过开展丰富多彩的民俗节庆活动，福利镇的五月八、葡萄镇的诸葛亮文化旅游节和金宝乡的二一九等民俗节庆活动都吸引了大量游客参与，“文化游”已成为阳朔旅游的靓丽风景线。三月三期间开展了广西山歌快闪、民族歌舞大戏、三月三相约阳朔等活动，吸引了各地游客接踵而来，5天时间接待游客33万人次，让民俗文化在旅游活动中得到弘扬与传承。

【干部培训】 加强宣传思想文化战线党的建设，推动宣传思想文化系统干部深入学习贯彻习近平新时代中国特色社会主义思想和中共十九大精神，做到先学一步、学深一层，带头增强“四个意识”、坚定“四个自信”。加强宣传思想文化战线干部队伍的学习培训，举办各类培训班3期，培训300余人次，努力提高干部综合素质。加强党风廉政建设，建设一支纪律严明的队伍。贯彻落实监督执纪“四种形态”责任，坚持落实干部职工谈话制度，筑起反腐倡廉的坚固堤防，促进宣传思想文化战线干部永葆优良作风。（刘　艳）

统一战线工作

【概况】 中共阳朔县委员会统一战线工作部（以下简称县委统战部）内设办公室、调宣股、干部股3个机构，人员编制9名，领导职数5名，2018年在职10人（含在职领导3人）。年内，县委统战部认真学习贯彻习近平新时代中国特色社会主义思想、中共十九大精神和习近平总书记关于加强和改进统一战线工作的重要思想，落实《中国共产党统一战线工作条例（试行）》和全区、全市统战部长会议精神，牢牢把握大团结大联合主题，强化政治引领，凝聚各界人士力量，全县统战工作科学化水平得到进一步提高。

【构建完善大统战工作格局】 2018年，为进一步落实《统战条例》及中央、自治区关于统一战线一系列重大决策部署，着力抓基层打基础，建平台带队伍，制定实施《阳朔县加强基层统一战线组织工作规范化建设的实施方案》，完善西街县级统战工作平台建设，强化欧美达英文书院、思固青少年攀岩基地等5个基层统战阵地建设，在9个乡镇建立党外代表人士之家，实现县乡两级党委党组统战工作有领导、有组织、有制度，统战基层组织有人办事、有钱办事、有地办事、能办成事，为党外代表开展学习教育、协商议政、联谊交流提供坚实基础。统战基层组织规范化建设成效显著，基本实现哪里有社会团体，哪里就有基层统战组织，哪里就有统一战线工作，有效巩固县委领导、统战部牵头、部门联动、组织健全、制度完善的大统战工作格局。

【民主党派和无党派人士工作】 2018年，县委统战部大力支持民主党派调研，召集民主党派、无党派代表就阳朔县重点工作开展专题座谈2次，共协助民进广西区委、民盟桂林市委、民进桂林市委等6批53人次到阳朔县开展调研，在徐悲鸿故居顺利挂牌“民盟中央美术院阳朔创作基地”，为阳朔县经济社会发

9月10日，阳朔县召开党政主要领导与党外各界代表人士座谈会

（统战部　供稿）

展提供意见建议。共选送民主党派代表 3 名参加区、市社会主义学院主体班培训，加强与各民主党派组织联系沟通，及时更新民主党派和无党派人士信息库。

【促进非公有制经济发展工作】 2018 年，县委统战部深入开展非公企业大走访和营商环境大调研，共召开非公代表人士座谈会 13 次，发放企业调查问卷 200 多份，收集到问题 54 个，为进一步优化阳朔营商环境提供决策参考，促进建立“亲”“清”新型政商关系。深入开展非公人士理想信念教育，组织他们开展各种政策对接、银企对接、联谊交流。共组织 3 个批次 80 多名非公代表人士赴湖北、广东等地考察学习，成功举办第三届商会“合力杯”文体赛，不断提高他们的综合素质。动员非公人士积极投身光彩事业和爱心公益事业，进一步落实“千企扶千村”工作，动员企业家 15 名与贫困户结成“一对一”帮扶对子，组织企业家捐建阳朔垌小学食堂，让企业家在助力脱贫攻坚中做贡献、促发展、受教育。

【民族宗教工作】 2018 年，县委统战部积极开展民族团结进步创建活动，大力宣传壮族“三月三”、瑶族“盘王节”等少数民族节日，在高田民族学校开设民族班、举办民俗文化演出和民族传统项目运动会，建成壮族文化陈列室、龙尾瑶族文化陈列馆，加强民族文化保护与传承。科学安排少数民族发展项目 7 个共 84 万元资金，帮助 7 个少数民族聚居村或贫困村完善道路硬化、饮水工程等基础设施建设。认真排查民族领域的不稳定因素，确保少数民族和谐稳定发展。2018 年，县委统战部依法加强宗教事务管理。协助完成自治区党委宗教工作督查组对阳朔县鉴山寺商业化问题的督查工作，进一步完善县乡村三级宗教工作网络机制，加强与宗教联席会议成员单位沟通协作，及时处理白沙镇、金宝乡等地涉及宗教的问题，打击取缔非法传教组织，加强对教职人员、宗教活动场所、信教群众的管理和宗教法规宣传，引导群众营造健康向上的信教氛围。

【港澳侨台海外统战工作】 2018 年，县委统战部着力提升港澳台海外统战工作水平，打造“四个交流中心”，即：世外桃源海峡两岸旅游文化交流中心、香草森林海峡两岸农业旅游文化交流中心、欧美达中外青少年文化交流中心、思固青少年户外攀岩统一战线工作中心，并依托交流中心，开展贴心高效的保姆式服务工作。实施县侨联改革工作方案，开展全县基本侨情调查工作，在西街统战平台挂牌阳朔县“侨胞之家”，县侨联副主席莫远婷当选为“第十次全国归侨侨眷代表大会委员”。做好参访团接待及组织人员出访工作，全年共接待香港桂林同乡联谊会、澳门广西社团联合总会等参访团 13 个 200 多人考察交

11 月 10 日，阳朔县总商会举办第三届“合力杯”文体赛

（统战部　供稿）

流;以“加强沟通交流,推动朔台合作”为主题,共组织3个批次6名领导赴台湾参访。

【党外知识分子和新社会阶层人士工作】 2018年,县委统战部依托西街统战工作平台不断推进党外知识分子和新的社会阶层人士工作。牵头完成新的社会阶层人士联谊会、党外知识分子联谊会的筹备成立工作;召开有新的社会阶层代表参加的座谈协商会3次,为他们参与全县各项重大工作提供平台;完善西街统战工作平台软件硬件建设,制定《阳朔县推进新的社会阶层人士统战工作创新实践基地建设的实施方案》,开展全区新的社会阶层人士实践创新基地申报;组织各行业主管部门报送新的社会阶层人士代表信息,完善全县新的社会阶层人士信息库;引导各行业协会完善章程、规范管理和服务,完成法人化注册登记。支持民宿协会承办阳朔旅游论坛、外来投资者协会承办旅游人才论坛等活动,促进阳朔经济社会发展。

【党外代表人士工作】 2018年,县委统战部对政府职能局和乡镇的党外干部实行跟踪管理,及时更新党外代表人士的档案资料,致力于培养和储备一批政治素质好、工作能力强、能担当发展重任的党外后备人才队伍。注重加强党外干部的教育培训和交流锻炼,分批选送7名科级党外干部参加上级部门举办的党外代表人士培训班,推荐党外干部1名到市直单位挂职,接收市直部门的党外干部2名到县工商联、高田镇挂职,并为挂职干部营造良好的工作、学习和生活环境。

（陈秀凤　杨　博）

党校工作

【概况】 2018年,县委党校以中共十九大精神为指导,认真贯彻落实《中国共产党党校工作条例》和《中共中央关于加强和改进新形势下党校工作的意见》精神,坚持“党校姓党”的理念,充分发挥党校干部教育培训主渠道、理论武装重要阵地、党性锻炼的熔炉作用,全面完成了既定工作目标。

【干部培训】 全年共举办村(社区)党组织书记暨合作社骨干培训班、领导干部学习贯彻中共十九大精神暨“脱贫攻坚”专题培训班、党务工作者培训班、组工干部培训班等主体班培训4期、培训学员850多人次;举办领导干部前沿知识讲座、青年团干培训班、妇女干部培训班等非主体班、对外联合培训班32期、3478人次。实现稳步提升主体班培训规模、质量,加快提升对外培训、联合办学非主体班规模质量的工作目标,充分发挥党校主阵地的主渠道作用。

【教学管理】 一是坚持中心培训,注重实效。

4月19日,在县委党校举办阳朔县学习贯彻中共十九大精神主题培训班

（县委党校　供稿）

培训重点突出中共十九大和习近平总书记系列讲话精神，突出县委、县政府重大发展战略和中心工作，突出阳朔旅游、生态乡村建设等阳朔县情宣传研究解读，突出党性教育和党性修养培训，突出“两学一做”和全面从严治党专题教育等。二是坚持创新方式，提升效果。大力开展教学改革，除传统的专题教学外，将现场教学、案例教学、情景模拟教学、组合互动式教学等方式普遍应用于各班次的教学中。精品课《文化乡建绽芳华　铸魂乡村促振兴》荣获市党校系统精品课比赛二等奖，《走进新时代　扬帆再启航——学习贯彻中共十九大精神》获全区党校（行政院校）系统第五届精品课评选“优秀课”奖。

【理论研究】 充分发挥党校理论研究和决策咨询的作用，真正体现党校科研为县委、县政府重大战略部署服务的特色。一是加强课题调研，着力提升科研支撑力。课题《阳朔旅游特色小镇开发建设研究》被入选为市级课题；课题《电商扶贫助推脱贫攻坚》入选为县级科研课题；参与县委组织部《党建引领视角下的脱贫攻坚与乡村振兴研究》重点课题调研。二是加强基础调研，着力提升科研质量与档次。先后开展文化产业与旅游、小城镇建设、产业扶贫、乡村旅游升级研究等专题调研，论文《坚持绿色发展　培育阳朔旅游增长新动力》和《“互联网+”背景下阳朔智慧旅游发展研究》被《桂林市委党校学报》采用；《阳朔乡村旅游转型升级发展研究》《乡村振兴视域下文化乡建的审视与重建——以桂北地区为例》等2篇文章获市委党校系统理论研讨会二等奖并作典型发言。三是加强教研咨一体化建设，推动科研转型发展。开展党员干部教育培训（文旅融合发展）品牌课程建设，专题课《“全域时代”阳朔旅游的创新与实践》被列为桂林市党员干部教育培训品牌课程。

【后勤服务及县会议培训中心管理维护】 共筹集资金10多万元完成了会议中心护栏更换、水电检修、更换LED灯光等。不断完善校园绿化、美化、净化、亮化工程，大大改善党校作为全县会议中心的基础条件，保障重大会议和培训的顺利进行，全年无重大治安案件发生。（赖顺志　莫阳华）

党史研究

【概况】 2018年，县党史研究室全面落实区、市党史工作部署，紧紧围绕全县发展战略，践行以史鉴今、资政育人、围绕中心、服务大局的工作职能，组织编纂《中共阳朔地方史大事记(2001.1—2018.12)》和《阳朔革命老区史》等书籍，全年出版《阳朔执政纪实》12期，充分履行党史研究室“资政”和“育人”的工作职责。

【党史宣传】 2018年，县党史研究室深入机关、企事业单位、农村、社区宣讲党史国史10多场次。继续推进“党史读书月活动”，面向全县各部委办局、银行、学校等赠送党史书籍合计500余本。抓好临阳联队相关史料的征集工作，开展“健在老游击队员”回忆录征集活动，向阳朔籍或曾在阳朔工作战斗过的著名革命人士的子女征集有关父辈的革命斗争经历，开展访谈和口述史料收集整理工作。先后收集原临阳联队政委黄嘉、队员杨菊生、卢德金等人的照片和访谈影像资料。

【编纂《阳朔执政纪实》】 2018年，县党史研究室通过认真收集县直各部委办局、各乡镇来稿以及电视、报刊等有关全县政治、经济、文化等方面发展变化的重大事件，每月按时编撰出版一期《阳朔执政纪实》。全年共出版《阳朔执政纪实》12 期,收录各类大事资料 600 余则。

【编纂《阳朔地方史大事记》】 2018 年,县党史研究室在《中共阳朔地方史大事记(2001.1—2015.12)》书稿的基础上,于 12 月编写完成《中共阳朔地方史大事记(2001.1—2018.12)》一书。全书三易其稿,全文接近 30 万字,记述和展现 21 世纪 18 年来县委、县政府贯彻执行党的路线、方针、政策,领导阳朔人民进行社会政治、经济、文化建设的重要活动、重要事件和重要成就。

【编纂《阳朔革命老区史》】 10 月,县党史研究室成立《阳朔革命老区史》编辑部,开展"重走临阳联队路,再续革命老区情"主题活动,对临阳联队活动的中心区域如兴坪镇、杨堤乡、福利镇抗日根据地进行多次调研,勘察革命遗址遗迹现状,撰写出《阳朔革命老区史》一书。全书约 20 万字,按革命历程、先烈传略、老区新貌等专题展现了阳朔作为革命老区县的发展历史。

（县党史研究室）

2018 年编写完成的《中共阳朔地方史大事记(2001 年 1 月—2018 年 12 月)》一书

（县党史研究室　供稿）

信访工作

【概况】 中共阳朔县委员会阳朔县人民政府信访局(以下简称阳朔县信访局),成立于 1986 年 7 月,原名中共阳朔县委员会阳朔县人民政府信访办,由县委、县人民政府共同管理,在县委办公室挂牌,由县委办公室具体负责领导日常工作。2010 年 9 月 3 日更名为中共阳朔县委员会阳朔县人民政府信访局,是本级人民政府负责信访工作的行政机构,负责做好群众来访接待、来信办理、信访复查、信访事项受理、转送、交办、督办等工作。人员编制 4 人,在职 3 人。2018 年,阳朔县信访局围绕改革开放 40 周年和自治区成立 60 周年大庆,以及县委、县政府中心工作,强化目标导向和问题导向,以基础业务规范化建设及越级访治理为工作重点,以开展群众信访服务中心建设和创建"人民满意窗口"活动为抓手,以建立专业化的信访工作队伍为目标,继续深化信访工作制度改革和信访法治化建设。开展化解信访积案攻坚战活动,着力解决信访突出问题,维护信访群众的合法权益,促进阳朔社会的和谐稳定。

【来信来访】 2018 年,阳朔县信访局接待群众来信来访 233 件 962 人次,同比信访件次下降 28.5%,人次下降 28.9%,纳入满意度评价信访件 8 件,上级交办件 4 件。其中来信 32 件 53 人次,同比件次下降 21.88%,人次下降 3.6%;来访 201 件 909 人次,同比件次下降 30%,人次下降 30%;集体访 34 件 618 人次,同比件次增加 61.9%,人次增加 2.4%。当场

12月24日，阳朔县在阳朔公园文化长廊开展国家宪法日集中宣传活动，对《信访条例》等法律法规和“网上信访”进行宣传

（县信访局　供稿）

解决的信访件181件，转办的信访件52件，转办的案件到时应结案52件，已经按时办结52件；编写《信访情况分析研判报告》12期。全年进京非接待场所人员1人次，进京越级访1人次，派出工作组40余批成功劝返接回信访人员280多人次。

【推行网上信访】 2018年，阳朔县信访局继续推进“互联网+信访”工作格局建设，加大信访信息系统与信访工作的深度融合，力争“信访网上投、事项网上办、结果网上评、问题网上督、形势网上判”的工作模式。加强“网上信访”宣传引导，努力提高“网上信访”群众知晓率和参与度，并探索运用“网上信访”代理制，让更多群众想用、会用“网上信访”表达诉求。积极参加阳朔县2018年“12·4”国家宪法日集中宣传活动，除开展信访法律法规宣传外，还特别进行了“网上信访”宣传，引导群众关注广西信访公众号，讲解手机网上信访操作流程等。年内，阳朔县网上信访占比达58.82%，比上年提升28%。

【加强信访跟踪督办】 2018年，阳朔县信访局积极健全信访跟踪督办制度。年内，通过及时追踪，加强督办，按时办结群众来信来访信访件233件；完成中央第二巡视组交办信访事项3批13件。

【信息宣传】 2018年，阳朔县信访局全年向桂林市信访局报送信访信息12条，编写《阳朔县信访情况分析研判报告》12期。

【开展大接访活动】 2018年，阳朔县信访局严格贯彻落实上级信访部门关于领导干部接访、下访、约访的有关规定，县四家班子领导轮流到县信访接待中心接访，采取接访、下访、约访等多种形式接访33件，解决问题18件，政策解释15件。

（唐景林）

保密工作

【概况】 阳朔县委保密委员会办公室（以下简称县保密委）承担县委保密委员会的日常工作，依法履行保密行政管理职能；组织实施《中华人民共和国保密法》及其配套法规，拟定保密规定，制订并组织实施全县保密工作计划和保密技术发展规划；负责全县保密执法检查，组织开展保密宣传教育，组织指导定密工作，查处失泄密案件；负责全县国家秘密载体定点复制单位的保密管理；负责保密业务指导和培训。县保密委编制数包含在县委办编制数内，现有在职人员1名。2018年，阳朔县保密工作全面贯彻中共十九大精神，以习近平新时代中国特色社会主义思想为指导，认真落实中央、自治区、市委和县委关于加强和改进保密工作的决策部署，主动适应国家安全战略新要求，坚持党管保密、依法治密，不断提升保密工作科学管理水平，充分发挥保障国家秘密安全畅通的职能作用，为全县经济社会稳定健康发展起到保驾护航作用。

【加强保密宣传教育】 2018年，县保密委继续加强保密宣传教育。一是抓好业务培训。6月，选派7人参加在南宁举办的全区涉密网络“三员”培训班；6月6日，在县人民检察院举办一期保密业务培训班，就国家秘密确定、涉密人员管理、计算机管理等进行培训；11月2日，举办了全县重点涉密单位涉密人员培训会，重点学习了定密管理、保密自查自评、计算机网络保密管理等内容；12月4日，召开了全县涉密人员保密业务培训会，对全县涉密人员培训了定密管理、涉密载体管理等课程。二是加强保密知识宣传。做好《保密工作》和《保密科学技术》等书刊的征订工作，以“七五”普法为契机，要求全县各级保密领导小组深入开展各种保密宣传活动，把重点教育和经常性教育结合起来，进一步提高了广大干部群众的保密法治意识和业务能力。

【加强保密监督】 2018年，县保密委积极加强保密监督管理职能，圆满完成全年保密任务。一是搞好“三级三密”文件的清退工作。3月，下发了《关于清退2017年度“三级三密”文件的通知》，要求各单位办公室对本单位的“三级三密”文件、资料等进行认真清理，凡签收的文件按规定全部清退，并办理有关清退手续，严格按照涉密载体销毁管理制度，指定专人负责秘密载体销毁工作，共清退、销毁2017年度“三级三密”文件、材料175个2250份。二是组织开展年度自查自评工作。5月，组织全县机关、单位开展保密自查自评工作，逐月分别对计建、政府、党群、宣教、经贸、政法、财金系统各单位开展保密自查自评工作进行了督查。督查中重点督查了三级三密文件、涉密计算机、非涉密计算机和涉密人员的管理，共检查涉密计算机21台、非涉密计算机63台。7月，组织开展机关、单位互联网电子邮件系统专项保密检查。共抽查机关单位5个，互联网公务邮箱5个，互联网处理公务个人邮箱8个，规范了全县互联网公务邮箱与互联网处理公务个人邮箱的使用。三是加大对各类招考的保密监管。4月，协助县卫计局做好卫生系统招考保密工作；6月份，重点做好高考、中考的试卷保密工作。8月，协助县人社局做好县教育系统教师及特岗教师招考的出题、面试的保密工作。四是加强对涉密载体的管理。

（莫龙贵）

政策研究

【深化改革成果】 2018年，县委政策研究室全面深化改革，积极发挥改革领导小组办公室协调服务和参谋助手作用，主动服务全县改革大局。行政审批制度改革、深化国企国资改革、农村综合改革、创新城市管理等方面改革任务取得积极进展，其中全县1612项行政审批事项，最多跑一次事项达到95.7%，能网上申请办理的事项达到83.85%；加强和规范漓江、十里画廊遇龙河景区等国有景区对国有企业领导人员的管理体制；平稳有序推动农村土地承包经营权登记颁证工作，积极启动县乡农村集体产权制度改革试点；开展《桂林市西街保护管理条例》立法工作，根据市人大立法计划，将《条例》列为2019年立法调研项目。加强改革信息报送工作，全年报送信息36篇，其中自治区改革办采用4篇、市改革办采用2篇。（县委政策研究室）

老干部工作

【概况】 阳朔县委老干部局(以下简称县老干部局)成立于1985年,为县委所属行政机关单位,主要职责是做好全县离休老干部的服务和管理工作。下辖阳朔县老干部活动中心。内设办公室、老干部活动中心、老年大学。县老干部局(含老干部活动中心)人员编制共6名,其中行政编制4名,事业编制2名,在职5人。2018年,全县离休干部22人,县委委托老干部局服务管理县处级退休干部28人。其中:离休干部中抗日战争时期入伍的1人,解放战争时期入伍的21人;县处级待遇12人,科级待遇10人;属行政事业单位16人,企业性质6人。

【落实离休干部的政治待遇和生活待遇】 2018年,县老干部局不断完善老干部政治理论学习、节日走访慰问、生日慰问、参观考察、信访接待、重大事项通报、生病住院慰问、每月走访慰问、定期电话慰问、分片合作联系等10项制度,落实老干部各项政治和生活待遇。每月15日固定集中老干部学习、活动,丰富老干部精神文化生活,全年举办12期。开展“五必访五服务”活动,全年走访或看望慰问老干部200多人次,慰问生病住院老干部30人次,到老干部家中送生日蛋糕18个,发给老干部生日祝寿金1800元。落实23名离休干部护理费标准由1000元/月提高到2500元/月生活待遇政策。

【离退休干部党组织建设】 2017年度,县老干部局以自治区《关于进一步加强和改进离退休干部工作的实施意见》为依据,结合阳朔县的实际情况,牵头制定《阳朔县离退休干部党组织建设工作方案》(朔办发〔2017〕45号),决定设立中国共产党阳朔县离退休干部工作委员会,在中共阳朔县委员会老干部局挂牌,2018年按程序报市编委审批。通过再次走访调研、调查核实,2018年全县共有离退休干部党员1318名,成立离退休干部党支部7个,党员290名。年内,召开全县离退休干部党组织建设工作会议,落实离退休干部经费情况,对全县7个离退休干部党组织进行走访调研活动,听取老同志的意见建议,向县人民政府提交《关于请求拨付我县离退休干部党组织工作经费的请示》,县人民政府同意从县财政资金中拨给党工委工作经费18.32万元,专项用于阳朔县2018年离退休干部党组织工作支出,2019年计划列入财政预算。充分利用党工委工作经费7.2万元对老年大学临时党支部、白沙镇离退休教师党支部的党员活动室进行装修打造,为离退休干部组织和离退休党员创造一个良好

7月25日,县委老干部局走访调研县人民法院离退休干部党支部

(莫丽彬 摄)

的学习活动场所。

12月17日，县委老干部局在公园广场举办庆祝"改革开放40年，自治区成立60周年暨老年大学第二届校园文化艺术节"文艺会演

（莫丽彬　摄）

【老年文体活动】 组织离退休干部开展以学习贯彻习近平新时代中国特色社会主义思想为主要内容的"不忘初心、牢记使命"主题教育活动。年内，组织举办老年人《健康知识讲座》《老年人预防消费欺诈知识讲座》；开展"看广西发展60年，话改革开放新成就"座谈会畅谈"初心感言"，其中4篇感言入选"离退休干部工作"信息平台；举办庆"七一"音乐会；庆祝"改革开放40年，自治区成立60周年暨老年大学第二届校园文化艺术节"文艺会演和书法、绘画、摄影师生作品展等大型活动6次，为全县离退干部提供展示自身精神面貌和生活风采平台。

【老年大学情况】 老年大学继续保持创建自治区示范性老年大学的工作热情。年内，投入1.2万元改善教育设备设施（舞蹈班的硬件设施及教师办公设备等）。秋季学期除了原开设的舞蹈、摄影、绘画等专业外，又新增了山歌、合唱、形体走秀等3个专业，共计13个专业17个教学班，聘用专职任课老师11名，在校学员586人。6月，与鹿寨县老年大学交流学习，认真借鉴其他老年大学成功的管理经验，不断提升办学软实力，加强学校的管理和服务，为阳朔县广大离退休干部营造一个融洽、和谐、轻松、友爱的学习环境。12月，举办第二届校园文化艺术节。此次艺术节为期一周，主要内容有：庆祝"改革开放40年，自治区成立60周年暨老年大学第二届校园文化艺术节"文艺会演和书法、绘画、摄影师生作品展，并出版了1期校刊。

【发挥老干部作用】 2018年，县委老干部局积极搭建老干部"展示阳光心态、体验美好生活、畅谈发展变化"传递正能量和发挥余热的良好平台。年内，组织选送舞蹈《祝福祖国》参加全市离退休干部纪念中国共产党成立97周年文艺会演；组织筹划选送优秀节目和作品，参加上级老干部局组织的广西离退休干部庆祝自治区成立60周年暨第六届"多彩金秋"等文化活动和全县开展的文体活动；积极配合桂林市关心下一代工作委员会、桂林市民政局在阳朔县高田镇高田民族学校举办的"2018年庆'六一'资助困境儿童仪式暨赠书活动"；组织"五老"与县司法局联合开展"关爱明天·普法先行"法治进校园活动，与县未成年人保护中心联合开展宣讲"青葱课堂·儿童性教育"活动；筹集资金13万元开展"阳朔县资助百名困境儿童"活动，资助阳朔县建档立卡户175名困境学生（其中55名由市关工委资助）每人1000元。

（赵云辉　莫丽彬）

机构编制

【概况】 阳朔县机构编制委员会办公室(以下简称县编办)列入县委机构序列,为阳朔县机构编制委员会常设办事机构,既是县委工作机构,又是政府工作机构,成立于1984年11月。主要职责是贯彻执行上级有关行政管理体制和机构改革以及机构编制管理的方针、政策和法规,拟定本县相应的规定、办法和实施意见;研究制订本县机构编制中长期规划及年度工作计划;负责县直党政群机关和事业单位机构编制的日常管理;指导、协调全县各党政机关和事业单位的机构编制工作。2018年12月底,县编办行政编制3名,实有在职行政人员3名。2018年,县编办按照《地方各级人民政府机构设置和编制管理条例》规定,以"精简、统一、高效"为原则,加强机构编制管理。全年召开编委会4次,研究机构设置、编制调整议题8个,人事议题26个。下发机构编制文件24个,上报机构编制请示报告9个。

【机构设置管理】 2018年,全县机构更名1个,新增行政机构2个,撤销事业单位2个,新设立事业单位5个。1月,事业单位阳朔县遇龙河月亮山景区管理委员会更名为阳朔县十里画廊遇龙河景区管理委员会办公室;6月,设立中国共产党阳朔县委员会巡察组4个,恢复成立兴坪镇人民法庭,撤销阳朔县农业机耕队、阳朔县石山隘科学灌溉试验站共2个事业单位。10月,设立事业单位阳朔县阳朔镇实验幼儿园、阳朔县白沙镇第二幼儿园、阳朔县高田镇乐响幼儿园、阳朔县金宝乡新村幼儿园、阳朔县杨堤乡中南幼儿园等公办幼儿园5所。

【编制调控管理】 2018年,县编办认真贯彻执行县、乡国家行政编制分级管理规定及政法专项编制管理规定,严格按照规定做好县级编制、乡镇编制、政法编制、事业编制调控管理工作。在编制总控的原则下,根据同层级部门间的岗位职能变化,适时调整各个部门编制使用数量。年内,核定中国共产党阳朔县委员会巡察组行政编制16名,所需编制从全县行政编制总数内调剂。全县新增全额拨款事业编制33名,其中:县十里画廊遇龙河景区管理委员会办公室1名、县水利工程管理站4名、县水利水电工程质量与安全监督站2名、县农机化技术推广服务站1名、阳朔镇第二中学10名,兴坪镇朝板山初级中学3名,金宝乡初级中学3名,阳朔镇凤鸣小学6名,白沙镇中心小学3名。核销全额拨款事业编制3名,其中:县石山隘科学灌溉试验站全额拨款事业编制2名、县农业机耕队1名。

【事业单位登记管理】 2018年,全县全面实施事业单位网上登记以及事业单位年度报告公示制度,事业单位设立、变更、注销登记实行网上在线审批,事业单位法人证书与组织机构代码证"两证合一"实现网上登记,全县在事业单位网上登记管理系统平台实现登记发证事业单位313个。

【机关、群团统一社会信用代码】 2018年,全县开展县直机关、群众团体统一社会信用代码赋码工作,并受上级委托代发部分中(区)直单位的"统一社会信用代码证书"。年内,发放县直机关、群众团体"统一社会信用代码证书"6份,注销5份。 (韦爱美)

县直机关工委

【概况】 中共阳朔县直属机关工作委员会(以下简称县直机关工委)是县委主管县直属

单位党务工作的职能部门，为正科级行政机关单位，编制4名。主要职责是负责统一组织、规划、部署县直属机关党的工作，并抓好组织实施。2018年1月—6月在职人员2名，因工作人事变动，7月至年底在职人员1名。下辖机关党委7个、党总支部22个、党支部173个，党员3500多名。年内，县直机关工委深入学习贯彻中共十九大精神，以习近平新时代中国特色社会主义思想为指导，贯彻落实新时代党的建设总要求，紧紧围绕机关党建“灯下黑”整治工作，突出示范引导，强化分类指导，努力推动机关党建工作再上新台阶。2018年，县直机关工委获得桂林市优秀党务工作者称号1名，被评为县先进基层党组织16个，获得县优秀共产党员称号15名，获得县优秀党务工作者称号15名。

【思想政治工作】 全面贯彻《中共中央政治局关于加强和维护党中央集中统一领导的若干规定》和《中共广西壮族自治区委员会常务委员会关于坚决维护习近平同志为核心的党中央权威和集中统一领导的规定》，引导广大党员、干部紧密团结在以习近平同志为核心的党中央周围。把党章作为党员干部经常性的学习内容，严格执行《关于新形势下党内政治生活的若干准则》和《中国共产党党内监督条例》，增强党内政治生活的政治性、时代性、原则性、战斗性。严格落实意识形态工作责任制。加强对重大思想理论问题的阐释引导，旗帜鲜明批驳错误思潮和观点，及时有效处置意识形态领域问题。加强意识形态方面的理论宣传，做好热点问题、突发事件的舆论引导。2018年，县直机关工委进一步夯实学习责任，把中共十九大会议精神列为县直机关工委党务工作者、党员干部和入党积极分子学习培训的必修课程，所属机关党员干部学习中共十九大精神专题培训、辅导讲座100多次，培训党员干部近5000人次；结合纪念改革开放40周年、自治区成立60周年等，充分运用广西、桂林市及阳朔县丰富的红色文化资源，结合实际，开展“不忘初心、牢记使命”主题教育，各机关党委、党（总）支部广泛开展党性教育情景课、重温入党誓词、观看爱国主义电影、离退休老党员讲入党初心等具有机关特色的活动200多次，弘扬了共产党人价值观，进一步坚定了机关党员干部的理想信念和宗旨意识。

【基层组织建设】 2018年，县直机关工委着力从推进党组织换届、发展党员、党务干部队伍建设及党费收缴管理的规范化水平入手，建立健全督查指导机制，使机关党建工作合力得到有效发挥。一是抓好机关党组织的优化整治建设，全年共撤销党支部17个，新成立11个，进行换届选举支部56个，调整班子成员195名。指导县税务局圆满完成了机关党委组建工作。二是规范发展党员工作程序，

4月24日，县直机关工委举行党务工作者培训班开班仪式

（县直机关工委　供稿）

严把党员发展关，新发展党员48名。三是认真抓好党费收缴。截至11月底，上交党费479030.42元。四是管好用好全国党员管理信息系统，核准党组织和党员信息，共转入党员71名，转出115名，内部转接100多名。五是按时完成2018年党统年报工作。六是完成组织部下达的党建宣传任务，按照要求撰写调研论文1篇。七是举办县直机关工委党务工作者专题培训班，培训党务工作者276名。在严抓“三会一课”制度落实的基础上，继续推行机关党建“互观互检”活动，联合组织部开展党建督查，重点针对“三会一课”、党日活动、基层党组织活动场所建设、发展党员、党费收取等工作进行细致地检查与指导，下发党建督查通报，有效促进机关党建工作规范化。推行机关党建工作提示制度，下发工作提示5期。进一步提升县直机关党建示范点品质，以点带面整体推进机关单位党建阵地规范化建设，打造县工商质监、县交运局、县教育局等高标准党建示范点5个。

10月25日，县直机关工委举办入党积极分子培训班

（县直机关工委　供稿）

【党风廉政建设】 2018年，县直机关工委全面落实从严治党主体责任，认真履行“一岗双责”，将党风廉政建设纳入县直属机关工委党建工作要点和目标考核。狠抓机关作风建设，通过党章党规党纪知识测试、剖析典型案例、请纪检干部讲廉政党课等形式，让党员干部知敬畏、存戒惧、守底线。强化纪律规矩执行，全年协助县纪委派驻工作组严肃查处党员违纪问题，共给予党员党内警告处分4名，党员开除党籍2名。

【党员发展】 2018年，县直机关工委抓好党员队伍源头工程建设，在县委党校多媒体教室举办入党积极分子培训班一期，集中培训入党积极分子82名。党员发展工作严守“二十字”方针，全年接收预备党员48名，审批预备党员转正31名。

【群团组织】 2018年，县直机关工委加强工会、共青团、妇代会组织建设，充分发挥工、青、妇组织在推动社会发展、促进社会和谐中的独特优势作用。支持开展群众思想政治工作，组织健康有益的文体活动和关爱帮扶送温暖活动。

（黄　雪）

阳朔县人民代表大会

1月17日至20日，阳朔县第十七届人民代表大会第三次会议在县人民会堂召开　　　　　　　（县人大办　供稿）

重要会议

【阳朔县第十七届人民代表大会第三次会议】 1月17日—20日召开。1月17日，会议在县人民会堂开幕。会议听取、审议和通过《阳朔县人民政府工作报告》《阳朔县2017年国民经济和社会发展计划执行情况与2018年国民经济和社会发展计划安排报告》《阳朔县2017年财政预算执行情况和2018年预算安排报告》《阳朔县人大常委会工作报告》《阳朔县人民法院工作报告》和《阳朔县人民检察院工作报告》，听取《阳朔县人民政府关于县十六届人大六次会议代表建议、批评、意见办理情况报告》。

【阳朔县第十七届人民代表大会第四次会议】 10月25日—26日召开。10月25日，会议在县人民会堂开幕。会议听取《县人民政府2018年1月—9月经济社会发展情况报告》，会议补选周彦为县人民政府县长。

【阳朔县第十七届人大常委会】 2018年，阳朔县第十七届人大常委会共召开常委会会议8次。

第九次会议　1月8日召开。会议审议和表决黎明德辞去阳朔县人大常委会委员的申请；确定县十七届人大三次会议召开等相关事项，初审县十七届人大三次会议有关材料；讨论决定2017年优秀代表建议、批评、意见和先进承办单位名单。

第十次会议　1月25日召开。会议审议和表决有关人事任免。

第十一次会议　5月26日召开。会议审议和表决有关人事任免；审阅《2018年阳朔县人大常委会主要工作安排》。

第十二次会议　8月27日召开。会议审议和表决有关人事任免。

第十三次会议　9月15日召开。会议听取和审议县人大常委会执法检查组《关于检查〈中华人民共和国固体废物污染环境防治法〉实施情况的报告》；听取和审议县人民政府关于2017年县本级财政决算报告和2017年预算执行情况审计工作报告，审查批准2017年县本级财政决算；听取和审议县人大常委会调查组《关于2018年1月—7月阳朔县国民经济运行情况的调查报告》；听取和审议县人大常委会专项调查组关于《阳朔县工业园区建设情况调研报告》；通报县十七届人大代表补选进展情况。

第十四次会议　9月28日召开。会议审议和表决莫冰辞去阳朔县人大代表职务的申请。

第十五次会议　10月20日召开。会议确定县十七届人大四次会议召开等相关事项，初审县十七届人大四次会议有关材料。

10月11日—12日，县人大常委会在碧玉酒店举办乡镇人大代表培训班

（县人大办　供稿）

第十六次会议　11月30日召开。会议审议和表决有关人事任免；会议听取和审议县人民政府《关于提请审议阳朔县2018年财政预算收支调整的议案》；会议听取和审议阳朔县人大、县政协联合调研组《阳朔县孤儿、残疾未成年人和残疾人家庭、贫困家庭未成年子女教育救助体系调研工作报告》。

重要工作

【工作监督】 8月，开展上半年国民经济和社会发展计划与财政预算执行情况专项视察，组织召开县直有关经济主管部门座谈会，实地视察新城区、宋城演艺等项目建设，全面掌握情况，形成调查报告，提出加强财源建设、加大招商引资、推进项目建设、强化旅游业管理等建议；开展社会热点问题视察，听取县人民政府关于工业园区建设、神山至红颈山绕城路建设等情况汇报，指出存在问题，提出合理的审议意见，督促县人民政府尽快落实。12月，开展环境状况和环境保护目标完成情况视察，督促目标完成；开展全县基层文化体育情况视察，提出加大建设资金投入、加强基础设施建设、配齐文化专业人士等建议，推动全县基层文体工作发展；开展对农业局、环保局、卫计局、安监局主要负责人的述职评议，评议被任命人员本届任现职以来依法行政、履行职责、联系群众等情况。

【法律监督】 4月，县人大常委会组织开展《中华人民共和国食品安全法》执法检查；7月，县人大常委会组织《中华人民共和国固体废物污染环境防治法》执法检查，形成执法检查报告，提出解决阳朔县兴源铅锌矿有限公司尾砂库治理，全面加快生活垃圾处理设施建设等审议意见。配合市人大常委会开展《中华人民共和国禁毒法》执法检查；9月，组织开展《中华人民共和国旅游法》执法检查。

【专题调研】 3月，配合自治区人大常委会开展《西街保护条例》立法调研；4月，与县政协联合开展阳朔县孤儿、残疾未成年人、残疾人家庭和建档立卡贫困家庭未成年子女教育救助体系调研，组织乡镇和财政、公安、民政、教育、残联、扶贫等部门共同深入了解全县“孤残”情况，并形成调研报告，提出加强组织领导、提高救助标准、办好特殊学校、动员社会力量参与等建议；5月，配合市人大开展现代特色农业发展情况调研；7月，开展农村医疗卫生机构综合服务能力建设情况专题调研；10月，开展桂台产业合作情况专题调研；11月，开展农业科技人才队伍建设调研，掌握9个涉农部门、9个乡镇共302名在职在编农业科技人才队伍基本情况，提出加快培养或引进特色种养殖人才、制定完善激励创新、晋升

6月5日，县人大常委会主任李自军（左二）率调研组到白沙镇联合开展“孤残”教育救助体系调研座谈　　（县人大办　供稿）

考核机制、充分调动农业科技人才工作积极性等建议。

【办理和督办人大代表建议】 2018年，在县十七届人大三次会议期间，共收到代表的建议、批评、意见共78条，全部在规定时间交县人民政府办理，办理答复率100%。开展优秀代表建议、先进承办单位评比表彰，评选并表彰优秀代表建议8件、先进承办单位8个，不断提高代表建议质量和办理代表建议水平。

【依法补选县人大代表】 9月，县人大常委会开展县人大代表出缺补选工作，在福利镇绛村选区补选县人大代表1名。

【人事任免】 2018年，县人大常委会共任免人大机关、“一府两院”国家机关工作人员48人次，保证地方国家机关的正常运转。

【信访工作】 耐心接待群众来信来访，保证来访办理效果和办理质量。2018年共接待来信来访19件，50人次，办结率为100%。

【人大宣传】 2018年，县人大编印《阳朔人大》简报5期，通过“阳朔人大”微信公众号推送工作动态、理论知识、政策法规97条，在自治区、桂林市人大网站和媒体上稿30多条。获自治区2018年度人大宣传工作先进单位二等奖。

【工作交流】 积极开展对外交往，增进交流、开阔视野。年内，组织人大代表到河南大学开展履职培训班，到平乐、荔浦、三江、融安等地开展视察调研，全年共组织外出参观学习3批次160人次。接待韩国议会代表团、联合国各国议会议长和各级人大到朔考察工作16批次300多人。

（县人大办）

阳朔县人民政府

9月3日，在县委五楼会议室召开第四次全国经济普查动员暨业务培训会　　　　　　　　（阳朔报社　供稿）

重要会议

【全县重要性会议】 1月3日，县人民政府召开阳朔县第十七届人民政府第二次全体(扩大)会议。

2月23日，县人民政府召开阳朔县2018年固定资产投资统计业务培训及工作布置会。

5月11日，县人民政府召开国家基层标准化改革创新先行区工作交流培训会。

5月30日，县人民政府召开县人大十七届三次会议代表建议和政协九届三次会议委员提案交办会。

7月25日，县人民政府召开第十七届人民政府第二次廉政工作会议。

8月23日，县人民政府召开2018年阳朔县旅游市场综合监管工作会议。

9月20日，县人民政府召开阳朔县事业单位和国有企业公务用车制度改革工作会议。

11月21日，县人民政府召开全国运输服务与旅游融合发展现场会工作协调会。

11月27日，县人民政府召开阳朔县实施质量兴县战略工作会议。

【阳朔县第十七届人民政府第二次全体(扩大)会议】 1月3日，在县委五楼会议室召开。会议讨论通过即将提交县十七届人大三次会议审议的《政府工作报告(草案)》《阳朔县2017年国民经济和社会发展计划执行情况与2018年国民经济和社会发展计划(草案)的报告》《阳朔县2017年财政预算执行情况和2018年财政预算(草案)的报告》等报告，研究部署当前及今后一个阶段的政府工作。

【阳朔县第十七届人民政府常务会议】 2018年，阳朔县第七届人民政府常务会议共召开15次。

第二十四次常务会议　1月3日召开。会议研究讨论人事任免事项问题，审议《关于对原阳朔镇登子岩小学土地确权的请示》《关于请求解决戏楼及乌布小镇片区新建市政道路配备环卫设施及环卫工人的请示》事宜、讨论《政府工作报告》《阳朔县2017年国民经济和社会发展计划执行情况与2018年国民经济和社会发展计划(草案)的报告》《阳朔县及县本级2017年预算执行情况和2018年预算(草案)的报告》事宜等4项议题。

第二十五次常务会议　2月7日召开。会议审议《关于解除陈健行政记大过处分的请示》《阳朔县历史文化民俗风情旅游区管理中心总经理、副总经理辞职报告》《关于请求县人民政府辞退马家华的请示》《关于提高我县离休干部护理费标准的请示》《关于请求调整编外一线环卫工人福利待遇的请示》《关于高田经阳朔、葡萄、新村至金宝城乡公交车票价问题的请示》《关于请求审批阳朔县神山至红颈山公路工程项目建设招标及控制价的请示》《关于请求核定白沙镇污水处理费收费标准的请示》《关于建设普益乡文体广场的请示》《关于划拨阳朔县兴坪镇大源河(书家堡村段)河堤改造工程项目国有建设用地使用权的请示》《关于划拨阳朔县宋城地块水渠修缮改造工程项目国有建设用地使用权的请示》《关于唐人街项目因变更容积率补交土地出让金的请示》《关于请求对桂林阳朔·威尼斯水城项目规划设计修改方案进行审定的请示》、通报《阳朔县档案馆项目前期工作台账和任务清单、责任清单长期未予落实问题问责情况》《关于申请无偿划拨110KV碧莲变电站建设用地的函》事宜等14项议题。

第二十六次常务会议　3月13日召开。会议讨论研究人事任免事项，审议《关于请求拨给2017年度聘用大学生(大中专毕业生)

村官绩效奖励所需经费的请示》《关于以县人民政府名义印发阳朔县保留为行政审批必要条件的中介服务事项目录的请示》《关于提请审议〈阳朔县十里画廊遇龙河景区保护与管理暂行规定〉的请示》《关于请求批准〈阳朔县车辆停放服务收费管理办法〉的请示》《关于落实2018年政府工作报告主要目标任务的通知》、通报《关于调整阳朔县各公立幼儿园收费标准的请示》《关于划拨阳朔县新城区水系景观工程项目国有土地使用权的请示》、通报安排全县第一季度经济指标完成情况、阳朔至鹿寨高速公路复工情况事宜等9项议题。

第二十七次常务会议　4月3日、4月8日召开。会议讨论人事任免事项，审议《关于印发〈阳朔县人民政府关于取消承接和调整一批行政许可事项的决定〉的请示》《关于请求同意开展阳朔生态环保科技园项目征地前期工作的请示》《关于请求划拨阳朔镇鲤鱼井社区大村门第二经济合作社第三村民小组被征收土地返还安置用地的请示》《关于请求划拨阳朔镇鲤鱼井社区大村门第二经济合作社第四村民小组被征收土地返还安置用地的请示》《关于签订新城区市政道路管网工程投资建设与回购协议的请示》《关于城区河湖水系连通工程项目建设用地与阳朔镇桂花路(莫宝润、黄桂英)房产地块产权进行调换安置的请示》《关于朱继胜等41人国有土地使用权置换的请示》《关于请求解决2015年、2016年特岗教师工资调标所缺资金的请示》《关于请求辞退参照公务员法管理单位人员孙书辉的请示》《关于广西天然气支线管网项目桂林—阳朔—荔浦天然气支线管道工程管道路和站场选址方案有关问题的请示》，通报《关于申请划拨新城区搬迁安置户土地的请示》事宜等12项议题。

第二十八次常务会议　5月23日召开。会议讨论县人民政府领导工作分工，审议《关于请求拨给县"两新"党建组织员年度绩效奖励经费的请示》《关于调整我县公益性岗位工资标准有关事宜的请示》《关于增加阳朔县森林公安人民警察、警务辅助人员加班补贴、值勤岗位津贴的请示》《关于确定新城区新建山水大桥、朝霞桥、兰溪桥和甲四桥等四座桥梁项目业主单位的请示》《关于请求县人民政府支持原红颈山液化气站土地用途变更的请示》《关于漓江千古情项目部分国有土地使用权置换的请示》《关于同意报审阳朔县公共服务项目用地基准地价体系成果的请示》《关于调整阳朔县新城区C6-1地块建筑限高及阳朔县政务服务中心项目用地规划条件的请示》《关于印发〈关于促进阳朔县旅游特色新产品新业态发展的政策意见〉的请示》事宜、审议《关于请予确定2018年度县级十大重特大安全生产事故隐患的请示》《关于同意将阳朔县国营水库工程管理站所属电站发电经营权对外出租的请示》《关于阳朔县2018年耕地地力保护补贴项目实施方案的请示》《关于请求下发〈阳朔县城市区域声环境功能区划方案〉的请示》《关于将县乡医疗机构社会保险费和住房公积金列入县财政的请示》事宜等15项议题。

第二十九次常务会议　7月5日召开。会议讨论人事任免事项，审议《关于阳朔县神山至红颈山农村道路工程调整设计方案的请求》《关于阳朔县十里画廊亮化工程项目采用设计—采购—施工一体化工程总承包(EPC)招标的请示》《关于阳朔县良种繁殖场国有土地确权的请示》《关于请求给予解决阳朔县全民健身活动中心项目建设用地的请示》《关于批准金宝中心小学新校区建设用地的请示》《关于举办2018阳朔铁人三项赛的请示》《关于请求上报〈阳朔县农村集中饮用水水源地保护区划定方案〉的请示》《关于桂林骏达运输股份有限公司闲置土地处置方案的请示》《关于申请划拨新城区搬迁安置户土地的请示》《关于十里画廊遇龙河景区进行升级改造的请示》《关于协调解决土地办证问题的请示》《关于请予审议阳朔县葡萄镇漓江风景名胜核心区企业搬迁工作实施方案的请示》《关于增加12名财政供养聘用人员的请示》事宜等14项议题。

第三十次常务会议　7月19日召开。会议研究人事任免事项，审议《县新城区建设投资有限公司关于申请拟提名一名总工、一名监事会主席、一名董事及一名监事的请示》《关于请求印发〈阳朔县人民政府关于取消和调整一批行政许可事项的决定〉的请示》《关于进一步规范农村村民住宅用地审批的请示》《关于同意挂牌出让阳朔县新城区C1-1-1、C1-1-2、C1-4、C1-6-1、C2-3、C3-1等六地块国有建设用地使用权实施方案的请示》《关于划拨贵广铁路阳朔站站前广场及配套设施工程项目建设用地的请示》《关于落实贵广铁路阳朔段建设工程征地项目被征地农民社保资金补贴落实到户分配方案的请示》《关于优化县人民检察院聘用人员结构的请示》《关于请求对〈阳朔县市容管理局协管员城市管理考评奖惩办法〉给予批复的请示》《关于实施〈阳朔县财政性投资项目预结算管理暂行办法〉的请示》《关于下发〈阳朔县创建全国无障碍示范县实施方案〉的请示》《关于请求对阳朔·兴坪休闲养生度假区项目(一期)YX090202(1-5)、YX090206(1-4)地块修建性详细规划方案、阳朔县十里画廊亮化工程项目进行审定的请示》《关于请求批准实施桂林市第四批新型城镇化示范乡镇建设项目的请示》《音乐旅游特色小镇开发建设项目框架协议书》《关于为建档立卡农村贫困人口购买健康扶贫保险的请示》事宜等13项议题。

第三十一次常务会议　9月7日代县长周彦主持召开。会议通报阳朔县中央预算内投资资金沉淀问题问责情况，审议《关于审定2017年度阳朔县行政机关、参照公务员法管理事业单位、事业单位科级以下年度考核情况的请示》《关于请求审批阳朔县大村门车站项目及漓江千古情28米道路征地搬迁返还安置用地修建性详细规划的请示》《关于请求划拨阳朔镇鲤鱼井社区大村门第一经济合作社第一村民小组被征收土地返还安置用地的请示》《关于请求划拨阳朔镇鲤鱼井社区大村门第二经济合作社第三村民小组赖接开等3户被征地土地返还安置用地的请示》《阳朔县2018年乡村振兴实施方案(草案)》《关于阳朔县旅游贸易建设总公司神江01、02号两条旅游船有关事宜的请示》《关于请求开展阳鹿高速(阳朔段)425千米沿线集体土地征收前期工作的请示》事宜等8项议题。

第三十二次常务会议　9月21日代县长周彦主持召开。会议审议《关于请求批准2017年度综治平安建设工作先进集体和先进个人表彰方案的请示》《关于审批推进阳朔县事业单位和国有企业公务用车制度改革工作的请示》《关于提高我县机关事业单位退休职工公务员医疗补助缴费基数的请示》《关于请求批准阳朔县国有粮食企业改革实施方案的请示》《关于请求印发阳朔县集体产权制度改革实施方案的请示》《关于印发阳朔县创建自治区健康促进县工作实施方案的请示》《关于印发阳朔县健康扶贫医疗费用兜底保障机制工作实施方案的请示》《关于帮助解决阳朔教育系统2018年聘请顶岗教师经费的请示》《关于增加3名财政供养聘用人员的请示》《关于请求增加我县通自然村道路硬化项目奖补资金的请示》《关于请求建设并规范凤鸣临时果蔬、夜宵疏导市场的请示》《关于请求同意实施石马圆盘雨水排涝及清淤工程并落实资金的请示》《关于请求实施石马圆盘至新城区新建电缆管道工程的请示》《关于县城垃圾转运站建设选址的请示》《关于将凤鸣小区第42号、74-76号、150-155号共10宗被征地户的安置用地的土地性质调整变更为国有划拨用地的请示》《关于将凤鸣小区第59号宗地的土地性质调整变更为国有划拨土地的请示》《关于批准实施凤鸣社区凤鸣第一经济合作社黄兰凤、陈兰珍、陈兰燕等三户村民的置换土地、搬迁房屋协议书的请示》《关于解决黄骆发等人国有建设用地使用权问题的请示》《关于凤鸣变电站与凤鸣供电小区土地置换的请示》《关于批准李树菁等4户按房改房性质办理不动产权属登记的请示》《关于转报阳朔县饮食服务公司请求批准改变土地用途的请示》《关于转报阳朔县百货公司对列入改制范围的三处土地按核实面积面积办理产权登记的请示》事宜等22项议题。

第三十三次常务会议　10月18日代县长周彦主持召开。会议汇报阳朔县2016年—2018年中央预算内项目国家重大建设项目库调度完成情况、阳朔县第三季度环保工作情况，审议《关于成立阳朔县阳宏国有资产投资管理公司的请示》《关于审议阳朔新城区C8-1-1地块国有建设用地使用权出让方案的请示》《关于审议阳朔新城区C8-1-2地块国有建设用地使用权出让方案的请示》《关于划拨贵广铁路（阳朔段）建设用地的请示》《关于广西电网有限责任公司桂林阳朔供电局兴坪供电站项目改扩建划拨用地的请示》《阳朔县兴坪镇国际度假区投资意向协议书》《关于请求同意实施阳朔城区至白沙、福利路灯照明亮化工程的请示》《关于请予审核批准阳朔县开展城镇备用水源建设方案的请示》《关于请求审批并印发2018年阳朔县第一批建档立卡扶贫户等4类重点对象危房改造实施方案的请示》《关于印发阳朔县进一步做好困难职工解困脱困工作实施方案的请示》《关于下发阳朔县现代特色农业示范区建设增点扩面提质升级（2018—2020）三年行动实施方案的请示》事宜等12项议题。

第三十四次常务会议　10月23日代县长周彦主持召开。会议讨论《阳朔县化解政府隐性债务风险实施方案》，审议《阳朔县2018年1月—9月经济运行情况报告》事宜等2项议题。

第三十五次常务会议　11月8日县长周彦主持召开。会议讨论研究人事任免事项，审议《关于专题研究部署当前脱贫攻坚工作的请示》《阳朔县石马圆盘至新城区新建电缆管道工程》《关于请求确定福利漓江二桥桥型方案的请示》《关于请求确定兴安至阳朔公路延长线线路方案的请示》《关于确定兴安至阳朔公路延长线福利至新城区一级公路（含漓江二桥）项目法人的请示》《关于请求审批并印发2018—2019年阳朔县第二批建档立卡贫困户等4类重点对象危房改造实施方案的请示》《关于修编普益乡总体规划（2012—2030年）的请示》《关于请求印发〈阳朔县人民政府关于取消一批行政许可等事项的决定〉的请示》《关于请求批准实施〈阳朔县农村环境综合整治项目整改工作方案〉的请示》《关于对阳朔县兴坪镇大源村委寺背岭村弃渣场“7·29”塌方事故调查报告予以批复的请示》事宜等11项议题。

第三十六次常务会议　11月15日县长周彦主持召开。会议传达学习市委赵乐秦书记在阳朔调研重要讲话精神，审议《关于调整阳朔县新城区C1-1-1地块国有建设用地使用权出让方案的请示》《关于调整阳朔县新城区C1-1-2地块国有建设用地使用权出让方案的请示》《关于调整阳朔县新城区C1-4地块国有建设用地使用权出让方案的请示》《关于调整阳朔县新城区C1-6-2地块国有建设用地使用权出让方案的请示》《关于请求调整阳朔县城乡居民基本养老保险基础养老金最低标准的请示》《阳朔县列入桂林市2019年市级层面统筹推进重大项目申报表》《关于请求同意阳朔火车站安置区延长临时过渡安置补助方案并拨付补助资金的请示》《关于调整2018年阳朔县财政预算收支的建议》事宜等6项议题。

第三十七次常务会议 12月3日县长周彦主持召开。会议集体学习《广西壮族自治区重大行政决策程序规定》，听取县国土资源局的工作汇报，审议《关于请求批准建设阳朔县政法系统涉案财物管理中心的请示》《关于实施阳朔县新城区C10-13-1地块国有建设用地使用权出让方案的请示》《关于实施阳朔县新城区C11-1-1地块国有建设用地使用权出让方案的请示》《关于实施阳朔县新城区C11-1-2地块国有建设用地使用权出让方案的请示》《关于请求批准实施阳朔县凤鸣片区保障性安居工程和城中村改造配套设施（凤鸣路北段道路改造工程）的请示》《关于请求批准实施阳朔县老城区道路节点一、节点二及陈家山巷道路面改造的请示》《关于解决阳朔县国家攀岩训练基地用地的请示》《关于批准将神山路老教育局宿舍用地变更为住宅用地的请示》《关于调整我县优抚对象抚恤和生活补助标准的请示》《关于对阳朔至兴坪、阳朔至普益、阳朔至杨堤三条农村客运班线公交化改造的请示》《关于请求同意实施普益乡集镇主街道路旧路改造项目的请示》《关于请求实施白沙高速收费站至321国道交界处路灯工程的请示》事宜等12项议题。

第三十八次常务会议 12月21日县长周彦主持召开。会议学习《中华人民共和国招投标法》及相关规定，通报2018年自治区对阳朔县扶贫成效考核“四合一”实地核查情况，审议《关于拟给予莫启兴等同志记三等功奖励的请示》《关于发放住房物业服务补贴的请示》《关于发放公务移动通讯补贴的请示》《关于发放2018年离退休人员生活补助的请示》《关于广西天然气支线管网项目桂林—阳朔—荔浦天然气支线管道工程（阳朔段）管道路由走向及站场（阀室）选址方案的请示》《关于授予阳朔县管道燃气特许经营权的请示》《关于请求批准资源县方兴燃气有限公司在阳朔新建液化石油气储配站的请示》《关于申请提前回购新城区栗木河桥右幅桥的请示》《关于申请成为阳朔县新城区甲四桥、兰溪桥、山水大桥、朝霞桥建设工程建设业主的请示》《关于桂林彰泰实业集团有限公司申请不动产权利人变更的请示》《关于印发〈阳朔县建立健全绿色发展生态奖补机制暨设立扶持村级集体经济发展基金实施方案〉的请示》《关于同意实施2018年阳朔县乡镇卫生院基层能力建设项目的请示》《关于确定2018年阳朔县第一批农村危房改造补助标准的请示》《关于请求划拨阳朔漓江千古情项目及骥马28米道路项目被搬迁主住房安置用地（第一期）的请示》《关于同意报审阳朔县国有农用地基准地价体系成果的请示》《关于审批高田镇污水处理厂土地安置方案的请示》《关于请求将普益乡农业技术推广站国有土地的管理权无偿划拨至普益乡人民政府并用于房屋拆迁安置户安置地使用的请示》事宜等19项议题。

重要政务

【现代特色农业初具规模】 2018年，继续实施现代特色农业示范区建设增点扩面提质升级三年行动，推进现代特色农业示范区建设、国家基层标准化改革创新先行区和第九批国家农业综合标准化示范县建设。年内，蔗香甜园、牧生源生猪产业获自治区级现代特色农业核心示范区。七仙峰茶叶休闲农业示范区、遇龙金丹绿色食品产业示范园获广西现代特色农业县级示范区。白沙镇桂珠专业合作社、旺发家庭农场、白氏农业公司等12家获无公害农产品认证。白沙镇古板水果合作社、阳朔镇樟桂茂谷柑合作社被认定为自治区级示范社。白沙镇获农业部批准开展农业产业强镇示范建设工作。九龙藤蜂蜜成功注册商标。

【全域旅游加快发展】 年内,阳朔县代表桂林市在全国乡村旅游与旅游扶贫工作推进大会作特色乡村旅游典型发言。国家全域旅游示范区通过自治区初审评估,遇龙河国家级旅游度假区完成初审。十里画廊遇龙河获自治区生态旅游示范区称号。宋城·桂林千古情项目于8月8日正式投入运营。10月,成功举办2018民宿高端人才发展国际论坛,成立阳朔民宿学院,民宿行业规范发展;完善遇龙河景区和漓江景区经营管理机制,出台实施《阳朔县十里画廊遇龙河景区保护与管理暂行规定》,合理调整管制时间和客运专线票价,开通了"招手即停"、民宿循环专线等服务项目。完善景区基础设施,修建遇龙堡至旧县旅游通道和旧县生态综合码头,实施景区亮化工程。改造漓江景区排筏改造436张,提升旅游品质。开展旅游秩序整治,规范旅游市场秩序,全年旅游重大安全实现零事故目标。

【城乡建设】 新城区累计完成土地征收11170亩,占总数的95%;签订搬迁房屋协议326户,占总数的96.8%;完成抽签283户,占总数的87.3%;拆除主住房屋225户,占总数的70.2%。16个安置点基本完成"三通一平",回建房屋256户。临月路、林溪路、河滨四路、河滨二路、新锐路、瑞祥路、兴福路、金桂路与山水大道(南段)等9条市政道路管网工程建设完成总工程量的85%。甲秀桥、栗木河桥建成通车;阳朔镇第二中学、阳朔镇第三幼儿园于9月秋季学期投入使用。阳朔县应急指挥中心、县社保中心、县档案馆、县"互联网+旅游中心"、县中医院、县自来水加压泵站、县疾控中心等项目推进顺利。阳朔公交调度中心启用,元宝山公交场站实现试运行,阳朔北公交场站主体工程完成,南旅游集散与公交枢纽工程项目前期工作进展顺利。新城区110千伏龙城变电站、首个大型文化旅游综合项目福达·阳朔之心顺利开工奠基;老城区凤鸣路北段改造工程启动,完成西街小巷、陈家山等一批县城小街小巷改造。完成无障碍环境示范县建设。启动实施县城通往白沙、福利、高田3个镇主干道亮化工程、金宝乡和普益乡2乡新型城镇化建设、桂(林)至阳(朔)公路慢行绿道二期和沿途驿站建设工程。完成兴坪镇国家特色镇项目建设、高田镇和葡萄镇新型城镇化建设。兴坪镇获广西养生养老小镇称号,福利镇获中国历史文化名镇称号。县城至兴坪镇、县城至普益乡城乡公交车成功开通运营。

【连续2年获2017年度广西科学发展先进县称号】 7月23日,阳朔县在自治区年中工作会议暨县域经济发展·乡村振兴推进大会上获2017年度广西科学发展先进县表彰,这是继2017年获评2016年度广西科学发展先进县后,再次在县域经济分类考核中位列全区29个重点生态功能区第一名,并且是全区考核结果连续排第一名的两个县(区)之一。

【阳朔启动"空中120"应急救援】 11月20日,阳朔县"空中120"启动仪式暨2018年空中应急救援演练在凤鸣旅游停车场成功举行。开展"空中120"旨在提高全县医疗救援标准化建设,打造立体化救援体系,快速、准确、高效的提高应急反应和医疗救援能力,为患者争取宝贵的抢救时间。

【"美丽乡村建设"项目成功申报国家级农村综合改革标准化试点】 12月,国家标准化管理委员会下达第三批农村综合改革标准化试点项目,阳朔"美丽乡村建设"项目经过层层筛选,成功入围。该项目建设周期为3年,运用标准化手段引领美丽乡村建设,深入推进全县开展的国家基层标准化改革创新先行区和"美丽阳朔·宜居乡村"活动,发挥阳朔县农业+标准优势,开展"产业富民""基础富民"和"服务惠民”行动,推动乡村振兴战略落地落实。

【《桂林市阳朔县西街保护管理条例》立法工作启动】《桂林市阳朔县西街保护管理条例》是2018年桂林市人大立法调研项目。1月12日,项目正式启动实施。年内,阳朔县立法工作起草小组成员先后赴贺州市黄姚古镇和湘西凤凰古镇,实地考察当地立法工作经验,并就法规出台前后在景区管理工作上的差异和经验进行深入学习和探讨,组织召开各层次征求意见座谈会4次,完成《桂林市阳朔县西街保护管理条例》文本、立法指引、立法说明等6个立法文件初稿,第4稿在政府门户网站进行了公示。（秦彬　蒋峰）

法治政府建设

【依法界定政府职能】 2018年,阳朔县深入推进依法行政、加快建设法治政府建设,做到政府职权法授、程序法定、行为法限、责任法究。年内,依法调整县发展和改革局、县人社局、县教育局、县司法局等11个部门权责清单;取消承接和调整行政审批事项共160项。其中,取消行政审批事项8项,承接上级下放行政审批事项3项,调整行政审批事项140项,依据地方性法规设定行政许可事项共9项,并在政府门户网站和政务大厅进行公示,接受社会监督。

【深化行政及审批制度改革】 2018年,完成国地税征管体制改革,全年减免个类税款款1.6亿元,降税降费激发经济活力成效明显。农村土地确权工作通过自治区检查验收。完成大源国有林场改革。全面推行“河长制”,覆盖全县37座水库、151条河流,构建了河湖管理新机制。协调推进事业单位和国有企业公车改革。完成消防救援大队授衔和换装工作。深化“放管服”改革,积极推进“一事通办”,实现1583项行政审批事项“最多跑一次”,网上办理率达84.5%。破解群众办事堵点,开展减证便民行动,税务、不动产、公安、工商质监等部门推出多项便民措施,群众办事实现“指尖上的便利”。做好第四次全国经济普查工作加强经济责任、重大投资项目、民生资金等审计,当好阳朔建设的“护卫舰”。

【规范性文件清理】 切实加强行政规范性文件的监督管理,从源头上维护法制统一,促进依法行政,建设法治政府。2018年,全县清理县政府2013年以来制定下发的行政规范性文件46件,其中拟保留27件,拟修改1件;拟废除18件,关于证明事项的行政规范性文件0件。

【规范行政决策】 2018年,全县认真贯彻落实《广西壮族自治区重大行政决策程序规定》,严格执行重大行政决策公众参与、专家论证、风险评估、合法性审查、集体讨论决定等法定程序规定,未经合法性审查或经审查不合法的,不得提交讨论。年内,依法对《桂林市阳朔县西街保护管理条例》组织召开征求意见座谈会4次,完成《桂林市阳朔县西街保护管理条例》文本、立法指引、立法说明等6个立法文件初稿,第4稿在政府门户网进行公示。全年参会研讨政府法律事务112起,提出书面审查意见90余份。

【规范公正文明执法】 2018年,全县完成乡镇“四所合一”机构改革,9个乡镇国土规建环保安监站(综合行政执法队)挂牌运行。县国土资源局、住建局、环保局、安监局、市容局完成职权下放,与乡镇签订职权委托书,并指导和帮助乡镇制定出台工作制度、办事流程、操作规范、执法程序。依法组织全县30个县直行政执法单位以及9个乡镇人民政府的行政执法案卷开展自查,联合桂林市法制办抽查县环保局、市容局、食品药品监督管理局等3个单位的行政处罚案卷,提升和监督行政执法案卷质量;组织开展行政执法部门落实《行政执法公示制度》《行政自由裁量权基准制度》《重大执法决定法制审核制度》三项制度工作,将三项制度执行情况纳入年终法治政府建设年度考核指标范围。全县各行政执法部门主动修订完善各类行政执法主体、执法依据、执法权限、执法程序、执法结果、救济方式和监督举报方式等相关内容,并通过单位门户网站、办公场所的电子显示屏或触摸屏实时对外公示行政执法信息内容;建立了行政处罚、行政许可、行政强制、行政征收、行政给付裁量权基准制度等自由裁量权基准制度;依法界定部门重大执法决定具体范围,建立部门重大执法决定目录清单。

【规范行政权力制约和监督】 自觉接受县人大、政协监督,人大代表建议和政协委员提案办复率100%。推进从严治党,认真履行一岗双责,全年立案192件,给予党纪政务轻处分和组织处理186人,党纪重处分和重大职务调整25人,移送司法机关处理2人,挽回经济损失3000余万元。支持司法机关监督,认真做好人民法院受理的行政诉讼案件,在法定时间内提交答辩状、证据材料,积极出庭应诉。推进舆论监督和社会监督,通过公布投诉、控告、举报电话和信箱,认真调查核实并及时做出处理新闻媒体和社会各界反映的社会影响较大问题,并将处理结果向社会公布,依法保障人民群众监督的权利。

【行政复议及行政应诉】 积极改进行政复议审理方式,综合运用书面审查、实地调查、听证、和解、调解等方式解决纠纷,将调解、和解贯穿于立案、审理、决定等案件全过程,及时化解行政争议。2018年,全县受理行政复议案件19件,已办结15件,其中维持10件、驳回行政复议申请2件、撤销3件、审理复议申请案件4件;行政应诉案件53件。

【纠纷化解及信访】 加大矛盾纠纷化解力度,切实维护社会稳定。2018年,全县组织排查调解矛盾纠纷2764件,成功2735件,成功率95%以上。全年接待群众来访233件962人次,同比信访件下降28.5%,人次下降28.9%。其中集体访34件618人次,较上年同期件次增加61.9%,人次增加2.4%。全年进京到非信访接待场所上访1人次,进京越级访1人次,成功劝返接回信访人员280多人次。

【加强执法队伍建设】 2018年,建设完成高田、福利、兴坪3个司法所规范化、标准化建设,内部设置公共法律服务中心、社区矫正中心、人民调解中心等功能室,着力提高硬件及软件设施。组织开展行政执法人员资格(续职)培训考试,全县216人参加全区行政执法考试。审查符合条件申报更换行政执法证6人,保证相关单位执法工作的顺利开展。

(县法制办)

政务服务

【概况】 阳朔县政务服务中心是县人民政府为推进依法行政,优化投资环境,按照便民利民原则设立的集中办理行政审批和公共便民服务事项的行政机构。成立于2007年8月,原办公地址位于县城滨江路文化广场孙中山下榻处,2013年3月搬至阳朔县大村门清泉路办公。中心大厅面积约2500平方米,进驻政务大厅单位30个,设65个常驻窗口、2个综合窗口,常驻工作人员130人。县政务服务管理办公室主要职能是负责管理、监督、指导和服务全县的行政审批和行政事业性收费事项实施;实行“一站式服务、一条龙办证、一个窗口收费、并联式审批”的运作模式,把县级行政审批事项和便民服务事项基本纳入中心办理,变分散办法为集中统一办理、变部门内部操作为透明公开服务。

2018年,阳朔县政务办加大“放管服”改革工作力度,深入推进“一事通办”改革,不断完善平台建设,优化服务流程,创新服务方式,切实提高政务服务质量和效率。全年共受理各类审批服务事项共8949件,承诺提速55.43%,满意率99.98%。“一服务两公开”取得成效。

【中心建设日趋完善】 2018年,促成不动产登记中心整体进驻、人保财险公司、邮政快递窗口进驻。全县进驻政务大厅共30个单位,其中整体进驻的单位有税务局、不动产登记中心、市场监督管理局、公安出入境管理局、自来水公司等。年内,政务大厅按照自治区、市规范化要求,设有填单台、触摸屏、LED大屏幕、休息等候区。设置服务引导台,并安排专人负责服务引导工作。安装排队叫号系统,业务繁忙的单位实行取号排队。完善各项管理制度,配备人脸识别考勤机、局域网、电子监察系统和视频监控系统等现代办公设施;电子监察系统和视频监控系统与自治区、桂林市联网,对各服务窗口进行实时、全程监督,为投资者和群众营造阳光、便民、高效的政务服务环境。

【“一事通办”改革顺利推进】 2018年,按照国务院推进“六个一”的要求,即企业开办时间再减少一半;项目审批时间再砍掉一半;政务服务一网通办;企业和群众办事力争只进一扇门,最多跑一次;凡是没有法律法规规定的证明一律取消。年内,县政务办全面清理全县依申请行政审批事项的基本要素、申请材料要素、常见问题解答等要素52个,编制“一次性告知”“最多跑一次”“一次不用跑”清单3张,提升审批服务效能,并按要求录入自治区政务服务通用软件V4.0系统和自治区政务服务数据标准化管理平台V2.0系统,并同步在“广西一体化网上政务服务平台”公开。全县1611项行政审批事项,最多跑一次事项1583项,达98.3%。

【便民服务水平不断提升】 2018年,政务办率先在全区县级政务中心实施为前来政务大厅办事群众免费复印资料,部分窗口单位配备身份证识别器,税务局在大厅配备广西税务自助办税机3台,方便群众通过办税机自助完成办理完税证明、领取税票、代开发票、零申报等业务。不动产中心在大厅配备不动产自助查询机,办事群众可以通过查询机自助查询房产、档案等资料,公安局出入境管理大队在大厅安装自助签注一体机,方便群众自助办理港澳通行证,免费为办证群众提供照相服务。在政务中心开辟邮政快递专窗,为群众和企业办事只跑一次提供“网上申请、快递送达”服务。年内,全县1611事项,网上办理事项达1361项,网上办理率达84.5%。

【开展“减证便民”专项工作有成效】 2018年,根据《广西壮族自治区人民政府办公厅关于印发全区“减证便民”专项行动工作方案的通知》等文件要求,政务办在全县范围内开展“减证便民”专项行动,全面清理涉及群众和企业办事创业的各类证明和盖章环节。年内,完成县、乡、村三级证明事项清理规范清单,并报市政管办备案。根据桂林市行业主管部门对已复核的阳朔县“减证便民”证明清理事项清单进行重新梳理,阳朔县县本级36个单位涉及证明事项数量449项,其中拟取消的证明事项数量128项,拟保留的证明事项数量321项;阳朔县9个乡镇涉及证明的事项数量333项,其中拟取消的证明事项数量270项,拟保留的证明事项数量63项;村级没有涉及证明的事项。

【推进重点领域信息公开】 2018年,县政务办坚持以公开为常态、不公开为例外,加大政策解读、文件类政府信息、依申请政府信息、审计信息等基础政府信息公开,重点推进财政预决算公开、重大建设项目批准和实施领域、公共资源配置领域、脱贫攻坚领域、社会福利和社会救助领域、棚户区改造和农村危房改造、环境保护领域、教育卫生领域、灾害事故救援领域、公共文化体育领域、彩票公益金领域等重点领域政府信息公开力度,深化公开内容,重点领域信息公开迈出实质性步伐。年内,以县政府门户网站为公开的主渠道,多渠道主动公开群众普遍关注的政府信息和政务信息4113条。

【加强网络安全管理】 2018年,县政务办认真落实"周巡检、月监测、季普查、年报告"的网站安全防护制度,调整政府网网站网页设计规范、网站健康运行、网站综合服务能力,优化完善网站功能,综合提升信息发布、解读回应、互动交流、办事服务功能,促进政府信息公开建设。年内,认真做好县人民政府门户网站和县级部门网站管理工作,加强网站日常监测、及时更新栏目,按时向上级报送网站监测月报、季报和年报,避免出现"僵尸网站"和"睡眠网站"。县政务办第二季度、第三季度荣登全区政府网站"红榜"。

地方志编纂

【概况】 2018年,阳朔县地方志编纂委员会办公室(简称县地方志办公室)在职在编4人,其中,主任1人,副主任1人,副主任科员2人。6月办公地址自阳朔镇宝泉路6号迁至阳朔镇抗战路25号机关办公二区。年内,县地方志办公室全面贯彻落实《地方志工作条例》和《地方综合年鉴编纂出版规定》,全面推进一年一鉴的《阳朔年鉴》修编和地方志行政权力实施清单工作。

【编纂出版《阳朔年鉴(2018)》】 12月,中共阳朔县委、阳朔县人民政府主办、县地方志办公室组织编纂的《阳朔年鉴(2018)》由线装书局出版发行。该卷年鉴以《地方志工作条例》《地方综合年鉴编纂出版规定》为依据,着重记载2018年阳朔县经济和社会发展的基本情况及大事、要事、新事,个别内容有上溯或下延,共设特载、大事记等28个类目122个分目902个条目,彩色插页48页,类目照片28幅,黑白插图198幅。

【规范制定地方志行政权力运行流程】 9月,按照区、市、县编办的要求,参照区、市志办工作流程,完成该县地方志权力清单和责任清单"两单"融合编制报审工作,规范制定地方志工作督查、表彰奖励、地方志资料征集、对违反规定出版地方志书或综合年鉴及未按规定参与或配合地方志编纂行为查处的提请等行政权力运行流程4项,为地方志工作依法依规开展奠定基础。 (秦 彬)

档案工作

【概况】 阳朔县档案局(馆)承担全县档案事业的行政执法、档案行政管理、档案行政审批和县级档案的接收、征集、保管、利用等职能。2018年,在编在职人员6人。阳朔县档案局(馆)总建设面积480平方米,其中库房面积276平方米,馆藏档案128个全宗共4万多卷(盒)。档案门类有文书、科技、案件、婚姻登记、知青、人事、勘界、声像、实物等。年内,阳朔县档案局(馆)获阳朔县委、县政府2017年度脱贫攻坚工作先进责任单位。

【档案新馆建设】 新馆位于阳朔县新城区，占地面积1603.24平方米，项目总投资2073.22万元，总建筑面积5496.06平方米，建筑总高度为23.5米，分地下1层，地上5层，其中地上建筑面积4002.45平方米，主要功能用房有档案库房、对外服务用房、档案业务和技术用房、管理用房、附属用房等；地下室面积1493.61平方米，主要用于布置机动车位及相关辅助用房。2月26日，新馆完成“建筑工程施工许可证”手续办理并正式开工，至11月底主体工程封顶，12月主体工程竣工验收。

【档案查阅利用】 2018年，共接待查档人员630人次，调阅档案839卷，423件，复印1543页。其中查阅档案用于办理独生子女证、准生证、养老保险、退休、职称评定、房产、贷款、民事纠纷、查办案件等涉及民生问题达509人次，调阅档案551卷，160件，占查档人数的81%。利用电子档案人员438人次，利用电子档案438件，其中利用民生档案人员394人次394件，占利用电子档案人数的90%。

【档案信息数字化建设】 认真组织开展档案数字化工作，2018年共扫描馆藏县政府、县委组织部、县民政局等15个全宗档案3351卷，369356幅，刻录光盘3套共120张，30.2万幅，并及时上报市局，超额完成自治区、桂林市局下达的数据报送任务。档案数字化成果应用于日常档案查阅利用中，提高了查档工作效率。

【加强档案业务指导】 2018年，阳朔县档案局(馆)加强对全县各单位档案的业务指导，推进全县档案规范化管理。年内，对县确权办、各乡镇进行面对面指导，从收集材料、整理编目、档案室建设等方面进行指导，使档案人员掌握档案整理的方法。围绕精准扶贫档案工作，开展业务培训3次，培训150余人次，现场指导档案整理20余次。针对土地确权档案工作，开展业务培训3次，现场操作1次，制作一户一档和村民小组的模板，让各外包公司一目了然，掌握整理方法。到各乡镇和公司进行督查，要求各乡镇按档案室建设的“八防”要求建设档案室，改善档案保管条件。

【档案年检】 2018年，阳朔县档案局(馆)加强档案执法检查，把档案执法检查工作与全县开展的档案年检工作、档案安全检查工作合并实施，提高档案工作执法检查效率，进一步提高各乡镇、各单位档案意识，促进档案工作的规范化管理。年内，全县参检单位共84个，检查单位30个，并对存在的问题要求进行整改。

9月28日，自治区档案局副局长农民智(右二)、桂林市档案局局长奉世江(右一)到阳朔县档案馆新馆建设工地调研 (高 丽 摄)

【国家重点档案保护与开发】 2018年，阳朔县档案局需完成报送任务7600条。截至11月30日，共完成馆藏国家重点档案文件级目录题名的重新拟定、目录著录8260条，超额完成上级下达的目录报送任务。通过重新撰写文件题名，更加准确地反映馆藏国家重点档案全貌，为下步档案信息资源的整合和利用奠定良好的基础。

【档案宣传】 6月9日，县档案局开展以“档案见证改革”为主题的档案宣传活动，从部分单位征集8张反映全县部分道路及重点工程发展的重大变迁照片。做好档案信息报送工作，在区、市级档案信息网站上稿44篇。（高　丽）

机关事务管理

【概况】 2018年，阳朔县机关事务管理局有干部职工22人，其中管理干部10人，管理人员4人，专职司机8人。主要职责是维护县政府大院内的水、电及公共设施、治安、保卫、基建、环境卫生、绿化美化，财务管理、食堂管理、公车管理、房产管理、全县公共机构节能管理以及其他后勤保障等工作。

【加强财务及国有资产管理】 2018年，县机关事务管理局强化服务意识，加强财务管理工作和房地产、固定资产的管理，严格出入库登记。年内，对财务人员进行专业培训2次，没有发生违规现象；合理使用国有资产，维护县人民政府大院内国有资产使用单位的合法权益，整个政府大院占地17236.27平方米，办公建筑使用面积8770.16平方米，院内有25个行政、事业单位，干部职工近300人，生活区有12栋居民楼，共计居民169户。

【安全保卫】 2018年，县人民政府大院内安全保卫工作实行轮换值班制，共有保卫15人，坚持24小时在岗。新设岗亭1个，进一步完善门卫值班制度，加强院内住户及租房户管理，实行前中后门均有门卫值班，确保大院财产安全，维护好院内的公共设施。院内各区域配备监控摄像头，确保大院车辆及办公室的安全。年内，县人民政府大院未发生刑事和治安案件。

【房产管理】 实行政府大院内办公用房动态管理，并建立办公用房数据库。加强固定资产的管理，严格出入库登记。维护好院内的公共设施，改善办公环境。

【美化绿化】 抓好机关院内环境卫生保洁、绿化、美化、亮化工作。2018年，专门聘请保洁员2名，全天候清扫、保持机关大院内公共环境区域及办公场所的清洁。定期清理院内鱼塘，维护大院花圃456平方米。每月修剪大院花卉6次，一年杀虫5次，施肥1次。大院大门摆花7次，四大办及办公区摆花10次。全年开展灭蟑螂、灭鼠，灭蚊各2次，为干部职工、居民创造良好生活环境。

【提高机关食堂服务质量】 加强机关食堂服务和管理，按正常上班开餐，并在原基础上增加品种，保障干部职工就餐，食堂工作人员统一着工作服、戴工作帽，改善原来的就餐环境和饭菜质量，保障伙食的补贴，年内食堂就餐人员平均每天超过170人次。

【公务用车实现信息化管理】 2018年，县机关事务管理局建立了应急机要通信用车平台，实行信息化管理。一是对公务车安装GPS定位系统和北斗车载终端设备，对各单位公务用车全进行实时监控。了解车辆行驶过程中行程、水温、用油等相关情况。二是对公务车加油实行一车一卡，利用中石化加油卡网上营业厅对车辆用油实时监控。三是对车辆过路费采取安装 ETC 自动扣费设备。四是安装公务用车管理平台软件,接入全区一张网公务用车管理信息平台,实现了通过网络申请用车,进行用车审核、调度派车,用车信息全程记录,到期提醒,显示车辆状态,经费管理和服务评价,方便了用车、派车和管理。年内,全县调度车辆 15000 多台次,维修车辆 375 车次。

【公共机构节能】 2018 年,认真抓好全县公共机构节能工作,按时按质报送季度统计报表,认真落实公共机构节能”十三五“规划。年内,在政府大院内安装充电桩 3 个;6 月 11 日—17 日,开展节能宣传周活动,发放公共机构节能宣传画,统一订制节能抽纸 5000 盒发放到各单位,增强干部职工节约的自觉性,并到各乡镇、县直各有关单位进行督查。拨付杨堤乡政府、葡萄镇政府水电改造资金共 1.8 万元。开展公共机构生活垃圾强制分类,在公共机构节能单位进行生活垃圾强制分类工作培训,要求公共机构在单位院内、办公楼及办公室分别设置垃圾分类箱。年末,全县公共机构人均综合能耗在节约 2.4% 以上,完成指标任务。

(县机关事务管理局　供稿)

中国人民政治协商会议阳朔县委员会

1月17日，政协阳朔县第九届委员会第三次会议在县人民会堂召开　　（莫树英　摄）

重要会议

【政协阳朔县九届三次会议】 1月16日至19日召开。1月17日,会议在县人民会堂开幕,应出席委员180人,请假21人,实到159人。县委、县人大、县政府、县政协领导及县四家班子离退休老领导,驻阳朔县的桂林市政协委员,各乡(镇)党委分管统战工作的领导,县直部、委、办、局(行、社、中心)、人民团体及驻阳朔中、区、市直单位负责人列席会议。县政协主席陈庆武代表政协阳朔县第九届委员会常务委员会作《中国人民政治协商会议阳朔县第九届委员会常务委员会工作报告》,副主席吴土得代表政协阳朔县第九届委员会常务委员会作《中国人民政治协商会议阳朔县第九届委员会常务委员会关于县政协九届二次会议以来提案工作情况的报告》。与会委员列席阳朔县第十七届人民代表大会第三次会议,会议听取并协商讨论《阳朔县人民政府工作报告》及其他报告审议通过各项决议。会议补选余世程为中国人民政治协商会议阳朔县第九届委员会常务委员。

【政协阳朔县九届委员会常委会议】 2018年,政协阳朔县第九届委员会常委会议共召开5次。

第一次会议　1月8日召开。会议分为两个阶段进行。第一阶段:蔡龙德副主席领学习近平总书记1月5日在新进中央委员会的委员、候补委员和省部级主要领导干部学习贯彻习近平新时代中国特色社会主义思想和中共十九大精神研讨班开班会议上的重要讲话精神。会议协商决定,政协阳朔县第九届委员会第三次会议于2018年1月16日至19日在县城举行。会议听取秘书长张世军作《政协阳朔县第九届委员会常务委员会工作报告(草案)》《政协阳朔县委员会2018年工作要点(草案)》等九届三次会议相关材料起草情况的说明,经济科技联谊和委员联络委员会主任秦大华作《阳朔县第九届委员会第三次会议分组讨论地点、名单和建议县委、政府领导参加分组讨论安排》,提案委主任陈秀凤作《政协阳朔县第九届委员会常务委员会关于县政协九届二次会议以来提案工作情况的报告(草案)》起草情况的说明。经协商和讨论,会议审议并通过《关于召开政协阳朔县第九届委员会第三次会议的决定》《政协阳朔县第九届委员会第三次会议议程(草案)》《政协阳朔县第九届委员会第三次会议日程(草案)》《政协阳朔县第九届委员会常务委员会工作报告》报告人建议名单、《政协阳朔县第九届委员会常务委员会关于县政协九届二次会议以来提案工作情况的报告》报告人建议名单、《政协阳朔县第九届委员会第三次会议秘书长、副秘书长名单》。会议通过相关人事任免事项。同意郑翠玲等人辞去委员职务,同意胡航生辞去常务委员、委员等职务。同意朱志云任经济科技联谊和委员联络委员会副主任职务。会议还讨论通过《关于加快推进全县全域旅游发展的调研报告》。第二阶段:县委常委、副县长李首群通报2017年阳朔县经济社会发展情况及提案办理情况。县委常委、纪委书记杨贵清通报2017年党风廉政建设和反腐败工作情况以及2018年的工作打算。县人民法院院长苗小所通报2017年法院工作的开展情况。县人民检察院代检察长胡晓晖通报2017年检察工作的开展情况。

第二次会议　1月17日召开。会议特别邀请县纪委书记杨贵清、县委组织部部长唐德华参加。唐德华就补选常务委员工作作人事安排说明。会议讨论中国人民政治协商会议阳朔县第九届委员会第三次会议补选常务委员选举办法(草案)、酝酿中国人民政治协商会议阳朔县第九届委员会第三次会议总监票人建议名单(草案)。

第三次会议　1月18日召开。会议通过中国人民政治协商会议阳朔县第九届委员会第三次会议补选常务委员选举办法(草案),中国人民政治协商会议阳朔县第九届委员会第三次会议总监票人、监票人名单(草案),政协阳朔县九届三次会议各项决议(草案),中国人民政治协商会议阳朔县第九届委员会第三次会议补选常务委员候选人名单(草案),总监票人、监票人名单(草案)。

第四次会议　7月25日召开。县政协秘书长张世军领学《习近平总书记关于加强和改进人民政协工作的重要思想专题摘编》和《让党的旗帜在人民政协高高飘扬》。县政协主席陈庆武强调,习近平总书记对政协工作的重视是开展工作的重要依据和动力。作为党员只占委员总数比例40%的大统战,政协组织中的各民主党派、党外人士要坚定不移坚持党的领导,执行党的方针、政策、保持正确的政治站位。会议讨论通过《关于开展政协委员"奖教奖学"捐资助学倡议书》,同意免去黄伟华提案和社会法制委员会副主任职务。

第五次会议　12月28日召开。吴土得副主席领学《习近平总书记在庆祝改革开放40周年大会上的讲话》。陈庆武主席指出,要不断学习,进一步提高思想认识和境界,积极投身祖国改革建设大潮中。政协各委室主任、委员活动小组各组组长先后向常委会议进行年度述职。会议通报年度重点提案督办情况。讨论通过《阳朔县孤残未成年人和残疾人家庭、贫困家庭未成年子女教育救助体系调研工作报告》《挖掘本土优秀传统文化助推阳朔乡村振兴发展调研报告》。

重要工作

【提案工作】 2018年,政协阳朔县九届三次会议收到委员提案87件,经提案委员会审查,立案81件。年内,确定《关于加快推进福利工业集中区建设的建议》《关于巩固毁林开荒整治成果的建议》《关于打造阳朔特色农产品旅游景点的建议》《关于建立执法监管机制加强漓江阳朔段生态环境保护和游览秩序管理的建议》《关于进一步优化和改造桂阳公路旅游休闲慢行绿道白沙集镇段建设的建议》《关于扩建白沙高速路口至桂林文化旅游大道白沙接口路段的建议》《关于加快阳朔县城区内部分水系整治改造的建议》《关于筹建阳朔临阳联队纪念馆的建议》等8件重点提案,重点提案督办8件。评选出县政协九届二次会议的优秀提案12件,分别是《关于推进阳朔民宿发展的建议》《关于打造阳朔特色农产品旅游景点的建议》《关于对推进"一部手机游阳朔"建设的几点建议》《关于加快推进福利工业集中区建设的建议》《关于巩固毁林开荒整治成果的建议》《关于加强十里画廊、遇龙河景区排污管理的建议》《关于对县城农贸市场进行专项整治的建议》《关于加快阳朔县城区内部分水系整治改造的建议》《关于进一步优化和改造桂阳公路旅游休闲慢行绿道白沙集镇段建设的建议》《关于扩建白沙高速路口至桂林文化旅游大道白沙接口路段的建议》《关于加强教师队伍管理,提高教育质量的建议》《关于加强卫生人才队伍建设的建议》等,评选出先进承办单位8个,分别是县人民政府办公室、县交通运输局、县林业局、县农业局、县委党史研究室、县水利局、县教育局、县卫生和计划生育局等。1月17日,在政协阳朔县九届三次会议上对12个优秀提案和8个先进承办单位给予表彰。

【专题调研】 政协阳朔县第九届常委会主动服务发展大局,围绕全县教育救助、历史文化保护等工作组织开展专题调研2次。4—7月,县政协与县人大联合到各乡镇开展"孤残”教育救助体系调研工作,形成《阳朔县孤儿、残疾未成年人和残疾人家庭、贫困家庭未成年子女教育救助体系调研报告》。5—7月,县政协组织调研组到各乡镇进行本土优秀传统文化的传承保护与文化旅游、文化产业发展相结合专题调研。通过召开各层次座谈会、走访相关人员、书面征询良策等方式,广泛听取乡镇、关心关注本土优秀传统文化的村“两委”干部、政协委员及各界人士的意见,形成《挖掘本土优秀传统文化,助推阳朔乡村振兴发展调研报告》。

【文史资料】 注重传承阳朔历史,弘扬阳朔文化。5月,《阳朔文史资料第十三辑·曹邺文化专辑》编辑出版。全书分为曹邺文化遗存及研究、曹邺诗赏析、纪念曹邺的文艺作品共三大部分,对曹邺的生平、文化遗存进行了系统的收集整理,这是目前全国第一本相对系统介绍和研究唐代著名的现实主义诗人、广西诗风开创人曹邺的生平及作品的图书。

【政协宣传】 2018年,县政协在市级以上新闻媒体《人民政协报》《广西日报》《广西政协报》《桂林日报》等上稿50余篇,荣获全区政协系统宣传工作一等奖。7月26日,《让人流连的除了山水,还有金橘——阳朔县政协助力金橘产业可持续性发展纪实》刊登《广西政协报》头版头条。继续办好“阳朔政协”微信公众号,积极宣传政协履职成效,展现政协委员风采。

【委员视察考察】 2018年,县政协聚焦全域旅游、生态农业、乡村振兴、文化与旅游、体育与旅游、历史文化保护、新城区建设、红色文化、气象科普等课题,组织政协委员开展专题视察9次。1月19日,组织全体政协委员到桂阳绿道、杨堤驿站、葡萄镇下岩党建示范点、宋城演艺·漓江千古情项目现场及新城区开展视察活动。2月2日,组织委员及政协机关干部前往县气象局和阳朔思固青少年户外营地参观考察。11月9日,组织部分政协委员到灌阳县新圩红色教育基地参观学习,接受革命精神洗礼。11月15日,组织县政协委员、驻阳朔县的市政协委员、政协机关工作人员140多人考察新城区揽胜桥、兴福路和甲四路、甲秀桥等项目建设推进情况。11月22日,组织部分政协委员到福利镇开展重走“临阳英雄路”实地考察活动、到湖南省凤凰县学习新开发建设的“新合作商业街”项目实地考察学习。12月7日,组织部分政协委员到漓江下游福利镇考察农业生态环境及全域旅游的发展情况,提出搞好福利镇农家乐基础设施建设、加大宣传力度、挖掘本土特色等意见和建议。12月15日—16日,组织政协委员赴荔浦县修仁镇栖村和阳朔县旺泉畜牧有限公司,分别考察村庄旅游文化和生态养殖与乡村旅游文化建设情况,助推全县文化与旅游的深度融合建设,美

9月25日,县政协主席陈庆武(后排左三)、副主席张猛(后排右三)到金宝大桥小学开展“奖教奖学”捐资助学活动 (朱志云 摄)

丽乡村建设以及乡村旅游发展。12月20日,组织部分政协委员到兴坪镇“好哒呀野趣农场”“三千漓”休闲度假项目等项目考察。

【学习培训】 5月22日—28日,县政协组织驻阳朔的市政协委员、县政协委员和机关干部69余人赴河南大学参加履职能力提升培训,增强做好新形势下政协工作的责任感与使命感;11月15日,组织县政协委员、驻阳朔县的市政协委员、政协机关工作人员140多人,举办学习贯彻习近平总书记关于加强和改进人民政协工作的重要思想培训会。陈庆武主席传达学习自治区、桂林市政协党的建设工作会议和加强和改进人民政协工作的重要思想会议精神,县委书记蒋春华到会作专题辅导培训,并对新时期政协系统如何加强党的建设提出工作要求。

【慈善救助】 2018年,县政协充分发挥政协委员面广经济能人多的优势,为爱心企业和人士牵线搭桥,采取捐资助学、慈善救助、帮扶发展产业等多种形式,全年筹措资金60余万元,积极为群众办好民生实事。动员政协委员自愿捐助“奖教奖学”款11万元,奖励优秀乡村师生近400人次。 （县政协办公室）

纪检·监察

2月8日，中共阳朔县纪律检查委员会第三次全体会议在县人民会堂召开　　　　　　　　　　（陈文萍　摄）

纪检·监察

【概况】 中国共产党阳朔县纪律检查委员会(简称县纪委)与阳朔县监察委员会(简称县监委)于2018年1月26日合署办公,实行一套工作机构、两个机关名称,履行党的纪律检查和国家监察两项职责。县纪委监委机关内设9个科室,分别是党风政风监督室、办公室、信访室、案件审理室、案件管理室,第一、二、三纪检监察室、预防宣教室。2018年,全县有县纪委委员23人,其中常委7人。县纪委监委机关在编在职人员25人,派驻纪检组22人。全县有纪检监察干部职工(含巡察干部、乡镇监察助理)79人。

【中国共产党阳朔县第十三届纪律检查委员会第三次全体会议】 2月8日在县人民礼堂举行。出席会议应参会县纪委委员22人,请假1人,实到会委员21人,列席204人,县四家班子领导出席会议。县委书记谷海洪作了重要讲话。

【全面从严治党】 协助县委出台落实全面从严治党党委主体责任实施细则等10项制度,将63项主体责任清单编印成册发放至县四家班子领导及全县科级干部手中。健全和规范领导干部落实主体责任述责述廉、谈话函询签字背书等制度,实行乡镇和县直单位党组织及其"一把手"向县委、县纪委双报告主体责任和第一责任人履职情况制度。

县委主要领导组织召开常委会议研究党风廉政建设工作11次,听取汇报16次,安排县委中心组学习党规党纪7次,批示反腐倡廉工作35件,约谈提醒县四家班子领导、乡镇和县直单位党政主要领导243人次,县委领导班子开展分管领域"一对一"提醒谈话932人次。紧扣脱贫攻坚、生态环境保护、防范化解风险"三大攻坚战"等重大决策部署,查处履行"两个责任"不力问题32个,问责干部32人。严把政治关、品行关、作风关、廉洁关,出具廉政鉴定66批次1322人次。

【落实抓牢"四种形态"】 2018年,县纪委监委正确实践运用监督执纪"四种形态",处理513人,同比增长27.9%,其中第一种形态328人,占63.9%,为如实说明情况且反映问题不实的党员干部予以澄清;妥善运用第二种形态158人,占30.8%;第三种形态25人,占4.9%;第四种形态2人,占0.4%,低于全国2.8个百分点,结构和比例呈现积极变化,实现由惩治极少数向管住大多数拓展。严格执行问责条例,强化对党的领导弱化、党的建设缺失、全面从严治党责任落实不到位等问题的监督,问责领导干部8人。

【成功开展国家监察体制改革试点改革】 2018年,阳朔县纪委作为全市率先实行国家监察体制改革试点单位改革取得成功。1月26日,阳朔县监察委员会挂牌成立。全县平稳转隶干部8人。监察对象由改革前4300余人增加至9500余人,实现对所有行使公权力的公职人员监察全覆盖,形成纪律监督、监察监督、巡察监督、派驻监督"四位一体"的监督格局,构建集中统一、权威高效的监督体系。内部机构设置定位向监督聚焦,责任向监督压实,力量向监督倾斜,监督执纪机构占内设机构总数的78%。通过纪律检查和国家监察双向业务培训、转隶融合素质提升大培训等方式,实现人员、思想、感情、业务全面融合。围绕安全保障、证据转换、案件移送等重点,严格落实桂林市纪委监委监督工作办法等制度措施,研究制定5项"纪法衔接""法法衔接"工作制度和特约监察员工作办法,与公、检、法等部门建立联席会议和联络员制度,健全

1月5日，阳朔县召开深化国家监察体制改革试点工作干部转隶会议（陈文萍　摄）

监察机关与司法执法机关相互衔接、有序对接机制，推进执纪与执法相互贯通，实现监察程序与司法程序有序对接。全年立案186件，处分195人，留置2人，收缴违纪涉嫌违法金额239万元。

【开展“法纪教育强化年”活动】 2018年，县纪委监察委强化党风政风教育引导，构筑机关、学校、家庭、社会“四位一体”廉洁堡垒。全县聘请7名党代表、人大代表、政协委员为首届特约监察员。年内，组织全县四家班子及村“两委”以上干部2800余人到市廉政教育基地接受廉政教育；县纪委监委班子成员带头到乡镇和县直单位上廉政党课67场次，6000余名党员干部受到教育；向全县党员干部发送廉政短信2.3万余条；开展廉洁文化进校园活动，更加关心关注下一代的健康廉洁成长成才；开展家庭助廉活动，收到全县中层以上领导干部家属感人肺腑的廉洁家书1500余封。

【加强廉洁宣传教育】 发挥阳朔旅游资源优势，继续打造“一河三路”“旅游+”廉洁宣传教育品牌，全年1500余万游客在潜移默化中受到廉洁熏陶。阳朔主流媒体刊播党风廉政建设报道、微电影5200多篇（条次），在市级以上媒体发表300余篇。“清廉桂林·美丽天下”县纪检监察门户网站日均点击量比改版前增长7倍。点名道姓通报曝光违反中央“八项规定”精神以及侵害群众利益典型案例63期86起。《与党同心　与民同在》节目获2018桂林市廉政主题朗诵比赛一等奖，入围全市廉政书画展作品7幅。评树县级勤廉榜样10名，赖玉梅获评市级勤廉榜样，全县崇廉尚洁的氛围更加浓厚，激发干部队伍干事创业的正能量。

【强化监督检查】 全县紧盯春节、中秋、国庆等重大节假日，运用信息化、科技化监督手段，借力“天眼”系统，实现“廉”节驾驶；借力网络“税控”，实现公款消费阳光运行；借力“油卡”平台，实现公车用油“规规矩矩”；借力酒店管理平台，实现守纪意识大提升。紧盯重要节点、重点领域和岗位、关键环节，集中整治领导干部利用名贵特产类特殊资源牟取私利行为，重点整治乱发津补贴、违规公款旅游等问题，全年开展常态化明察暗访24次，查处违反中央“八项规定”精神问题48件48人，重点查处粮食系统违规发放津补贴等一批典型案件，持续释放越往后执纪越严的强烈信号。

【从严锻造廉实干部队伍】 2018年，对照形式主义、官僚主义8个方面和35种突出表现形式，重点纠正不作为、乱作为、冷硬横推问题，特别针对表态多调门高、行动少落实差等突出问题，全县问责129人，其中给予党政纪处分36人，营造担当干事创业的良好氛围。

【保持反腐败高压态势】 2018年,县纪委监察委成立南、北、中3个执纪审查协作区,实施"10+2"监督工作方式,开展谈话函询及提醒298件次,同比增长2.55倍,日常监督约束作用得到发挥。严格落实监督执纪规则,全年没有发生办案违纪问题和办案安全事故。严肃查处"小官贪腐"和"微腐败"问题,重点查处危房改造、生态公益林、廉租住房等领域中违规违纪损害群众利益以及对改善政治生态有震慑和促进作用的案件。认真落实"三个区分开来"要求,为一批党员干部进行容错纠错,为47名干部澄清事实,营造支持改革创新、宽容失误的良好环境。建立跟踪回访机制,回访谈心谈话受处分的干部183名,营造"改了就是好同志"的良好氛围。全面深化标本兼治,督促民生资金监管等单位完善制度60余项。年内,全县立案186件,给予党纪政务处分195人,涉及科级干部20人,移送司法机关处理2人,挽回经济损失3000余万元。全县信访举报降幅达47%。

【强化扫黑除恶监督执纪问责】 全县张贴公告5万余份、张贴作风问题·随手拍工作方案6000余份、制作40平方米以上的大型户外宣传牌12块。县纪委监委设立扫黑除恶举报平台,悬挂扫黑除恶举报箱160个。在遇龙河非法竹筏案件中与政法机关通力合作查处涉黑涉恶及背后"保护伞"案件4件,处分4人。

【扶贫领域监督执纪问责】 2018年,县委就专项治理工作先后约谈9个乡镇党政主要领导,县纪委分别对9个乡镇、21个扶贫领域职能部门开展面对面督导,通过召开工作例会、建立工作月报制度、健全协同沟通机制等形式,将责任压实到基层一线。年内,全县、乡、村发放公开信2万多封,发放监督卡15万份,印发警示教育挂图6000余份,提高群众参与度和知晓率。县纪委班子成员带头深入全县23个贫困村调研督查249天,走访贫困户1300余户,发现和整改问题73个。督促21个扶贫领域职能部门对所有民生项目和资金开展核查,涉及项目198类,1400余个,资金17.3亿元。开展生态公益林、农村交通基础设施、边远山区教师生活补贴、福利彩票等13个方面民生资金项目专项巡查,全年约谈提醒1600余人次,转立案47件,党纪政务处分47人。全年扶贫领域立案86件,党纪政务处分86人,挽回国家经济损失1200多万元,动态调整取消不符合享受低保待遇人员2050人,清理违规占用廉租住房30多套。

【加强巡察整改】 2018年,阳朔县纪委监察委及时组建巡察队伍,成立中共阳朔县委员会巡察工作领导小组办公室,列为党委序列部门,配备编制4名,设主任、副主任各1人;巡察办常设巡察组4个,编制16名,组长、副

10月23日,阳朔县委巡察办、巡察组在阳朔镇宝泉路6号(原国土局)挂牌成立
(陈文萍 摄)

组长和巡察专员各1名全部到位上岗。年内，全县巡察工作五年规划修改完善，出台巡察组工作规则、巡察成果运用实施办法等制度。全县紧扣“六项纪律”，紧盯被巡察党组织政治立场和政治生态，检查尊崇执行党章、贯彻落实中共十九大精神、践行“四个意识”、加强党的领导、推进党的建设、全面从严治党等情况，重点发现群众身边的不正之风和腐败问题。全年开展巡察7轮，巡察9个乡镇，32个县直单位，占比达46.32%，69个村委，占比达60.53%，实现对全县23个贫困村的巡察全覆盖，发现问题531个。移交问题线索163条，转立案71件，占全年立案总数的38.2%，各被巡察单位建立问题清单、整改任务清单470项，整改反馈问题461项，整改率达98%。

【加强纪检监察队伍建设】 2018年，县纪委监委在全市率先实现县本级纪检监察业务骨干到西南政法大学、中国纪检监察学院等培训全覆盖，全年组织党纪法规和纪检监察业务培训19批次244人次，纪检监察干部适应新形势新任务能力不断增强。选拔配备2名监委委员，提拔正科级干部1名、副科级干部4名，交流1人。全县纪检监察干部队伍平均年龄为39.2岁，本科以上学历占91%，研究生学历占23%，干部队伍逐渐趋于年轻化、专业化、高学历化。

【全面推行派驻纪检机构规范化建设】 2018年，县纪委派驻纪检组统一更名为县纪委监察委派驻纪检监察组，其职能职责结合《中共阳朔县委办公室印发〈关于全面落实县纪委向县一级党和国家机关派驻纪检机构的方案〉的通知》（朔办发〔2017〕39号）及本规定执行。年内，全县坚持机关和派驻机构一盘棋统筹，严格执行自治区纪委“十严禁十不准”行为规范，开展派驻机构规范化建设，设置派驻机构履职情况量化考评，发挥“探头”作用。全县共设派驻纪检监察组13个，安排行政编制52名，其中政法专项编制10名（其中县人民检察院划转2名，8名继续实行单列管理，专用于派驻政法机关的纪检监察组），由县纪委统一管理。13个派驻纪检监察组设副科长级领导职数13名。全年，县纪委领导班子“一对一、面对面”约谈9个乡镇纪委书记和13个派驻纪检组长，全县约谈提醒纪检监察干部197人次，处分2人。（杨贵清）

绩效考评

【概况】 2018年，阳朔县绩效考评领导小组办公室（简称县绩效办）负责指导、协调全县有关责任单位共同完成桂林市对阳朔县的绩效考评工作（即自评迎考工作），同时组织开展县本级绩效管理与考评工作。绩效管理周期为当年的1月1日至12月31日，年终绩效考评周期为当年的12月至次年的4月。

【自评迎考】 2018年，桂林市继续按县主体功能区域规划定位分为农产品主产区域及重点生态功能区域进行考评。阳朔县为5个重点生态功能区域县之一。自评迎考分为自治区、桂林市两部分共16个赋分一级指标，其中：自治区2018年度全部绩效指标任务分为经济建设、政治建设、社会建设、文化建设、生态建设、深化改革、党的建设、年度专项工作等8项赋分一级指标；桂林市委、市政府重点工作分为“八项重点工作”、项目建设、旅游胜地建设、生态环境、政务工作、专项工作、行政管理和临时性重大工作等8项赋分一级指标。8月，桂林市绩效办反馈阳朔县2017年度的绩效考评结果：指标考核为964.42分、公众评议为891.32分、领导评价为911.59分、绩效奖惩为14.93分，综合得分为911.23分（满分1000分），在同类县中被评定为一等奖。

【2017年度县级绩效考评结果】 2018年6月，县绩效办根据《阳朔县2017年度绩效管理与考评工作方案》全面完成2017年度绩效考评周期工作，得出2017年度县级绩效考评初步结果。乡(镇)绩效考评结果采用千分制计分，包括指标考核(55%)、公众评议(20%)、领导评价(20%)、察访核验扣分和绩效奖惩得分(5%)。县直单位、中(区)直有关单位绩效考评结果采用百分制计分，包括指标考核(55%)、公众评议(20%)、领导评价(20%)、察访核验扣分和绩效奖惩得分(5%)。2018年9月，经县绩效考评领导小组组长会议审定，2017年度的县本级绩效考评结果为：阳朔镇、白沙镇、福利镇、普益乡4个乡镇，水利局、文新广体局、财政局、人社局等31个县直单位，以及国税局、地税局等2个中(区)直单位获优秀等次。

1月25日，自治区绩效办副主任施汉飞(右二)、桂林市绩效办主任梁兵(左三)到白沙镇芭蕉林村委考察2017年绩效考核指标——农家书屋完成情况

(县绩效办　供稿)

【县本级绩效管理工作】 年内，县绩效办制定并下发《阳朔县2018年度绩效管理与考评工作方案》，全县9个乡镇、59个县直单位、3个中区直单位列入2018年度绩效考评。59个县直单位分六类进行考评，即经济管理单位、公共事务管理单位、执法与监督单位、专项事务管理单位、党政综合管理机关、党群工作单位。考核方式包括指标考核、评议评价、察访核验、绩效奖惩等四个主要环节。

(县绩效办)

民主党派·工商联

10月11日，阳朔县工商联(总商会)第三届合力杯文体赛在阳朔县体育馆举行　　　　(赵天源　摄)

中国民主同盟 阳朔总支部委员会

【概况】 2018年,中国民主同盟阳朔县总支部委员会(以下简称民盟阳朔总支)发展新盟员5人。至年末,民盟阳朔总支下设基层组织3个,盟员73名。11月,民盟阳朔总支盟员之家获民盟中央表彰,荣登《民盟思想宣传工作光荣册》。12月,在民盟广西区委“不忘合作初心,继续携手前进”主题教育活动中,民盟阳朔总支获“先进基层组织”称号。

【加强理论学习】 民盟阳朔总支始终把盟组织的自身建设、盟员整体素质的提高放在工作的首位,提高参政议政的水平和能力,并以此来增强盟组织的凝聚力。6月30日,组织盟员参加民盟桂林市委思想宣传和理论研究培训班;9月15日,组织盟员参加民盟桂林市委2018年基层骨干培训班;年内,推荐1名盟员参加为期2个月的桂林市党外科级干部培训班。4月16日,组织总支全体盟员在西街统一战线工作平台集中学习中共十九大会议精神、全国两会精神及盟区委十三届二次会议精神,县委常委、统战部部长彭莹出席会议,并对中共十九大会议精神进行领学。

【参政议政】 年内,民盟阳朔总支有民盟广西第十三届委员会委员1人,民盟桂林市第十五届委员会常委1人、委员2人;有桂林市第五届人民代表大会代表1人,政协桂林市第五届委员会委员2人;县第十七届人民代表大会代表3人,政协阳朔县第九届委员会委员10人。在政协桂林市五届三次会议上提交个人提案8件,其中3件提案被民盟桂林市委会采纳作为集体提案提交。提案《关于在桂林市七星区规划建设二级以上综合性医院的建议》被列为2018年桂林市政协提案办理民主评议的13件提案之一,接受市政协委员的民主评议。在政协阳朔县九届三次会议上,提交提案13件,其中民盟阳朔总支集体提案1件;在县人大十七届人大三次会议上提交人大批评建议1件。3月27日—28日,民盟广西区委十三届二次会议在贺州召开,民盟阳朔总支副主委戴雪梅作为委员参加此次会议。9月10日,阳朔县人大常委会副主任、民盟总支主委徐永康,民盟阳朔总支副主委、县地方志办主任戴雪梅参加2018年度党政主要领导与党外代表人士调研协商座谈会,戴雪梅就阳朔教育事业发展积极建言献策。12月20日,民盟阳朔总支组织全体盟员视察阳朔新城区建设、遇龙河生态乡村建设、民宿发展经营情况等,并集中学习习近平总书记在党外人士座谈会上的重要讲话精神。

【盟务工作】 为纪念中共中央发布“五一口号”70周年,5月5日,全国人大常委会委员、全国文联副主席、民盟中央副主席张平,民盟中央宣传部部长曲伟,自治区政协副主席、民盟广西区委主委刘幕仁,自治区人大常委会委员、民盟广西区委副主委黄世喆在阳朔县徐悲鸿故居为民盟中央美术院阳朔创作基地举行揭牌仪式。

【服务社会】 6月21日和11月10日,民盟阳朔总支联合桂林市医专、市人民医院的医疗专家分别在阳朔县兴坪镇古皮寨村、高田镇龙村开展“精准扶贫　送医下乡”活动,让贫困户和村民在家门口就能享受到免费的专家诊疗。

【奉献爱心】 开展献爱心活动。2018年,民盟阳朔总支26名盟员捐款5150元,为贫困山区修建地头水柜;盟员中的市、县政协委员8

人捐款 9900 元用于阳朔的“奖教奖学”活动，支持阳朔乡村教育。（戴雪梅）

中国民主促进会阳朔总支部委员会

【概况】 中国民主促进会阳朔总支部委员会（以下简称民进阳朔总支）成立于2005年8月，其前身是1983年8月成立的民主促进会阳朔支部，秉承“立会为公，参政为民”的理念。2018年，民进阳朔总支有医卫支部、教育一支部、教育二支部和退休支部4个支部，会员49人。主任委员覃文，副主任委员马刚、廖继平、莫远婷、吴树强，陈彪权任医卫支部主任委员，周小明任教育一支部主任委员，陈毅军任教育二支部主任委员，徐世勇任退休支部主任委员。年内，民进阳朔总支积极发挥民进界别优势，开展参政议政、社会服务等工作，为阳朔县经济社会发展贡献力量。荣获民进全国宣传思想工作先进集体，纪念民进广西区委成立60周年表彰活动先进基层组织。

【参政议政】 2018年，民进阳朔总支委员会中，有中国政治协商会议桂林市第五届委员会委员、常委1人；有中国政治协商会议阳朔县第九届委员会委员6人，其中常委2人。年内，会员中的政协委员积极参政议政，建言献策，向县政协提交提案6件，民进总支集体提案《关于对县城农贸市场进行专项整治的建议》的提案被评为优秀提案。

【社会服务】 2018年，民进阳朔总支积极组织开展农村义诊活动，参与社会服务。2月9日，民进阳朔总支组织民进会员6人到福利镇枫林村委开展春联万家、义诊活动，当天送出春联约500幅，为民义诊约100人次。

（覃　文）

2月9日，民进桂林市委会、民进阳朔总支联合组织开展春联进万家及义诊活动（莫远婷　摄）

阳朔县工商业联合会

【概况】 2018年，阳朔县工商业联合会（简称县工商联）在职人员6人。下辖9个乡镇商会，年内发展新会员67名，至年底全县有会员542人。2018年，阳朔县葡萄镇商会获“全国‘四好’商会”“广西‘四好’商会”荣誉称号。

【搭建服务平台】 4月，在西街大师傅啤酒鱼形象店二楼成立阳朔县非公企业家服务中心，为全县非公有制经济人士搭建一个综合型的服务平台，提升县内外非公企业、新社会阶层人才成长和管理的服务工作水平。

【参政议政】 2017年，县工商联会员担任中国人民政治协商会议阳朔县第九届委员会常务委员4人，委员

5月10日，阳朔县工商联（总商会）赴湖北恩施土家族苗族自治州宣恩县学习交流　（赵天源　摄）

26人，通过参加调研活动、评议活动、撰写提案等形式参政议政。组织召开非公有制经济人士理想信念教育座谈会，探讨全县经济发展新思路。

【参与社会公益事业】 引导非公有制经济人士参与光彩事业。2018年，阳朔县16位民营企业家与21户贫困户结成“一对一”的帮扶对子，帮扶资金6万元，出资10万元援建阳朔垌小学食堂，工程现已投入使用。为弘扬中华民族“尊老、爱老、敬老”的传统美德，2019年重阳节走访发放慰问金1万余元，2018年，组织阳朔爱心公益团队400余人形成每个月组织一次慰问活动的常规慰问，共慰问贫困家庭96户，发放爱心款和爱心物资共计22万余元。

【乡镇商会活动】 2018年，组织阳朔镇商会、白沙镇商会、葡萄镇商会、高田镇商会、普益乡商会、杨堤乡商会等6个乡镇商会开展“六一”“重阳节”慰问活动，发放慰问金与慰问品共计41860元。民宿协会、自行车协会等商协会也相继开展慰问活动，积极回馈社会。11月10日，由阳朔县总商会举办，阳朔县阳朔镇镇商会承办的第三届“合力杯”文体活动在阳朔镇体育馆举行。

【对外交流】 5月，组织县工商联执委前往湖北省恩施土家苗族自治州宣恩县学习考察，实地参观考察并同宣恩县工商联开展座谈交流，全面了解兄弟市区县全域旅游发展以及基层商会建设中的先进做法与经验。7月，组织县工商联副主席、总商会副会长共15人赴广东省云浮市、肇庆市端州区、德庆县开展学习交流活动，学习借鉴先进发达地区商会在推进非公经济“两个健康”、基层商协会建设等工作的先进经验。（赵天源）

群众团体

5月3日，团县委在县委党校举办阳朔县纪念“五四”运动暨“青年大学习”基层团干培训班　　（蒋海珍　摄）

阳朔县总工会

【概况】 阳朔县总工会(以下简称县总工会)成立于1951年5月1日,是全县各级工会组织的领导机构,受阳朔县委、桂林市总工会的领导。主要负责依法组建工会、发展会员,维权帮扶送温暖,依法收缴工会经费,开展职工文体活动。2018年人员编制5人,其中行政编3人,事业编2人,在职11人。内设办公室、基层组织工作部、职工帮扶中心、宣传教育部、经费审查部、财务资产部等6个部门,下辖1个事业单位即阳朔县工人文化宫。2018年,全县基层工会委员会576家,基层单位涵盖单位995个,工会会员2.97万人,农民工会员1.95万人。县总工会获年度全市各县区工会重点工作考评一等奖。

【维护职工合法权益】 2018年,县总工会继续发挥阳朔县法律援助中心工会工作站作用,联合广西寿阳律师事务所为符合条件的困难职工和农民工提供免费法律咨询服务、免费的诉讼、非诉讼代理。全年共接待受理职工来信来访26件次,为职工提供法律咨询10人次,做到件件有答复,消除了不稳定因素。指导企业工会开展工资集体协商工作,全县已签订集体合同76份,女职工特殊权益专项合同76份,工资集体协议合同76份,涵盖981家企业;集体合同签订率达98%,工资集体协商建制率和签约率达98%。

【帮扶救助】 2018年,阳朔县总工会大力开展帮扶活动,为困难职工办实事、办好事。年内,建立精准识别建档困难职工44名,慰问、救助困难职工、农民工46人次,救助金额18.4万元;资助20名困难职工子女上学,发放助学款8万元;临时帮扶4人,帮扶资金1.3万元。发放参加职工医疗互助保障的37名患病职工赔付款9.11万元。

【开展惠工行动】 建设服务型工会,推进“面对面,心贴心,实打实服务职工在基层”。2月下旬,县总工会联合县人力资源和社会保障局、县扶贫办、县妇联在县城、兴坪、福利、高田等乡镇举办多场“春风行动”招聘会,发放宣传资料1500余份,为近300人提供咨询等服务,成功介绍农村劳动者就业50人,有效促进城镇转移就业。8月份,开展“送清凉活动”,慰问360名职工和农民工,发放清凉物品共计3.58万元。

【技能培训】 2018年,阳朔县总工会举办技能竞赛,掀起学习新高潮。抓好重点领域、重点工程、重点项目职工职业技能大赛,针对行业、产业工会的特点,组织开展岗位练兵、技能比武。5月份,在全县基层工会开展“安康

5月5日,阳朔县总工会举办全县职工徒步活动

(陈　清　摄)

杯”竞赛，掀起全县职工学习安全生产知识新高潮。8月份，与县人力资源局联合举办阳朔县第四届农民工技能大赛，从各行业中挑选出来的一百多名优秀农民工分别参加美发师、餐厅服务、中式烹调师等各项比赛。

【职工文体活动】 组织开展丰富有益的群众性文化体育活动，丰富职工生活。春节大年初一，在公园广场举办2018年新春游园活动；3月8日举办“我骑行我快乐　相约最美遇龙河”魅力女性骑行活动；4月1日—7日举办“学习贯彻中共十九大精神职工书画邀请展”；“五一”期间，组织全县职工参加桂林市庆“五一”职工文化系列活动，获得较好成绩；5月5日，举行学习贯彻中共十九大精神，大力弘扬劳动精神、劳模精神和大国工匠精神——阳朔县2018年职工徒步活动；10月12日—14日成功举办2018年阳朔县职工乒乓球比赛。 （吴云良　李奇莲）

阳朔县妇女联合会

【概况】 阳朔县妇女联合会(以下简称县妇联)属财政全额拨款正科级行政单位，承担阳朔县保护、维护妇女儿童合法权益等工作。下设妇儿工会办公室1个部门，行政编制3名。2018年，在职3人，其中主席1人，副主席2人，一般干部1人。年内，县妇联认真实施妇联组织改革，坚定执行党的妇女工作方针政策，紧紧围绕增强“政治性、先进性、群众性”，克服机关化、行政化，扎实开展“巾帼心向党，建功新时代”主题活动，推动妇联各项工作在改革创新中实现整体提升。白沙镇蕉芭林村委党支部书记赖玉梅获全国“三八红旗手”，阳朔中学教师雷明获全区“最美家庭”。

【维权行动】 2018年，县妇联以“三下乡”“春风行动”、法制宣传月、“三八”节、九九重阳节等活动为契机，深入开展妇女、儿童、老人合法维权和男女平等宣传活动。通过发放宣传资料、张贴标语、现场提供法律咨询等形式，帮助妇女、儿童、老人提高自我维权意识和能力，鼓励广大妇女群众学法、用法、知法、依法维权。全年共发放《中华人民共和国妇女权益保障法》《中华人民共和国婚姻法》和禁毒、防艾知识(日历)等宣传资料18000多份。同时，各乡(镇)妇联联合乡(镇)综治办、司法所和计生站、卫生院等单位共同开展“三八”妇女维权周、普法宣传、“禁毒防艾”、反家庭暴力等宣传教育活动。

【文明、美丽家园行动】 2018年，县妇联结合乡风文明、生态宜居，广泛开展“巾帼心向党，宣传十九大”活动，通过下乡(镇)、进村、进企业等，用形式多样的活动进行宣传，共发放宣传资料1000份。对2018年荣获全区“最美家庭”——雷明家庭进行了短片制作，在阳朔电视台、《今日阳朔》、县妇联微信群等平台进行宣传，弘扬了社会正能量。同时开展家庭教育大讲堂、亲子阅读、诗词朗诵等活动，进一步弘扬传统文化，传递好家风、家训。结合脱贫摘帽工作，开展争创美丽家庭活动，发出倡议书4000多份，并通过层层推选，获市级“五好家庭标兵户”1户、“五好家庭”5户。

【关爱行动】 2018年，县妇联与县妇幼保健院联合开展妇女“两癌”病筛查工作，年内乳腺癌任务数为6400人，实际完成6799人；宫颈癌任务数6400人，完成7085人，并在春节前发放救助资金14万元。与县工商联、县妇幼保健院、阳朔县爱心公益群开展母亲慰问活动，为20名患病贫困母亲送去慰问金和慰问品共4万多元。在“六一”儿童节期间，县妇联对49名建档立卡贫困学生、200多名在校小学生进行慰问，全县慰问金及慰问品达 120 多万元。中国少年基金与中国音乐之声联合主办的《我要上学》栏目组到金宝乡红莲小学开展爱心捐助活动，共计 12.8 万元，32 名贫困学生均获 4000 元的三年助学款。开展“关爱贫困家庭，中秋送温暖”活动，使帮扶贫困户切实感受到党和政府的关怀和温暖。

【助力脱贫行动】 2018 年，县妇联利用春节、母亲节、“六一”儿童节、中秋节等节日开展慰问活动，慰问贫困妇女、儿童 78 人次，发放慰问金 18.5 万元(其中中央专项彩票公益金救助“两癌”贫困母亲 14 万元)，并发动社会力量参与，把爱心传递下去。积极宣传购买“两癌”专项保险，从源头上对妇女进行健康关爱，增强妇女抵御疾病风险的能力。2018 年全县“两癌”保险共出单 10099 份，保费达 50.495 万元，为广大妇女提供 5.495 亿元保险保障。截至年底，已受理理赔案例 1 个，赔付金额 5 万元。到高田镇下山村委、福利镇龙尾村委两个贫困村开展中式烹调师(初级)培训，共培训 103 人，其中建档立卡贫困户 57 人；有 55 名妇女参加了育婴员(初级)培训，其中建档立卡贫困户 3 人，提升了他们的就业能力。

11 月 8 日，县妇联举办学习贯彻中国妇女十二大会议精神宣讲会

（县妇联　供稿）

【关爱留守儿童行动】 2018 年，县妇联以实施“儿童之家”建设为抓手，加强农村留守儿童、困境儿童课外场所建设，改善农村留守儿童、困境儿童课外活动条件，形成学校、家庭、社会相配合，基本建立起促进农村留守儿童、困境儿童健康成长的关爱体系，为留守儿童、困境儿童营造一个健康向上、快乐成长的温馨家园和良好环境。2018 年，自治区下达给阳朔县创建“儿童之家”任务数为 20 所，截至 10 月 30 日便全面完成自治区下达的创建“儿童之家”任务，其中在贫困村创建 10 所。

（唐平英）

共青团阳朔县委员会

【概况】 2018 年，共青团阳朔县委员会(以下简称团县委)有专职团干 2 人，辖基层团(工)委 14 个，共青团员 3961 人，其中新增团员 595 人。年内，桂林市阳朔县杨堤乡凤凰学校团支部获“广西五四红旗团支部”。全县获市级先进集体 17 个，其中：团县委获得“桂林市五四红旗团委”，阳朔县人民医院团支部获“桂林市五四红旗团支部”，阳朔县实验小学 2015 级(4) 班中队、白沙镇中心小学四(1) 班中队、金宝乡新村小学二年级中队、福利镇中心小学三(2) 中队、杨堤乡中南小学四年级中队、福利镇忠和小学五(2) 中队、阳朔镇小学五(1) 中队、阳朔县阳朔镇第二小学二(1) 中队、阳朔县高田镇民族学校二(2) 中队、阳朔县高田镇民族学校五(1) 中队、普益乡中心小学三(1) 中队、葡萄镇中心小学五(1) 中队、葡萄镇中心小学五二

(2)中队、兴坪镇中心小学五(2)中队、兴坪镇西山小学五年级(1)中队等15个单位荣获桂林市优秀少先队集体。

【组织建设】 加强政治理论学习。继续深入学习贯彻好中共十九大、团的十八大及习近平总书记系列讲话精神,强化政治理论学习,创新团干教育培训方式,丰富理论学习内容,从源头上提高团干的政治站位。加强党对共青团工作的领导。党组织应遵循党建带团建的原则,把团的建设纳入党的建设的整体格局,把团建的目标纳入党建的目标任务。加强示范点阵地建设。以点带面,带动全县基层团组织,整合农村党支部活动室、农家书屋、儿童家园等场地,结合当地的特色产业,形成一个具有影响力的青少年综合服务平台,打造了普益古乐村委、高田桥头村委两个村委的“青年之家”。年内,阳朔县戏楼成立团支部。

【志愿服务】 开展“保护母亲河·美丽我家园”志愿服务活动。3月24日,团县委组织50余名青年志愿者开展2018年“保护母亲河我们在行动”志愿服务活动。开展学雷锋志愿服务活动。团县委在三月“学雷锋活动月”里,组织县医院、县妇幼保健院、县司法局等有关单位及志愿者在公园文化长廊开展主题为“传承雷锋精神,共建文明阳朔”的志愿服务活动,为市民们理发、把脉、量血压、修理电器等,发放中医调理等宣传小册子2500份。开展关爱留守儿童的志愿服务活动。春节期间,在全县开展2018年“青春自护·平安春节”青少年自护教育活动,授课4场次,听课学生2000余人。开展爱国主义教育活动。在清明节期间,组织全县各中小学团组织各基层团组织开展为烈士扫墓、祭奠、缅怀革命英烈活动。促进农村青年创业就业。11月15日,团县委与邮政储蓄银行阳朔县支行共同携手,打造“青春助脱贫·青年共创业”贷款项目,共印发宣传资料500余份,张贴在全县141个村屯,全年接到咨询电话数百人次。丰富团员主题活动。4月27日,联合阳朔县图书馆与高田镇民族学校共同举行以“阅读新时代,书香满阳朔”为主题的第23个世界读书日活动暨阳朔县2018年“颂中华”经典诗词配乐朗诵大赛。为扩大全县单身男女的交友联谊范围,丰富他们的业余文化生活,5月4日下午,组织在戏楼举办“青春同路·情定戏楼”阳朔青年交友联谊活动。开展希望工程捐资助学行动。在“六一”来临之际,联合中建八局、久经考验爱心志愿群等爱心人士到福利镇忠和小学开展慰问活动,送去慰问金及书籍。开展展示文明城市风采的志愿服务活动。9月5日,组织阳朔县妇幼保健院青年志愿者到葡萄镇开展义诊活动,截至12月底,阳朔县妇幼保健院志愿者义诊活动开展遍及全县9个乡镇,为群众义务诊疗约3000人次,发放宣传画册5000余份。

3月6日,团县委在阳朔公园文化长廊开展“传承雷锋精神,共建文明阳朔”志愿服务活动 (蒋海珍 摄)

【少先队工作】 2018年，组织各级少先队开展各类主题活动。积极开展“传承雷锋精神·做文明阳朔人”“情暖童心”大手牵小手团员志愿服务、“‘红领巾心连心’艺术之旅——走进桂林”“学习总书记讲话，做合格共青团员”主题征文比赛、“实现中国梦 法治伴我行”主题征文活动、“动感中队”创建活动、“喜迎十九大——我向习爷爷说句心里话”主题活动、“青春自护·平安春节”青少年自护等活动。内容涉及保护母亲河、清明祭扫、演讲比赛、植树、文体艺术、校外少先队活动等各个方面。

【文体活动】 2018年，组织各基层团组织开展形式多样的文体活动，丰富团员精神生活，增强团组织的凝聚力，加强优秀青年间交流互动。5月3日，在县委党校举办阳朔县纪念五四运动暨“青年大学习”基层团干培训班。7月，组织举办大、中学生“1+1”基层培养计划培训会，全县14名挂职学生参加团务知识和岗前业务培训。

【对外交流】 2018年，利用阳朔国际青年旅游目的地的优势，多领域、多渠道、多层次深入开展青年对外交流活动。5月18日，接待柬埔寨青年干部代表团一行约20人到阳朔镇骥马村考察新农村建设工作。

（屈启维）

阳朔县文学艺术界联合会

【概况】 阳朔县文学艺术界联合会(以下简称县文联)成立于1986年3月，为群众团体性质，主要职能是贯彻落实党的文艺工作方针，联络、协调、服务各文艺家协会及其会员，听取和反映文艺界的情况和意见；组织文艺创作与评论、学术交流、人才培训和创作题材研讨及创作攻坚工作；协同有关部门组织相关文艺活动评奖工作；开展维护文艺家和文艺团体知识产权等正当权益工作；组织文艺交流活动等。2018年底，阳朔县文学艺术界联合会机关有人员编制2名，在职人数2人。有文学协会、美术协会、书法协会、摄影协会、音乐舞蹈戏曲协会、音乐爱好者协会、诗词楹联学会、传统建筑文化研究学会等文艺协会8个。2018年，县文联认真贯彻落实“百花齐放，百家争鸣”方针，充分调动广大文艺工作者的积极性和创新精神，努力促进全县文艺创作繁荣发展。

【文学协会创作成果】 2018年，会员伍维平在《传奇文学》《章回小说》《百花园》等文学期刊发表中短篇小说多篇，小说《又是一夜星光》获得由广西作家协会、广西小小说学会及国内文学权威人士评选的改革开放40年广西40篇最具影响力小小说。年内，会员伍维平加入中国作家协会，成为阳朔县历史以来第一个中国作家协会会员。会员朱锋在《桂林日报》《广西政协报》等报刊发表《阳朔几处新发现的美景》《一段英雄之路》等文章多篇。

【诗词楹联学会创作成果】 2018年，全年在《今日阳朔》共发表诗词曲作品527首。会员朱名良出版《紫云楼诗集》。会员韦云岑诗词作品《清平乐·横县茉莉》获广西横县戊戌狗年诗联大赛词部一等奖，《五律开福寺品茶》获开福寺碧湖诗社湘丰杯全国诗词大赛入围奖，《猎户网中解救鹰》获集雅园素食诗词大赛入围奖，《暗香·梅花下作》获深圳宝安区第九回元宵诗会会元奖，《浣溪沙·柚子茶》获广西容县中柚集团2018春节诗联征集佳作奖，《沁园春·训剑》获寰球华人中国梦·第二届深圳杯诗词大赛优秀奖，《临江仙·汴西湖月光诗会》获2018诗兴开封东京赶考快诗

6 月 27 日，中国阳朔美协—美国 MOWS 写生团艺术交流活动在阳朔徐悲鸿故居院内阳朔画院举行（吴芳魁　摄）

大赛优秀奖。会员周文能创作的对联“同圆绮梦，中华崛起风鹏正举；共迈新程，民族复兴党帜高扬”获 2018 年广西区新春征联铜奖，对联“精准扶贫，惠政临门千户暖；勤劳致富，春风及第万民欢”获阳朔县 2018 年迎新春“新时代、新阳朔”新春征联一等奖，对联“存正气，潜修竹梅品；铸丹魂，淡泊名利心”获 2018 年“新时代、新阳朔”新春征联优秀奖。会员黎培芳创作的对联“济世救民，橘井香泉流万古；扶危崇善，药仙高德播九州”入选 2018 湖南郴州市“橘井泉香”楹联大赛作品集《橘井泉香》。会员朱芳森对联“春临陇上高原绿；富到村头苹果红”获庆阳市 2018 年春联征集优秀奖，对联“烟花呈五彩，村头接福；善政惠三农，垄上飞歌”分别获 2018 年日照市“礼赞新时代，引领新风尚”春联比赛三等奖、阳朔县 2018 年迎新春“新时代、新阳朔”新春征联优秀奖，“和风化雨，江河万里春潮涌；善政归心，华夏千年国梦圆”获阳朔县 2018 年迎新春“新时代、新阳朔”新春征联一等奖，诗作《咏三角梅》获 2018 荣获攀枝花咏花诗词全国征稿活动一等奖。

【美术协会创作成果】 2018 年，会员胡秀珠中国画作品《侗寨神韵》入选中国（龙岩）生态龙岩—红色闽西中国画作品展（中国美协主办），作品《桂北新绿》入选升庵诗画——全国中国画作品展（中国美协主办），作品《秋染家山》入选时代华彩——首届中国女美术家作品展（中国女美术家协会主办）。会员李茂宏作品《陋室铭》入选广西第六届艺术作品展（广西美协主办），作品《老洼寨的早晨》《云梦青山寨》参加“墨彩江海——桂林水墨·北海水彩精品展”南宁、北海、桂林巡展（广西美协主办）。会员李长田作品《峨眉山秋韵》入选全球 200 强水墨大展（香港云峰画苑主办），个人在广东中山市云峰画苑举办“李长田作品展”，50 多幅作品展出并被全部收藏，作品《兴坪胜景图》入选在桂林美术馆展出的全国百名书画名家作品展，并入编画集，《李长田殿堂山水》大型画集由北京工艺美术出版社出版。会员伍雪梅作品《孟山寨写生》荣获桂林市庆“五一”职工美术比赛三等奖（桂林市总工会主办），作品《新苗》入选庆祝广西壮族自治区成立 60 周年女性艺术作品展（广西区妇联、文联主办）；会员吴芳魁作品《国色天香》《花开富贵》参加在广州市文化公园举办的“祖国山河一路歌画展”展出（广州市美术家协会举办）。会员黄保国作品《四时风雨得清音》《高格》参加在广州市文化公园举办的“祖国山河一路歌画展”展出（广州市美术家协会举办），作品《竹如君子》参加“廉洁桂林，你我同行——2018 年廉政书画展”。会员潘华军作品《祈福》参加桂林市总工会“庆‘五一’职工书法美术比赛”获二等奖。作品《晨曦》入选“南田风骨——第三届恽南田全国花鸟画作品展”（中国美协主办)。会员刘兴文作品《清廉风范》入选“廉洁桂林,你我同行——2018 年廉政书画展”。会员谢德全作品《桂林印象》参加“廉洁桂林,你我同行——2018 年廉洁书画展”。会员上官福克作品《廉政》入选“廉洁桂林,你我同行——2018 年廉政书画展”并被收藏。会员何静作品《清清白白》入选“廉洁桂林,你我同行——2018 年廉政书画展”并被收藏。会员李妮钊作品《莲洁荷美》入选“廉洁桂林,你我同行——2018 年廉政书画展”,作品《壮乡流韵》入选“不忘初心　牢记使命——第二届金绣球广西女书画家作品展”广西女性书法美术作品展;会员黄顺辉作品“守望”获桂林市总工会庆“五一”职工书法美术比赛一等奖。

【书法协会创作成果】 2018 年,会员杨文强、蒋艳莲、黎咸杰在桂林市总工会举办的桂林市“五一”职工书画比赛中,分别获一等奖、二等奖、优秀奖。会员苏志友一书法作品入选广西第六届艺术展。

【民间艺术家协会创作成果】 2018 年,在广西民间艺术家协会举办的山歌赛中,会员莫高阳荣获二等奖,钟菊和秦远孝荣获三等奖。在滇桂黔三省区山歌擂台赛中,会员秦远孝获二等奖。民间艺术家协会年内出版会员山歌作品集《阳朔山歌》1 期。

【文学协会活动】 2018 年,县文联积极支持引导组织文学协会会员开展各种文学创作活动。组织举办吟春诗会,开展“行走千年古村,寻觅历史足迹”的历史文化采风活动和考察阳朔新城区采风活动,举办第六期悦读分享读书会活动,举办“诗意中秋,相约渡头”文艺联欢晚会,创办《阳朔文艺》微信公众号,借助新兴媒体为会员搭建新的交流学习平台。

【诗词楹联学会活动】 2018 年,县诗词楹联学会组织会员开展各种采风创作和诗词创作比赛活动。组织开展迎新春“新时代·新阳朔”春联征集竞赛活动,开展赴三千漓景区、杨堤漓江黄金水道古民居诗词创作采风活动,组织会员参加福利镇庆祝首个中国农民丰收节暨首届甘蔗文化节诗词唱和活动。

【摄影协会活动】 2018 年,摄影协会围绕旅游、农产品宣传促销和弘扬优秀传统文化为主题,组织会员开展摄影创作活动 18 次。参与策划承办“美丽阳朔”“人文葡萄·最美葡萄”“福利镇甘蔗文化节”及“最美留公”等摄影作品比赛。

【美术协会活动】 2018 年,县文联支持、引导和组织美术协会开展美术创作活动,鼓励会员参加各地各类美术展览比赛。年内组织举办“新时代·新气象·新作为”阳朔县 2018

9 月 27 日,阳朔县文学协会在福利镇渡头村开展“诗意中秋,相约渡头”文艺联欢会
（韦漓萍　摄）

年迎新春书画展活动，共展出作品 80 余幅。组织召开美术协会理事会换届选举大会，选举产生新一届理事会成员 15 名，吴芳魁任第十一届阳朔县美术协会主席。开展“到人民中去”文艺志愿者服务主题活动，深入高田民族学校为爱好美术的学生讲授国画创作技艺，并赠送价值两千元的书画创作用品。9 月 28 日，在徐悲鸿故居举办著名画家帅立功教授山水画专题讲座。10 月 12 日至 17 日，与广州市美术家协会等共同在广州市文化公园举办“祖国山河一路歌画展”，共展出作品 100 余幅。11 月 18 日，组织会员 60 余人到阳朔十里画廊、大榕树一带开展“画阳朔，歌劳动，颂时代”写生采风创作活动。12 月 28 日，联合县书法协会举办“第 19 届阳朔漓江渔火节书画作品展”，共展出作品 70 余幅。

【书法协会活动】 2018 年，县文联积极支持、引导和组织书法协会会员开展创作活动。春节前夕，组织会员深入乡村、社区等开展为群众义务书写春联活动。10 月 10 日—14 日，举办“庆祝改革开放四十周年暨广西壮族自治区成立六十周年阳朔县书法协会会员作品展”，共展出会员作品 32 幅。11 月 24 日，组织会员在十里画廊景区开展“画阳朔，歌劳动，颂时代”采风活动。12 月 29 日至 31 日，与县美术协会联合举办“第 19 届阳朔漓江渔火节书画作品展”，共展出书法作品 38 幅。

【民间艺术家协会活动】 2018 年，民间艺术家协会积极开展民间艺术传承弘扬各种活动。1 月 12 日，组织会员参加兴坪“三千漓”迎宾宣传活动。1 月 22 日，组织会员参加桂林板路节目组贺新年节目录制活动。3 月 2 日，组织会员参加思龙村庆元宵活动。3 月 24 日，举办阳朔公园歌圩挂牌仪式山歌演唱活动。3 月 30 日，组织山歌爱好者在西郎山以自唱、对唱、三角灶等形式开展互相切磋歌艺活动；农历三月三，组织会员到西街开展山歌闪演活动，广西电视台作了特别报道，桂林电视台《身边栏目》和《桂林板路》栏目连续多天进行报道，其间还开展了山歌有奖征集活动。4 月下旬，组织会员到金宝碎江采风，寻找创作灵感。11 月 17 日，组织会员参加普益留公乡举办的十月香庆祝活动。

【文艺交流】 2018 年，县文联加强与外地的文艺创作交流活动。协调中山大学邀请 10 多名不同国籍的外国作家到阳朔开展为期近两周的采风写作活动，组织阳朔县文艺家与外国作家们进行交流，重点展示阳朔的山歌演唱和国画、书法创作艺术。6 月 27 日，组织美术协会会员与美国 MOWS 写生团在阳朔徐悲鸿故居开展艺术交流笔会活动。9 月 6 日，组织美术协会会员、县内音乐爱好者与美国弗吉尼亚美术、音乐爱好者在漓江河畔的雪狮岭开展美术创作和音乐演唱交流活动。8 月 22 日，组织书法协会会员到雁山区书法协会开展学习交流活动。11 月 15 日，组织书法协会会员与中国书法协会理事会员一行在徐悲鸿故居开展艺术交流活动。 （张运贵）

阳朔县归国华侨联合会

【概况】 阳朔县归国华侨联合会（以下简称县侨联）是中共阳朔县委领导的由全县归侨侨眷（包括港澳同胞亲属）组成的人民团体，成立于 1982 年 1 月 16 日，属正科级单位，编制 2 名，在职 3 人。其中副主席 1 人（主持工作），正科级领导干部 1 人，一般干部 1 名。2018 年，县侨联深入学习贯彻中共十九大精神、习近平新时代中国特色社会主义思想，贯彻落实第十次全国及自治区侨代会精神，全面履行侨联工作职责，做好为侨服务，加强与海内外侨胞联谊工作，积极参政议政，为全县经济社会繁荣稳定发展服务。

【参加全国第十次侨代会、自治区第十次侨代会】 2018年，县侨联莫远婷、梁智勇、福利镇人民政府莫海平、县投资促进局倪向阳4位归侨侨眷代表参加南宁市举行的自治区第十次归侨侨眷代表大会，其中莫远婷当选自治区第十次侨委会委员、常委。阳朔县侨联莫远婷副主席参加北京市举行的全国第十次全国归侨侨眷代表大会，当选全国第十次侨委会委员。

【实施阳朔县归国华侨联合会改革并总结完善】 2018年，县侨联贯彻落实中央、自治区关于加强和改进党的群团工作意见和侨联改革有关文件精神，全面推进侨联改革工作，按照强“三性”（政治性、先进性、群众性）、去“四化”（机关化、行政化、贵族化、娱乐化）的改革目标，顺利实施《阳朔县归国华侨联合会改革实施方案》，至12月30日，阳朔县归国华侨联合会改革方案总结完善。

【关爱侨众】 2018年，县侨联认真做好为侨服务工作，开展慰问走访活动，营造和谐侨情氛围。年内，协调解决侨众反映问题2件。走访慰问生活困难归侨、侨眷10户，发放慰问金及物资共5000元。桂林侨资企业联合会会长美籍华人陈隆奎“六一”慰问兴坪镇古皮寨小学、白沙镇观桥小学，慰问物资价值2.4万元。

9月10日，桂林市侨联主席叶涛（前左五）指导阳朔县传达学习第十次全国归侨侨眷代表大会会议精神 （县侨联　供稿）

【联谊工作】 2018年，落实基层侨联组织建设，建设阳朔“侨胞之家”，一年来，侨胞之家接待了美籍华人广西联合总商会会长杨辉一行、世界广西妇女联谊总会会长陈丽丽、自治区侨联副主席（兼）澳门汤玉蝉、桂林漓江生态人文环境保护研究会会长侨商袁俊涛等海外侨领侨胞等人，县侨联接待到阳朔考察、探亲访友、观光旅游的海内外华人、华侨、华商、侨领侨胞及上级领导60余人次。

【参政议政】 2018年，县侨界有人大代表、政协委员4人。在阳朔县十七届三次会议、阳朔县政协九届三次会议上，参与撰写提案、社情民意4件。李慧撰写的提案荣获县政协九届三次会议优秀提案。 （莫远婷）

阳朔县残疾人联合会

【概况】 阳朔县残疾人联合会（以下简称县残联）成立于1991年，属群众团体，下设二层机构阳朔县残疾人劳动就业服务所。主要职能职责为维护残疾人合法权益，反映残疾人需求，为残疾人服务，做好社会保障工作，发扬社会主义人道主义精神，推进残疾人事业的开展。县残联编制人数为3人，行政编制（含参公）2人，全额事业1人，其中：残联本级编制2人，编内在职2人，残疾人劳动就业服务所全额事业编制1人，编内在职1人。2018年，县残联坚持以人为本，加强残疾人保障体系和服务体系的建设，做好残疾人扶贫、就业、康复、社会保障、助学、数据更新等工作，维护残疾人合法权益，全县残疾人事业协调发展。

【助残扶贫】 2018年，县残联通过"阳光助残扶贫基地"帮扶贫困残疾人100名，每户发放扶贫物资1500元，其中发放种兔350只，果苗2.5万余株。举办种养殖培训班10期(含乡镇)，培训600余人次，发放相关培训资料1000余份。实施"农村基层党员助残扶贫工程——'广西党员扶残温暖同行项目(二期)'"活动，帮扶贫困残疾人103名，发放资金9.27万元。实施"仁人家园"资助残疾人危房改造项目，联合"仁人家园"组织、住建部门资助5户残疾人进行危房改造，发放资金6万元，组织志愿者400余人次开展为残疾人建设新房志愿服务活动，减轻残疾人负担。开展精准扶贫工作，帮扶贫困户8户，为帮扶对象建新房1座，协助贷款15万元用于种养产业发展。做好残疾人机动轮椅车燃油补贴项目工作，发放符合条件残疾人62名燃油补贴1.612万元。开展"全国助残日"活动，慰问贫困残疾人100户，发放慰问品及慰问金2万元。

【帮扶就业】 2018年，组织残疾人10余人报名参加区、市残联举办电脑、浴足、按摩、电子商务等技能培训班，扶持自主创业残疾人5人，发放扶持资金2万元。开展"就业援助月"活动，帮助残疾人实现就业10多人。

【康复工作】 2018年，做好人工耳蜗、助听器、助视器、假肢等辅具需求人员筛查和配发辅具以及精准康复工作。年内，发放《残疾人康复手册》等宣传资料600余份，采购并免费发放200余名重度肢体残疾人轮椅车207架，方便残疾人出行；发放助视器、坐便器、拐杖等350余件。完成2018年精准康复人数1439人。

【社会保障】 2018年，做好残疾人的基本生活保障工作。开展政府购买服务工作，与藤县福鹏社会工作事务所合作为托养人员进行康复等服务。落实重度残疾人参加城乡居民基本养老保险、城乡居民基本医疗保险政府补贴等优惠政策。年内，实施"阳光家园计划"项目，提供日间照料和居家托养服务残疾人123名，发放托养对象生活补贴18.45万元；补助2100多名重度残疾人参加城乡居民基本医疗保险，共计47.9万元。

【扶残助学】 2018年，发放271名残疾学生及贫困残疾人子女助学金10.73万元，其中春季学期助学金152人6.4万元，秋季助学109人4.33万元；"六一"期间资助龙村小学助学金0.2万元，慰问残疾学生10名0.2万元，开展广西"阳光助学计划——特殊教育学校学生资助项目"，资助特殊教育学校56名残疾学生每人400元，共计2.24万元，用于残疾学生的生活学习补助。

【更新残疾人动态数据库】 2018年，完成入户调查残疾登记对象底册预采集5182名，其中死亡注销残疾人58人，外出13人，空挂户1人，搬迁5人，查无此人4人，填表5101人。填表人员中入户调查5049人，电话调查52人，入户调查率99%，达到入户率高于90%、电话调查率低于10%的指标任务。

（胡本兴）

阳朔县科学技术协会

【概况】 2018年，阳朔县科学技术协会(以下简称县科协）围绕全县精准扶贫中心工作，以“三下乡”“八桂科普大行动”“科技工作者日”“科技周”等活动为载体，扎实开展科普宣传、科普教育、科技示范、科技扶贫工作，积极联系科技工作者，用科学技术服务全县群众，促进全民科学素质的提高。

【组织建设】 阳朔县科协基层组织包括县级所属学会（协会、研究会）、乡镇科协及科普协会、村科普协会、农村专业技术协会等。2018年，全县乡镇科协9个、农村专业技术协会22个，会员2000余名。建立农技协基层党（总）支部9个。

【科普宣传】 2018年，县科协积极组织科普成员单位、农技协专家服务团及获奖的农技协开展科技、文化、卫生“三下乡”“八桂科普大行动”“科技工作者日”和“科普服务乡村振兴助力精准扶贫工程”培训等科普宣传活动。年内，到乡镇、村、屯开展科普宣传40余场次，举办科普讲座和科技培训班26期，组织专家进行科技咨询、指导群众10000余人次，巡回展出科普图片、板报100余幅次，发放各种科技资料50000余份；充分发挥福利镇黑皮果蔗协会和阳朔老年大学社区科普e站科普宣传作用，为广大群众提供农业技术、医疗保健等科普知识。

【科普教育】 2018年，县科协联合组织农业、林业、畜牧等科普成员单位，利用圩日课堂、远程教育、基地示范等载体，邀请专家培训指导农村党员、农村种养专业户以及村干部、科技示范户、科技骨干等开展科普宣传教育活动，提高科技管护能力，发挥科技示范带动作用。年内，组织九龙藤蜜、金橘、淮山、黑皮果蔗等阳朔特色农产品及部分农技协代表参加区农业农产品展销会展览、交流；组织各农技协的领导机构成员及部分协会代表到外县、外省示范基地参观学习和培训，提高农技协会管理人员科学素质和管理水平。

【科普培训与指导】 2018年，县科协围绕全县扶贫攻坚工作重点，联合县科技、农业、林业、畜牧、农机、卫计、气象、环保、食药、工商质监等科普成员单位深入基层和生产一线，深入开展“科普服务乡村振兴助力精准扶贫工程”培训、“八桂科普大行动”等大型活动，做好经常性和针对性科技下乡服务工作。年内，组织技术人员到9个乡镇开展科普宣传40余场次，发放科普宣传资料50000余份，咨询、指导群众10000余人次。到23个贫困村上科技培训课10余次，培训人数达3000余人次。提高贫困村种养能手科技带头能力和贫困农户科技水平，为贫困村、贫困户的脱贫提供科技支持。

（县科协）

9月19日，阳朔县福利镇黑皮果蔗种植销售协会到崇左市龙州县考察学习栽培管理先进技术　（黎俊红　摄）

名词解释：

1．“八桂科普大行动”是指广西结合全国科普日活动在10月间开展的一项科普宣传活动。

2．科普e站：科普e站全称为科普中国e站。科普中国e站是基于科普中国服务云，依托已有基层的网络、阅读终端、活动场所等科普设施，借助基层传播渠道（平台）和移动应用等，细分公众，广泛开展线上线下相结合的科普活动，实现科普信息服务落地应用的新阵地。科普中国e站分为校园e站、乡村e站、社区e站等。

阳朔县社会科学界联合会

【概况】 阳朔县社会科学界联合会（以下简称县社科联）成立于2010年12月，属县委宣传部领导下的职能部门、财政拨款参照公务员法人民团体单位，主要负责组织开展社会科学的宣传普及和咨询服务、审批新建学会、领导和协调社科学会、协会、研究会的工作，组织社会科学理论研究、学术交流和调研工作，负责对有关的社会科学社团进行监督管理等。人员编制2个，在职3人。2018年，全县有社会科学类协会、学会、研究会10个，社科联个人会员13名。年内，县社科联加强宣传和普及科普知识、理论调研，获全区社科联成绩突出单位、桂林市县（区）社科联工作先进单位称号。

【宣传和普及社会科学知识】 2018年，县社科联积极开展宣传和普及社会科学知识活动。2—3月，由县科协、社科联牵头，联合科技局、农业局、卫生局等14个部门的资源，深入9个乡镇开展“三下乡”活动。活动根据农民需求，配置“科普套餐”，准备科普资料3万份，其中社科联印制6000份宣传资料，2个社科知识展板，内容涉及社科知识、法律法规、国家惠民政策等。5月18日，县社科联联合林业局、工商局、文新广体局等11个相关部门，在金宝乡开展“社科知识进农村”活动，现场以展板、咨询、发放资料等形式，向民众宣传中共十九大精神和《广西壮族自治区社会科学普及条》等知识。提供教育、就业、环保、农林、健康、社会保障等群众关切的问题咨询和宣传。印制小册子、图书向群众发放社科普及读物。据统计，当天共发放资料15000余份，展出展板12块，参加活动400余人。

【弘扬诸葛亮文化】 2018年，县社科联注重深入挖掘本土优秀文化，并加以组织指导，促进地方传统文化建设。年内，指导阳朔诸葛亮文化研究会举办“第七届葡萄诸葛亮文化旅游节”；举办第二十四届全国诸葛亮学术研讨会。5月27日—29日，县社科联指导阳朔诸葛亮文化研究会举办“第七届葡萄诸葛亮文化旅游节”。邀请12省专家汇聚阳朔，活动囊括学术研讨交流、民俗巡游、文艺演出、文化考察、特色长桌宴等内容。5月29日，举办第二十四届全国诸葛亮学术研讨会，来自北京、山东、湖北、河南、陕西等12个省（市、区）的专家学者、嘉宾共100多人参加本次大会，收到学术论文45多篇。研讨会分“诸葛亮文化传承及弘扬”“诸葛亮勤廉思想及其现实意义”“家风传承与乡村振兴”三个研讨主题，12个省份代表进行讨论发言。

【理论调研成果】 2018年，县社科联组织县内社科专家建立调研团队开展《广西诸葛后裔家风建设与传承浅议》《浅析优良家风传承工作在乡村振兴战略中的作用及意义》课题调研，并入选2018年《社科文萃》公开发行。

（陆春雄）

法　治

2 月 26 日，阳朔县在县政法委会议室召开全国“两会”期间信访维稳工作布置会　　（县委政法委　供稿）

政法委及综治

【概况】 2018年,县政法机关包括县委政法委(内设政秘股和执法监督室)、县综治办、县委维稳办、县防范办、县防线办5个单位,实行5块牌子一班人员合署办公,实有在编在职人数9人。政法系统包括县公安局、县人民检察院、县人民法院、县司法局、桂林市国家安全局阳朔分局5个部门。全县在编在职政法干警401人,其中县公安局干警247名、县人民检察院干警32名、县人民法院干警81名、县司法局干警41名。2018年,县委政法委主动服务全县中心工作,妥善化解防控各类风险,全面推进平安建设、法治建设、队伍建设,保障全县经济社会政治大局持续稳定,群众安全感和满意度稳步上升。

【扫黑除恶专项斗争】 2018年,共收到涉黑涉恶线索32条,侦破九类涉恶案件33起,刑事拘留92人,逮捕直诉74人,打掉团伙14个,摧毁两个涉恶犯罪集团和一个开设赌场犯罪集团。县人民检察院对涉黑涉恶案件进行快捕快诉,共审查批准逮捕涉恶案件10件38人,审查起诉涉恶案件2件7人;县人民法院坚持依法严惩方针,对重点案件依法快审快判,审结陆某飞等7人在西街寻衅滋事案,黄某成等9人在进士山庄停车场打砸汽车等重大典型案件7件,审结故意伤害、贩卖毒品案件等严重犯罪案件37件。

【平安阳朔建设】

多措并举,全面提升群众安全感和满意度　针对群众反映强烈的社会治安问题,组织公安部门加强打击、防控,以高压态势严厉打击"两抢一盗"等侵财类案件,加大对"黄、赌、毒"、村霸恶霸和治安乱点等打击整治力度,特别是加大对带有黑社会组织性质犯罪团伙、农村村霸和欺行霸市等违法犯罪行为的打击力度。组建公安骑警队,加强街面巡逻,提高重点区域特别是易发案时段、易发案地段见警率。大力加强城乡接合部、景区景点、车站码头、贵广高铁沿线、中小学校园、非法出租房屋、"黑旅馆"点等治安重点地区排查整治,及时发现并坚决消除各类治安隐患。全年全县开展排查活动152次,排查治安隐患97处,整治97处。

防控结合,推动社会治安防控体系建设　以创建"全区科技强警示范县""全区指挥体系示范点"为契机,打造信息化、实战化警务"一张图"警务模式。建设350兆数字警用集群(PDT)系统,实现警员实时定位、指挥调度可视化、现场处警可视化、全程可视跟踪的现代警务指挥模式,有效提升社会面管控能力。在兴坪、福利、高田3个乡镇和福利镇绛村、阳朔镇高洲两个村委(试点)开展公共安全视

1月17日,阳朔县举行"平安乡村"建设高洲村委天网监控启用仪式。县委常委、政法委书记曾杰刚,县人民政府副县长、公安局局长韦星等参加仪式

(县政法委　供稿)

频监控体系建设。在西街、“印象刘三姐”剧场、外事内事码头、汽车北站南站等人员密集地设立“一分钟快速处置点”。西街由应急处突大队1个中队16人携带枪支器械与西街警务室等警力负责，在西街口、西街警务室、西街中段玫瑰木、西街尾等设立4个应急处置点；“印象刘三姐”剧场由应急处突1个中队、城关派出所值班警力和交警一个中队警力负责维护周边治安和交通秩序。组成社会治安巡逻队，不定期对县城和各乡镇主要街道、广场、景区景点等重点区域、人员密集场所进行武装巡逻，提高对街面实时防控能力，最大限度地压缩犯罪分子的作案空间，为群众和中外游客营造和谐稳定的社会环境。

大力推进县、乡、村三级综治中心建设　积极推进县、乡、村三级综治中心建设，不断夯实县、乡、村、屯(四级)信息、调解、防范、应急处置(四网)平安建设队伍网络体系，发挥乡镇综治中心和村级网格员作用，有效促进基层社会和谐稳定。年内，全县网格员上报事件1833件，处理率99.7%。

从源头化解社会矛盾，依法解决信访维稳突出问题　各维稳成员单位按照“发现在早、防范在先、处置在小”原则，妥善预防和化解各类社会矛盾。全年全县调处矛盾纠纷2415件，调处率100%(调处率上升2.06%)，调处成功2370件，调处成功率98.1%。全年信访量233件962人次，同比信访件下降28.5%，人次下降28.9%，纳入满意度评价信访件8件。发挥阳朔县旅游纠纷人民调解委员会、阳朔县旅游巡回法庭作用，旅游纠纷人民调解委员会调解涉旅案件168件，旅游巡回法庭受理案件43件，均通过诉前调解方式达成调解协议，为游客挽回直接经济47.79万元。

【执法监督】　2018年，县委政法委落实执法监督机制，净化执法司法环境。认真贯彻落实中央政法委等八部委《关于党委政法委员会对政法部门执法活动进行监督的规定》和桂林市委政法委等7个部门关于《桂林市党委政法委执法监督工作规定》的要求，及时组织全县政法各部门对已办结的案件开展案件质量评查剖析工作。对评查中发现的问题，提出整改措施，认真进行整改，进一步规范执法司法行为，增强办案单位和办案人员的质量意识、责任意识和规范意识，不断提高办案质量和水平，促进政法部门公正廉洁执法，维护社会公平正义。

【宣传工作】　2018年，以提升群众安全感和政法队伍满意度为主题大力开展政法综治平安建设宣传活动，组织各乡镇、相关综治委成员单位，深入学校、社区、农村、企业、街道等开展声势浩大的宣传活动131场次，印发宣

12月4日，在阳朔公园文化长廊举行国家宪法宣传日活动，县委常委、政法委书记曾杰刚(左二)，县人大常委会副主任莫永明(左一)，县人民政府副县长、公安局局长韦星(左三)等参加　　(县政法委　供稿)

传资料12余万份。在白沙镇、福利镇、高田镇设置3块面积40平方米以上的户外大型综治平安宣传牌，制作扫黑除恶专项斗争和平安建设环保袋2万个、手册3万本。充分利用县广播电视、报刊等新闻媒体在全县开展政法综治、法律法规宣传，大力营造法治氛围。在人民网、新华网、广西平安网、《广西法治报》等各级媒体发表各类文章611篇。

【司法体制改革】 2018年，阳朔县人民法院完成第二批法官入额工作，积极发挥审判团队作用，组建“院长速裁团队”。截至11月20日，受理民商事案件1003件（含法庭受理数），占全院民商事案件63.88%，调撤率66%，平均审理周期27天（排名全市法院第二），无一件案件被改判和发回重审。县人民检察院完成员额检察官、检察辅助人员单独职务序列套改工作，人员分类管理得到落实，进一步提升队伍素质。完善人大代表、政协委员联络制度，认真听取人大代表、政协委员的意见和建议，并研究制定相应措施，进一步改进和提升检察工作质效。　　（县政法委）

法　院

【概况】 2018年，新收各类案件2651件，同比增长11.19%，审结2634件，结案率95.47%；法定审限内结案率、一审服判息诉率等主要指标位居桂林市人民法院系统前列。年内，阳朔县人民法院诉讼服务中心建设、扫黑除恶专项斗争、民商事案件繁简分流、司法宣传、庭审直播等工作成绩显著，获最高人民法院“在司法宣传中做出突出成绩的人民法院”等表彰15项次，获桂林市人民法院系统年度绩效考评工作一等奖。

【刑事审判】 2018年，继续推进扫黑除恶，服务平安阳朔建设。全院上下统一思想，从严惩处黑恶势力，不折不扣落实中央部署，推进扫黑除恶工作。全年审结刑事案249件，结案率99.2%，判处罪犯346人。其中，审结涉恶犯罪集团案1件4人，赌博犯罪集团案1件8人，涉恶案件均在15日内结案，是全桂林市第一个审结涉恶犯罪集团的法院。同时注重治乱，审结陆某等西街寻衅滋事案、黎某生产销售假药公益诉讼案等重大典型案件8件29人，审结杀人、抢劫、绑架等严重刑事犯罪5件9人，审结涉毒案41件49人，审结涉环境资源犯罪案13件19人。

【民商事审判】 2018年，民商事审判结案1536件，结案率95.37%；民事案件调解率50.08%。民事审判突出和谐化解，建立主审法官、庭长、副院长、院长四级调解模式，全年调解案件640件。聘请3名退休法官，与寿阳律师事务所合作，与县司法局、旅游局、县交警大队建立诉调对接机制，诉前化解矛盾纠纷264件。

7月19日，阳朔县人民法院审理广西首例生产销售假药刑事附带民事公益诉讼案　　（县人民法院　供稿）

【行政审判】 2018年，审结行政案件49件，结案率95.92%。对行政机关依法履职的42件给予鲜明支持，对存在瑕疵的部分案件进行妥善沟通，或动员行政机关主动撤销、变更行政行为，或动员行政机关解决当事人实际问题，做到既化解矛盾、又解决实际问题。全年发出口头或书面司法建议7次，动员行政首长出庭应诉9次，树立政府机关带头遵法守法的良好形象。

【执行工作】 2018年，阳朔人民法院组织骨干力量开展六大行动(包案行动、强制行动、网拍行动、创新行动、曝光行动、科技行动)，全年共执结案800件，执结率94.17%，执行到位金额4700万元，拘传拘留“老赖”近100人，限制高消费787人，罚款2人。成功网拍全自治区法院系统首例对石化加油站及特许经营权案，以2217万元成交，溢价率269.5%，被列为全自治区法院网拍典型案例。召开敦促被执行人履行生效法律文书确定义务会议，通过悬赏执行、发布律师调查令、与保险公司合作开展诉讼保全保险等方式解决执行案件20件。与腾讯公司合作，通过大数据用执行天眼查找被执行人下落和财产，解决执行案件15件。

12月3日，阳朔县人民法院开展扫黑除恶专项斗争集中宣判活动

（县人民法院　供稿）

【司法公开】 2018年，继续深化司法公开，加强审判流程、庭审活动、裁判文书、执行信息四大司法公开平台建设，让人民群众以看得见的方式感受公平正义。全年累计向当事人推送各类诉讼信息3000余条；网络庭审直播案件413件，其中1件案件庭审以全自治区法院总分第二名的成绩获评“全国首届百场优秀庭审”，2件案件庭审获评“全基层法院百个优秀庭审”；上网公开裁判文书2729份，1件案件判决书获评“全区基层法院百篇优秀裁判文书”；实行电子卷宗随案生成，生成案件数2390件。

【司法体制改革】 2018年，以员额法官为核心组建6类18个新型审判团队，制定司法权力和责任清单，实行裁判权责统一。强化审判委员会宏观指导职能，全年召开审委会9次，对3类案件统一裁判尺度；完善专业法官会议制度，全年召开法官会议11次，讨论案件37件；落实院庭长办案要求，院庭长带头办理重大疑难复杂案件，全年办结案1999件，占结案数的75.89%。推进法院内设机构改革，严格控制内设机构规模，院本部内设机构从12个减少至8个。

【创新审结模式】 2018年，按照1名员额法官、1名助理、1名书记员模式，组建8个速裁团队和1个送达扫描组，全年分流民商事案件1011件，占民事案件总数61%；审结985件，结案率97.43%，平均审理周期25天，无一件案件被改判和发回重审。

【队伍建设】 2018年，阳朔县人民法院加强党组织建设，在河南省林州举办“学习贯彻中共十九大精神暨党性教育专题培训班”2期，参加人数110人次。组织全体干警观看廉政警示教育片，组织科级干部参观桂林市廉政教育基地。开展司法作风专项检查，坚持院领导值周检查作风纪律，发出督查通报8期，提醒谈话80人次，诫勉约谈1人次；开展廉政党课2次，参加人员195人次。　（徐　弘）

检　察

【概况】 2018年，阳朔县人民检察院深入学习贯彻中共十九大和十九届二中、三中全会精神，以习近平新时代中国特色社会主义思想为指导，紧紧围绕阳朔经济社会发展大局，充分履行检察职能，全力推进司法体制改革，各项检察工作持续发展进步。

【侦查监督】 2018年，受理公安机关提请批准逮捕案件261件339人，经审查后批准逮捕225件287人，不批准逮捕34件47人。受理审查逮捕未成年人案件27人，批准逮捕25人，不批准逮捕2人。受理审查逮捕涉恶案件9件29人，批准逮捕9件27人，不批准逮捕2人。监督公安机关立案7件；向侦查机关发出《纠正违法通知书》4份，侦查机关接到通知后均已纠正。纠正漏捕18人。

【公诉】 2018年，受理公安机关移送审查起诉案件260件353人，受理后向人民法院提起公诉245件337人（含去年积存案件），纠正遗漏起诉31人。办理各种侵犯财产犯罪案件92件115人，办理黄赌毒案件49件62人。全面贯彻宽严相济刑事政策，对过失犯罪、轻微刑事犯罪等社会危害性较小的，不起诉7件8人。

【民事行政检察、公益诉讼】 2018年，强化民事行政检察监督，着力探索实践检察新业务，积极稳妥开展公益诉讼，当好国家利益和社会公共利益"守护人"。加强与行政机关联系协作，制定会签《阳朔县公益诉讼工作联动机制工作规则》，形成保护公益的合力。立案审查民事、行政检察监督案件3件，公益诉讼2件。办理首例广西检察机关提起公诉的食药领域公益诉讼案件，取得良好的社会效果和法律效果。

【监所检察】 检察收押入所404人次、检察出所389人次。向司法机关和看守所发出检察建议25份。办理羁押必要性审查案件29件。组织开展社区服刑人员脱管、漏管专项检察活动，到县司法局、各乡镇司法所对社区矫正的四个环节进行检察，对监外执行罪犯进行考察2人次，组织社区矫正人员开展集中教育学习活动24次。

【控告申诉检察】 2018年，建立"12309"检察服务中心，全面整合和优化信、访、网、电等功能，拓宽人民群众诉求表达渠道。积极推进律师参与化解和代理涉法涉诉信访案件工

5月22日，阳朔县人民检察院组织开展第二批员额检察官遴选民主测评　（县人民检察院　供稿）

作,引导和支持信访人在法治轨道上表达诉求、解决纠纷。深入开展涉检信访矛盾大排查大化解专项活动,接待群众来信、来访175件,受理申诉案件11件,做到件件有答复。落实"谁执法谁普法"要求,积极开展以案释法进机关、进企业、进乡村、进学校、进社区、进工地普法活动。积极参与对校园欺凌、校园贷等违法犯罪的专项治理,与县教育局共同推进未成年人法治宣传教育,4名正、副检察长受聘为中学法制副校长,上讲台为学校师生宣讲法治,发放法治宣传教育资料2000多份。积极推动司法救助与精准脱贫深度衔接,把"因案致贫""因案返贫"的刑事被害人及时纳入救助范围,救助16人,发放国家司法救助金17.5万元。

7月19日,阳朔县人民检察院司法警察护卫员额检察官出庭支持公诉

(县人民检察院 供稿)

【案件管理】 2018年,扎实深入开展规范司法行为专项整治活动,对当年办理的所有案件逐一检查,组织评查小组开展案件评查1次,评查案件40件。进行案件审核662件,监管涉案财物250件,接待律师及诉讼代理人105人次。公开重大案件信息364条、法律文书199篇,制作电子卷宗359卷。

【司法体制改革】 2018年,全力支持配合国家监察体制改革,完成反贪、反渎和预防三部门转隶工作,划转政法专项编制10名、人员8人,纪检组划转政法专项编制2名、人员1人,做到思想不乱、队伍不散、工作不断。

【队伍建设】 配齐配强中层领导干部和检察委员会委员,批准任命7名部门正、副职干部和5名检委会委员,使一批政治性强、业务精、敢担当、群众公认的干部得到任用。加强检察队伍专业化建设,针对员额检察官、检察辅助人员、司法行政人员三类人员的岗位要求,开展分层分类分岗培训和岗位练兵活动。年内,2个部门获市级以上立功嘉奖,11人次获市级以上立功嘉奖,1人作为广西检察机关唯一代表受邀出席国家高级检察官论坛。检察宣传作品获自治区检察优秀新闻作品一等奖。

(县人民检察院)

公 安

【概况】 2018年,阳朔县公安局紧扣依法治国主线,以队伍建设为根本,全力维护全县政治和治安大局稳定,为阳朔经济社会快速发展和人民群众安居乐业提供平安稳定社会环境。

【打击刑事违法犯罪活动】 2018年,全局立刑事案件823起,同比下降15.3%。其中,立侵财案件610起,同比下降19.7%;破获各类刑事案件325起(不含毒品案件),同比下降27.7%;提请批准逮捕嫌疑人250人,同比下降7%;提请批准逮捕侵财嫌疑人119人,同比上升1.7%。现发命案3起，破案3起，破获命案积案1起。在扫黑除恶工作中，提请批准逮捕9类涉恶案件嫌疑人74人，同比上升57%。4月29日，打掉陈某、李某修敲诈勒索犯罪集团和徐某群敲诈勒索犯罪集团。9月27日，打掉廖某付开设赌场犯罪集团，该案共刑事拘留15人，提请批准逮捕11人，是近年刑事拘留和逮捕人数最多的一起单案。

【打击涉毒违法犯罪活动】 2018年，破获毒品刑事案件46起，抓获犯罪嫌疑人61人，已起诉犯罪嫌疑人56人；打掉涉毒犯罪团伙8个，已起诉7个；强制戒毒98人，查处吸毒人员565人，捣毁和停业整顿娱乐场所5个。

【治安管理】 2018年，全县受理治安案件800起，查处651起，查处违法人员873人。其中，警告4人，罚款300人，治安拘留377人。查处涉黄治安案件21起。其中，卖淫嫖娼20起，容留卖淫1起，行政拘留21人。查处涉赌治安案件60起，罚款46人，行政拘留143人并处罚款31人。查处涉毒治安案件450起，罚款206人，治安拘留113人并处罚款3人。破获涉黄刑事案件2起，提请批准逮捕1人，刑事拘留1人。破获涉赌刑事案件7起，提请批准逮捕17人，刑事拘留26人。收缴管制刀具208把，枪支1支，查获赌博游戏机41台。治安案件查处同比上升66.3%。

【校园周边秩序整治】 加大校园周边旅馆、网吧、娱乐服务场所、出租房屋等复杂部位清查力度，开展禁毒、食品安全、青少年违法犯罪等专题讲座进校园活动。年内，开展专项清查5次，专题讲座24场次。做好开学和高考期间校园安保工作。

【监所管理】 看守所和拘留所以改隐患、保安全为重点，全面开展安全隐患排查整治，实现全年监管场所安全无事故目标。

【户政管理】 2018年，为群众办理二代身份证20762人，办理临时身份证1767人。其中，省内迁入432人，省外迁入594人，迁往省内689人，迁往省外1036人，市内变动4750人，办理户口更改项目更正42906人次。

【交通安全管理】 2018年，全年接处交通警情2654起，全县发生交通事故1617起(其中一般程序132起、简易程序905起)，死亡53人，受伤399人，财产损失180余万元，同比接处警数上升23%，事故起数上升23%，死亡人数上升60%，受伤人数上升8%，直接经济损失上升15.4%。年内，集中开展县城交通秩序专项整治，有效地维护县城交通秩序，确保县城各街道交通安全、有序、畅通。

3月28日，县公安局“平安校园行”走进幼儿园，开展交通安全宣传教育　　（县公安局　供稿）

【出入境管理】 采取多种

6月26日，在西街广场举行扫黑除恶专项斗争暨国际禁毒日集中宣传活动，县有关领导出席活动仪式　　（县公安局　供稿）

措施，加强县境外人口管理。全年旅馆业住宿登记管理临时到阳朔境外人员281498人次。其中，外国人187489人次，香港澳门居民44006人次，台湾居民49986人次，华侨17人次。受理境外人员各类签证（注）延期申请136人次，其中外国人133人次、台湾同胞3人次。散居社会面外国人登记管理1301人次。查办出入境行政违法案件8起，行政处罚8人。开展中国公民出国（境）各类证件审核、受理工作，全年共受理出国（境）各类证件12209人。其中，受理护照4055人次，受理港澳通行证7472人次，受理到港澳定居7人次，受理台湾通行证675人次。

【科技强警】 2018年，全面推进公安信息化建设，构建智能化警务应用指挥“一张图”模式。先后建成人脸识别、热力图及人流量统计系统、无线图传、智能卡口及交通疏导系统、互联网大数据、公安大数据应用等系统，平均处警调派时间缩短约1分钟，平均每次出警时间缩短约3分钟，提高公安机关对进出辖区人员、车辆等社会面治安的动态管控能力，提高警务指挥智能化和打击防范精准化水平。年内，运用现代科技手段抓获各类逃犯37名，其中涉恶逃犯6名；完成自治区公安厅千名督捕逃犯6名，完成率100%。全年全县总警情49681起，同比下降3.7%；刑事案件823起，同比下降15.3%；提请批准逮捕嫌疑人250人，同比下降7%。

【队伍建设】 组织开展中共十九大专题学习、中央“八项规定”“回头看”等主题教育实践活动，组织全局党员干部80余人赴延安开展红色革命传统教育培训。先后开展射击、警容警姿和业务培训、体能测试等教育培训21场次，全面落实县局250名民警值勤岗位津贴和加班补贴发放，严格执行新的警衔津贴标准，所需经费全额列入县财政预算。落实民警救助、维权等从优待警措施。以学习和贯彻落实《桂林市公安机关内部监督管理细则》为重点，先后编发督察通报66期，查办、处置有效投诉25起，对24人次予以扣分67分，全年队伍无违法违纪现象发生。2018年，全局有2个集体3人获自治区级表彰奖励、3个集体10人获市级表彰奖励。

（卿丽娟）

司法行政

【概况】 2018年，县司法行政工作充分发挥职能优势，认真开展司法行政业务各项工作，并融入中央“扫黑除恶”专项斗争工作中，着力提升群众安全感和队伍满意度，为维护全县社会大局和谐稳定做出应有贡献。县司法行政工作获“全国人民调解宣传工作先进集体”“全市法治宣传教育先进集体”荣誉称号，4人获自治区司法厅表彰，3人获桂林市司法局表彰。

11 月 27 日，在县人民会堂举行阳朔县“双百”法治知识（宪法）讲座，县四家班子领导及各乡镇、县直各单位科级干部参加讲座

（梁思雨　摄）

【法治宣传】 2018 年，是全国“七五”普法工作中期督导之年，结合阳朔实际，制定督查考核工作方案，认真开展督查迎检准备工作。通过工作汇报材料撰写，迎检工作台账制作，拍摄《深化“七五”普法工作，打造平安法治阳朔》专题汇报片，较好地完成中期督查考核。切实抓好以宪法为核心的中国特色社会主义法律体系宣传教育，组织召开全县深入学习宣传贯彻《中华人民共和国宪法》专项会议，邀请专家学者为全县领导干部举行宪法专题讲座，展播宪法专题宣传微电影《我与宪法》。深入开展“法律进校园”活动，建立青少年法治教育基地，落实法制副校长制度。以宣传《中华人民共和国宪法》及法律知识为引导，到全县 9 个乡镇举行法治课 30 余场，参加人数 1 万余人，发放法治宣传品 8000 余份。以“尊崇宪法、学习宪法、遵守宪法、维护宪法、运用宪法”为主题，组织全县 33 个单位在阳朔县公园文化长廊开展“12·4”国家宪法日集中宣传活动，发放宣传资料 5000 余份。开展法律咨询、宪法知识宣传、扫二维码关注“法治阳朔”送法治礼包等活动，以及通过法治宣传板报的形式展示普法成果。通过横幅、板报、LED 显示屏、微信公众号等多种方式，大力宣传打击黑恶势力等违法犯罪行为法律法规，有效震慑犯罪分子，促进社会稳定。

【法律服务】 2018 年，继续完善软硬件基础设施，建立健全县公共法律服务中心和 9 个乡镇公共法律服务工作站，设置法律援助、法律咨询、法治宣传、安置帮教、社区矫正、人民调解等窗口，提供优质高效法律服务。安排律师、基层法律服务工作者、司法局工作人员担任全县 114 个村（居）委、社区法律顾问，每个法律顾问每月现场服务一天，做到全县所有村（居）委、社区全覆盖。引导律师树立正确执业操守，严格按照《中华人民共和国刑法》《中华人民共和国刑事诉讼法》《中华人民共和国律师法》等法律赋予的职权履行涉黑、涉霸等刑事案件办理。建立涉黑案件代理报告制度、集体讨论制度，切实掌握涉黑案件律师刑事辩护工作动态，提高刑事辩护质量。2018 年，广西寿阳律师事务所指派律师承办刑事辩护、代理案件 25 件，承办民事诉讼代理案件 305 件、非诉讼民事代理案件 7 件，承办行政诉讼代理案件 7 件，承接担任法律顾问 8 家，承办法律援助案件 60 件（其中刑事案件 20 件、民事案件 40 件），接待来访、解答法律咨询 2200 多人次。

【人民调解】 2018 年，坚持“调防结合、以防为主”的方针，力争从源头上化解纠纷矛盾。立足抓早、抓小、抓苗头、抓成功、防激化，树立公正、责任、担当、服务意识，建立联调、信调、大调解机制，变事后调处为事先预防，做到矛盾纠纷早发现、早报告、早介入。乡镇司法所充分发挥人民调解“第一道防线”作用，集中基层司法所、人民调解员资源，聚焦矛盾纠纷易发、多发等行业领域，加大对涉黑涉恶高危人群、事项摸排力度，及时发现并报告黑恶势力犯罪案件线索，进一步维护社会和谐稳定大局。全年各级调解组织排查调解矛盾纠纷3286件，调解率100%，调解成功3253件，成功率98%以上。

【社区矫正】 2018年，接收社区矫正人员495人，解矫403人，现在矫人员92人。建立280平方米县社区矫正中心并投入使用，建立社区矫正管理信息系统、社区服刑人员定位系统和远程视频督察系统。通过充分运用现代管理技术，不断完善社区矫正管理工作模式，以信息监管平台为重点，全面强化对社区服刑人员监管，实现单一管理模式向综合管理网络化转变。强化社区矫正监管教育工作的落实，促进执法规范化。加强日常监管，每月定期到乡镇开展监督检查工作，各司法所定期到社区矫正对象单位、村委（社区）和家庭走访，了解其家庭状况和思想表现，维护社会安全稳定。对涉黑涉恶案底社区服刑人员严格落实思想教育、法律学习等各项社区矫正工作制度，实行从严管控，最大限度地降低不稳定因素，避免他们重新走上违法犯罪道路。

【法律援助】 2018年，阳朔县法律援助中心受理法律援助案件157件，接受来电来访法律咨询895人次。发挥律师、基层法律服务工作者、公证员的社会作用，形成以法律援助中心为主导、法律服务队伍为主体、社会志愿者为补充的工作网络和格局。鼓励和支持社会组织参与法律援助工作，成立各乡镇、残联、工会、法院、看守所、武装部等18个法律援助工作站，形成法律援助机构与有关单位协作配合的工作机制。实行挂钩联系工作制度，在律师事务所设立咨询接待日，定期安排律师到法律援助工作站值班，为广大群众提供法律咨询服务。在全县114个村（居）委设立法律援助联络员，安排专职律师值班，促进法律援助工作有序开展。拓宽法律援助途径，低保、特困群众可直接到法律援助中心申请法律援助，切实解决困难群众请律师难、打官司难问题。积极为农民工解决工资拖欠、工伤赔偿、交通事故人身损害赔偿等纠纷，确保符合法律援助条件民工得到援助。

【公证事务】 2018年，阳朔县公证处按要求完成机构改制工作。严格执行《公证程序规则》等办证规范，建立规范申请受理、审查、审批、出证等办证流程制度和措施，形成相互配合、相互制约的质量管理机制。坚持重大、复杂、疑难公证事项集体讨论制度，建立过错赔偿及质量奖惩、责任追究制度。全年共受理各类公证案件774件，办结774件，出证率100%。

【安置帮教】 2018年，加强帮教组织建设，健全帮教责任制度。将刑释人员基本信息录入数据库，建档立账，做到一人一档进行跟踪管理。年内，全县接收刑释人员202人，衔接202人，帮教安置202人。实行每年一次考察制度，落实帮教责任人，帮助落实户口、山田政策等，解决其实际生活问题。

（吴正德）

军　　事

7 月 25 日，阳朔县举行 2018 年度征兵工作部署会，县委书记蒋春华、县人民政府副县长韦星等参加会议

（县人武部　供稿）

人民武装

【党管武装】 阳朔县认真落实党管武装制度，有效坚持县委常委议军，实践工作中不断创新方法。党政主要领导定期到县人民武装部（以下简称“县人武部”）办公，民兵整组、民兵训练、夏秋季征兵等中心工作，分管武装工作的党委领导始终坚持一线指导和现场办公。县乡（镇）两级党委把武装工作纳入党委、政府工作的总体规划，形成党委管武装、政府建武装、全社会关心支持武装工作的良好局面，坚持“军事机关提要求，地方政府给条件”的工作思路，拨付65万元用于人武部新营区项目前期工作，拨付50万元配齐完善新民兵武器装备仓库办公设施设备。

【征兵工作】 7月23日，召开县征兵工作领导小组会议；7月25日召开全县征兵工作会议。征兵工作开始后，县征兵领导小组分批带领工作组到各乡镇督查征兵工作。县征兵办每周召开例会，及时研究部署征兵相关工作。在县人民医院开设征兵体检站，全面使用网络版征兵体检系统。加强宣传力度，制定征兵工作措施，鼓励大学生应征入伍。

【军事训练】 2018年，根据“建强训好民兵队伍”的年度军事工作指示，以《民兵军事训练大纲》为基本依据和标准规范，把训练落到实处。5月13日至19日，在县白沙水库组织40名专业分队民兵，开展冲锋舟操作骨干集训，学习抗洪抢险常识、器材操作规程等，提高民兵队伍遂行多样化军事任务能力，为协助地方做好抗洪抢险准备工作夯实基础。9月14日至28日，在县新建民兵训练基地开展专武干部队伍和基干民兵队伍训练，重点抓好应急分队战术动作、战场救护、抗洪抢险演练等成建制科目训练，圆满通过桂林警备区考核验收。

【拥政爱民】 2018年，县人武部积极响应县委、县人民政府号召，引领干部职工和民兵分队踊跃投入到城区改造、环境整治、安保维稳等各项任务中。3月，组织干部职工参加植树节活动。8月和10月，分别组织100余名民兵应急分队人员在县城比赛沿途重要路口执行安保任务，保障铁人三项赛和环广西公路自行车赛顺利举行。对古座塘村前老寨溪桥进行专项调研，争取2万余元资金进行修复。在“六一”儿童节前夕为屏山教学点师生赠送1.2万元学习用品。为帮扶的12户贫困户送去化肥、农药等农用物资。

【人防工程基础建设】 2018年，县人防办受理和办结人防行政审批事项100项，收取人防易地建设费171.13万元。核发人防地下室防

9月4日，县人武部举行入伍新兵批准暨欢送大会，县委副书记、县人民政府县长周彦参加大会并与全体新兵合影留念（县人武部　供稿）

9月14日至28日，在县民兵训练基地组织开展基干民兵队伍训练

（县人武部　供稿）

护设计条件规划审查意见书2份。强化警报维护管理，对县城4个防空警报器进行检修。新建人口疏散地域3个，完善已建村级人防疏散地域1个。

【国防后备力量建设】 2018年，组织开展兵役登记、调查摸底和兵员预征等工作，修订完善动员计划方案，以备战时快速实施兵员动员。严密组织年度民兵组织规模结构调整改革，圆满完成基干民兵数量质量调整任务。抓好县抢险救灾分队抗洪抢险训练，培养一批冲锋舟操作手。定期组织专武干部培训，结合岗位履职自训，不断提高基层人武部专武干部队伍整体素质。（县人武部）

武警阳朔县中队

【概况】 2018年，武警阳朔中队坚持以习近平新时代强军思想为指针，紧紧围绕学习贯彻中共十九大精神这条主线，积极落实武警桂林支队“建设全面过硬窗口部队”要求，围绕打造“红、强、美、实、纯”五个窗口，狠抓经常性基础性工作，高标准实现既定目标，全面提升部队整体素质。年内，武警阳朔中队获评武警广西总队“基层建设先进中队”“百日安全竞赛优胜单位”“优秀基层党组织”等荣誉称号，1人次受武警广西总队表彰，5人次受武警桂林支队表彰。

【队伍建设】

有效履行职能使命　2018年，武警阳朔中队在练兵备战鲜明导向指引下，始终牢记职责使命，坚持以“稳”托底、以“进”为先，持续推动部队建设。针对阳朔是国际旅游名城，社会各界高度关注，对中队有效履行职能使命提出更高要求的特点，中队坚持把凝聚战斗力、招之能战、战之能胜作为一切工作的根本。面对挑战，谋发展，求突破。在武警桂林支队组织的勤训轮换中，中队获得团体第二名，3名官兵获表彰；参加武警桂林支队共同课目比武，3人获得单科目前两名。

依法从严治军　按照内外兼修要求，尊崇“按纲要建，按大纲训，按条令管”的基本形态，积极求变应变，提高工作落实质效。

提升综合保障能力　立足实战实训要求，围绕服务官兵目标，不断增强综合保障效益。抓好后勤人员专岗专训，定期组织战伤救护应急保障训练，努力提升官兵在野战条件下的自我保障能力和自救互救能力。

（阳朔县武警中队）

旅游·接待

10 月 11 日，阳朔民宿学院成立。图为开学启动仪式

（县文新广体和旅游局　供稿）

旅游资源

【概况】 阳朔旅游资源丰富，类型多样，拥有世界上最为完美、最典型、集中而丰富的岩溶地貌。根据旅游资源的相关分类，阳朔具有地理文化景观类、水域风光类、古迹及建筑类、休闲求知类、购物类、特色饮食类等6大类型。素有“桂林山水甲天下，阳朔堪称甲桂林”之称，是桂林山水的重要组成部分，境内各种奇特山峰2万多座，大小河流16条，漓江流经县境56千米，主要景区由县城景区、高田景区、遇龙河景区、刘三姐水上公园景区、桂阳公路沿线景区、兴坪景区等组成。

【旅游景区】

阳朔西街　位于阳朔县城中心，属于开放式景区。2017年12月，被评为国家AAAA级旅游景区。景区总面积约0.9平方千米，东滨漓江，南以富安码头为界，西到阳朔公园小姑山，北至神山路。西街是外国人大量聚集的一条街，被誉为中国的“地球村”。西街历经1400多年发展，是阳朔最古老最繁华的街道，历史悠久，文化底蕴深厚，小青瓦、白粉墙、吊脚楼、花格窗充分展现出桂北明清时期传统的建筑风貌。西街城景相映，风光秀丽，以“桂林山水甲天下，阳朔堪称甲桂林”著称，主要景点包括西街步行街、漓江、阳朔公园、碧莲峰、明城墙、古码头、带字石刻、徐悲鸿故居、孙中山演讲处等。

文化古迹山水园　位于阳朔县城南碧莲峰东北麓。原为城南关隘，1955年整修为风景道，1982年将风景道一带划定为滨江公园。该园北起迎薰门码头，南至瀑水渡，设南北二门。1995年由客商租赁经营后改名为山水园，1997年5月正式营业。2000年改名为文化古迹山水园，是集自然佳景、文物古迹、艺术展示等为一体的观光园林，主要由风景道、摩崖石刻、鉴山楼、迎江阁、奇石馆等景点组成。国家首批AAA级旅游景区，通过了IS01 4001国际环境管理体系认证和ISO 9001国际质量管理体系认证。

图腾古道　聚龙潭　图腾古道位于阳朔著名的“十里画廊”景区中，景区展出的有石器、陶器、图腾柱、古老的弓弩、让人听不懂念念有词充满野性诱惑的肢体语言等原始生活场景，再现了桂林先民居住、生活、宗教、狩猎和甑皮文化的历史风貌。整个景区具有故事的动态性，视觉的审美性，蕴藏着深刻的文化内容，具有甑皮文化所特有的神圣原始信念。聚龙潭位于月亮山景区地段，该度假公园为水路兼游的地下溶洞，全长约1000米，最高处约25米，最宽处约30米。洞内钟乳石琳琅满目，如巨龙腾飞，如游龙戏水，形态逼真、惟妙惟肖，形成了神姿仙态的大自然艺术宫殿。主要景点有水晶宫、老人守宝、群峰倒影、蟠桃盛会、天妃护航、雪莲倒开、玉凤承露等40余处。图腾古道和聚龙潭为共同联合体，统称图腾古道—聚龙潭景区，2009年12月，被评为国家AAAA级旅游景区。

蝴蝶泉　位于阳朔十里画廊精华地段，是国家AAAA级旅游景区，广西民族风情旅游示范点。占地面积3.6万平方米，为追溯生态旅游景点，集奇山、秀水、幽洞、田园风光为一体。开展观赏景观、追溯历史、登山保健、环保科普、休闲度假多项旅游活动，景区游览主要有蝶洞、蝶桥、蝶山、蝶缘、蝶厅和梁祝表演等。

鉴山寺　鉴山寺位于月亮山旅游风景区云集山下，是国家AAA级旅游景区，总建筑面积5589平方米，属仿唐佛教建筑，主体殿阁按南北走向依山而建，自山门到天王殿、大雄宝殿、藏经阁，依次上升，整体布局庄重、古朴典雅、雄伟壮观、气势恢宏。设有介绍鉴真大师一生的鉴真纪念馆。原址在县城碧峰下，始建于唐开元元年(713年),是桂林市最早的古寺之一,历经宋、元、明、清等朝代。新中国成立后,1995年,经广西壮族自治区人民政府宗教事务管理局批准同意迁址重建,1997年开工,2001年1月1日开光。

世外桃源 位于桂阳公路旁,距阳朔县城约15千米。取义于《桃花源记》,结合当地的田园山水风光开发建设的首批国家AAAA级国家景区,为全国农业旅游示范点。景区的游览方式主要分水上游览和徒步观赏,秀美的山水、田园风光与浓郁的民情民俗相交融。是集吃、住、游、购为一体的综合性农业旅游景区。整个景区完全与周围的良田、村舍连在一起。淳朴的乡间气息和明媚的湖光山色融为一体,古朴的民风与现代气息相结合,游客在饱览山水秀色的同时,既可领略到少数民族的风情,也能了解到当地居民的生活习性、农业生产,满足游客回归自然、返璞归真的情思。

遇龙河 发源于临桂县白粘岭,流经县内新村、利学、大利、观桥、遇龙、旧县等村,在高田镇穿岩村东北侧与金宝河汇合为田家河。全程35600千米,河宽38~61米,水深0.5~0.9米,流速0.6米/秒,正常流量约5立方米/秒。河中筑有多处拦河坝,不通航,系县内除漓江外的最大河流。古名安乐水,后因中游建有著名的遇龙桥,故改今名。沿河有富里桥、遇龙桥、犀牛望月、穿山古寨、归义县遗址、仙桂桥、五指山、双流口、骏马凌空等风光胜迹。群峰叠耸,绿树丛生,田野纵横,河水清澈,风光秀美,被誉为小漓江,是县内重要游览区,有竹筏漂流、徒步观景和农家风情游等项目。

漓江 阳朔漓江景区北起杨堤,南至普益,境内漓江长约69千米,是国家AAAAA级旅游景区。阳朔漓江景区兴坪杨堤段是漓江山水精华段的核心部分,曾被《世界地理》杂志评为世界上最美的岩溶山川,素有"桂林山水甲天下,阳朔山水甲桂林,阳朔美景在兴坪"的美称,第五套人民币20元的背面就是漓江山水的荟萃——兴坪佳境。第一期开发景区内有九马画山、黄布倒影、下龙风光、兴坪胜境、杨堤胜境等自然美景;有兴坪古镇,渔村古民居等人文历史景观。景区内奇峰倒影、碧水青山、渔翁闲钓、田园牧歌,一派"人间仙境"景象。两岸山峰翠绿挺拔,形态万千;江岸凤尾竹随风摇曳,婀娜多姿;江水碧绿无瑕,群峰倒影,如诗如幻,美不胜收。韩愈、徐霞客、贺敬之、叶剑英曾为此留下墨宝,孙中山、克林顿、周恩来、邓小平、杨尚昆、江泽民等全世界200多位名人政要曾在这里留下足迹。第二期开发阳朔县城至普益乡留公村一段18千米漓江下游水域,是闻名中外的电影《刘三姐》外景拍摄地,这里山清水秀,江面宽阔,群峰倒影,村庄田园,翠竹掩映,宛如一幅幅奇妙山水画卷。同时还有书童山、卓笔峰、八仙过海、留公三潭等景点。

【旅游资源】

印象·刘三姐 大型山水实景演出,是全国文化产业示范基地、广西文化产业示范基地、广西民族风情旅游示范基地。获中国乡土文化艺术特别贡献奖、首届文化部创新奖和第三届中国十大演出盛事奖、最佳导演奖等奖项。"印象·刘三姐"是中国·漓江山水剧场的核心工程,由桂林广维文华旅游文化产业有限公司投资建设,张艺谋、王潮歌、樊跃任总导演,67位中外艺术家参与创作,是全国第一部全新概念的"山水实景演出"。表演舞台为2000米的漓江水域及12座背景山峰,构成世界上最大的天然剧场,成功诠释了人与自然的和谐关系,创造出天人合一的境界,被誉为"与上帝合作之杰作"。

碧莲峰 位于阳朔县城漓江码头旁,为阳朔县城标志之一,因形似含苞欲放的莲花而得名,集自然风光、文物古迹、人文景观、艺术展示为一体的旅游景区。景区内有一条刻满历代碑文的风景道,共有大小石刻20多件。石崖悬壁上有清代著名书法家王元仁任阳朔代理知县时所书写的“带”字巨幅摩崖,高近6米,宽近3米,笔画行云流水、龙腾虎跃,在字中人们揣摩出“一带山河甲天下,少年努力举世才”等寓意。还有民国25年(1936年)吴迈所书“桂林山水甲天下,阳朔堪称甲桂林”诗句等。山上有迎江阁、鉴山楼等景观。

西郎山　位于阳朔公园内,山体北端耸立一石,高约10米,形似一宽衣广袖之古装人面西拱立,故名,为阳朔著名象形山之一。该山与县城东面福利圩北侧的东郎山巧相呼应,民间流传许多传说。山西北麓有一平台,在台上可见双月溪似青罗玉带,从山下蜿蜒流过,别有一番景致,名望溪台。从望溪台往西上另有一台,壁上刻“西山晚照”4个字。登台西眺,群峰错列,田园如锦;每当日落西山、晚霞映射时,景色更为奇美,为阳朔八景之一。山北侧有曲折石径可攀山顶。山腰有六角亭,传说群仙因慕阳朔景致,常在此处与“西郎”聚会赏景,故名会仙亭。山顶建有方基圆顶小亭,名卧云亭。亭前石上刻有“云根”两个字,字形古雅,取法大篆,使人顿生“登临至此,如上天堂”之感。于亭中四望,县城及周围明媚风光尽收眼底。

书童山　位于阳朔县城东面约2000米,田家河与漓江汇合处。垂直高度约70米,山呈圆柱形。远看如秀发玉立的少女;近看石壁如削,斗山有一分离的独立石柱,像一位宽衣拂袖的书童,在潜心捧读诗书;细看书童闭目沉思,神态自若,故名。书童山东是卓笔峰,形如文笔倒插,有“卓笔文峰”之称。山南是鸡公山,酷似雄鸡报晓,有“书童闻鸡鸣而读”之赞。书童山与卓笔峰、鸡公山、灵人山以及山后的群峰一齐倒影江中,构成了“群峰倒影山浮水”的水晶世界。

阳朔公园　位于阳朔县城西北部。始建于民国4年(1915年),原名寿阳公园。民国23年(1934年)扩建后,更名为阳朔公园。大门上方刻有当代著名书画家刘海粟手书“阳朔公园”4字。总面积22.67公顷,植被保护完好,绿化覆盖率90%以上。园内绿树成荫,竹木繁茂;亭台楼阁,雅致幽然;花果满园,四时飘香;四周奇峰环绕,双月溪从园内迂回而过。有独秀山、西郎山、陈抟山、碧莲洞、来仙洞等名景。园中之园——春蕾苑,陈列当地生产的吸水石假山、花木盆景,衬以梅亭水榭、小溪曲桥、彩壁回栏、怪石名花,集阳朔名山秀水于一苑。西郎山上有放鹤亭、卧云亭、会仙亭等观景佳处。园内有革命烈士纪念碑、临阳联队敌后抗战纪念碑和抗日烈士莫休墓等人文景观。

孙中山演讲处　位于滨江路阳朔镇小学南侧。原为唐代曹邺故居遗址,清道光年间(1821—1850)在此建寿阳书院,清光绪二十九年(1903年)改为县立高等小学堂。民国10年(1921年)11月29日,孙中山督师北伐途中驻跸阳朔,在学校教室南侧走廊向阳朔各界人士发表演讲,宣传扫除亡清余孽,恢复全国真正共和,实行三民主义。并着重宣讲了开发阳朔富源,充分利用阳朔石灰岩地貌的资源条件发展阳朔经济。当晚,孙中山下榻在这间教室里。此处后来属阳朔镇小学使用。虽然校园已几易其貌,但孙中山演讲和下榻的教室仍保存完好。中华人民共和国成立后,1984年被定为县文物保护单位。2001年2月在该处建园林式文化广场,按原貌重修孙中山演讲和下榻的教室,刊刻孙中山演讲词等石碑,请雕塑家钱绍武制作孙中山铜像树立于广场中央。

徐悲鸿故居　位于县前街5号,在县人民政府大院前约30米。民国25年(1936年),徐悲鸿到阳朔,桂系当局买了这栋具有民族特色的小平房给徐悲鸿居住。徐悲鸿在此创作了《漓江春雨》《风雨鸡鸣》等传世之作,还创办广西省艺术师资训练班,为广西培养艺术人才。中华人民共和国成立后，1984年被桂林市人民政府公布为重点文物保护单位。1985年县人民政府拨款修缮后对外开放。2001年按原貌全面修缮，铸塑徐悲鸿半身铜像，镌刻介绍徐悲鸿旅居阳朔情况于墙上，对故居院子进行园林化建设。

九马画山　位于阳朔县城东北约31千米，相对高度274米。山顶数峰相连，东南北三面群峰环绕；西面临漓江峭壁如削，高、宽约百余米。壁上彩纹纵横交错，远观如画屏，故名画山。细看壁上斑斓色彩，可辨认出群马形象，神态各异，栩栩如生，故又名九马画山（九为多之意），且以此名为著。为漓江边上最精华的景色之一，集漂流、溯溪、露营、徒步、攀岩、野战、滑道、户外拓展的综合型休闲旅游景区，可选择徒步或汽车游览。九马画山峡谷漂流景区青峰环绕，绿树簇拥，保持了原生态幽雅的环境。漂流河道从云涌八仙景点开始，全长3.5千米，整体落差100米。

渔村　位于阳朔县城北部约28千米，兴坪镇西面漓江之滨。原名鱼塘洲，民国21年（1932年）改名渔村。村民世代务农，经济、文化发展迅速。至今村中仍有保存较完好的清代民居40余座。村西面大多为当时文化层次较高的官宦人家，房屋布局讲究规划，雕梁画栋，工艺精致，大路小巷布局合理，那些意蕴俱佳的门楣题字，散发着浓郁的文化气息。村东面为财主宅居，房屋结构注重安全可靠，高墙深院，幽暗保守。建于民国时期的财主谷仓，是县内仅存的旧时仓廪建筑。民国10年（1921年）11月，中华民国非常大总统孙中山率北伐船队泊于村前，到村里察访民情，还登上村后的天水寨。中华人民共和国成立后，1998年7月2日，美国总统克林顿访问渔村。渔村现已成为许多游人慕名而来的观光景点。

莲花岩　位于阳朔县城东北30千米，兴坪镇江口村旁。因岩内有由滴水与池水复合沉积而成的荷叶状云盆，俗称莲花盆，故名。洞内有一“莲塘”，塘内有100多个云盆，均厚约30厘米，成一水平分布，最大者直径达1.3米，底小面阔，顶平且圆，周有边线凸出，春夏季节，塘水盈积，仅露出其圆顶平面，酷似片片莲叶浮于水面，令人叹为观止，故称莲塘奇观，是该岩诸景之精华部分。该岩是全世界已发现的石灰岩溶洞次生化学沉积形态中莲花盆类最多的山洞，有很高的科研价值和观赏价值。1984年12月，时任地质矿产部部长的地质学家孙大光考察此洞后，写下了“岩溶奇观”的题词。

大河背风光　位于阳朔县城北部约25千米，兴坪镇漓江码头一带。一山形如朝笏，名朝板山，该山西侧悬于漓江水面，山势险峻，泛舟山下，有大山压顶之势。北侧一山，酷似一敞胸露腹的罗汉，称罗汉晒肚。后有一山，高于诸峰，名为鳌鱼山。山分两峰，西峰似一稍呈下倾状的和尚头部，东峰似一仰面削发少女的头部，水波荡漾时，山影随波晃动，可见两峰时合时离，如一对热恋中的情人在拥抱亲吻，称僧尼斗嘴。大河背一带，江岸竹木成林，村落屋宇隐约可见，加上附近“碧潭榕荫”“北庙古龟”“美女照镜”“青螺腾蛟”“白沙绿洲”等景，构成宛如画幅的兴坪风光，为漓江风光精粹部分之一。中国人民银行1999年发行的面额20元人民币主景图案就是这里的景观。

兴坪古镇　位于阳朔东北部，距县城25千米。兴坪古镇历史悠久，该地三国时吴甘露元年（265年）起即为熙平县治，治所设在今兴坪镇狮子崴村。隋开皇十年（590年），熙平县治由狮子崴迁往阳朔镇，此处仅作圩集，熙平经年深日久便渐讹传为兴坪，至今已有1730多年历史。古镇依山傍水，风景荟萃，青石板小巷两旁为典型的粉墙乌瓦桂北民居，是阳朔县的旅游重镇，积淀了丰厚的历史文化内涵。现在街区虽然比过去扩大了几倍，但仍随处可以寻觅到历史的遗迹，镇南的熙平县遗址，老街南侧的武圣官、镇西五指山下北帝庙遗址上的天然老龟，镇北罗汉山下的关帝庙遗址，新街中段的接龙桥等，特别是保存较完好的两条古街，仍散发着古朴的气息。

东郎山　位于阳朔县福利镇北，西距阳朔县城10千米，相对高度160米，长430米，宽290米。山上突立一巨石，如人形，与隔江的西郎山相应，故名东郎，又名东人山、人仔山。在不同的角度观看，形象随之而变，从东南方看像柔情少女，正南像蹒跚老翁，东北像赳赳武士。东郎山之东有雄狮山，东北有将军山、马鞍山，西有凤凰山，西南有状元峰，成为四周有山环拱的名山。自古流传孪生兄弟东郎西郎与孪生姐妹玉姑小姑恋爱的动人故事，更为东郎山增添神奇色彩。东郎山东面公路旁，有宋代应诚庙遗址和东山亭，残留的《尚书省牒静江府阳朔县应诚庙威显侯》石碑刻于宋绍兴十一年(1141年)，是阳朔现存最古的碑刻。东郎山南，是宋代繁荣一时的黄道街遗址。山麓曾是新石器时代原始人类活动之地，有古猿遗址。

福利古镇　位于阳朔县城东面8千米，漓江北岸。福利古镇已有1000多年历史，在珠江水系的漓江之上，自古就是著名的码头和商埠，山水奇丽，文化独特。该镇三面环山，一面临水，素有“三山环古镇，一水抱绿洲”之雅誉。三山指飞凤山、鹦鹉山和马山，三山鼎立夹古镇三亭、三街、三宫、三寺、三石，九井十八巷。一水指漓江，漓江在上游2000米处被一座大沙洲分割成汊，而在福利被飞凤山拦截双江，形成弯河深潭，江水碧绿，沙白如银。靠码头岸边的老街，长百余米，也称画扇街，多有能工巧匠，擅长绘图制扇。这里的画扇全是手工精制，材料皆为本地出产。扇骨用的是江边毛竹；扇面是土产绵纸，韧性很强，经年无损；画面亦是本地人所绘，色彩缤纷。画面内容以桂林山水、阳朔风光、花鸟草虫为主，也有历代诗人的阳朔咏叹诗或劝学上进箴言警句，并盖上“桂林山水”“阳朔纪念”等篆印，使画扇集诗书画刻为一体，成为具有诗情画意的艺术工艺品。

大榕树　位于阳朔县城南约6000米，高田镇穿岩村对面。园中有一棵大榕树，相传为隋朝时所植，距今已1400多年。树高17米，树围7.05米，盘根错节，枝繁叶茂，树冠覆盖面积1400平方米，独树成林，立于金宝河畔，北侧有渡口，称榕荫古渡。1985年定名为古榕公园。园内稻田、小河、山峰、凤尾竹、壮家村寨、水车和清新怡人的空气，犹如一幅水墨风情画。风靡中国及东南亚的电影《刘三姐》中，刘三姐和阿牛哥在大榕树下抛绣球喜定良缘，使大榕树增添爱情的色彩。

月亮山　位于阳朔县城南约7千米，高田镇历村北面，桂(林)荔(浦)公路北侧。相对高度230米。顶部石壁如屏，当中一洞穿透，形如一轮明月，故名，又称明月峰。洞高宽约50米，石壁厚10多米，两侧平展似墙壁。洞内有石如吴刚、似玉兔、类嫦娥，皆为天然。在月洞举目四望，周围景致殊佳。南面可见“饿虎追九牛，鸭子宓了头，美女梳妆在山头”等景观；从北侧俯瞰，金宝河穿流于群峰之间，似一条顽皮的金龙，在尽情地腾舞嬉戏，绕过千年古榕，与文静的遇龙河会合。每年中秋之夜，月亮山不仅是人们登高赏景的佳境，还成了青年男女寄托情怀的场所。

古石城　位于县城北约25千米葡萄镇杨梅岭村东北侧，高岸雄伟，气势巍峨。数十座山峰为石城天然屏障，设东、西、南、北4座门，俱矗立于两峰之间。原另有小门24座，现存18座。城内面积约5平方千米，有大岩头、小冲崴2个自然村近200人。城墙、城门、村道路面、村舍墙壁及至屋面均以石块筑成，为名副其实的“石头城”。4座大城门外各有1座古庙，尚有数座古庙错落在城内和城南。登上城头，远山近岫，重叠环绕，有如雄狮布阵,亦似大海狂涛,气势恢宏。石城建于何时,因何而建,各种史料均无记载。直至20世纪80年代,才逐步为外界注目。曾有专家对石"身世"进行多番考察,也是见仁见智,至今仍莫衷一是,反而增添了人们对石城的神秘感。许多游客慕名而来,领略这里的景致风情和古石城的神秘氛围。

百里新村旅游带　从阳朔镇樟桂村委东桃自然村人口,途经蕉芭林村委、古板龙潭门小康示范村、插花桥村委、白沙村委,出口为桂阳公路,形成一个环形旅游通道。

旅游通道中的蕉芭林村委盛产梨子,时令季节举目沿路皆是,还有一个33.5公顷茶场供游客现场品尝。古板村委盛产色泽金黄、品质优良、广受欢迎的阳朔金橘,可供游客享受采摘农家乐。龙潭门自然村大力发展水果生产,成为远近闻名的小康村,33户居民都建有民族特色的山村别墅,住一晚别有风味。

【旅游工艺品】

竹木雕工艺品　主要有菩萨面具、戏曲脸谱、龙头拐杖、龙凤笔架、雕花笔筒、楹联、八卦、烟盒、鼻烟壶、羊角雕壶、木偶等上百种产品。多由民间艺人制作,手工精细,风格古朴。

竹凉席　精选当地优质毛竹为原料,经过20多道制作工序,选用晶莹透明强力尼龙条(丝)穿结而成。有通风消暑等保健功能,便于携带存放,可替代传统条竹席、篾竹席、板片竹席。系列产品有沙发垫、汽车坐垫、婴幼儿凉席等。金宝乡、白沙镇和葡萄镇为主要产地,产品销往全国各地及东南亚各国。

书画作品　以书法、国画、摄影等艺术作品为主,多数取材于阳朔山水,在西街及各景点书画店出售。国内其他一些旅游景区景点也有销售。

文化衫　在文化衫上画上阳朔山水或写上人们喜闻乐见的中外文字,多由工艺师在西街店铺现场制作,是县内旅游市场畅销旅游纪念品之一。

画扇　本地特产工艺品之一。1980年阳朔工艺制品厂生产并推出市场,受到游客欢迎。画扇制作迅速扩展到全县各地,尤以福利镇最盛,有近百户人家专业制作,年产量100万把,被誉为画扇之乡。20世纪90年代末以后画扇制作工艺益加精良,不仅在当地销售,还大量批发到全国各地旅游市场。

工艺鸟排　鸟排是漓江渔民传统捕鱼用的竹排(竹筏)。阳朔旅游市场出售的工艺品鸟排根据实物缩小,用竹子制成,一般长约30厘米、宽约7厘米。竹排上有渔翁、鱼鹰、鱼篓、渔灯等,形象逼真,制作精美。县内各地均有生产,县城为主要产地。

镇纸(压条)　为传统旅游工艺品,用本地天然大理石制成,有白色、墨色、碧绿色等多种色彩,一般每条长约15厘米、宽约3.5厘米、厚约1.5厘米,上书名言警语,质地光洁滑润,富于寓意。

【土特产品】

沙田柚　阳朔传统名果。色泽金黄,果大皮薄,清香脆甜,爽口化渣,营养丰富,具有止咳、化痰、润肺之功效。因其极耐贮运,素有"天然罐头"美称。1995年获第二届中国农业博览会银质奖,1996年被中国特产之乡命名组织委员会命名为中国沙田柚之乡,1998获全国第五次柚类评比金杯奖。

金橘　阳朔传统名果。已有百余年栽培历史,规模和产量均列全国前五位。因独特的气候和土壤条件,阳朔金橘果大,色泽金黄,质脆味浓,清香甘甜,富含多种维生素,具有清痰化气、止咳润肺功效,果实可鲜食或加工成蜜饯果脯。2001年被中国国际农业博览会认定为名牌产品。

板栗　阳朔传统名果。粒大皮亮,肉质香甜,具有糯性。2000年被认定为首批桂林市农业名牌产品。

柿子·柿饼　阳朔传统名果。色泽金黄，皮薄无核，质脆味甜，营养丰富，可鲜食，被誉为“阳朔苹果”。加工成柿饼后，具有清热、止渴、健胃等功效。

香菇　食用菌。主产于金宝乡山区，有野生菌或人工栽培菌两种，为绿色环保食品。营养丰富，有清热解毒、健脾消食和一定抗癌作用。

【特色美食】

阳朔啤酒鱼　用漓江活鲤鱼烹制，方法独特，除配有多种佐料外，用油煎爆之后放入适量啤酒，色、香、味俱佳，鲜嫩可口。2002年5月参加在北京举办的中国“奇山杯”迷踪菜大赛获创新金奖。

酿菜　用瓜菜或豆制品等作“皮”，用肉或蛋作“馅”。经蒸、煮、煎、烫等方式烹制而成。常见的有螺蛳酿、瓜类酿、豆腐酿、辣椒酿、茄子酿、柚皮酿、豆芽酿、竹笋酿等30多个品种。

扣肉　用五花肉与阳朔香芋（又名“槟榔芋”）或红薯、莲藕片搭扣烹蒸而成，油而不腻，香而不浊，被奉为席中大菜。

阳朔米粉　以加工方式分为切粉、榨粉；以烹调方式分为烫粉、煮粉；以佐料种类分为卤肉粉、牛腩粉等。是当地大众化餐点食品。

粑粑　用糯米粉或高粱粉、玉米粉、荞麦粉等做原料，以花生、芝麻作馅，印上各种吉祥花纹，垫上当地特产沙田柚叶子，蒸熟后异香可口，不黏不腻，为小食上品。还有在糯米粉里掺上野蒿叶的艾蒿粑，有清热祛暑功效，是广受欢迎的绿色食品。

【特色旅游】

民居游　20世纪90年代中后期，县内以走进乡村观赏自然风光、体验乡村生活（住农家、吃农家饭、干农活等）为主题的民居旅游应运而生，成为当地一种新兴旅游方式。民居旅游发展最早、规模最大的是高田镇历村。历村地处月亮山下，全村107户434人，世代是犁田耕地的农民。90年代中期全村人逐步放弃农耕，从事旅游业，开办家庭旅馆、从事导游服务等。其中，被中外游客称为“月亮妈妈”的徐秀珍老人最为著名。徐秀珍先是到月亮山销售旅游商品，并自学外语做义务导游，后又在家中开办“农家乐”饭店，以农家饭菜款待游客。徐秀珍在多年的经营和义务导游中，学会8个国家的简单语言，并以农家纯朴、热情周到的服务，获得中外游客好评，“月亮妈妈”逐渐成为阳朔农家旅游品牌。在徐秀珍的带动下，其他村民积极开办“农家乐”旅游项目。之后，杨堤乡下榨村、兴坪镇渔村、阳朔镇矮山村、普益乡留公村及白沙镇的民居旅游也逐步发展起来。福利、杨堤、葡萄、金宝等乡镇都有一定数量的民居旅馆。随着接待量逐年增加，民居旅游逐步形成了以县城为中心向各乡镇辐射的大旅游圈，拉动了全县旅游经济总量增长。

自行车游　骑自行车旅游兴起于20世纪90年代。在阳朔有这样一句话：No bike trip, No Yangshuo！（无骑行，不阳朔），这是最早盛传在阳朔背包老外们中间的一句话，他们以骑行的方式慢游阳朔山水。当国内驴友到阳朔之后，也迷恋上了这种无拘无束行进画中的旅游方式，如今“无骑行不阳朔”似乎成为阳朔旅游的玩乐标配。独自骑游或者结伴同行，走走停停，赏花、摘果、吃农家饭，自由自在，惬意浪漫，“心情在游荡，眼睛在天堂”。

传统线路有：县城—田家河—留公村—矮山—县城；县城—白沙遇龙河—旧县村—朝阳寨—青厄古渡（工农桥）—县城；县城—木山—渡头—福利—县城。

休闲线路有：县城—骥马—凤楼村（凤楼小学）—月亮山—龙潭古村—月亮山—鉴山

寺—燕村—田家河—县城;县城—图腾古道—天籁·蝴蝶泉—遇龙河水厄底码头—旧县古民居—仙桂桥—遇龙桥—金龙桥—富里桥—白沙镇—县城;县城—阳朔镇樟桂村委—高州村—瀑布塘(高州瀑布);漓江西岸桂阳公路旅游休闲慢行绿道白沙段—世外桃源—杨堤驿站—柚子湾驿站—园博园。

越野线路有:阳朔县城—十里画廊—遇龙河工农桥—月亮山—乐响村—福利古镇—兴坪(牌坊);杨堤驿站—阳朔县城—十里画廊—月亮山—乐响村—福利古镇—兴坪古镇步行街;县城神山路(百里新村大门)—蕉芭林村—七仙峰生态茶场—观音山—龙潭门小康村—相公山—葡萄古石城—翠屏村(葡萄峰林)—龙泉度假山庄—葡萄集镇—世外桃源—返回县城;阳朔县城公园—福利—东郎山—兴坪西塘—返兴坪古镇(夜宿)—大岭头荷包山—古石城—葡萄峰林景区—返回县城。

徒步游　阳朔有很多种玩法,徒步就是一种,2001年兴起后,逐年增加,周末或节假日参加徒步游的游客达2000~3000人次。双脚走在阳朔,就如同走在中国的水墨画中。

徒步漓江下游:阳朔大桥—书童山—木山—林家—渡头—福利—新寨—李家—留公。

徒步遇龙河:遇龙村口—遇龙桥—旧县—仙桂桥—夏棠寨—骥马村—县城。

徒步遇龙河:遇龙河生态大门—旧县码头—骥马码头—水厄底码头—十里画廊—县城。

徒步古石城:兴坪—大河背—螺丝山—镰刀湾—黄泥田—大岭头—荷苞山—大坪—古石头城—葡萄。

自驾车游　2000年兴起后,每年“五一”国际劳动节、“十一”国庆节、春节黄金周期间及双休日,均有广东以及邻近地区旅游者自驾车到阳朔观光旅游。自驾车旅游的兴盛,使阳朔旅游常年保持旺盛态势,淡季不淡,旺季更旺。自驾车游览主要线路有:县城—福利镇—兴坪镇—莲花岩—县城;县城世外桃源—葡萄镇—古石城—县城;县城—木山村—渡头村—新寨村—留公村—矮山村—县城;县城—矮山村—勇村—乐响村—历村—县城;县城—兴坪镇—西塘村—冠岩—县城。

修学游　阳朔县有6所外语培训学校,阳朔奥伦英文书院、非亚特英语培训学校、欧美达英文书院、欧美加国际交流书院、卓越英文书院等外语培训学校都设在县城,被称为“洋人街”的西街有着良好的外语氛围。许多外语修学者把游历与学习结合起来,广交外国朋友,在接触和交流中提高外语实际应用能力。近年来还兴起了以中国传统文化为基础的形式多样的修学游项目,比如阳朔传统太极拳馆以弘扬太极文化,让更多的中外人士认识、欣赏和学习真正的中国太极拳,接收来自美国、英国、加拿大、澳大利亚等50多个国家和地区的太极爱好者3000多人。此外,还有七仙峰茶场主打茶艺的研学游,通过采茶、茶芽翻炒制成茶叶等一系列活动体验感受茶文化的魅力。

艺术创作游　阳朔山清水秀,景点众多,自然景观和人文景观都十分丰富,有修身养性和激发创作灵感的天然氛围,有取之不尽、用之不竭的文学艺术创作素材,每年都有不少作家、艺术家赴阳朔进行写作、绘画、摄影等采风创作活动。适合采风创作的地方,漓江、遇龙河沿岸是首选,此外兴坪古镇老街、福利古镇老街、旧县村是写生的好去处,葡萄翠屏山、七仙峰茶场、兴坪老寨山和相公山适合摄影

民俗风情游　阳朔是多民族聚居区,形成独特的地方民俗风情。除春节、元宵节、端午节、中秋节、重阳节等一些中华民族共同的节日外,还有二月社、八月社、四月八牛王节、七月半中元节以及白沙镇六月二十三试

新节、福利镇五月八文化旅游节、兴坪镇九月十九文体节、普益乡十月香庙会等。届时有龙灯、狮灯、花灯、牌灯、傩舞、高跷、花船表演和棋类、球类、牌类等各种体育竞赛。还有龙尾瑶寨风情、高田的壮家歌会等,都具有浓郁的地方民俗色彩。

攀岩游　1992年,美国人Todd Skinner在阳朔月亮山开辟第一条攀岩线路,创造中国户外攀登历史。2001年举办"全国第二届攀岩节暨攀岩精英赛",2008年举办第一届"阳朔攀岩节"。经过多年发展,阳朔有资质的攀岩俱乐部有22家,攀岩线路超过1000条,有50多个独立岩场,每年接待来自世界各地攀岩爱好者约10万人次。攀岩线路比较集中的场地有同门山、拇指峰、酒瓶山、鸡蛋山、瑞士奶酪山、雷劈山、白山等。

泥浆浴游　在月亮山附近的历村水佛岩和龙门水岩里,分别有千百年来由岩缝渗积而成的泥潭。泥浆腻滑如胶,含有丰富的碳酸钙等多种微量元素,糊裹身体,清凉柔软,去病消疲。泥浆浴既是一项时尚刺激的运动,又有舒筋活络保健的作用,受到中外游客喜爱。

【名人与阳朔】

概况　阳朔山水,秀甲天下。在阳朔全境1436.91平方千米的土地上,2万多座山峰突兀峭拔,千姿百态;17条河流纵横交错,气象万千。阳朔,以峻峭的山峰、瑰丽的岩洞和清澈的江河,以举世罕见的奇山、秀水、异洞,构成了别具一格的阳朔山水。唐代诗人韩愈所作"江作青罗带,山如碧玉簪",就是对阳朔山水的形象写照。阳朔无山没洞,无洞不奇,洞中有洞,洞洞相连;阳朔的石头巧夺天工,绚丽多姿,美不胜收;阳朔的江河清澈如练,如流动的玉液琼浆,令人陶醉不已。正是这一道天下独有的立体风景,形成了"群峰倒影山浮水,无山无水不入神"的人间仙境。古往今来,多少游人寻梦而来,流连忘返;多少文人墨客吟诗唱和,深情赞叹;多少伟人政要在此激扬文字,指点江山。阳朔,以其独特的自然资源和人文资源,已经成为东方一颗璀璨亮丽的旅游明珠。从古至今,名人与名景都有不解之缘,阳朔也是如此。周恩来、邓小平、江泽民等党和国家领导人曾到阳朔考察,德奎利亚尔、李光耀、尼克松、克林顿等160多个国家元首和政府首脑游览过阳朔,历代名人李商隐、鉴真大师、徐霞客、康有为、徐悲鸿、孙中山等都在阳朔留下过足迹。名人与名景,相互映照,密不可分。

孙中山　民国10年(1921年)11月29日,孙中山率北伐军3万余人,溯江而上到达阳朔,在胡汉民等陪同下游览了南山厄和寿阳公园(今阳朔公园)等处,并在阳朔高等小学校发表演讲,称"阳朔遍地黄金也",对开发阳朔、富民强县提出了殷切期望。第二天到达兴坪渔村,登天水寨,俯瞰漓江和群山,盛赞阳朔山水之美。民国20年(1931年),阳朔人民为纪念孙中山,在碧莲峰西麓修建了中山纪念堂。

胡适　民国24年(1935年)1月22日,胡适到阳朔游览,并作《阳朔游记》。

吴迈　民国25年(1936年)1月12日,吴迈到阳朔观光,挥毫题诗"桂林山水甲天下,阳朔堪称甲桂林。群峰倒影山浮水,无水无山不入神"。这首诗镌刻在碧莲峰风景道上。

茅盾(沈雁冰)　民国31年(1942年)3月9日,茅盾由香港辗转至阳朔,从事抗战文化工作。

费孝通　1951年7月14日,费孝通考察阳朔。1981年8月14日、1988年12月20日重游阳朔。

刘伯承　1957年12月17日,刘伯承考察阳朔。

董必武　1959年2月24日,董必武畅游漓江,考察阳朔,并赋诗两首。

陈 云 1959年3月13日，陈云考察阳朔。

周恩来 1960年5月，周恩来出访东南亚6个国家后回国，与陈毅和邓颖超、张茜从桂林坐船游览漓江到阳朔。下船后，周恩来、陈毅等游览了滨江公园（即文化古迹山水园）。在碧莲峰下迎江阁，周恩来夫妇、陈毅夫妇共同合影留念。周恩来在听取阳朔县领导汇报后，提议漓江两岸应多种竹子，特别是凤尾竹，既可以保持水土，又可以美化环境，如今遍布漓江两岸的凤尾竹，就是在周恩来提议后逐年种下发展的。周恩来还品尝了阳朔特产沙田柚。

陈毅 1960年5月，陈毅与周恩来等一同畅游漓江，视察阳朔，并赋诗一首。

朱德 1963年1月，朱德偕夫人康克清到阳朔考察，与徐特立等人在漓江游船上作诗吟唱，赞赏秀美的阳朔风光。

叶剑英 1963年3月22日，叶剑英第一次考察阳朔。1971年，叶剑英第二次考察阳朔。1974年8月，叶剑英第三次考察阳朔，船到阳朔码头后合影留念，游览了南山厄风景道，并赋诗两首。

杨尚昆 1969年1月12日，杨尚昆第一次考察阳朔。1996年12月28日，再次考察阳朔，并为阳朔题词“阳朔，中国旅游第一县”。

邓小平 1973年10月，邓小平第一次考察阳朔。1986年1月，邓小平第二次考察阳朔。

钱伟长 1981年1月9日，物理学家钱伟长乘船到阳朔考察。1991年5月30日重游。

胡耀邦 1984年2月，胡耀邦考察阳朔。

乔 石 1988年1月5日，乔石乘船考察漓江，抵达阳朔。1996年11月24日，再次考察阳朔。

王洛宾 1992年6月27日，作曲家王洛宾到阳朔采风。

董建华 1992年8月27日，董建华考察阳朔。

李 鹏 1992年12月8日，李鹏到阳朔县指导飞机失事善后处理事宜；1996年10月1日，李鹏偕夫人乘船游览漓江，并为阳朔题词“阳朔中国旅游名县”。

刘华清 1992年12月6日，刘华清考察阳朔。

朱镕基 1993年1月8日，朱镕基考察阳朔。

李瑞环 1993年4月13日，李瑞环考察阳朔。2004年12月16日，李瑞环再次考察阳朔。

宋 平 1994年5月13日，宋平考察阳朔。

华国锋 1996年2月3日，华国锋考察阳朔。

江泽民 1990年11月20日，江泽民偕夫人第一次考察阳朔；1996年11月3日，江泽民偕夫人第二次考察阳朔；2010年12月13日—15日，江泽民偕夫人第三次考察阳朔，并为阳朔题词：“观光胜地　休闲乐园。”

李长春 2000年6月15日，李长春考察阳朔。2006年11月21日，李长春再次考察阳朔。

吴邦国 2001年4月12日，吴邦国第一次考察阳朔。2011年4月30日—5月1日，吴邦国第二次考察阳朔。

张德江 2004年4月17日，张德江考察阳朔。

苏 里 2005年1月5日—6日，电影《刘三姐》导演苏里夫妇游览阳朔。

吴官正 2005年5月5日，吴官正考察阳朔。

连 战 2006年10月10日，中国国民党荣誉主席连战考察阳朔。

刘云山 2007年5月8日，刘云山考察阳朔。

贾庆林 2009年3月21日，贾庆林考察阳朔。

吴伯雄　2011年4月2日，中国国民党荣誉主席吴伯雄考察阳朔。

蒋孝严　2011年4月2日，中国国民党副主席蒋孝严考察阳朔。

贺国强　2011年9月17日—18日，贺国强考察阳朔。

曾荫权　2011年10月24日，香港特别行政区行政长官曾荫权考察阳朔。

胡锦涛　2013年4月11日，胡锦涛偕夫人乘船游览漓江，参观考察大榕树景区。

胡志明　1961年5月15日，越南民主共和国主席胡志明到阳朔游览，并用中文题词"阳朔风景好"。

诺罗敦·西哈努克　1963年2月24日，柬埔寨国王诺罗敦·西哈努克偕夫人游览阳朔。

皮埃尔·埃利奥特·特鲁多　1973年10月15日，加拿大总理皮埃尔·埃利奥特·特鲁多游览阳朔。

李政道　1974年6月2日，美籍华人、诺贝尔物理学奖得主李政道游览阳朔。

保罗·哈特林　1974年10月23日，丹麦首相保罗·哈特林游览阳朔。

亨利·洛佩斯　1975年3月5日，刚果首相亨利·洛佩斯游览阳朔。

莱奥·廷德曼斯　1975年4月24日，比利时首相莱奥·廷德曼斯游览阳朔。

理查德·尼克松　1976年2月，美国前总统理查德·尼克松偕夫人游览阳朔。

李光耀　1976年5月20日，新加坡总理李光耀偕夫人游览阳朔。

雷蒙德·阿瑟·钟　1977年4月26日，圭亚那总统雷蒙德·阿瑟·钟游览阳朔。

吴奈温　1977年5月10日，缅甸总理吴奈温游览阳朔。

乔治·布什　1977年、1985年，乔治·布什（后任美国第41届总统）先后两次游览漓江和阳朔。

哈维尔·佩雷斯·德奎利亚尔　1977年8月、1987年5月，联合国秘书长德奎利亚尔先后两次游览漓江和阳朔。

阿赫马杜·阿希乔　1977年10月7日，喀麦隆总统阿赫马杜·阿希乔游览阳朔。

江萨·差玛南　1978年4月2日，泰国总理江萨·差玛南游览阳朔。

亨利·艾尔弗雷德·基辛格　1979年5月1日，美国国务卿亨利·艾尔弗雷德·基辛格游览阳朔。

罗伯特·戴维·马尔登　1980年9月14日，新西兰总理罗伯特·戴维·马尔登游览阳朔。

奥德瓦尔·努尔利　1980年9月28日，挪威首相奥德瓦尔·努尔利偕夫人游览阳朔。

博杜安一世　1981年6月3日，比利时国王博杜安一世游览阳朔。

安高·约恩森　1981年10月27日，丹麦首相安高·约恩森偕夫人游览阳朔。

皮埃尔·维尔纳　1982年5月5日，卢森堡首相皮埃尔·维尔纳偕夫人游览阳朔。

卡尔·卡斯滕斯　1982年10月16日，德国联邦总统卡尔·卡斯滕斯游览阳朔。

穆罕默德·齐亚·哈克　1982年10月21日，巴基斯坦总统穆罕默德·齐亚·哈克游览阳朔。

侯赛因·伊本·塔拉勒　1983年9月7日，约旦国王侯赛因·伊本·塔拉勒偕夫人游览阳朔。

拉马略·埃亚内斯　1985年5月26日，葡萄牙总统拉马略·埃亚内斯偕夫人游览阳朔。

雅克·桑特尔　1985年10月2日，卢森堡首相雅克·桑特尔偕夫人游览阳朔。

戴维·朗伊　1986年3月20日，新西兰总理戴维·朗伊游览阳朔。

斯坦格里米尔·赫尔曼松　1986年10月23日，冰岛总理斯坦格里米尔·赫尔曼松偕夫人游览阳朔。

乔治·舒尔茨　1987年3月1日，美国国务卿乔治·舒尔茨游览阳朔。

让娜·索维　1987年3月20日，加拿大总督让娜·索维及丈夫游览阳朔。

吉米·卡特　1987年6月，美国总统吉米·卡特偕夫人游览阳朔。

鲁道夫·基希施莱格　1987年6月3日，奥地利总统鲁道夫·基希施莱格偕夫人游览阳朔。

詹姆斯·格兰特　1987年7月11日，联合国儿童基金会执行主任詹姆斯·格兰特游览阳朔。

格罗·哈莱姆·布伦特兰　1988年1月22日，挪威首相格罗·哈莱姆·布伦特兰游览阳朔。

乔治·瓦西利乌　1990年8月30日，塞浦路斯总统乔治·瓦西利乌偕夫人游览阳朔。

乌达·凯拉巴·贾瓦拉　1991年4月，冈比亚总统乌达·凯拉巴·贾瓦拉游览阳朔。

黄金辉　1991年9月14日，新加坡总理黄金辉游览阳朔。

朱利奥·安德雷奥蒂　1991年9月20日，意大利总理朱利奥·安德雷奥蒂游览阳朔。

米歇尔·罗卡尔　1992年7月18日，法国前总理米歇尔·罗卡尔游览阳朔。

比兰德拉·比尔·比克拉姆·沙阿·德瓦　1993年9月29日，尼泊尔国王比兰德拉·比尔·比克拉姆·沙阿·德瓦偕王后艾什瓦尔雅游览阳朔。

汶鄂·巴色素旺　1996年6月29日，泰国国会主席汶鄂·巴色素旺游览阳朔。

谢赫·哈西娜　1996年9月14日，孟加拉国总理谢赫·哈西娜游览阳朔。

穆罕默德·纳瓦兹·谢里夫　1998年2月14日，巴基斯坦总理穆罕默德·纳瓦兹·谢里夫偕夫人游览阳朔。

比尔·克林顿　1998年7月，美国总统比尔·克林顿偕夫人游览漓江，途中登岸访问兴坪镇渔村。

让－吕克·德阿纳　1998年11月7日，比利时首相让－吕克·德阿纳游览阳朔。

西沙瓦·乔本潘　1999年1月29日，老挝总理西沙瓦·乔本潘游览阳朔。

王鼎昌　1999年5月20日，新加坡总统王鼎昌偕夫人游览阳朔。

图伊拉埃帕·萨伊莱莱·马利埃莱额奥伊　2000年8月25日，萨摩亚独立国总理图伊拉埃帕·萨伊莱莱·马利埃莱额奥伊游览阳朔。

弗雷德里克·奇卢巴　2000年10月，赞比亚共和国总统弗雷德里克·奇卢巴游览阳朔。

迈克尔·哈迪·博伊斯　2000年12月2日，新西兰总督迈克尔·哈迪·博伊斯偕夫人游览阳朔。

阿内罗德·贾格纳特　2002年7月6日，毛里求斯总理阿内罗德·贾格纳特偕夫人游览阳朔。

阿扎利·阿苏马尼　2003年6月22日，科摩罗联盟总统阿扎利·阿苏马尼游览阳朔。

约翰内斯·劳　2003年9月16日，德国总统约翰内斯·劳游览阳朔。

阿尔贝二世　2005年6月11日，比利时国王阿尔贝二世及王后游览阳朔。

农德孟　2006年8月25日，越南共产党中央委员会总书记农德孟游览阳朔。

梭　温　2006年11月1日，缅甸总理梭温游览阳朔。

格洛丽亚·马卡帕加尔·阿罗约　2009年10月29日，菲律宾总统格洛丽亚·马卡帕加尔·阿罗约游览阳朔。

苏西洛·班邦·尤多约诺　2009年10月29日，印度尼西亚总统苏西洛·班邦·尤多约诺偕夫人游览阳朔。

塔勒布·瑞法依　2009年11月17日—

18日,联合国世界旅游组织秘书长塔勒布·瑞法依考察阳朔,并给阳朔题词:“阳朔—旅游元素完美胜地,山水人文和谐典范。”

鲁皮亚·布维扎尼·班达　2010年3月2日,赞比亚共和国总统鲁皮亚·布维扎尼·班达游览阳朔,并访问白沙镇凉水井村。

阿里·邦戈　2010年5月2日,加蓬共和国总统阿里·邦戈偕夫人游览阳朔。

乔治·图普五世　2011年1月31日,汤加国王乔治·图普五世游览阳朔。

贝尔纳·阿夸耶　2011年4月29日,法国国民议会议长、老阿讷西市市长贝尔纳·阿夸耶偕夫人游览阳朔。

拉莫斯·奥尔塔　2011年9月3日,东帝汶总统拉莫斯·奥尔塔游览阳朔。

比拉瓦尔·布托　2011年9月6日,巴基斯坦人民党主席比拉瓦尔·布托游览阳朔。

巴妮·雅陶都　2013年6月6日　老挝国会主席巴妮·雅陶都到阳朔县白沙镇凉水井村考察。

李显龙　2014年9月14日,新加坡总理李显龙从桂林乘船游览漓江抵达阳朔,并游览西街,观看《印象·刘三姐》实景演出。

鉴真大师　唐代高僧,曾在漓江边鉴山寺停留传经。

李商隐　唐代著名诗人,任昭州(平乐)代理郡守时数次游阳朔,留存有《赛阳朔名山文》1篇。

米　芾　北宋著名书画家,任临桂县尉时数次游阳朔,曾画《阳朔山水图卷》。

徐霞客　明代著名地理学家、旅行家和探险家,著有《徐霞客游记》,其中记录到阳朔考察6日,有关阳朔日记7500多字,详细描述了阳朔山川风物之美。

康有为　近代著名维新派领袖,清同治十三年(1874年)、清光绪二十二年(1896年)两次游漓江和阳朔,并赋诗十余首。

徐悲鸿　当代著名画家,民国25年—27年(1936—1938年)在阳朔居住,画有《青厄渡》《漓江春晓》等名作。(伍维平　戴雪梅)

旅游业

【概况】 2018年,阳朔县旅游发展委员会紧紧围绕县委、县人民政府的工作部署,以打造“全球最佳旅居目的地”和“桂林国际旅游胜地先导区”为目标推进全域旅游,根据“以创促投、以创促建、以创促管、以创促改”的原则,探索出党建引领、交通助畅、业态提质、品牌添彩、生态共享的全域旅游发展五大模式,全力塑造“画里山水·栖居阳朔”旅居目的地新形象,走出了一条独具阳朔特色的全域旅游发展之路。2018年,接待游客1751.95万人次,同比增长13%;旅游总消费242.32亿元,同比增长33.7%。2018年,阳朔县成为全国运输服务与旅游融合发展现场会、全国乡村绿化美化现场会实地考察点,在全国乡村旅游与旅游扶贫工作推进大会上做典型发言。2018年,阳朔县十里画廊遇龙河景区成功创建自治区级生态旅游示范区。2018年,阳朔县荣获中国品牌旅游发展论坛“全域旅游发展突出进步奖”,蝉联重点生态功能区第一名,再次荣获广西科学发展先进县。

【旅游项目开发】 桂林文化旅游大道建成通车,社会投资日趋活跃,重点推进已落地项目的建设和投产,重点打造国际品牌酒店、旅游购物、文化演艺等项目,阿丽拉、阿玛瑞等高端国际品牌酒店建成营业,洲际酒店、罗兰夏朵、香樟华苹、河畔酒店二期等项目快速推进,精品酒店罗兰夏朵安置区建设完成,如意峰索道建设进展顺利,正好·希尔顿酒店完成外墙装修。益田西街特色商业街区已经形成,阳朔戏楼旅游商贸综合体完工并投入使用,奥特莱斯等国际品牌强势入驻,乌布小镇

7 月 27 日,"桂林千古情"景区正式营业

(县文新广体和旅游局 供稿)

和乌布小院、兴坪休闲养生度假区一期、宋城·桂林千古情快速推进。桂林千古情项目从奠基开工到开园迎客仅用了一年时间。国际品牌酒店集群、文化旅游集群、休闲度假集群、精品民宿集群、商业购物集群等产业集群初现规模,养生度假、低空旅游等新业态不断完善。

【**旅游宣传促销**】 2018 年,积极参加自治区、桂林市旅发委组织的赴苏州、武汉、深圳、香港等地宣传促销活动,积极参加东盟旅游展、桂林国际山水文化发展旅游节等系列大型活动。阳朔、荔浦、蒙山三地成立的阳荔蒙旅游联合体组织全区内 70 多家有影响力的旅行社对三县旅游资源进行一次联合推介,实现三地联动、互利共赢,旅游人数明显增加,三县共接待游客 2000 多万人次,带来旅游消费近 25 亿元。全面配合"i 游桂林"即一部手机游桂林业务开展,所有 A 级景区、星级酒店已签约。2018 年,举办阳朔微视频大赛、"画里山水,栖居阳朔"全国摄影大赛、《恋上阳朔》新书发布分享签售会系列活动;2018 中国—东盟"太极一家亲"系列交流活动在遇龙河自治区旅游度假区内开展;"山水暖你,壮乡等你"冬游广西桂林人游桂林首站在桂林千古情举行;成功举办 2018 阳朔铁人三项赛和协办环广西公路自行车世界巡回赛、第十九届漓江渔火节、第十五届金橘交易会暨第七届苗木花卉交易会。

【**加强旅游市场管理**】 2018 年,阳朔县加大旅游市场整治力度,在阳朔县旅游市场秩序综合监管工作领导小组办公室下设调度指挥中心,结合《广西壮族自治区人民政府办公厅印发关于建立旅游投诉统一受理机制和开展旅游市场联合执法实施办法的通知》(桂政办发〔2014〕93 号)精神,按照"政府主导、属地

11 月 24 日,2018 中国—东盟"太极一家亲"系列交流活动在遇龙河自治区旅游度假区内开展 (县文新广体和旅游局 供稿)

管理、部门联动、行业自律、各司其职、齐抓共管”的工作原则,各职能部门根据领导小组和指挥中心的统一调度和安排,按照各自工作职责,共同做好旅游市场综合监管工作。根据《2018年阳朔县旅游市场秩序整治工作方案》,开展开展“十大行动”“百日行动”“中秋、国庆、元旦节假日”等专项整治行动。一是对车辆非法营运、飞车揽客、无序揽客、欺客宰客、乱搭乱建等旅游乱象,出动人员1200余人次,执法车560余辆次,暂扣导游证25本,依法传唤违法人员20名,行政拘留4人,批捕5人,查扣非法营运“黑出租”13辆,查处酒后驾驶36起,查扣无牌无证三轮摩托车12辆,拆除违章建筑2100余平方米;二是对白沙镇富里桥、山口、竹桥和高田镇碑头、龙城等非法竹筏经营点进行严厉打击,有效维护遇龙河竹筏漂游市场秩序;三是对购物市场包厢式销售进行清理整顿,加强对奥特莱斯、东盟泰国城、泰华、华冠鸡血玉核验检查,购物市场得到进一步净化,减少因购物导致的投诉。

【旅游行业管理】 继续开展旅行社(服务网点)的申报、年审(备案)等常规工作,年内新增旅行社3家;指导阳朔乡下人家和月圆山庄农家乐复核工作;提升旅游从业者的劳动素质,加强职业教育培训;开展旅游厕所的申报和指导工作。

至年末,阳朔县有三星级以上饭店4家,其中五星级饭店1家(碧莲江景大酒店)、四星级饭店2家(桂福大酒店、新世纪酒店)、三星级饭店1家(宝峰大酒店)。有旅行社13家,主要经营入境旅游和阳朔旅游业务,无经营出境旅游业务的旅行社。分别是阳朔欢乐行旅游发展有限责任公司、阳朔三姐国际旅行社有限责任公司、阳朔久盛国际旅行社有限责任公司、阳朔昊天下旅行社有限公司、阳朔鸿朔假日旅行社有限公司、阳朔天顺国际旅行社有限责任公司、阳朔宇飞国际旅行社有限公司、阳朔歪歪游国际旅行社有限责任公司、阳朔春夏秋冬旅行社有限责任公司、阳朔嘉和国际旅行社有限责任公司、阳朔华聚国际旅行社有限责任公司、阳朔铭城旅行社有限责任公司、阳朔县爱行者旅行社有限公司。

【党建+旅游】 2018年,桂林市“党旗领航品质旅游”活动在阳朔县启动,阳朔县漓江排筏从业者协会获评“自治区级党建示范点和旅游特色党组织”。联合桂林旅游学院、阳朔民宿协会党组织开展“党建+扶贫+优质旅游”专题交流会,解读国家民宿评定标准。开展“旅游+党建”座谈交流以及养身菜品制作、抹茶点心制作等技能培训,取得良好效果。在世外桃源景区党支部开展“优质服务示范船”“优质服务示范岗”“党旗更鲜艳、服务更满意”等专项活动,促进景区旅游服务、旅游设施和旅

12月22日,在县委五楼会议室召开阳朔县创建“国家全域旅游示范区”初审末次会议 (县文新广体和旅游局 供稿)

游品质提档升级。在全县逐步打造全域旅游红色驿站,同时辐射到各行业各系统各领域。年内,阳朔县旅游红色驿站第一期已经完成柚子湾绿道驿站、杨堤绿道驿站、下岩驿站、世外桃源驿站、遇龙驿站建设并对外开放。以红色旅游驿站为基地,通过党建加速旅游产业与文化、农业、扶贫等多领域协同发展。

【民俗+旅游】 2018年,在杨堤乡杨堤村委桃源村举办旅游扶贫培训班,培训乡村旅游人才;研究制定阳朔县民宿管理办法,借鉴其他县区民宿管理的优秀经验做法,为阳朔民宿可持续发展提供指导;举办民宿高端人才发展国际论坛;成立阳朔民宿学院。开展优秀民宿人才、优质民宿评选活动,评选出阳朔民宿十大影响力人物、十大优质民宿、十大金牌管家。通过一系列措施,推动本地民宿行业规范、有序和健康发展。

2018年遇龙河漂游票价表

漂游河段	价格(元/筏)
金龙桥码头至旧县码头	255
旧县码头至骥马码头	160
骥马码头至水厄底码头	255
骥马码头至万景码头	320
遇龙桥往返	145
水厄底码头至万景码头	160
休闲漂	35元/人

2018年阳朔县部分景点(区)门票价格表

景点名称	门票价格(元/人)
世外桃源	60
山水园	28
聚龙潭	45
奇石宫	25
图腾古道	35
蝴蝶泉	45
金水岩	35
印象·刘三姐	普通票 190 B1票 320 A1票 680 B2票 230 A2票 480
古榕公园	15
月亮山	11
龙颈河	128

2018 年漓江景区各码头排筏游价格表

线路	门市价	游程时长
杨堤码头→马山码头	95 元／人／次	约 2 个半小时
杨堤码头→兴坪朝板山码头	170 元／人／次	约 3 个小时
兴坪朝板山码头→马山码头	80 元／人／次	约 1 个小时
榕树潭码头→渔村大船游	60 元／人／次	约 1 个小时
书童山码头→林家洲码头	90 元／人／次	约 50 分钟
书童山码头→福利码头	90 元／人／次	约 1 个半小时
书童山码头→留公码头	80 元／人／次	约 2 个小时
书童山码头→普益码头	125 元／人／次	约 3 个小时
福利码头→留公码头	80 元／人／次	
留公码头→普益码头	90 元／人／次	

2018 年阳朔星级宾馆（饭店）

酒店名称	星级	客房（间）	床位（张）	地址	电话
碧莲江景大酒店	五星	333	570	观莲路 1 号	0773−8886666
新世纪酒店	四星	228	630	碧莲巷 2 号	0773−8829819
桂福大酒店	四星	302	500	抗战路 6 号	0773−8880000
宝峰大酒店	三星	163	215	大村门开发区	0773−8813888

（刘孙瑶）

城乡建设·环境保护

改造升级后的杨堤驿站　（县住建局　供稿）

城乡建设

【概况】 阳朔县住房和城乡建设局作为全县城乡规划建设管理主管部门,行政编制 8 人、工勤编制 1 人,2018 年有在职人员 9 人,其中:局领导班子 5 人(挂职 1 人)、正科级干部 3 人、副科级干部 4 人、科员 1 人、工人 1 人,设有政秘股、住房保障管理股、城市规划管理股、村镇建设管理股、建设工程管理股、技术股、政策法规股(行政审批办公室)、计财股、人民防空股等 9 个业务股室,业务股室人员全部从二层单位阳朔县建设规划管理站抽调(因人员紧张,住房保障管理股、政策法规股未配备工作人员)。住建局下属事业单位有阳朔县房地产管理所、阳朔县建设规划管理站、阳朔县建设工程质量安全监督站、阳朔县墙体材料改革办公室、阳朔县城建档案室、阳朔县施工企业管理站、阳朔县白蚁防治站、阳朔县建筑工程招标投标管理站、阳朔县建筑安装工程劳动保险费管理办公室、阳朔县建筑设计院、阳朔县村镇建筑设计室,其中参公单位 2 个、全额拨款事业单位 4 个、自收自支事业单位 5 个。

【城乡建设规划】 2018 年,组织编制《阳朔县城北组团控制性详细规划》《阳朔县城北组团核心区城市改造规划》,成果通过专家评审审查。《阳朔县人防工程规划(2018—2030)》完成编制初步方案。

【重点项目工程建设】 积极推动城镇基础设施建设,完善老城区功能改造。年内,实施阳朔县凤鸣片区保障性安居工程和城中村改造配套基础设施(凤鸣路北段道路改造工程)项目、阳朔县老城区改造工程——县城小街小巷道路改造建设项目、阳朔镇骥马 28 米道路建设工程、西街 AAAA 景区立面改造等项目。

【城乡风貌建设】 2018 年,全县新型城镇化示范县项目顺利开展。白沙镇、金宝乡、普益乡新型城镇化示范乡镇建设基本完成 2018 年项目建设,金宝乡城镇化示范乡镇建设项目完成投资 6123 万元,普益乡城镇化示范乡镇建设完成投资 4242 万元。白沙镇旧县村和高田镇朗梓村完成中国传统村落建设,兴坪镇渔村完成建设内容的 69%,高田镇龙潭村完成建设内容的 88%,普益乡留公村完成建设内容的 68%。14 个乡土特色示范村,其中兴坪镇 5 个乡土特色村完成建设任务,累计完成投资率 90%。12 个村屯公共照明试点项目,于 10 月中旬全部完工。6000 户改厨改厕任务,改厨开工 6000 户,完工 4470 户;改厕开工 5405 户,完工 3875 户。开展无障碍建设项目 6 个,完成 84 个无障碍坡口化改造。

【城市给排水】 2018 年,县自来水厂出厂水质综合合格率 100%,管网水质综合合格率

阳朔县城新水厂 (县住建局 供稿)

99%以上，保证了用水安全。开展“智慧水务”建设，重点启用智能水表安装、收费系统智能化、供水调度系统、微信网络支付功能等模块，智能水表安装大规模推广、普及，并正常投入使用，供水用户通过关注公众号即可在网上直接实现水费缴纳、预存充值、水量查询等便捷服务。污水处理厂生活污水集中处理率为98.68%，其中二期处理污水282.4025万吨；日均进水量为8455立方米/日；运行负荷率为84.55.3%，出厂污泥每天约0.64吨；三期共处理污水566.7131万吨，日均进水量为16967立方米/日；运行负荷率为84.84%，出厂污泥每天约1.29吨。

【保障性住房建设】 2018年，全县公租房（含廉租房）已分配1535套，分配入住率达99%以上。棚户区改造项目分配46套，县机械总厂、农机校、县食品饮料厂等已基本建成待分配325套，分配255套，入住率为78.4%。保障性住房的建成和分配入住，有效地缓解中低收入住房困难家庭和边远地区职工和居民的住房问题。

【农村危房改造建设】 2018年，全县农村危房改造任务237户，第一批85户，开工85户，完工85户；第二批152户，开工92户，完工28户。第一批危房改造完成验收，补助资金发放到位。

【工程建设管理】

工程质量管理 2018年，全县建筑业总产值目标任务43555.2万元（同比增长12%）。年内，受理全县报建工程51项，报建的项目均要求通过广西建筑市场监管和诚信信息一体化平台办理项目报建、施工图审查、招标投标、合同备案、质量安全报监、施工许可和竣工验收7个环节手续，实现全程留痕；优化涉及施工许可等行政审批流程，取消建筑节能设计审查备案事项、取消施工许可前置条件中的资金证明和无拖欠工程款情形的承诺书，合并办理与施工许可证颁发相关的工程质量安全监督手续、现场前期条件核查等事项；施工合同备案待区住建厅优化平台流程后也即将取消，进一步提升服务企业的效能。锁定新建项目的项目经理、安全员、总监理工程师诚信卡60人，解除竣工项目的项目经理、安全员、总监理工程师诚信卡66人。查处违反基本建设程序的建设项目案件20起，下达行政处罚决定书41份；处罚单位12个、处罚个人19人。

施工安全管理 全年开展质量安全专项大检查4次，并执行每季度1次质量安全大检查，累计下达动态扣分通知书57份，其中施工单位15份，项目负责人17份，安全员17份，总监理工程师8份。严格按要求在建工地的扬尘、渣土运输、建筑垃圾、废水、噪音等治理，开展建筑工地环境治理专项检查3次，并成立建筑工地扬尘治理检查组，派出200

阳朔兴坪镇石磨观景长廊 （县住建局 供稿）

余人次对在建项目进行工地扬尘治理进行暗访排查,检查全县项目40多个,下发扬尘治理类的整改23份,下发扬尘治理隐患通报2份,通报责任单位6个。协同市容局渣土办等部门对在建工地进行行政处罚6次,罚款金额总计6万多元。

创建示范工程　2018年,积极落实创建安全文明示范工程,通过以点带面,全面提升全县建筑工程施工质量安全管理水平。年内,广西建工集团第三建筑工程有限责任公司承建、广西隆欣建设监理有限公司监理的阳朔县人民医院、阳朔县中医医院建设项目一期(地下室、门诊楼、医技楼)项目获得"2018年上半年桂林市建设工程施工安全文明标准化工地"和"2018年上半年广西壮族自治区建设工程施工安全文明标准化工地"等称号,由广西建工集团第四建筑工程有限责任公司承建的"彰泰·阳朔乌布小院"获"2018年度全国工程建设优秀质量管理小组一等奖",为全县创建标准化工程作了良好示范。

建筑市场行为管理　2018年,核发规划建设用地红线图、定点通知单309份;完成建设用地规划许可审批240项,用地面积22.48万平方米;完成建设工程规划许可审批123项,建筑面积15.42万平方米;完成乡村建设规划许可审批50项,建筑面积3.17万平方米;核发建设工程施工许可证115项,建筑面积16.45万平方米,道路总长1.5万米,桥梁总长101.88米;完成竣工规划核实审批单核发155项,建筑面积13.27万平方米;完成勘察单位开展勘察业务前工程勘察报告手续33项;完成建设工程施工图设计文件审查备案48项;完成建设工程报建备案41项;完成退还农民工工资保障金审核9项。

招投标监管　2018年,全县均能严格执行招投标制度,依法放开非国有资金投资工程项目招标发包自主权,并执行招标文件范本。实行工程招投标项23个,其中公开招标13个、邀请招标10个。

【房地产管理】2018年,全县商品房备案439宗,备案面积33796.3平方米,收取房屋维修基金208万元,录入不动产登记信息反馈档案1707件,库存档案3473卷。房地产市场相对平稳,无大的波动,总体房地产市场健康有序。　(县住建局)

环境保护

【概况】2018年,阳朔县环境保护局(简称县环保局)有编制6人,在职5人,设政秘股、宣教法规股、综合股、尾气监管股4个股室。局管理下属事业单位阳朔县环境监察大队、阳朔县环境保护监测站。其中:阳朔县环境监察大队为县局管理的全额拨款参照公务员管理事业单位,人员编制10名,在岗8人;阳朔县环境保护监测站为县局管理的全额拨款事业单位,机构级别为相当副科级,人员编制5名,在岗4人。年内,县环保局认真贯彻落实环境保护这一基本国策,践行"绿水青山就是金山银山"的生态观,认真落实环保目标责任制,加强环境执法,持续推进地表水水质、饮用水源水质治理、大气污染防治、耕地土壤污染防治与修复项目等工作。全县环境空气质量达标率90%以上,地表水水质、饮用水源水质达标率均为100%,辖区内没有发生重特大环境污染事故。阳朔县十里画廊遇龙河景区获自治区生态环境厅授予"广西生态旅游示范区"称号。

【环境质量】2018年,县环保局完成漓江、遇龙河水质监测、县域空气质量(含酸雨)监测、县域噪声功能区和达标区监测、县城集中式饮用水源监测等常规例行监测。

大气环境　2018年,阳朔县城区二氧化

6月5日，阳朔县环境保护委员会在阳朔公园举行“六五”环境日宣传活动 （秦玉坤 摄）

硫年均值为9微克/立方米，二氧化氮年均值为14微克/立方米，可吸入颗粒物年均值为50微克/立方米，臭氧年均值为35微克/立方米，一氧化碳年均值为1500微克/立方米，细颗粒物年均值为35微克/立方米，宝泉空气自动监测站全年有效运行天数348天，达标天数319天，达标率91.7%。

水环境　漓江龙头山断面、遇龙河金龙桥断面水质每月监测一次，达到《地表水环境质量标准》(GB 3838-2002)Ⅲ类标准，达标率为100%。阳朔县城集中式饮用水源每季度监测一次，水质达到或优于国家《地表水环境质量标准》(GB 3838-2002)Ⅲ类标准，饮用水源水质达标率100%。

声环境　2018年，阳朔县城噪声达标区网格昼间监测点位总数为103个，达标点位为93个，超标点位10个，达标比例为90.3%。城区网格点定时昼间等效声级55.0dB (A)，低于GB 3096-2008《声环境质量标准》2类噪声标准限值。阳朔县城噪声达标区网格夜间监测点位总数为103个，达标点位为94个，超标点位9个，达标比例为91.2%。城区网格点定时夜间等效声级45.8dB (A)，低于GB 3096-2008《声环境质量标准》2类噪声标准限值。

【环境行政审批】 2018年，县环保局政务服务窗口接待群众咨询251人次，审批建设项目环境影响报告表20个，并录入环保审批信息系统。完成建设项目环境影响登记表备案77个，项目“三同时”执行率100%。发放排污许可证116个，无未批先建、越权审批、降级审批、违反“三同时”规定等违法行为。

【行政处罚】 2018年，发现违法行为36起，下达责令改正违法行为决定书36份，处罚金额59.6万元，立案查处12起。

【排污申报与管理】 2018年起实行费改税后，排污申报工作改由税务部门负责，不再征收排污费。全年征收2017年全县欠缴排污费31.4万元。

【污染源监控】 2018年，全县纳入考核企业2家，阳朔田家河水源净化厂(二期)、阳朔县新城区污水处理厂，1—12月污染源自动监控数据传输率、有效率、任务完成率均达桂林市考核标准。

【环境信访及整改】 2018年，县环保局受理来信、来访、来电57件，处结率100%。受理行政诉讼案件1件，环境行政复议案件0件。受理中央环保督察“回头看”工作组进驻广西期间交办群众举报案件22个，截至2018年年底完成中央督察组交办问题整改19件，完成率86%，其余3件按计划推进整改。

【核与辐射安全监管】 2018年,县环保局检查产生放射辐射和危险废物单位共12家检查4次,监督单位建立安全管理措施和应急预案、办理辐射安全许可证,辖区内辐射管理人员全部持证上岗。

【污染防治】 2018年,县环保局积极加强污染防治工作,水污染、大气污染防治工作。年内,阳朔县田家河水源净化厂(二期)提标改造已将县城生活污水全部纳入阳朔县田家河水源净化厂三期(阳朔县新城区污水处理厂)处理,达到《城镇污水处理厂污染物排放标准》一级A标准后排放,处理能力3万吨/日。阳朔县田家河水源净化厂新增加总磷、总氮在线监控设施安装,并与市环保局在线监控管理平台联网运行。印发实施《阳朔县农村环境综合整治项目整改工作方案》,摸底核查全县农村环境综合整治项目,农村生活污水处理设施全部投入使用,兴坪镇、白沙镇、高田镇、福利镇、葡萄镇等5个镇污水处理厂正常运行。加强露天焚烧监管,坚决杜绝露天焚烧生活垃圾和其他废弃物行为,倡导广大居民自觉抵制、焚烧垃圾的行为,对违反规定的行为依法进行查处。

12月19日,阳朔县召开生态环境保护大会,县委书记蒋春华等县领导参加会议 (张 政 摄)

【加强生态保护示范建设】 2018年,县环保局着力加强生态保护示范建设。年内,阳朔县十里画廊遇龙河景区获自治区生态环境厅授予"广西生态旅游示范区"称号。阳朔县高田镇朗梓村成功创建桂林市绿色环保社区(小区),阳朔中学完成国际生态学校申报工作。

【兴坪镇思的村土壤治理修复工作稳步推进】 2018年,兴坪镇思的村1100亩农田安全利用项目(2018—2020年)获2017年度中央土壤污染防治专项资金700万元。年内,《阳朔县兴坪镇思的村1100亩农田安全利用项目实施方案》顺利通过自治区生态环境厅组织的专家技术审查并批复实施(桂环函〔2018〕3077号)。采取种植结构调整、土肥改造等方式,实施阳朔县兴坪镇思的村有色金属采选废水污染耕地1100亩安全利用。至2018年年末,完成物资仓库、育苗大棚、焚烧炉设备房等的建设和设备安装调试。完成轻度污染55亩、中度污染212亩、重度污染20亩的翻耕以及籽粒苋、商陆、蜈蚣草等重金属富集植物的种植、收割、晾晒、入库存储、造粒、焚烧和安全处置;完成耕地钝化剂、活化剂的施用。完成2016—2018年度土壤、农作物、重金属富集植物等共3次阶段和竣工验收采样监测分分析工作,拨付工程进度款851.37万元,占总投资的71%。

【环境保护宣传教育】 2018年,县环保局积极动员和组织全县各乡镇人民政府及全县各中小学校向群众开展环保宣传活动。全年共印发禁止露天焚烧、禁限放烟花爆竹等多种宣传单7

万份。6月,县环保局组织开展纪念环境日环保宣传活动,在《今日阳朔》刊登环境状况公报、摘录宣传部分常用环保法律法规,并联合县教育局,组织中小学生开展环境小报评比活动。

（林　蕾）

市容管理

【概况】 2018年,阳朔县市容管理局(以下简称县市容局)以加快实现“两个建成”为目标,以改善城镇市容市貌为突破口,着力开展环境综合整治,提升各项市容环境。年内,县市容局荣获自治区城市管理执法队伍“强基础、转作风、树形象”专项行动成效突出单位、桂林市二〇一八年度城市管理监察先进单位、2018年度“美丽阳朔”乡村建设活动先进集体等荣誉。

【市政建设】 2018年,全县投入719万完成城北路道路提质改造工程、县城地下综合管线普查及CAD三维管线信息系统平台建设工作。投入资金470万元完成凤鸣市场、石马圆盘片区排涝及清淤工程、龙岳路至乌藤巷污水管网升级改造工作;全年维修雨水井盖95套、污水井盖63套,清理雨水井103座、污水井59座,保障城区雨污管道畅通。

【路灯管理】 加强路灯设施管护。全年维修高压钠灯220套;更换节能灯泡860个,LED灯电源60个,叠石瀑布景观灯32盏;维修水泵8台,山体夜景灯150盏次,路灯及景观灯控制箱12台;在阳朔公园、城北路、荆风南西路等区域新装路灯180盏。配合县施工队伍对抗战路、蟠桃路、神山路等路段的路灯进行升级改造,更换路灯278杆、电缆线12125米;对滨江路、城西大道、山水园、迎宾画廊、漓江东岸竹林开展夜景亮化,安装各类灯具3000多盏,电缆线18625米。

【城市管理】 切实加强城市监管,及时处理各类案件。全年暂扣乱停乱放摩托车1000余辆、电瓶车1600余辆、自行车860架次、广告牌1050块、流动摊点1580摊、固定烧烤摊350摊、暂扣桌椅凳400余套、暂扣各类工艺品15000余件次、教育乱停乱放车辆2400余架次、教育跨门槛经营行为2000余次。接收并处理市级下派案件共7697起,其中:街面秩序5299起、施工管理129起、市容环境525起、宣传广告1654起,其他设施部件案件65起,突发事件25起。建立运行数字化城市管理系统,市容局(县城管办)协调公安、交警、园林、卫计、住建等多部门及时处理案件,切实提高城市管理综合能力。

4月25日,县市容局组织施工车辆对入城方向路灯进行检修

（梁剑峰　摄）

【户外广告管理】 规范户

外广告管理。全年查处违法违章广告牌4处,依法拆除1处;审批各类广告180块,规范店面招牌84个;清理乱挂条幅90余条,清除乱贴乱写小广告约11000条。

【渣土管理】 2018年,县市容局渣土办与县交警、交通、农机等部门联合开展巡查642次,突击设卡检查15次,查处运输车辆未密封28起,占道堆放建筑垃圾材料7起,车轮带泥污染路面19起,工地泥浆污染路面3起,运输车辆抛撒滴漏12起,运输车辆扬尘污染1起,乱倒垃圾9起,协调及教育处理渣土违法行为184起。

【县城环境卫生管理】 加强环境卫生管理工作。全年日均垃圾清理达90吨,垃圾转运站全年压运生活垃圾约58700吨,生活垃圾压缩转运率达100%。生活垃圾填埋场全年处理渗滤液15176吨,出水水质均达到《生活垃圾处理场污染控制标准GB-16889-2008》表3标准。县城主街道每天洒水至少6次,投入3辆洗扫车分路段每天冲洗县城路面2次,每周清洗西街4次,有效降低扬尘污染。

8月22日,县市容局联合交警、农机等部门开展渣土综合执法检查
(李国柱　摄)

【治理违章建筑】 加强建设工地监控。全年配合住建部门查处违法违章建筑209户,其中永久性建筑89户,违法建筑总面积47860.4平方米;临时建筑120户,违法建筑总面积5862.8平方米。协助住建局规划股定点307户,房屋竣工验收155户,拆除违章建筑33处,拆除违法建筑总面积约为4666.4平方米。召开违法建筑听证会17次;下达处罚决定书79份。

(覃　倩)

新城区建设

【概况】 2018年,新城区建设指挥部按照县委、县政府"举全县之力,加快新城区建设步伐"的科学部署,大力倡导"实干就是能力,落实才是水平"的工作理念,以中共十九大精神为指引,主动担当,攻坚克难,连续奋战在新区建设第一线。年内,甲秀桥正式通车、自来水加压泵站运行、阳朔镇第二中学和第三幼儿园启用、"福达·阳朔之心"和"彰泰·阳朔十里春风"项目落地开工、搬迁户部分回建房陆续入住等各项重点建设工作取得关键性突破。全年完成固定资产投资14亿元,完成目标任务的116.7%。2018年度获"桂林市重大项目推进工作先进集体"。

【政策法规宣传】 2018年,新城区建设指挥部继续进村入户分发《阳朔县新城区房屋搬迁安置及补偿补助标准调整方案》(朔发〔2017〕1号)宣传小册子给新城区范围内广大群众,对调整后的新城区主住房屋搬迁补偿政策进行解读和分析，使调整后的政策为新城区群众知晓、认可和接受。年内，完成《新城区安置地宗地抽签办法（指导意见）》，为新区快速推进征地搬迁安置工作打下坚实基础。

【纠纷调处】 2018年，新区指挥部专门落实“接待室”，建立集接访、受理、分流、调处、化解、稳控为一体的矛盾调处中心，与群众正面沟通，“一站式”调处矛盾纠纷、解决信访问题。深入群众，做好群众思想工作，对群众的利益诉求不堵、不避、不拖、不压，把矛盾纠纷化解在基层，解决在萌芽状态。全年共接待来访群众260余人次，调处各类纠纷80余起。

【征地搬迁安置】 2018年，新区指挥部全体人员与各工作大队一起深入群众、克难攻坚，真正做到撸起袖子加油干、扑下身子抓落实，全县上下形成推进新区建设的“一盘棋”。

搬迁安置政策调整　县委、县政府从六个方面对搬迁安置政策进行了调整，通过调整搬迁安置方式、提高房屋的补偿标准、扩大搬迁安置地面积、提高过渡安置费补偿标准，让搬迁群众获得更多的实惠，真正实现让利于民。

出台补偿办法　制定《阳朔县新城区重点范围内搬迁户按期搬迁补助办法》和《关于明确〔2017〕1号执行时间的通知》，分别制定享受安置政策、享受租房补贴、搬迁房屋奖励等三个时间节点。

协议签订和房屋拆除　各大队严格按照节点执行，做到政策执行统一，快速推进协议签订和房屋的拆除工作。截至2018年12月底，累计完成土地征收11170亩，占总数的95%；签订房屋征收搬迁协议312户，占总数的96.3%；完成回建地抽签283户，占总数的87.3%；拆除主住房屋224座，占总数的70%。16个安置点基本完成“三通一平”工作，办理新建房屋审批166户，回建房186户，主体结构封顶20户，装修入住9户，实现年内“群众入住”的目标。

【项目规划建设】 2018年，新区指挥部始终做到科学合理规划项目建设。

在建项目对接和监督　年内，确定新区道路“一山一水一诗词，一路一景一画轴”的景观定位；设计和编制山水大道800米示范段、兴福路、金桂路的景观方案施工图；调整设计完成山水大道栗木河至龙城段、瑞祥路北段的道路施工图线路；完成安置区各拟建安置房的地基处理和新编制矮山5号安置区规划。调整三界村安置区规划，编制完成矮山2、3号安置点配套基础设施施工图；选定山水大道南段9条道路和安置区道路的路灯造型，完成甲秀桥、览胜桥、栗木河桥的外立面装饰及栏杆设计；配合供电部门、通信部门确定新城区4条供电主线路的走线方案，开闭所、通信分支箱定点选址。调整碧莲变110千伏变电站选址。

计划项目储备　年内启动遇龙河南游客服务中心规划编制；完成览胜二桥的项目立项、施工图编制等工作；修改完善山水大桥、朝霞桥、兰溪桥、甲四桥四座桥梁及朝霞路南段、学院路两条道路的方案设计及方案修改、编制项目建议书和可研报告并通过审批；制定行政二区的项目建设实施方案，进入规划建筑设计方案研究。

【基础设施建设全面推进】 2018年，新区各项基础设施建设全面推进。

新区路网　2017年9月启动的山水大道（南段）、林溪路、兴福路、临月路、金桂路、河滨二路、河滨四路、瑞祥路、新锐路等9条市政道路管网工程完成总工程量的85%，道路路基工程基本完成，并开展路面水稳层施工，部

9月10日,新城区甲秀桥正式通车　　（廖　艺　摄）

来水已经顺利供水至二中、三幼新校区。新区110千伏碧莲变电站于12月17日开工建设;从老城区至新城区的Ⅰ、Ⅱ、Ⅲ、Ⅳ号供电线路新建工程总投资4042万元,电缆线路45.32千米,开闭所(分支箱)45台,已经进场施工。移动光纤已经接通至览胜桥;电信主干光缆完成布放主干光缆288芯15千米。

分路段已经封油,总投资5.0788亿元,完成投资约3.6亿元。学院路、朝霞路(南段)建设工程完成初步设计方案。

桥梁　9月10日,甲秀桥正式通车,是新区建成的第一座桥梁。栗木河桥和览胜桥分别完成总工程量的60%和90%。览胜二桥建设项目完成项目建议书及批复、可行性研究报告及批复、选址意见书、用地规划许可证、工程规划许可证、施工图编制、施工图预算编制及评审、施工图审查备案等工作,并进行施工招标工作。山水大桥、朝霞桥、兰溪桥、甲四桥建设工程完成项目建议书编制,其中山水大桥、朝霞桥已完成初步设计方案,兰溪桥、甲四桥完成施工图编制。

供水供电通信工程　自来水加压泵站5台水泵机组、泵站内进出水管成功安装,并已通过试压合格,具备通水条件;甲一路、兰溪路、林溪路西段等路段已经通水,8月30日自来水已经顺利供水至二中、三幼新校区。

公共服务设施　9月,阳朔镇第二中学、阳朔镇第三幼儿园正式启用,第三小学进行主体建设施工。应急指挥中心、社保中心、“互联网+旅游”中心、元宝山公交中心场站、县中医院等项目进行装修工作。县疾病预防中心、县综合档案馆等项目完成主体结构封顶。

【招商引资实现新突破】 1月18日,新区通过挂牌出让方式首次出让三个地块共237亩,成功引进“福达·阳朔之心”项目,是新区入驻的第一个社会投资项目;11月30日,通过挂牌出让地块130亩,引进“彰泰·十里春风”项目;12月19日,成功出让山水大道南侧和览胜路西侧(燕村旁)商住用地4宗,面积355.44亩,竞得者为桂林凤凰文投公司。计划拟出让地块14个,总面积约874.56亩,其中7个地块完成土地收储工作。

（邬如清　陶坤和）

交通运输

3月30日，在县委五楼会议室召开阳朔县2018交通运输工作会议。县委副书记、县人民政府县长蒋春华部署全年交通运输工作　　　　　　　（县交通运输局　供稿）

交通运输

【概况】 2018年，阳朔县交通运输局下设阳朔县运输管理所、阳朔县公路管理所、阳朔县航务管理所、阳朔县港务管理所、阳朔县交通运输执法大队5个事业单位，干部职工总人数91人。阳朔县交通运输局机关党委下设5个党支部(含机关单位党支部1个、事业单位党支部2个，非公经济党支部2个)，共有中共党员163名。辖区内水路运输企业有阳朔航运总公司等7家，道路运输企业有桂林骏达运输有限公司、阳朔汽车总站等7家。

【基础设施建设】 2018年，续建锁石至屏山四级公路、马鞍至门楼四级公路县乡联网工程2个，完成建设里程10.7千米，完成投资1300万元。完成中南至土岭等18条乡村道安全生命防护工程，隐患整治里程60.78千米，完成投资1197万元，进一步完善县内农村公路交通安全设施。完成建设危桥改造项目3个，开工建设2个，桥梁建设共200.36延米，总投资665万元。其中，朗梓桥3、金村桥、新村桥2已完工，完成桥梁改造95.28延米，完成投资271万元；年内开工建设延村桥、黄土坝桥。

【通村公路建设】 2018年，继续推进农村道路建设，新增通自然村道路硬化里程55.26千米，完成投资3076.8万元，完成29个自然村通硬化路，全县通自然村道路硬化率已达97%。阳朔镇、白沙镇实现村村通水泥路，杨堤乡、金宝乡实现20户以上村村通水泥路，福利镇、高田镇实现50户以上村村通水泥路。

【地方公路养护】 2018年，管养全县(县、乡、村)地方公路165条，共658.73千米。其中，县道8条116.00千米，乡道46条218.11千米，专用道2条1.80千米，村道109条322.80千米。农村公路路况指标优良等路率县道42.35%、乡道44.8%、村道49.09%；中等路以上率县道98%、乡道91%、村道84%；差等路率县道1.03%、乡道6.04%、村道13.92%。好路率进一步提高。

【道路运输】 2018年，全县拥有道路运输企业7家，客运车辆381辆、9669客位。全年道路运输完成客运量433万人次，客运周转量25642万人千米；完成货运量307万吨，货运周转量67584万吨千米，同比分别增长11%和11.1%。全县9个乡镇均开通客(公交)车，通公交率67%；96个行政村通班(客)车，31个行政村通公交车，通公交率42%。全县道路客、货运量及周转量同比有所增长。

【水路运输】 2018年，全县有水运企业7家。其中，游船公司3家，景区船舶企业1家，乡镇水运企业3家。完成游船提档升级及星级改造41艘。其中，三星级游船38艘，四星级游船5艘，客位3928个。景区船舶36艘，900客位；乡镇圩客船38艘，1825客位；横水渡船24艘，692客位。全年完成水路客运量136.94万人次，同比增长1.19%；旅客周转量7099.13万人千米，同比增长12.95%。全县渡船标准化95%，便民码头、渡口进出道路标准化建设覆盖率80%，水运服务水平持续提升。

【渡口标志标牌建设】 2018年，完成11道渡口标志标牌标准化建设，在兴坪、冷水、杨堤、福利等渡口安装视频监控系统，提高行业监管水平，进一步增强渡运乘客上下船舶安全保障。

【交通运输执法】 2018年，协同公安交警、公路局路政执法大队等相关部门开展平安交

农村公路中心试验室的技术人员在对农村公路质量进行检测

（县交通运输局 供稿）

岩、帽子山、下石勐太阳能路灯 85 盏，落实 4 个贫困户危房改造等。

【启动阳朔县兴安至阳朔公路延长线工程（福利至新城区含漓江二桥项目）】 道路按一级公路建设，路线长 6.28 千米，计划投资 22568 万元。福利漓江大桥全长 465.62 米，计划投资 11773.7 万元。年内已开工启动。

通“百日行动”等联合治超执法行动，重点打击“黑出租”非法营运、货车超限超载等各类交通运输违法行为。联合海事部门采取不定时、不定点对营运船舶进行检查，杜绝无票据运输行为；执法人员采取定时与不定时的巡查方式，加大农村公路路政巡查力度；启用应急指挥中心“天网”监控抓拍交通运输违章行为，规范旅游交通运输市场秩序，提升旅游服务质量。全年共查处车、路政违章案件 273 起，出动稽查 4300 多人次。

【打造党建品牌】 精心打造机关党建“心交百姓，路通万家”品牌，制定《阳朔县交通运输局创建党建示范点实施方案》，落实 300 平方米党建示范场地，明确专人负责。交通党建品牌紧扣“交通惠民”主题，强化“阳光交通、惠民交通、法治交通、平安交通、文化交通、廉政交通”等六方面建设，形成党建品牌效应，营造争先创优氛围，提升党建工作规范化、标准化水平，推动党建与交通双融合。

【精准扶贫】 2018 年，为挂点村委筹集扶持资金 78.63 万元。完成笔架山桥梁、三家楼东干渠维修，完成水路底堤坝建设，设置燕子

【开工建设神山至红颈山农村公路工程】 路线全长 2.6 千米，计划投资 3144.7 万元，2019 年年底建成通车。年内已开工启动。

【启动 S202 阳朔至普益公路改造项目】 路线全长约 18 千米，按二级公路标准建设，计划总投资约 1.2 亿元。年内已开工启动。

【启动阳朔县汽车站客运站建设项目】 由桂林骏达运输公司建设。占地面积 3.6 公顷，规划建筑面积约 50000 千米，投资约 14500 万元。（县交通运输局）

国省公路

【概况】 2018 年，全面完成各项养护生产任务。新 321 线绕城段 7.39 千米移交至阳朔县人民政府，阳朔公路局公路管养总里程 120.03 千米，当年检评 120.03 千米，优良路率 60.63%。100% 完成桂林市公路局下达任务。

【国省干线公路管护】 2018 年，以开展环广西公路自行车世界巡回赛赛道整治和水毁公

9月3日，养护人员在烈日下对自行车赛道路面进行修补

（刘宁宏　摄）

路修复为重点开展公路养护，加强路面病害处置和桥隧涵维护，改善新接管路段养护管理，完成新规划省道编号统计。全年小修保养完成154.95万元。

【国省干线路政管理】 2018年，阳朔路政执法部门横向联系相关部门，与交警、交通、高速路政等单位开展联合治超行动。截至年末，开展联合治超行动出动450人次，查处超限超载车辆102台，卸载货物379.14吨，有效保障公路合法运输，打击非法超限超载行为。根据有关文件精神，7月1日起新增道口不再收费，为企业减轻税费负担3.16万元。年内，辖区内发生路产赔偿案件15起，追缴赔（补）偿款6.58万元；受理涉路许可项目3起，办理许可年审3起，收到路产补偿款8.36万元。

（阳朔公路管理局）

信息产业

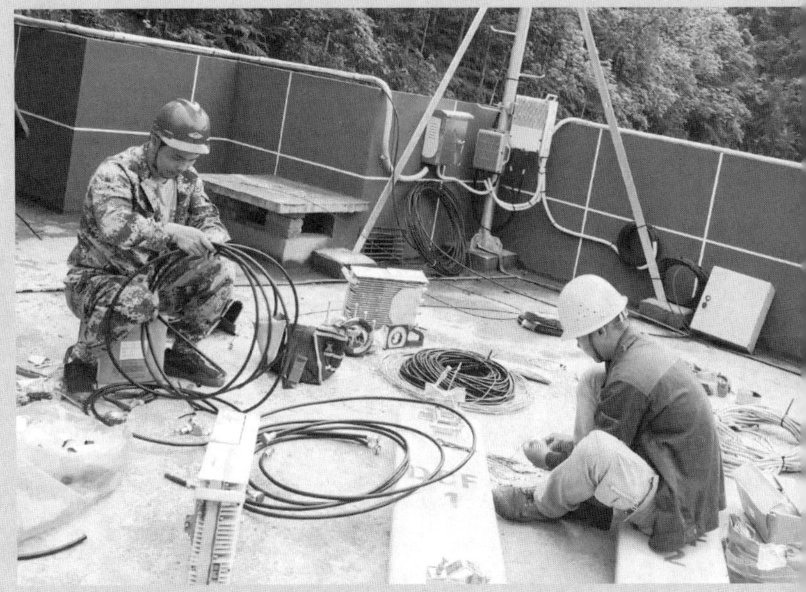

中国电信阳朔分公司员工正在安装龙颈河漂流通信基站

（龚显权　摄）

中国电信阳朔分公司

【概况】 2018年,中国电信股份有限公司阳朔分公司(简称电信阳朔分公司)设办公室、客户销售服务部、网络部3个部室,管理政企、城市、白沙、福利4个支局;有白沙、葡萄、杨堤、金宝、高田、普益、福利、兴坪8个所。2018年,电信阳朔分公司年末用工数(不含第三方业务代理人数)74人,其中在岗合同制员工31人。

【业务发展】 2018年,业务收入累计完成5233.20万元,完成年度计划的98.64%,同比增长14.44%。年末手机用户62286户、固定电话用户10977户、宽带用户35912户。

【网络建设】 2018年,全县新增开通FTTH项目分纤盒1020个,完成扩容780处,总计新增提供FTTH端口14400个,其中新建ODN七期共86个自然村,设计新增分光盒266个,提供2128个端口。新建机站108个,完成农村直放站建设52个,全面提升县域范围内偏远村落信号覆盖能力。完成环阳朔公路4G全覆盖补充建设,保障环广西自行车赛、铁人三项赛、国际越野赛等赛事顺利进行。

(苏臣茂)

中国移动阳朔分公司

【概况】 2018年年末,中国移动阳朔分公司保有自营服务厅1个、重要一级代办网点55个,员工54人。全年完成电信运营收入14360万元,同比增长1.6%。移动电话用户21万户,家庭宽带用户2.05万户。

【基站建设】 2018年,完成高铁精品网新建工程14个,4G网络优化工程126个,4G六期室分16个,4G六期高铁新建工程5个。全年完成普益、金宝、杨堤等乡镇传输汇聚机房的装修、市电引入、设备安装等建设。

【宽带建设】 2018年,已完成383个小区宽带建设,覆盖全县所有乡镇及99个行政村,总端口数3.7万多个,其中当年建设端口数7000余个。

【业务发展】 2018年,重点围绕4G客户发展、全网资费迁移、有线客户渗透等开展各项工作。通过提速降费等政策,使4G客户月均DOU提升到2.4G,同比提升214%。全年有线业务重点拓展酒店行业,小微宽带完成2000多条。到各乡镇开展促销活动300多场次,全年累计销售4G手机3.5万台,新增宽带用户1万多户。

(莫兰兰)

中国联通阳朔分公司

【概况】 2018年,中国联合网络通信有限公司阳朔县分公司(简称中国联通阳朔分公司)有员工25人,自有服务营业厅2个,各类代办营业网点108个。已实行新基因、新运营、新治理、新动能、新生态“五新联通”改革,由实体渠道发展到电子商务网上销售、云平台大数据应用。截至年末,新增移动电话用户27800多户,新增固定宽带网用户1890户。完成电信运营收入2368.33万元,同比增长25.8%。

【移动网络】 2018年,中国联通阳朔分公司大力发展乡村4G网络,新增40个基站,有效改善乡村、景区4G网络状况,村屯覆盖率达到90%。

【宽带网络】 2018年,中国联通阳朔分公司进行宽带提速,对现网进行扩容,达到300M高速光纤下载。年内增加宽带端口536个。

【业务发展】 2018年,中国联通阳朔分公司在原有系列营销方案沃易购、沃金融、沃创富、沃运营、E信通、企信通、沃云总机、智慧工地、智慧旅游的基础上继续开发系列行业应用,包括ICT、云业务、互联网+、物联网卡、智慧校园、智慧医疗等。联合金立、OPPO、VIVO等终端厂商共同运营,实现双赢。

(阳朔联通分公司)

中国邮政阳朔分公司

【概况】 2018年,中国邮政集团公司广西壮族自治区阳朔县分公司(以下简称阳朔邮政分公司)实行零基预算,全年完成营收3243.2万元,完成计划的101.1%,同比增长14.9%。

【金融业务】 2018年,阳朔邮政分公司累计实现代理金融业务收入1845.4万元(其中不含保险收入1650.4万元,同比增长2%),完成年计划的101%,同比增长5.7%,占全部收入的56.9%。

【集邮】 集邮是邮政基础业务。2018年,集邮业务持续改变等客上门和自然发展状态,开展集邮鉴赏活动,实现业务收入123万元,同比增长34.1%。

【报刊征订】 2018年,完成报刊业务收入127万元,同比增长30.2%,圆满完成一年一度的报刊收订任务。

【包裹快递业务】 2018年,阳朔邮政分公司包裹快递业务完成收入374万元,同比增长72.8%。充分利用新资费政策,实行差异化营销,优化业务流程,全年新增包裹快递协议客户40户,实现业务收入30多万元。抓住政府放、管、服便民服务工作,积极开展警邮合作便民服务项目。

【电商及分销业务】 2018年,阳朔邮政分公司电商及分销业务实现收入394万元,同比增长27.5%。以活动拉动分销业务规模发展,传统节庆营销项目收入规模稳中有升。同时积极开展食盐配送业务等新项目,使其成为分销业务新的增长点。

(阳朔邮政分公司)

工　业

10 月 23 日，县人民政府副县长蒋东兵（左二）考察福利工业集中区项目　　　　（县工信局　供稿）

工　业

【概况】 阳朔县工业和信息化局(以下简称县工信局)成立于2010年10月,为县人民政府工作部门,2015年7月调整为阳朔县安全生产监督管理局二层挂牌单位。行政编制13名,后勤编1名。在职17人。内设综合协调股、经济运行股、园区管理股、企业管理股、商贸流通股、信息产业股等办公室,下辖阳朔县商务监察大队、阳朔县节能监察大队全额拨款事业单位2个。2018年,全县完成工业总产值39.51亿元,同比增长9.8%。实现工业增加值13.53亿元,同比增长3.8%。

【规模工业】 2018年,全县20家规模以上企业完成工业总产值31.73亿元,同比增长10.2%,占全县工业总产值80.31%。规模工业实现税金1.07亿元,同比增长6.46%。实现利润0.57亿元,同比增长-3.79%。

【技术改造】 2018年,县财政安排技术改造资金63万元补贴重点工业企业技术改造项目,解决企业部分资金难题。阳朔县鑫富铁合金冶炼有限公司、阳朔县华丰包装有限责任公司、桂林鹏飞衣架有限公司等企业由于位于漓江风景名胜区内面临限期搬迁,造成企业投资意愿不强,一些技改扩建项目无法实施,造成全年工业固定资产投资同比下降18.65%。

【工业园区建设】 2018年,阳朔县工业集中区工业企业28家,其中规模以上工业企业11家。园区主要是以竹木加工、非金属矿物制品制造为主,食品饮料、医疗器械、日用化工产品等为辅的产业园区。

【国有企业改制】 2018年,继续做好改制企业遗留问题处置。年内,完成县葡萄糖厂片区110套职工安居房建设并交付安置对象;县机械总厂棚户区210套职工安居房改造项目主体工程完工,累计完成投资0.36亿元;年内,县食品饮料厂棚户区改造项目56套职工安居房主体工程开工建设。

【工业环保】 2018年,继续督促企业优化产业结构,淘汰落后生产能力,贯彻落实《产业结构调整指导目录》,加快实施重点节能技术改造。年内,规模以上工业综合能源消费量30367吨标准煤,同比增长-23.97%;规模以上万元工业增加值能耗同比下降26.7%。

【竹木制品工业】 2018年,全县竹木制品工业6家,从业人数903人。全年完成工业总产值108606万元,同比增长18.74%;销售收入108123万元,同比增长19.0%;实现税金4541万元,利润1534万元。主要产品:木衣架、建筑模板等。

【石材工业】 2018年,全县石材工业3家,从业人数19人。全年完成工业总产值39739万元,同比增长25.24%;销售收入39739万元,同比增长25.24%;实现税金1232万元,利润434万元。主要产品:大理石家具、园林石材等。

【水泥制造工业】 2018年,全县水泥制造工业1家,从业人数44人。全年完成工业总产值3521万元,同比增长4.92%;销售收入3521万元,同比增长4.92%;实现税金110万元,利润-161万元。主要产品:复合32.5级、普硅42.5级水泥。

【陶瓷制造业】 2018年,全县陶瓷制造工业1家,从业人数494人。完成工业总产值29173万元，同比增长8.74%；销售收入29094万元，同比增长11.08%；实现税金819万元，利润478万元。主要产品：日用陶、工艺陶瓷。

【蚊香制造业】 2018年，全县蚊香制造业1家，从业人数48人。完成工业总产值1864万元，同比增长59.04%；销售收入1897万元，同比增长52.61%；实现税金107万元，利润20万元。主要产品：蚊香坯。

【茶叶加工业】 2018年，全县茶叶加工业1家，从业人数514人。完成工业总产值9万元，同比增长-55%；销售收入15万元，同比增长-28.57%；实现税金3万元，利润-20万元。主要产品：绿茶、红茶。

【豆制品制造业】 2018年，全县规模工业中豆制品企业2家，从业人数20人。完成工业总产值17874万元，同比增长15.32%；产品销售收入17777万元，同比增长14.49%；利税总额746万元。主要产品：腐乳、豆腐花、腐竹、黑蒜等。

【红砖制造业】 2018年，全县规模工业中红砖制造企业2家，从业人数58人。完成工业总产值51012万元，同比增长4.85%；产品销售收入50929万元，同比增长4.69%；利税总额2901万元。

【塑料制品业】 2018年，全县规模工业企业中塑料制品企业2家，从业人数435人。完成工业总产值56011万元，同比增长11.4%；产品销售收入55724万元，同比增长11.29%；实现利税总额3103万元。主要产品：泡沫包装箱、塑料筐。

【水泥制品业】 2018年，全县规模工业中水泥制品制造企业1家，从业人员137人。完成工业产值9529万元，同比增长75.62%；主营业务收入9529万元，同比增长75.62%；实现利税总额647万元，同比增长106.05%。主要产品：商品混凝土、清水砖。 （县工信局）

轻 工 业

【概况】 2018年，阳朔县城镇集体手工业联社为全额拨款参公事业单位，定编6人，实有编制人数7人。年内，认真履行好“指导、维护、监督、协调、服务”城镇集体企业的工作职能，充分发挥政府与企业之间的桥梁和纽带作用。

【企业经营管理】 2018年，县手工业联社直属企业轻化工业供销公司有在职职工4人、退休16人。公司经营主要是出租西街门面，全年租金收入77.2万元，上缴税金13万元。

【社会保障】 企业改制后，相关部门为符合条件的企业职工办理参保手续，并足额缴交参保资金，确保职工从退休之月起可以领取退休金。

【服务企业】 认真做好服务工作，传统节日联社领导组织干部职工深入基层慰问企业困难职工，为企业及职工排忧解难，帮企业解决实际问题和困难。 （李艳萍　韦革胜）

农业 · 水利

桂林市委常委、纪委书记吕洪安(前排中)到高田镇古登村委指导脱贫攻坚工作　　　　　　(县扶贫办　供稿)

农　业

【概况】 阳朔县农业局(以下简称县农业局)成立于1953年,属行政机关,主管全县农业与农村经济发展工作。内设政秘股、财务股、农业生产股、农业经济管理股、政策法规股、科技教育股等6个机构,下辖阳朔县农业技术推广中心、阳朔县经营管理站、阳朔县农业区划委员会办公室、阳朔县发展水果生产领导小组办公室、阳朔县种子管理站、阳朔县农业行政综合执法大队、阳朔县农产品质量安全区域检测站等7个事业单位,2018年编制总数62个,在编人数58人。2018年,县农业局认真贯彻落实中央一号文件和国家、区、市、县农业农村工作会议精神,紧紧围绕推进农业供给侧结构性改革这个工作主线,以优化供给、提质增效、农民增收为目标,以绿色发展为导向,以改革创新为动力,以结构调整为重点,着力培育新动能、打造新业态、扶持新主体、拓宽新渠道,加快推进农业转型升级,加快农业现代化建设。年内,全县农林牧渔业总产值44.73亿元,同比增长6.6%;一产增加值28.39万元,同比增长6.5%;农民人均纯收入16655元,同比增长10.7%。县农业局荣获"2017年度阳朔县脱贫攻坚工作先进责任单位"、"2017年度阳朔县'美丽阳朔'乡村建设活动先进责任单位"、"阳朔县2017年度人口和计划生育目标责任制管理工作先进单位"、"代表建议、批评、意见先进承办单位"、2018年市、县文明单位等荣誉称号;县农业局党总支荣获县"先进基层党组织"等荣誉称号;阳朔金橘入选《2017年度全国名特优新农产品目录》。阳朔县蔗香甜园核心示范区被认定为广西三星级现代特色农业核心示范区;阳朔县七仙峰茶叶休闲农业、遇龙金丹绿色食品产业等2个示范区被认定为广西县级示范区;阳朔县白沙镇遇龙橘橙、兴坪镇百香果种植、葡萄镇葡萄缘等14个示范园被认定为广西乡级示范园,40个村级示范点通过认定。

【粮食生产】 2018年,全县粮食作物(主要包括水稻、玉米、豆类、薯类等)播种面积19479公顷,总产量94417.6吨。全县水稻播种面积11903公顷,总产量69664吨,平均每公顷产量5852.64千克。其中:早稻5726公顷,总产量34686吨,平均每公顷产量6057.63千克;中稻221公顷,总产量3339吨,平均每公顷产量15108.60千克;晚稻5956公顷,总产量31639吨,平均每公顷产量5312.12千克。玉米播种面积3239公顷,总产量14270吨(干玉米),平均每公顷产量4405.68千克。高粱播种面积191公顷,总产量588吨,平均每公

3月13日,全区绿肥暨多功能油菜培训班在阳朔县召开。图为自治区农业厅副巡视员何彬(右二)到百里新村金橘产业(核心)示范区考察

(莫品军　摄)

顷产量 3078.53 千克。豆类播种面积 1842 公顷，总产 4909 吨，平均每公顷产量 2570 千克。其中：黄豆播种面积 673 公顷，总产量 1165 吨，平均每公顷产量 1731.05 千克。薯类播种面积 2260 公顷，总产量 24933 吨，平均每公顷产量 11032.3 千克。其中：红薯播种面积 1897 公顷，总产量 23293 吨，平均每公顷产量 12278.86 千克。

【经济作物生产】 2018 年，全县经济作物（主要包括油料、甘蔗、麻类、烟叶、棉花、中草药材、木薯等）播种面积 2481 公顷。其中油料作物播种面积 1976 公顷，总产量 4320 吨；甘蔗种植面积 332 公顷，总产量 29452 吨，甘蔗生产以黑皮果蔗为主，主要产区在福利镇。其他农作物（主要包括蔬菜类、食用菌、果瓜类、青饲料、绿肥等）播种面积 22543 公顷。

2018 年阳朔县粮食播种面积和产量表

项　目	播种面积（公顷）	亩产（千克）	总产（吨）
一、粮食合计	19479	323.14	94417.6
（一）谷物	15377	366.44	84522
1. 水稻	11903	390.18	69664
其中：早稻	5726	403.84	34686
中稻	221	1007.24	3339
晚稻	5956	354.14	31639
2. 玉米	3239	293.71	14270
3. 高粱	191	205.24	588
4. 其他谷物	44	—	—
（二）豆类	1842	171.67	4909
1. 大豆	673	115.40	1165
2. 绿豆	283	108.83	462
3. 其他豆类	886	246.95	3282
（三）薯类（鲜薯）	2260	735.49	24933
1. 马铃薯	363	301.19	1640
2. 红薯	1897	818.59	23293

2018 年阳朔县经济作物播种面积和产量表

项　目	播种面积（公顷）	总产（吨）
二、经济作物	2481	451547
1. 油料	1976	4320
2. 棉花	57	63
3. 麻类	12	29
4. 甘蔗	332	29452
5. 烟叶	—	—
6. 中草药材	56	—

续表

项　目	播种面积(公顷)	总产(吨)
7. 木薯	408	—
8. 其他经济作物	360	—
三、其他农作物	22543	—
1. 蔬菜(包括菜用瓜)	14682	336861
2. 食用菌(干鲜混合)	188	2539
3. 果瓜类	2136	78283
4. 其他	5537	—
其中:青饲料	4976	—
饲草	151	—
绿肥	214	—

【水果生产】 2018年,全县水果种植总面积24954.5公顷(不含白果、板栗,下同),水果总产量558704吨。其中柑橘类水果22051公顷,产量517201吨。

【落实强农惠农政策】 2018年,县农业局落实国家和自治区强农惠农政策资金2646.5331万元,其中耕地地力保护补贴资金2342.97万元、农村土地承包经营权确权登记颁证资金275.6276万元、农业生产救灾(水稻病虫害疫情)资金27.728万元、新型职业农民培育项目资金0.2075万元。

【农业产业化建设】 2018年,县农业局重点加强金橘、砂糖橘、沙田柚、夏橙、果蔗、淮山等主导产业、特色产业指导和规范管理,培育、规范新型农业经营主体。年内,全县农民专业合作社总数265个,其中2018年新注册49个、市级示范社4个、县级示范社11个;家庭农场总数45个,其中2018年新注册5个、区级示范场1家、市级示范场1家;全县产业化龙头企业2个,从业人数188人。全县产业化种植面积1.13万公顷,总产量27.09万吨,统一销售农产品4777.92万元,统一组织购买农业生产投入品总值约354万元,培训农民专业合作社负责人及其成员5391人次,辐射带动农户5125户。

【农产品促销】 2018年,积极加强农产品促销工作。年内,组织开展和参加农产品推介活动6次。2月,组织古板水果专业合作社、种得美水果专业合作社、旺发水果种植家庭农场等参加桂林市农业局组织的赴山东临沂市柑橘产销对接会,重点推介阳朔县名特优农产品——阳朔金橘。9月,组织企业、专业合作社及邀请外商等参加桂林柑橘产销对接会。10月,组织阳朔九龙藤蜂蜜赴长沙参加第四届全国农产品地理标志品牌推介会。11月,组织多家企业赴桂林参加第15届广西名特优农产品交易会;11月,白沙桂珠金橘、古板水果等专业合作社赴北京参加广西特产行销全国行动展销活动、赴长沙参加金芒果地理标志产品国际博览会。12月,组织筹办阳朔县第十五届金橘交易会。

【农业信息化建设】 2018年,县农业局积极加强农业信息化建设。年内,采集农业信息1634条,发布1552条,其中利用农业信息网站、“农技宝”云平台、手机短信等发布农业信息1240条,发布农作物病虫情报19期。全年约有50家农产品生产企业从事网络销售，电商服务企业2家，个体网商120多户，34个行政村设立农村电子商务服务点，遍及各乡镇、各社区、各村屯，各类电商企业和个体户网上农产品销售量达5200吨，销售额达1.2亿元。

【农业环境保护】 2018年，县农业局结合现代特色农业示范区建设，大力开展绿色生态农业，实施农药、化肥使用量零增长行动、开展耕地重金属污染防治和"美丽阳朔"乡村建设活动，全面加强农业面源污染防治。年内，推广绿色植保、统防统治、测土配方施肥、水肥一体化、土壤有机质提升、"三品一标""三避"技术等生态循环农业技术模式面积35005公顷；建立农田土壤及农产品重金属污染定位预警监测点70个；开展农业生产废弃物清捡活动12次、农药瓶5.6万个、农业生产废弃物（农膜、秧盘、农药包装袋等）31吨。3月13日，全区绿肥暨多功能油菜培训班在阳朔县召开。

【农业行政执法】 2018年，县农业局实行执法检查整治制度化和常态化，全面整顿和规范全县农资市场秩序，深入开展农资打假工作，严厉查处各种制售假冒伪劣农资产品的违法违规行为；严格执行农药经营许可，规范农药经营秩序；及时受理和调查群众关于种子、农药和肥料等方面的投诉案件；依法开展产地检疫和植物产品调运检疫工作等。年内，检查种子、农药、化肥经营门店1115余家次，出动执法人员2390人次，发放宣传资料6.5万份；发放农药经营许可证240张；设立高毒农药定点药店8家，受理投诉案件20起，成功调处15起，立案查处农资违法经营案件11起，挽回经济损失5.36万元，没收无证生产农药、假劣农药46.85千克。全年签证调运63批次，其中省内签证调运50批次，涉及品种8个、作物5个、植物种子和产品135750千克、水果苗木4930000株；省间签证13批次，涉及品种6个、作物4个、植物种子和产品252750千克、水果苗木2027500株。

【农产品质量安全监管】 2018年，县农业局深入开展农资打假专项整治，加强农产品质量安全监管工作。一是加强种子、农药、肥料市场巡查，检查超市、农贸市场、蔬菜、水果等生产企业、农民专业合作社和生产基地，监管认证产品，推行生产档案管理、投入品使用记录等追溯制度。二是结合金橘国家标准实施，推行农业标准化生产，加强"三品一标"认证管理工作。三是加大农产品抽检，在农产品成熟采收前组建工作组携带检测仪器设备分赴各乡（镇）农产品生产基地、田间地头开展流动检测。年内，检查和整顿农资经营市场9个，责令违规经营禁限用农药的农资经营单位退货处理12批次；全县建立农产品质量安全监测点85个（其中金橘监测点60个，砂糖橘10个，果蔗3个，沙田柚3个，夏橙3个，慈姑3个，淮山3个）；配备农产品质量安全检测设备及可追溯系统23台（套）；完成金橘、砂糖橘、大米、柚子等"三品一标"认证12家；全年检测蔬菜样品16021个，其中市场快速检测蔬菜样品6497个，县本级例行监测蔬菜样品2128个，乡镇例行监测蔬菜样品7396个，合格率均为100%。 （梁庆梅）

林　业

【概况】 阳朔县林业局（以下简称县林业局）是县人民政府的职能部门，成立于1963年9月，属行政机关单位，主管全县林业行政事务。人员编制246名，在岗职工188人。内设阳朔县林业技术中心推广站、阳朔县能源办公室、阳朔县森林病虫害防治站、阳朔县林业局林政办公室、阳朔县森林防火指挥部办公室等5个办公室。下辖阳朔县森林公安局、阳朔县发展苗木花卉和绿化工作站、阳朔县园林管理所、国营阳朔县大源林场等二层机构4个。2018年,县林业局深入践行“绿水青山就是金山银山”的理念,坚持节约资源和保护环境的基本国策,以林业重点生态工程为依托,以构建现代生态文明为重点,从科学造林、森林质量、义务植树、城乡绿化、保护管理、生态文化等方面入手,积极争创全国绿化模范县。全县林地面积97365.87公顷,森林覆盖率64.7%。林业总产值57.02亿元,比上年增长3.5%。

【造林绿化】 2018年,全县完成全民义务植树61万株,中幼龄抚育面积334公顷,完成计划任务的100%。完成环广西自行车赛道沿线村屯绿化提升2个,节点绿化2处,面积约860平方米,通道绿化提升8千米。根据自治区的要求,对全国乡村绿化现场会考察参观的村屯、节点、通道(包括遇龙河联网公路及步道)进行绿化美化再次提升,完成村屯绿化提升2个,节点绿化提升2处面积350平方米,联网公路绿化提升9.8千米,步道绿化2千米,建花海1处面积约12000平方米。完成2017年度石漠化综合治理工程封山育林1993公顷、2018年度石漠化综合治理工程封山育林913公顷。完成全区第二次古树名木登记审核认定古树名木1494株,并完成挂牌保护工作。全年投入资金130余万元完成县城城区园林绿化管护提升、公园基础设施建设维护、绿化提升改造工程等。

【林业产业结构调整】 2018年以来,林业产值逐年提高,全年林业总产值57.01亿元,与上年同比增长3.5%。其中:第一产业42.01亿元(种养殖),占总产值的73.69%,与上年同比增长2.4%;第二产业4.37亿元(林产加工),占总产值的7.66%,与上年同比增长1.07%;第三产业10.63亿元(森林旅游),占总产值的18.65%,与上年同比增长9.03%。

【森林资源保护】 2018年以来,阳朔县森林公安局在上级部门的部署下先后开展了“冬季战役专项行动”“打黑除恶专项行动”“保护候鸟暨打击象牙等濒危野生动物制品非法贸易专项活动”“扫黑除恶专项斗争”“绿剑2018”“绿网飓风2018”等一系列打击涉林违法犯罪活动的专项行动,全年受理各类涉林案件139起,其中刑事案件立案25起、破24起、提请批准逮捕(含直诉)24人;受理林政案件114起、查处114起、处罚123人;收缴国家二级野生动物9只,放生“三有”(有益的野生动物、有重要经济价值的野生动物、有科学研究价值的野生动物)动物38只。

【森林病虫害防治】 2018年,针对危险性、检疫性病害——松材线虫病防控工作,全年普查松林面积22.1438万亩,共踏查线路30条,线路总长377千米。普查中发现枯死松树108株,经实地核查,均无松材线虫病症状。严格控制危险性林业有害生物流入和扩散,调运检疫种子17510千克、木材11625立方米、苗木1888万株;产地检疫核查在册苗圃93个,面积4846亩;复检苗木58791株、木材58立方米。全年林业有害生物发生面积总计为2809亩,其中马尾松毛虫2000亩,黄脊竹蝗809亩,危害程度均为轻级,并进行无公害防治,防治率达100%。全县2018年度林业有害生物防控目标管理检查考核为优秀等次。

【林副产品生产】 2018年,全县利用林地经济面积3.7万公顷,完成林下经济产值7.05亿元。完成木材加工1954万元,人造板制造20258万元,木质制品制造1379万元,木、竹、藤家具制造20509万元。完成政策性森林保险任务,全保公益林面积4.8万公顷,投保商品林面积4.1万公顷，降低森林经营风险，保障林农利益。

【森林防火】 为增强广大干部群众的森林防火意识和责任意识，在全县范围内营造了“森林防火、人人有责”的良好氛围。2018年在辖区内共悬挂宣传横幅26条，发放宣传资料5000份，安装防火宣传牌13块、修复宣传牌3块，到集市宣传9次，出动防火宣传车20台次、防火宣传员120余人，发放森林防火宣传练字簿2000本，印有森林防火知识围裙1000个，环保袋1000个，利用广播电视播放森林防火公益广告12次。清明、“三月三”“五一”期间向游客及扫墓人员发放防火宣传单1万份，在林区中小学校开展了“森林防火知识进校园”活动，上森林防火课8次。11月19日—20日，组织参加桂林市2018年森林防火培训暨森林火灾应急演练，在森林防火风力灭火机拆装技术竞赛中荣获二等奖。全县共发生一般森林火灾3起，过火面积0.25公顷，受害森林面积0.25公顷，森林受害率为0.0018‰，没有发生重特大森林火灾和人员伤亡事故。

【农村生态能源示范建设】 2018年，完成7个村屯150盏太阳能路灯项目验收。完成阳朔县六生养殖场500立方米大型沼气池建设项目内业材料和档案整理，完成太阳能利用光伏发电试点示范建设，正在并网发电。采取多种形式开展沼气安全生产宣传和检查，杜绝无证人员参与沼气建设与维护。

【退耕还林】 2018年，完成全县2017年度退耕还林政策兑现工作，完成全县经县级检查验收合格的2.44万亩退耕还林的政策兑现工作，共兑现补助304.61万元。完成2018年度全县1.80万亩退耕还林县级检查验收外业工作，全县合格面积1.46万亩，兑现补助182.41万元。

【林政管理】 2018年，审核林木采伐调查设计书392份，核发林木采伐许可证508份，采伐面积578.71公顷，采伐林木蓄积45070立方米。完成阳朔县海洋山、架桥岭自然保护区面积和界线确定修改方案，并通过区级评审。开展天然商品林核实落界工作，确定落界天然商品林面积3704.1公顷。完善2017年森林资源变更调查，对全县2176个遥感变化图斑进行实地调查核实，进一步修改、编辑变化图斑界线，录入林分林木调查数据，更新林地数据，编制变更调查成果。完成全县自治区级以上公益林动态调整，对全县48853.3公顷自治区级以上公益林进行修正，修正后自治区级以上公益林面积为48393.3公顷；对全县自治区级以上公益林进行检查验收，兑现管护补助资金966.15万元，兑现率93%。

（丘丽珍）

12月4日，全国绿化乡村现场会在阳朔召开　（庞　惠　摄）

畜牧水产

【概况】 2018年,阳朔县水产畜牧兽医局(以下简称县水产畜牧局)认真贯彻落实中央一号文件及区、市农业农村发展工作会议精神,全局围绕乡村振兴战略,全面贯彻落实自治区、市县农业农村工作会议精神,结合阳朔实际,按照“重点发展空中养殖(蜜蜂、鸽子)和水产养殖(稻鱼、小龙虾等水产)为主,发展陆地养殖(猪、牛、羊等家禽)为辅”的思路,全县的水产畜禽呈现良好的发展局面。2018年全县水产畜牧业呈现平稳增长态势。据统计,年内生猪出栏累计22.26万头,同比增长1.55%;牛出栏2.16万头,同比增长4.35%;羊出栏6.68万只,同比增长3.89%;家禽出栏484.49万羽;肉类总产量28521吨,同比增长1.17%吨;水产品产量9957吨,同比增长4.37%。全年渔牧业经济指标圆满完成。

【牲畜养殖】 一是抓好畜禽现代生态养殖,发展现代特色农业,抓好生态养殖示范点建设。在葡萄镇周寨村委景龙村和福利镇白马山村建立2个生态养殖示范村,在福利镇头坝村建立养殖业废弃物资源化循环利用示范点,阳朔县富农山羊养殖专业合作社生态养殖示范合作社通过市级验收,阳朔县龙泉度假山庄获得广西休闲渔业示范基地称号。二是全面推广“微生物+”,结合生态循环养殖模式,全面推广以旺泉畜牧有限公司、六生畜牧有限公司为代表的“猪—沼—果(蔬)”模式,以阳朔县白氏休闲农业示范园为代表的“稻—鱼”“稻—虾”模式,实现养殖废弃物综合利用,其中阳朔县牧生源生猪循环农业核心示范区建设通过区级验收。三是抓好石漠化治理项目建设工作,促进草食动物养殖。2018年计划投资116.58万元,新建牛栏舍面积2100平方米,通过项目实施,扶持全县肉牛养殖场建设,截至年底项目已经接近收尾阶段。四是大力发展蜜蜂生态养殖。

【家禽饲养】 2018年,全县家禽出栏484.49万羽,存栏223.08万羽。家禽饲养趋于规模化,采取订单养殖、网上销售的模式。据统计,葡萄镇、杨堤乡共有26户养殖户与桂林利源公司签订订单养殖,主要饲养三黄鸡,全县年出栏10000羽家禽以上的有42户,出栏130多万只。

【动物卫生监督】 依法开展动物检疫及屠宰专项整治行动。完成9个乡镇检疫申报点的建设,确保定点屠宰动物检疫合格证明持有率、耳标佩带率达100%,检疫合格率达100%。全年共开具动物产地检疫7766单,检疫动物90949头,屠宰检疫猪肉品78814头,检疫合格率达100%,保证全县人民群众和广大游客真正吃上放心肉。加大畜牧产品抽检范围和检查力度。全年共检查规模养殖场98家,饲料、兽药经营企业12家,牲畜屠宰场7个,开展养殖和屠宰环节产品快速检测“瘦肉精”猪尿样136份,肉品抽检20份,合格率达100%。完成水产品20个样品的抽样及检测工作任务,协助市级完成水产品抽样(5个)工作。认真实施全国及自治区下发的3批假劣兽药名录,对全县12个兽药店进行监督检查,共查处10批次假劣兽药,并对其进行了行政处罚。2018年上报病死无害化处理死猪数9162头,均严格按技术规程要求进行无害化处理。

【动物疫病防控】 抓好重大动物疫病防控工作,保证生产健康发展。全面落实非洲猪瘟防控工作。认真贯彻落实中央、区市关于全面开展非洲猪瘟防控工作的决策部署,及时成立由县政府分管农业的副县长任指挥长的重大动物疫病防治指挥部,负责统一指挥全县非洲猪瘟的防控工作。加强春、秋季动物疫病防控工作。共免疫家禽107.26万羽,免疫猪口蹄疫43.04万头和猪瘟21.52万头,免疫耕牛1.78万头和山羊1.03万只,免疫羊小反刍兽疫0.4973万只,免疫家犬0.662万只,各强制免疫病种的免疫密度全部达到100%,抗体合格率都达到70%以上。

【鱼类养殖】 2018年水产品产量6896吨,水产养殖面积700公顷,其中有鱼塘317公顷,水库366公顷,河沟15公顷,其他养殖2公顷。其中,阳朔白氏农业投资发展有限公司在白沙镇旧县村有水域面积34.1公顷,从事稻(藕)渔生态综合种养。2018年,阳朔县呈现一股养殖龙虾热,福利顺梅黄顺堂养殖龙虾14.67公顷,福利思龙2公顷,福利双桥2公顷、高田龙门喜龙1.33公顷。兴坪桥头铺0.67公顷。

【渔业资源保护】 认真贯彻落实漓江禁渔期制度,保护渔业资源,改善漓江生态环境。3月1日零时至6月30日24时,全县实行漓江、遇龙河禁渔。4月13日,投入7万元在阳朔印象刘三姐漓江河段增殖放流草鱼、鲤鱼、光倒刺鲃、青鱼等各种鱼苗5.5万尾,增加漓江等鱼种类种群及数量。

【渔政管理】 3月28日,阳朔县内陆50吨——中国渔政45109执法船正式交接并投入使用,对保护阳朔渔业资源、漓江和遇龙河水域生态环境及维护渔业生产秩序发挥了重要作用。县渔政渔港监督管理站与县公安局、辖区乡(镇)、交通、渔业居委等部门配合下,年内出勤巡逻837人次,收缴电瓶7块,电鱼机头11台,电鱼竹排3张,动力机3台,发电机5台,收缴销毁地笼11800米。查获电鱼案件2起,处罚违法涉案人员4人,共处罚款0.4万元上缴财政。张贴通告90份,挂横幅9条,制作禁渔宣传片1期。通过电视台及老车站大屏幕滚动播出相关法律法规的知识,受教育群众50000人次,进村入户发放宣传禁渔及安全生产资料3100份。

【养蜂业】 阳朔九龙藤蜂蜜注册商标通过国家工商质监总局批准,县弈春族蜂产品加工基地获食品SC生产许可证,9月份,首批蜂产品“伴手礼”推向市场,并在香港、深圳、长沙、桂林等以国家地理标识农产品身份参展,入选桂林市博物馆“广西壮族自治区成立60周年暨改革开放40周年优秀农产品”,接受国家领导人的检阅。2018年,全县养殖蜜蜂4.55万群,产蜜2350吨,产值1.95亿元。

【落实强化惠农政策】 2018年,落实现代特色农业示范区建设奖补资金(2130124农业组织化与产业化经营),阳朔县牧生源生猪产业示范区获市现代特色农业示范区奖补资金200万元;落实石漠化综合治理工程草地建设与草食畜牧业项目,扶持高田下山(贫困村委)建设标准化牛舍2100平方米,扶持资金112.5万元;落实2018年国内渔业捕捞和养殖业油价补贴政策(渔业生产类项目),阳朔龙泉度假山庄休闲渔业示范园获建设资金84万元;落实阳朔县蜂产业发展资金40万元,扶持阳朔县蜂业协会4万元,扶持阳朔县羿春族蜂业有限公司申请SC证20万元,蜂产业扶贫资金16万元,惠及22户贫困户;全县落实养殖业政策性保险110.31万元,其中中央资金55.155万元,自治区资金22.062万元,县财政资金11.031万元,投保能繁母猪3550头、育肥猪29670头;落实养殖环节病死猪无害化处理补助资金73.2960万元,处理9162头,涉及养殖户127户;发放2017年度渔业成品油价格改革财政补贴88.55万元,涉及渔船156艘;发放2018年禁渔期补贴20.16万元,涉及渔民144户。

(何海碧)

2018年畜牧业生产情况表

单位:匹、万头(只、羽)

项目	2018年出栏	2017年出栏	增减(%)	2018年存栏	2017年存栏	增减(%)
牛	2.16	2.07	4.35%	6.28	6.29	-0.16%
其中:规模以上	0.52	0.51		2	2.09	
猪	22.26	21.92	1.55%	19.88	19.80	-0.4%
其中:规模以上	11.55	10.96		7.87	7.84	
其中:能繁母猪				1.26	1.2	5%
羊	6.68	6.43	3.89%	4.74	4.68	1.28%
其中:规模以上	1.23	1.26		1.60	1.58	
家禽	484.49	490.65	-1.26%	252.69	250.14	
其中:规模以上	247.1	160.20		101.25	99.87	
鸡	366.68	368.72	-0.55%	209.91	207.73	
其中:肉鸡				180.85	179.08	
其中:蛋鸡				28.91	28.65	

2018年畜牧业产品产量情况表

单位:吨

项目	2018年产量	2017年产量	增减(%)
一、肉类总产量	28521	28190	1.17%
1. 猪肉	16695	16441	1.54%
2. 牛肉	2072	1988	4.22%
3. 羊肉	1004	967	3.83%
4. 禽肉	7316	7409	-1.26%
其中:鸡	5537	5567	-0.54%
5. 兔肉	392	364	7.69%
6. 其他肉产量	1042	1021	2.06%
二、禽蛋	2598	2616	0.69%
鸡蛋	1513	1488	-1.68%
三、奶类产量	67	66	1.52%
生牛奶	67	66	1.52%
四、水产品产量	9957	9540	4.37%

农业机械化

【概况】2018年,阳朔县农业机械总动力31.3万千瓦,比上年增加1.0879万千瓦,增长3.60%。拥有各类拖拉机16235台,比上年增加50台,增长0.31%;大中型拖拉机总量达到109台,增长0.93%。全县农机从业人员达1.9万人,农机专业合作社11个,农机专业维修网点28个,构建了完整的农机服务化体系。年内,荣获"桂林市农机化宣传工作先进集体""桂林市农机质量监督管理工作先进集体"等荣誉称号。

【农机作业】2018年,全县完成机耕面积43000公顷,增加1996公顷,增长4.87%。水稻机耕面积14270公顷;水稻机插面积7100公顷;水稻机收面积13800公顷。全县主要农作物综合机械化作业水平60.17%,比上年提高3.05%;水稻耕种收综合机械化作业水平79.94%,比上年提高1.83%。全年全县实现农机总作业值29812.37万元。

【农机推广与科研技术】2018年,县农机局大力宣传和推广农业机械化新技术,加强技术培训,重点推广适合本地农业生产特点的农业机械。全年发放《阳朔县2018年农机购置补贴政策宣传手册》5000本,印发补贴申办流程4000份,印制宣传袋5000个。春耕、"双抢"生产期间,组织技术人员下乡到村头田间,共计为农机户维修耕整机45台次、拖拉机12台次,提供技术指导45人次,组织农机具4000多台(套)投入农业生产,全面完成农机作业各项任务。着力把田间管理、植保、冷藏等技术示范推广应用到全县农业生产中,增加农户种植效益;推广应用水稻生产全程机械化技术,扶持农机种粮大户的发展。

【农机质量监督】2018年,县农机局加强农机产品质量监督工作,加大农机质量投诉的监管,切实保障农机用户的权益。"3·15"期间,组织工作人员对全县区内农机补贴经销商所销售产品进行质量检查登记,并督促经销商确保机具质量,严禁销售假冒伪劣产品坑农害农。

【农机教育培训】2018年,县农机局以实现农业增效、农民增收、农村劳动力转移就业为目标,开展农机教育培训。全年举办拖拉机驾驶员培训班4期,培训48人;到各乡镇开展村"两委"干部、农村党员农机手、农村党员致富能手培训6期,共培训206人。

【农机市场管理】2018年,县农机局加大农机市场监管,不断净化农机市场。按相关文

6月8日,县农机局召开阳朔县农机购置补贴工作会议

(廖小玉　摄)

件要求,6月抽查农机经销网点,检查经销商资质及销售的农机质量,维护农户合法权益,共出动执法人员8人次,检查机具6种,包括微耕机、抽水机、杀虫机、除草机等农户常用机具共30余台。对全县农机维修网点和维修技术人员信息进行排查登记,共计排查农机维修网点28家,登记农机维修技术人员46人,并提醒和督促农机维修网点和技术人员要持证上岗、诚信经营。全年农机产品质量投诉案件为零。

【农机购置补贴】 2018年,县农机局认真落实农机购置补贴政策,全年办理农户申请表988份,受益农户938户,补贴机具台数1153台(套),其中微耕机381台(套),茶树修剪机735台(套),旋耕机1台(套),茶叶筛选机2台,果蔬烘干机1台(套),简易保鲜储藏设备2台(套),轮式拖拉机1台,水果打蜡机14台(套),水果分级机1台(套),田园管理机11台(套),联合收割机3台(套),碾米机1台(套),共落实补贴资金160.128万元。组建2个工作组进村入户对2017—2018年全县农机购置补贴资金进行核查,确保资金安全、高效到位。

【农机监理】 2018年,县农机局依法行使农机安全监理职能。全年全县重大农机安全事故为零;拖拉机注册登记42台,年度检验1020台;举办拖拉机驾驶考试4期,核发拖拉机驾驶证48人;办理驾驶证期满审验304人。与乡镇农业服务中心签订2018年度农机安全生产责任书9份,与村(居)委签订责任书114份,与拖拉机车主和驾驶员签订责任书1029份。农机安全检查260次,出动监理执法人员800人次,检查拖拉机3000台次,查处违章112台次,安全隐患整改3项。

【农机安全生产】 2018年,县农机局多措并举,确保农机安全生产。一是落实县、乡、村三级农机安全生产责任制,层层签订农机安全目标责任书,并不断完善农机事故应急预案。二是从源头抓起,提高拖拉机入户率、年检率、机手持证率。三是在节假日期间及重要时间段开展执法检查。在元旦、春节春运、全国"两会""三月三"、清明、"五一"、汛期、中国—东盟博览会和中国—东盟商务与投资峰会、中秋、国庆期间,认真开展农机安全生产大检查活动;与县安监、公安、交通、教育和乡(镇)政府密切配合,形成合力,开展农机安全大检查、道路交通农机安全专项整治、变形拖拉机和外挂车专项整治活动,整治效果明显。四是开展"平安农机"创建工作,创建"平安农机"示范乡、示范村——普益乡、勇村,进一步加强农机安全生产,提高监管水平。

(县农机局)

农村扶贫

【概况】 阳朔县扶贫开发办公室(以下简称县扶贫办)属政府办挂牌机构,成立于2002年,属行政机关单位,在职人员6人;内设扶贫开发综合服务中心,属事业单位,在职人员有3人。2015年成立县扶贫开发领导小组,下设7个专责小组(综合协调专责小组、资金政策专责小组、基础设施专责小组、产业开发专责小组、易地扶贫搬迁专责小组、公共服务专责小组、组织保障专责小组)。2017年,因工作需要新增宣传工作专责小组、督查工作专责小组,9个专责小组负责全县的脱贫攻坚工作。2016年、2017年两年来,实现11个贫困村摘帽,1393户5126人脱贫,贫困发生率从2015年年底的4.1%下降至2.2%。2018年,全县602户贫困户2021人光荣脱贫,10个贫困村(白沙镇蔡村村、兴坪镇古皮寨村、福利镇龙尾村、高田镇下山村和古登村、葡萄镇陵陂村、金宝乡红莲村和阳朔垌村、杨堤乡中南村和杨堤村)顺利摘帽,贫困发生率下降至1.5%。

【精准帮扶】 一是明确职责,层层压实责任,形成县、乡、村三级书记抓扶贫的格局。2018年,送派1550名帮扶干部、23名贫困村第一书记、216名驻村队员深入开展“一帮一联”工作,举办定点帮扶干部“一户一册一卡”培训班共13期,培训2703人次,扶贫干部的业务能力和帮扶水平进一步提升。二是落实县、乡、村三级信息员71名。贫困户动态管理常态化,“应纳尽纳”贫困户84户302人,返贫户14户45人,剔除错评贫困户11户42人。三是落实扶贫惠民政策。发放建档立卡贫困户幼儿教育补助、义务教育阶段寄宿生生活费补助、普通高中国家助学金补助、雨露计划补贴和免除贫困子女普通高中学杂费1670人次187.95万元。落实城乡居民基本医疗保险补贴政策,实现建档立卡贫困人员100%参保,实施贫困人口“先诊疗,后付费”,贫困户报销实现“一站式”结算,医疗总费用实际报销比例达到91.2%。通过政府兜底机制,贫困户慢性病个人实际报销比例达83.46%%。四是加强住房保障。完成金宝集镇、兴坪古皮寨、兴坪江村三个集中安置点建设,安置贫困户92户319人。完成贫困户危房改造79户、住房修缮168户。易地扶贫搬迁成果显著,安置房建设情况、项目投资进度、搬迁入住进度在自治区的通报文件中被标注为大红字体表扬。五是打好村集体经济发展硬仗,贫困村集体经济稳步发展。出台村级集体经济发展扶持政策文件6个,每村投入40万元及以上扶贫资金用于发展集体经济,分别入股旺泉、六生等龙头养殖企业、漓江景区公司等,23个贫困村集体经济收入均超过3万元,绿色发展模式获得全市典型发言。六是积极发展全域旅游,旅游助推36户112人贫困户脱贫。乡村旅游助力脱贫攻坚获得自治区简报红榜头条刊登,在全国乡村旅游与旅游扶贫工作推进大会上作典型发言。七是积极开展技能培训,提高贫困户就业技能,开展“春风行动”招聘会2场,组织103家企业进场招聘,参加现场招聘会各类人员达18820人次,其中建档立卡贫困人员1381人,达成用工意向490人。八是扶贫宣传成效显著,开展扶贫文艺演出64场,在中央级媒体上稿30篇,自治区级媒体上稿37篇,广西电视台《第一书记》栏目到阳朔县录制节目。

【产业扶贫开发】 年内,制定《阳朔县2018年产业奖补实施方案》,安排奖补资金和结对帮扶资金733.3万元,扶持贫困户发展产业。全县“5+2”特色产业覆盖80%以上贫困户,贫困户均有水果1亩以上。2018年脱贫的10个贫困村的贫困户特色产业覆盖率达80%以上,且每个贫困村均有一个以上(含一个)新型农业经营主体覆盖,并带动全村20%以上贫困户,实现2018年脱贫户均有稳定收入来

2月23日,县扶贫办在公园文化长廊开展“春风行动”,为贫困户提供就业岗位 (县扶贫办 供稿)

源。开展建档立卡贫困劳动力职业技能和农民实用技能培训7期,培训贫困人口500多人,培养致富带头人77人。

【农村基础设施建设】 年内,投资7493.53万元,完成基础设施建设项目共91项。其中,道路及小桥57条;人饮工程7个;公共服务中心6个;渡船更新1艘;电网改造20处,受益群众1231户,4432人。实施宽带网络和广播电视进农村工程,解决升级1385户广播电视农户看电视问题。

【小额信贷扶贫】 出台《阳朔县小额信贷管理办法》,成立县扶贫小额信贷风险防范和处置领导小组、县扶贫小额信贷风险补偿金管理委员会,规范扶贫小额信贷工作。全年共发放扶贫小额信贷76户267万元。

(陆兴勖　韦海芬)

水利水电

【概况】 阳朔县水利局成立于1958年,是全县的水行政主管部门。主要负责全县水资源开发利用与保护、水利工程建设与管理、防汛抗旱、水土保持、河道管理、农田灌溉、水利工程规划设计等工作。局机关内设职能股室5个,分别是政秘股、综合股(行政审批办公室)、农田水利管理股、人事财务管理股、河长制工作股。事业单位10个:阳朔县防汛抗旱指挥部办公室、阳朔县水利勘察设计室、阳朔县水电物资供应站、阳朔县水利工程管理站、阳朔县水土保持监督站、阳朔县水利水电建设管理站、阳朔县水政水资源管理站、阳朔县水利水电工程质量与安全监督站、阳朔县城区防汛管理站、阳朔县国营水库工程管理站。2018年全局行政与事业编制共86个,在职人员共74人。2018年,县水利局认真贯彻落实中央和自治区关于治水兴水工作部署和要求,紧紧围绕县委、县政府的决策部署,全力以赴抓项目建设,夯实水利基础设施,促进农村经济发展。年内,争取到中央及区、市水利投资6402.54万元,全县完成水利水电固定资产投资6802.24万元。新增巩固提升安全人口1968人,新增供水能力6.67万立方米,新增渠道整治及防渗4.44千米,加固堤防0.5千米,新增节水灌溉面积0.57千公顷。

【水利项目建设】 2018年,县水利局继续加强水利项目建设,实施贫困村农村饮水安全巩固提升、中小河流治理、2018年中央财政小农水项目、岩溶地区石漠化综合治理(水利项目)建设等项目工程,夯实农业基础。年内实施了高田镇下山村委、金宝乡阳朔洞村委、葡萄镇杨梅岭村委、金宝乡红莲村委、金宝乡雷吉、油榨、坪山村共5个饮水安全巩固提升工程;按期完成全区农村饮水安全等水利工程存在问

7月13日,县委书记、县总河长蒋春华(右二)等县领导到漓江开展巡河工作

(陈定源　摄)

题专项清理整治工作，沙湾村、白竹村等10处农村饮水安全工程顺利发挥效益；完成阳朔县遇龙河枣木树（延村至利学桥）段治理工程、阳朔县金宝河高田镇凤楼段（青龙桥至金宝河出口）治理工程、阳朔县兴坪河江村河段整治工程等工程建设任务，累计完成新建护岸5.589千米，治理河长7.268千米，保护沿河两岸耕地296公顷，保护沿河两岸2.08万人的生命财产免受洪水威胁；完成阳朔县葡萄镇陵陂村、福利镇屏山村2017年小型农田水利灌溉工程及阳朔县兴德林业发展有限公司高效节水灌溉工程建设任务，恢复灌溉面积163公顷，改善灌溉面积381公顷，新增高效节水面积66.67公顷。投资600万元实施2018年高效节水灌溉建设项目，采取“以奖代补”的实施方式，推动项目实施，进一步保障和提高农田灌溉能力。完成阳朔县岩溶地区石漠化综合治理工程（水利项目）2017年度项目建设任务，启动2018年项目，抓好水土流失综合治理。

【冬修水利】 2017—2018年度冬春农田水利建设，全县投资5239.5万元，以农村人饮工程建设、中小河流治理、高效节水灌溉、水毁修复工程、水源地保护工程为主要内容，并做好地方面上农田水利建设。工作重点是高效节水灌溉、水毁修复工程及中小河流治理。新增供水能力4.38万立方米，恢复灌溉面积153公顷，改善灌溉面积360公顷，新增高效节水灌溉面积573公顷，新增供水受益人口0.17万人。

【防汛抗灾】 2018年，全县立足于防大汛、抗大旱、抢大险、救大灾，强化措施、认真落实制度规章，全县水利工程安全度过汛期。修编完善了2018年度各类防洪应急预案，落实“三个责任人”并向社会公布。全县37座水库完成“四个全覆盖”，确保责任到人，确保水库安全度汛。全县组建了多支抢险队伍，包含专业抢险队伍、乡镇抢险队伍、水利专业技术抢险队伍、社会救援调度队伍。防汛抢险救灾物资储备及应急资金保障充分。加强对山洪灾害防御监测预警系统的运行管理，充分利用监测预警平台，及时发布预警信息，汛期累计发布预警短信3429条。

【农村饮水安全工程】 2018年，全县共争取到投资129.6万元实施高田镇下山村委、金宝乡阳朔洞村委、葡萄镇杨梅岭村委、金宝乡红莲村委、金宝乡雷吉、油榨、坪山村共5个饮水安全巩固提升工程，解决2598人的饮水安全问题；按期完成全区农村饮水安全等水利工程存在问题专项清理整治工作，沙湾村、白竹村等10处农村饮水安全工程顺利发挥效益。

【水电生产】 2018年，全县水库336座，其中：中型水库3座，小（一）型水库9座，小（二）型水库25座，山塘水库299座。全县水电站11座，其中：国营水电站4个，民营水电站7个。水电站装机容量15825千瓦，年发电量2500万千瓦小时。年产值550万元，上缴税金93.5万元。

【水资源管理】 2018年，县水利局继续强化水资源管理，推进水资源优化配置。以“世界水日”“中国水周”宣传活动为契机，切实加强水法律法规宣传；围绕水资源管理、河道采砂、水利工程设施保护等执法重点，严厉查处水事违法行为，维护了河道、河堤安全，保护当地人民群众的利益。严格水土保持方案审批制度，加强水土保持规划编制；抓好水土保持监督执法，坚决遏制在25度以上陡坡地种植经济林造成的水土流失、防止石漠化现象的蔓延。全年全县共开展河道、堤防巡查37次，查处非法挖沙现场处理3起，接听群众监督电话20通、下发整改通知书8份，维护了河道、河堤安全，保护了当地人民群众的利益。参与阳朔县毁林开荒集中整治综合执法多次，对县辖各乡镇20多个村委非法垦荒点开展整治行动,累计整治开荒地块面积9000多亩。全年共依法征收水资源费106.6万元,征收水土保持设施补偿费39.87万元,并全额上缴县财政专户;争取资金3500万元用于实施阳朔县城区河湖水系连通(一期)工程,通过一系列工程措施来打通城区泄洪节点,提升防汛抗旱水平,改善城区水系结构形态和水生态环境,提升阳朔县主城区景观。

【全面推行河长制湖长制】 完成了350块河长公示牌的安装工作,覆盖全县37座水库,151条河流;完成了"一河一策"工作方案初稿编制,开展对县领导担任河长的13条主要河流"一河一策"工作方案评审工作;加强县、乡、村三级河长巡河工作,发现问题及时要求整改,各级河长巡河累计达20000余次;组织开展阳朔县水功能管理范围内垃圾清理和分类收集专项行动、阳朔县河库"清四乱"专项行动、阳朔县河湖采砂专项整治行动,从多方面开展生态环境保护工作,为全县生态环境健康做出贡献。

【小型水利工程管理体制改革】 年内完成小型水利工程管理体制改革县级自验收工作。确权水利工程959处,核发工程权属证书959本,发证率100%;落实工程管护主体1051处,签订管护主体责任959处;落实管护人员650人;落实管护经费665.7多万元,经费落实率达100%。 (县水利局)

水库移民

【概况】 2018年,阳朔县水库移民工作管理局积极争取上级资金,大力加强库区、移民安置区基础设施建设,切实改善库区、移民安置区生产生活条件,促进库区、移民安置区和谐稳定和经济健康发展。全年发放后期扶持资金270.48万元。实施水库移民基础设施建设项目9个,完成项目投资467.8万元。

【扶持资金发放】 2018年,阳朔县符合国家大中型水库移民后期扶持政策的水库共3座,即久大水库、阳朔洞水库和顺梅水库。核定后期扶持人数4508人,其中登记到人1978人,登记到村民小组2530人。全年按季度发放后期扶持资金270.48万元。

【基础设施建设】 2018年,全县实施水库移民基础设施建设项目9个,完成项目投资467.8万元。完工项目改造旧房7户,扩建硬化移民村村屯道路2.22千米、生产路1.82千米,恢复桥涵1座,恢复生产道路、河堤防护总长990米,灌溉渠道940米,新建简易果园路1.6千米,购买及安装抽水设备1套、7850米PE管材和配件,新建蓄水池一个(150立方米),新建抽水管理房1间(10平方米),安装水库移民村路灯48盏等;受益移民588户2168人,进一步改善了水库移民生产生活条件。

(覃良雄)

12月,福利镇顺梅村委石头岭移民区生产路硬化工程完工。道路全长1.82千米,总投资74.7万元 (朱继承 摄)

商务贸易

4月26日，召开阳朔县供销合作社第一届代表大会

（县供销社　供稿）

商务管理

【概况】 2018年，县商贸业务工作隶属县工信局，下设商务监察大队和信息股，有分管商务工作领导1名、工作人员2名，承担商务行政综合执法工作。其主要职责是推动商务领域信用建设，指导商业信用销售，建立市场诚信公共服务平台，按有关规定对特殊流通行业进行监督管理。

【商务执法检查】 2018年，加强对县内成品油市场、流通领域食品安全、单用途商业预付卡进行日常检查，全年出动执法人员49人次，检查加油站点、大型超市及批发零售企业24家，查处3起无证无照非法销售柴油加油点，处罚金1.9万元。

2月9日，县商务监察大队对县城区域内加油站点进行安全生产检查　　（商务局　供稿）

【批发零售业】 2018年，全县完成限额以上批发业销售额5559万元，限额以上零售业销售额11560万元，同比增长13.57%。

供销合作商业

【概况】 阳朔县供销合作社是财政全额拨款参公事业单位，辖9个基层供销社和8个直属公司。内设政秘股、财务审计股、综合业务股、社有资产管理合作指导股等4个职能股室。

【农村流通服务网络工程】 通过供销社绿羿电子商务公司在西山村开设运营中心，指导村委组建3个淘宝平台，由绿羿公司及村“两委”年轻干部进行操作。通过党员干部率先实践电商，不断把电商向贫困群众拓展和延伸，实现助民增收、精准脱贫的目标。运营中心以西山村百香果优势产业示范基地为依托，通过深度开发挖掘阳朔本地沙田柚、蜜柚、松花塘、芋头等特色农产品资源，以及采取“党建+电商+扶贫”“公司+基地+专业合作社+农户(贫困户)”模式，将阳朔县特色名优农产品推向全国各地，进一步助推农业发展农民增收，增强村民脱贫致富的原动力。

【培育和规范农民专业合作社】 2018年，积极发挥专业合作社在组织农民方面的作用，按照示范性农民专业合作社要求，进一步提升和规范原参办、对接的专业合作社，增强组织化程度，注重专业社品牌建设。继续大力宣传《中华人民共和国农民专业合作社法》，引导农民以优势产品组织起来，领办各类农民专业合作社。年内，新领办农民专业合作社8个，新办县级农民专业合作社联合社1个。

【扶贫项目建设】 2018年，以“公司+基地+专业合作社+农户(贫困户)”的模式发展百

驻村工作队员在西山村电商运营点开展电子商务

（县供销社　供稿）

香果种植，已成为北京奔驰定点采购百香果合作站。继续加大产业资金扶持力度，带动农户（贫困户）发展百香果种植200亩，投入1.2万元对新种植的农户给予奖补，扶持产业发展。 （县供销合作社）

粮油贸易

【概况】 2018年，全县国有粮食购销企业9个(8所1库)，人员114人(在职员工30人、离退休人员84人)；国有土地面积72046.9平方米，建筑面积36360.3平方米。年末资产总额4564.27万元，其中粮油购销419.42万元。

【粮食购销】 2018年，全县实现粮食收购624吨，全部为县储粮；销售624吨，全部为县储粮。粮食销售总收入419.42万元。

【粮食供应】 2018年，县粮食局为金宝乡久大、阳朔洞和福利镇顺梅3个水库库区移民930户、4169人供应原粮624.09吨。其中，供应金宝乡久大、阳朔垌库区移民原粮574吨；供应福利镇顺梅水库赵家、官停岭、大坪、白鹤岭4个自然村库区移民原粮50.09吨。

【粮食储备管理】 2018年，县粮食局加强粮食储备管理，对现有储备粮食存放均采用机械通风、电子测温、环流熏蒸、密闭保管等科学保粮，并落实专业管理人员。全县库存储备粮经上级业务部门普查验收，存放粮食质量均达至国家标准。

【粮食市场监管】 2018年，县粮食局依法做好粮食市场监管，并开展常规性的检查整治，理顺经营秩序。全年出动检查人员35人次，5家企业取得“粮食收购许可证”资格。

【“放心粮油”工程】 2018年，县粮食局继续贯彻落实《广西壮族自治区实施放心粮油工程暂行办法》《广西放心粮油配送中心、连锁中心店及经销店建设规范(试行)》等文件精神，至年末全县有放心粮油店4家。

（彭　艳）

市场开发服务中心

【概况】 2018年，阳朔县市场开发服务中心下辖市场管理所7个，有工作人员58人。经营管理全县农贸市场18个，总面积12万平方米，经营摊点9000个。

【市场建设】 2018年，市场开发服务中心投入资金约690万元，对全县各市场基础设施进行维护改造，进一步改善市场经营条件和服务功能。其中，投入150万元对普益乡市场进行升级改造，投入210万元对金宝新市场进行装修，投入110万元对白沙二期市场安装一台变压器，投入50万元新建金宝临时市场，投入20万元对福利市场饮食行天花板进行重新装修，投入20万元对白沙市场成衣百货行棚厂、油豆腐行棚厂、公厕进行升级改造，投入20多万元对城区农贸市场烧卤行进行改造，投入13万元对高田市场中间大道进行道路硬化，投入10万元对大村门市场摊台设施进行升级改造，投入7万余元对凤鸣市场排污管道进行改造，投入7万余元对葡萄市场雨棚进行升级改造，投入6万元对阳朔中学对面大排档变压器线路进行更新改造，投入5万多元对葡萄饮食行进行改造维修，投入60多万元对全县各市场排水沟、棚厂、摊台等基础设施进行维护改造。

【市场管理】 2018年，市场开发服务中心加强市场秩序管理，按照交易入市、经营成行的要求，对市场内商品实行划行规市，规范市场商品摆放标准，做到商品有序摆放，不压线摆卖，车辆集中统一停放，通道不准堆放物品等。加强市场卫生管理，改善经营环境，给全县各市场固定摊经营户配备小垃圾桶，要求经营户做到本摊位产生的垃圾不得乱扔乱放。增加市场保洁员，开展“除四害”、清理小广告等行动，做到市场内垃圾及时清扫，日产日清，确保市场环境整洁规范有序。

（莫振丽）

烟草专卖

【概况】 2018年，阳朔县烟草专卖局(营销部)积极开展真龙品牌培育、零售终端建设、银企金融支持、旅游市场开发及旅游终端建设等工作，促进卷烟销售的稳步增长。全年实现卷烟销售总量10508箱，同比增长126箱；综合单箱金额2.81（含税）万元，比上年增加1058元，增幅3.9%，缴纳税金1200多万元。

【烟草专卖监管】 2018年，阳朔县烟草专卖局切实维护国家利益和消费者利益，保障阳朔卷烟市场正常秩序，有计划、有步骤开展各项专卖管理工作，在市场监管、证件管理、自律互助小组建设、队伍建设等方面取得一定成效。全年联合阳朔县公安、工商等相关执法部门开展“春雷2018”“散支烟(白皮烟)”“国门利剑2019”等大规模市场清理整顿专项行动。全年共查处各类违法经营卷烟案件104起，涉案案值44.67万元，查获各种违法涉案卷烟88.02万支。

（阳文绪）

财政·税务

6月14日，阳朔县国税局、地税局开展交叉培训，确保系统机构改革后，各项工作平稳有序推进，坚决打赢国地税机构改革攻坚战　　（县税务局　供稿）

财　政

【概况】 2018年,阳朔县财政局下设15个股室,辖9个乡镇财政所。财政系统有干部职工112人,其中局机关76人、乡镇财政所36人。2018年,财政系统围绕全县改革发展稳定大局,积极应对复杂多变的经济形势,充分发挥财政职能作用,全力促进全县经济平稳增长,保障社会各项事业健康发展。深入推进各项财政管理改革,完成全年财政预算调整收支目标任务。

【财政收入】 2018年,阳朔县组织财政收入73238万元,完成年初预算任务的101%,同比增长6.66%。其中,公共财政预算收入51372万元,同比增长8.86%;上划中央“四税”收入16583万元,同比增长2.38%;上划自治区“四税”收入5283万元,同比增长0.75%。

2018年,阳朔县财政总收入237827万元。其中:公共财政预算收入51372万元;上级补助收入133000万元(包括返还性收入6720万元,一般性转移支付收入91983万元,专项转移支付收入34297万元);债券转贷收入21300万元;上年结余收入13327万元;调入资金18000万元;调入预算稳定调节基金828万元。

【财政支出】 2018年,阳朔县财政总支出237827万元。其中:一般预算支出220315万元,完成调整预算的98%,同比增长20%;上解上级支出584万元;债券还本支出4500万元;年末补充预算稳定调节基金7446万元。收支相抵,结转下年继续使用的专款4982万元。

【财政管理体制】 2018年,财政局按照依法理财、科学理财和透明理财的要求,进一步深化各项财政管理制度改革,推动财政管理科学化、规范化和法治化。

健全和完善“乡财县管”的财政管理体制　2018年,县财政局不断健全和完善“乡财县管乡用”管理体制,确保乡镇财政资金的规范管理和使用,缓解乡镇财政困难,强化预算约束机制,提高资金使用效益,确保乡镇党政机构正常运转、干部职工工资按时足额发放以及重点支出需要,防范和化解乡镇债务风险。

强化部门预算和国库集中支付工作　部门预算和国库集中支付制度是财政改革的发展方向,财政局严格按照上级的有关部署,结合全县的实际情况,努力进行探索研究,通过深入推动部门预算、综合预算和规范支出项目及支出标准,强化预算约束,不断扩大集中支付部门和支付资金类别,优化资金申报和拨付方式,加强单位账户管理,建设完善国库集中支付网络,开展国库集中支付业务培训,国库集中支付系统正常运行,取得良好效果。

进一步完善非税收入管理制度　2018年,推进非税收入收缴制度改革,增强非税收入收缴透明度,实行更规范的“收支两条线”管理。将全额预算拨款的行政事业单位所取得的罚没收入、行政事业性收费收入、国有资产经营收入和处置收入、单位存款和项目存款的利息收入等各项政府非税收入纳入财政预算管理,防止非税资金被截留、挤占、挪用和坐收坐支,确保资金及时足额上缴财政。为非税资金的规范化、科学化和制度化管理提供保证。

【财政服务工农业经济发展】 2018年,县财政局进一步转变和拓展理财思路,充分发挥财政资金的杠杆作用,创新支持手段,突出重点,集中财力办大事,继续加大对重大项目和经济建设的支持力度,积极打造有利于财政经营互动发展的新平台，始终把促进经济发展作为执政理财的第一要务加以落实，千方百计加大资金筹措力度，全力支持农村交通旅游通道建设、城乡基础设施建设、工业发展基金支出、农业发展基金、旅游发展基金、生态乡村和新农村建设、农业生产专项支出。安排招商引资、争取外援项目工作经费，争取全县经济发展所必需的项目建设资金。密切关注政策动向，及时捕捉信息，“围绕项目筹资金，围绕资金抓项目”。专人负责、专人跟踪，确保项目、资金不落空。积极向上汇报与沟通，主动争取上级有关部门支持，同时落实配套县级资金，集中整合自治区、市、县财力，全力推进农业基础设施、生态乡村等重点项目建设，扩大全县基础设施建设规模，促进全县社会经济快速发展。

【非税收入管理】 2018 年，县财政组织政府非税收入 90835 万元，其中：一般政府非税收入 30303 万元，政府性基金收入 60532 万元（其中国有土地出让金收入 60011 万元，其他政府性基金收入 521 万元）。认真贯彻执行县人民政府《关于将政府非税收入纳入综合财政预算管理的通知》，把非税收入纳入财政预算管理，统筹安排，严格执行“收支两条线管理”规定。

【财政票据管理】 2018 年，按照自治区财政厅要求，加强财政票据管理，严格执行票据“核旧领新，验旧换新，票款同步”管理制度，从源头上制止乱收费、乱用票据现象。

【政府采购】 2018 年，严格执行《中华人民共和国政府采购法》《中华人民共和国政府采购法实施条例》和其他有关法律法规，全面推行政府采购制度，全年实施政府采购 910 次，完成采购金额 10011.17 万元，节约 674.38 万元，节约率 6.3%。（县财政局）

阳朔县 2018 年公共财政预算收支决算总表

编报单位：阳朔县财政局　　　　单位：万元

收入预算科目	2018年当年预算安排数	2018年决算数	2017年决算数	完成预算%	比上年±%	支出预算科目	2018年当年预算安排数	2018年调整预算数	2018年决算数	2017年决算数	完成调整预算%	比上年±%
一、税收收入	24831	21069	23259	84.85	-9.42	一、一般公共服务支出	13143	17310	17310	19171	100.00	-9.71
（一）、当年组织税收总收入	47550	42935	44736	90.29	-4.03	二、外交支出					0.00	0.00
1. 国家税务局组织税收	22650	21584	19647	95.29	9.86	三、国防支出	35	25	25	25	100.00	0.0
(1)增值税	5000	4508	4326	90.16	4.21	四、公共安全支出	11726	12856	12856	11921	100.00	7.84
(2)营业税改增值税	12750	11848	12293			五、教育支出	28902	39432	39182	46719	99.37	-16.13
(3)营改增（金融保险业）	1695	1425				六、科学技术支出	265	325	325	427	100.00	-23.89
(4)消费税	20	36	19	180.00	89.47	七、文化体育与传媒支出	1457	2716	2589	2500	95.32	3.56
(5)企业所得税	2830	3420	2660	120.85	28.57	八、社会保障和就业支出	19808	27621	27621	15602	100.00	77.03
(6)个人所得税	310	306	310	98.71		九、医疗卫生与计划生育支出	25797	30485	30485	22918	100.00	33.02
(7)城市维护建设税	45	41	39	91.11		十、节能环保支出	1400	8759	8759	4652	100.00	88.28
2. 地方税务局组织税收	24900	21351	25089	85.75	-14.90	十一、城乡社区支出	3124	31200	31200	30858	100.00	1.11
(1)营业税改增值税		485	1424	0.00	-65.94	十二、农林水支出	19171	37246	36216	31549	97.23	14.79

续表

收入预算科目	2018年当年预算安排数	2018年决算数	2017年决算数	完成预算%	比上年±%	支出预算科目	2018年当年预算安排数	2018年调整预算数	2018年决算数	2017年决算数	完成调整预算%	比上年±%
(2)营业税	75	28	81			十三、交通运输支出	1084	6681	3610	3726	54.03	-3.11
(3)企业所得税	5550	4369	5322	78.72	-17.91	十四、资源勘探信息等支出	474	691	561	706	81.19	-20.54
(4)个人所得税	3500	3936	3459	112.46	13.79	十五、商业服务业等支出	637	1316	1126	1324	85.56	-14.95
(5)资源税	5	7	5	140.00	40.00	十六、金融支出		40	24	0	60.00	0
(6)城市维护建设税	900	842	835	93.56	0.84	十八、国土海洋气象等支出	570	1439	1402	922	97.43	52.06
(7)房产税	1500	1868	1403	124.53	33.14	十九、住房保障支出	3123	4083	4029	4223	98.68	-4.59
(8)印花税	240	274	214	114.17	28.04	二十、粮油物资储备支出	200	532	487	466	91.54	4.51
(9)城镇土地使用税	2600	2482	2494	95.5	0	二十二、预备费	1500				0.00	0.00
(10)土地增值税	2700	736	2694	27.26	-72.68	二十三、其他支出	2820	32		0	0.00	0.00
(11)车船税	700	729	655	104.14	11.30	二十四、债务付息支出	2600	2487	2487	1733	100.00	43.51
(12)耕地占用税	4300	1138	3460	26.47	-67.11	二十五、债务发行费用支出		21	21	16	100.00	31.25
(13)契税	2830	4442	3043	156.96	45.97							
(14)环境保护税		15										
3.减:上划中央“四税”收入	17096	16583	16197	97.00	2.38							

续表

收入预算科目	2018年当年预算安排数	2018年决算数	2017年决算数	完成预算%	比上年±%	支出预算科目	2018年当年预算安排数	2018年调整预算数	2018年决算数	2017年决算数	完成调整预算%	比上年±%
上划中央增值税	2500	2254	2162	90.16	4.26							
上划中央营改征	6376	6166	6058	96.71	1.78							
上划中央营改征(金融保险业)	848	713	801	84.08								
上划中央营业税	38	14	40	36.84								
上划中央消费税	20	36	19	180.00	89.47							
上划中央企业所得税	5028	4849	4855	96.44	−0.12							
上划中央个人所得税	2286	2551	2262	111.59	12.78							
4. 减:上划自治区“四税”收入	5623	5283	5280	93.95	0.06							
上划自治区增值税	800	721	692	90.13	4.19							
上划自治区营改增	2550	2466	2423	96.71	1.77							
上划自治区营改征(金融保险业)	848	713	801	84.08								
上划自治区营业税	15	6	17	40.00	−64.71							

续表

收入预算科目	2018年当年预算安排数	2018年决算数	2017年决算数	完成预算%	比上年±%	支出预算科目	2018年当年预算安排数	2018年调整预算数	2018年决算数	2017年决算数	完成调整预算%	比上年±%
上划自治区营业税(金融保险业)												
上划自治区企业所得税	838	735	782	87.71	−6.01							
上划自治区个人所得税	572	638	565	111.54	12.92							
上划环境保护税		4										
二、非税收入	25190	30303	23931	120.30	26.63							
1. 专款收入	1200	1170	1164	97.50	0.52							0.00
2. 行政性收费收入	1500	1645	2032	109.67	−19.05							0.00
3. 罚没收入	1500	1333	1343	88.87	−0.74							0.00
4. 国有资本经营收益	3000	3500	4832	116.67	−27.6						0.00	0.00
5. 国有资源(资产)有偿使用收入	17990	22344	14197	124.20	57.4						0.00	0.00
6. 政府住房基金收入		124										
7. 其他收入		187	363	0.00	−48.48						0.00	0.00
地方公共财政预算收入小计	50021	51372	47190	102.70	8.86							
组织财政收入小计	71044	71812	68667	101.08	4.58	地方公共财政预算支出合计	137836	225297	220315	199458	97.79	10.46

续表

收入预算科目	2018年当年预算安排数	2018年决算数	2017年决算数	完成预算%	比上年±%	支出预算科目	2018年当年预算安排数	2018年调整预算数	2018年决算数	2017年决算数	完成调整预算%	比上年±%
组织财政收入小计（含金融保险业）	72740	73238	63392	100.68		上解自治区支出	453		584	1112		−47.48
上级补助收入	92019	133000	136604		−2.64	债券还本支出	3931		4500	6205		−27.48
税收返还收入	6716	6720	6348		5.86	安排预算稳定调节基金			7446	3304		125.36
体制补助收入	1220	1220	1220		0.00	年终结余			4982	13327		−62.62
均衡性转移支付收入	21654	22829	21793		4.75	减:结转下年的支出			4982	13327		−62.62
县级基本财力保障机制奖补收入	4141	5576	5650		−1.31	净结余	0		0			
结算补助收入	2638	9184	10060									
成品油税费改革转移支付补助收入		936	327		201.53							
基层公检法司转移支付收入		2044	1998		2.30							
城乡义务教育转移支付收入		3539	3922		−10							
基本养老金转移支付收入		7424	5734		29.47							
城乡居民医疗保险转移支付收入		13151	12079		8.87							0.00
农村综合改革转移支付收入		2529	2278		11.02							0.00

续表

收入预算科目	2018年当年预算安排数	2018年决算数	2017年决算数	完成预算%	比上年±%	支出预算科目	2018年当年预算安排数	2018年调整预算数	2018年决算数	2017年决算数	完成调整预算%	比上年±%
产粮（油）大县奖励资金收入		80			0.00							
重点生态功能区转移支付收入	7771	9346	8636		8.22							
固定数额补助收入	9465	9465	9465		0.00							
革命老区转移支付收入		210	200		5.00							0.00
民族地区转移支付收入		14	16		−12.50							0.00
贫困地区转移支付收入		2383	2588		−7.92							0.00
其他一般性转移支付收入		2003	880		127.61							0.00
专项转移支付收入	37586	34297	43410		−20.99							0.00
债券转贷收入		21300	19268									0.00
调入资金		18000	78									0.00
预算稳定调节基金	828	828	11742									
上年结余		13327	8524		56.35							0.00
公共财政预算收入总计	142040	237827	223406		6.46	公共财政预算支出总计	142220	225297	237827	223406		6.46

阳朔县2018年公共财政预算收入县、乡镇决算分级表

编制部位：阳朔县财政局　　　　单位：万元

收入预算科目	2018年决算数			2017年决算数			2018年比上年±%	县本级比上年±%	乡镇级比上年±%
	合计	县本级	乡镇级	合计	县本级	乡镇级			
一、税收收入	21073	11044	10029	23259	13903	9356	−9.40	−20.56	7.19
（一）、当年组织税收总收入	42935	16571	26364	44736	20049	24687	−4.03	−17.35	6.79
其中：国家税务局组织税收收入	21584	3480	18104	19647	3501	16146	9.86	−0.60	12.13
（1）增值税	4508	1500	3008	4326	2146	2180	4.21	−30.10	37.98
（2）营业税改增值税	11848	477	11371	12293	1293	11000	−3.62	−63.11	3.37
（3）营改增（金融保险业）	1425	1425							
（4）消费税	36	0	36	19	0	19	89.47	0.00	89.47
（5）企业所得税	3420	7	3413	2660	9	2651	28.57	−22.22	28.74
（6）个人所得税	306	30	276	310	14	296	−1.29	114.29	−6.76
（7）城市维护建设税	41	41		39	39		5.13	5.13	0.00
地方税务局组织税收收入	21351	13091	8260	25089	16548	8541	−14.90	−20.89	−3.29
（1）营业税改增值税	485	485		1424	1424			−65.94	
（2）营业税	28	27	1	81	11	70	−65.43	145.45	−98.57
（3）企业所得税	4369	1755	2614	5322	1812	3510	−17.91	−3.15	−25.53
（4）个人所得税	3936	1373	2563	3459	1340	2119	13.79	2.46	20.95
（5）资源税	7	0	7	5	0	5	40.00	0.00	40.00
（6）城市维护建设税	842	842		835	835		0.84	0.84	0.00
（7）房产税	1868	370	1498	1403	107	1296	33.14	245.79	15.59
（8）印花税	274	23	251	214	44	170	28.04	−47.73	47.65

续表

收入预算科目	2018年决算数			2017年决算数			2018年比上年 ±%	县本级比上年 ±%	乡镇级比上年 ±%
	合计	县本级	乡镇级	合计	县本级	乡镇级			
(9)城镇土地使用税	2482	2214	268	2494	2267	227	−0.5	−2.3	18.06
(10)土地增值税	736	1	735	2694	1788	906	−72.68	−99.94	−18.87
(11)车船税	729	421	308	655	417	238	11.30	0.96	29.41
(12)耕地占用税	1138	1138		3460	3460		−67.11	−67.11	0.00
(13)契税	4442	4442		3043	3043		45.97	45.97	0.00
(14)环境保护税	15	0	15						
减:上划中央“四税”收入	16583	4037	12546	16197	4407	11790	2.38	−8.40	6.41
上划中央增值税	2254	750	1504	2162	1072	1090	4.26	−30.04	37.98
上划中央营改增	6166	481	5685	6058	558	5500	1.78	−13.80	3.36
上划中央营改增(金融保险业)	713	713		801	801		−10.99	−10.99	0.00
上划营业税	14	13	1	40	5	35	−65.00	160.00	−97.14
上划营业税(金融保险业)		0							
上划中央消费税	36	0	36	19	0	19	89.47	0.00	89.47
上划中央企业所得税	4849	1233	3616	4855	1158	3697	−0.12	6.48	−2.19
上划中央个人所得税	2551	847	1704	2262	813	1449	12.78	4.18	17.60
减:上划自治区“四税”收入	5279	1490	3789	5280	1739	3541	−0.02	−14.32	7.00
上划自治区增值税	721	239	482	692	343	349	4.19	−30.32	38.11
上划自治区营改增	2466	192	2274	2423	223	2200			3.36
上划自治区营改增(金融保险业)	713	713		801					

续表

收入预算科目	2018年决算数			2017年决算数			2018年比上年±%	县本级比上年±%	乡镇级比上年±%
	合计	县本级	乡镇级	合计	县本级	乡镇级			
上划自治区营业税	6	6		17	3	14	−64.71	100.00	−100.00
上划自治区营业税(金融保险业)		0							
上划自治区企业所得税	735	132	603	782	166	616	−6.01	−20.48	−2.11
上划自治区个人所得税	638	212	426	565	203	362	12.92	4.43	17.68
上划环境保护税	4	0	4						
二、非税收入	30303	30303	0	23931	23931	0	26.63	26.63	0.00
1. 专款收入	1170	1170		1164	1164		0.52	0.52	0.00
2. 行政性收费收入	1645	1645		2032	2032		−19.05	−19.05	0.00
3. 罚没收入	1333	1333		1343	1343		−0.74	−0.74	0.00
4. 国有资本经营收益	3500	3500		4832	4832		−27.57	−27.57	0.00
5. 国有资源(资产)有偿使用收入	22344	22344		14197	14197		57.39	57.39	0.00
6. 政府住房基金收入	124	124							
7. 其他收入	187	187		363	363		−48.48	−48.48	0.00
地方公共财政预算收入小计	51376	41347	10029	47190	37834	9356	8.87	9.29	7.19
组织财政收入小计	73238	46874	26364	68667	43980	24687	6.66	6.58	6.79
税收收入占组织收入(%)	58.62	35.35	100	65.15	45.59	100			
税收收入占地方公共财政预算收入(%)	41.02	26.71	100	49.29	36.75	100			
非税收入占组织收入(%)	41.38	64.65	0	34.85	54.41	0			
非税收入占地方公共财政预算收入(%)	58.98	73.29	0	50.71	63.25	0			

阳朔县2018年公共财政预算支出县、乡镇决算分级表

编制单位：阳朔县财政局　　　　单位：万元

支出预算科目	2018年决算数	其中：县本级	乡镇级	2017年决算数	其中：县本级	乡镇级	2018年决算比上年 ±%	县本级比上年 ±%	乡镇级比上年 ±%
一、一般公共服务	17310	10920	6390	19171	12217	6954	−9.71%	−10.62%	−8.11%
二、外交									
三、国防	25	25		25	25				
四、公共安全	12856	12856		11921	11921		7.84%	7.84%	
五、教育	39182	19382	19800	46719	22504	24215	−16.13%	−13.87%	−18.23%
六、科学技术	325	325		427	427		−23.89%	−23.89%	
七、文化体育与传媒	2589	2440	149	2500	2302	198	3.56%	5.99%	−24.75%
八、社会保障和就业	27621	21412	6209	15602	15144	458	77.03%	41.39%	1255.68%
九、医疗卫生	30485	27055	3430	22918	22466	452	33.02%	20.43%	658.85%
十、节能环保	8759	4215	4544	4652	3702	950	88.28%	13.86%	378.32%
十一、城乡社区事务	31200	25211	5989	30858	30630	228	1.11%	−17.69%	2526.75%
十二、农林水事务	36216	32070	4146	31549	27051	4498	14.79%	18.55%	−7.83%
十三、交通运输	3610	3610		3726	3726		−3.11%	−3.11%	
十四、资源勘探电力信息等事务	561	561		706	706		−20.54%	−20.54%	
十五、商业服务业等事务	1126	991	135	1324	1167	157	−14.95%	−15.08%	−14.01%
十六、金融监管等事务支出	24	24					100.00%	100.00%	
二十、国土资源气象等事务	1402	1402		922	922		52.06%	52.06%	
二十一、住房保障支出	4029	2665	1364	4223	2888	1335	−4.59%	−7.72%	2.17%
二十二、粮油物资储备管理事务	487	487		466	466		4.51%	4.51%	
二十七、预备费									
二十八、其他支出									
二十九、债务付息支出	2487	2487		1733	1733		43.51%	43.51%	
三十、债务发行费用支出	21	21		16	16		31.25%	31.25%	
支出合计	220315	168159	52156	199458	160013	39445	10.46%	5.09%	32.22%

税收入征管等职责。

国家税务

【概况】 截至2018年7月19日，阳朔县国家税务局有在职干部职工64人；内设办公室、政策法规股、收入核算股、监察室、人事教育股、财务管理股、征收管理股、纳税服务股、信息中心、党办10个职能股室，下辖稽查局1个直属机构；下设阳朔税务分局、白沙税务分局、福利税务分局3个基层税务分局。

阳朔县国家税务局共管理9287户纳税户。其中，国有企业53户，集体企业38户，股份有限公司（包括股份合作、股份合伙企业）36户，其他有限责任公司（包括私营）737户，外资企业（包括中外合资、外商投资股份有限公司）102户，港澳台独资经营公司17户，个体工商户6813户，事业单位和国家机关429户。主要负责阳朔县辖区内增值税、消费税、企业所得税、车辆购置税等税种的征收管理工作。

7月20日，阳朔县国家税务局、阳朔县地方税务局正式合并，挂牌成立国家税务总局阳朔县税务局，具体承担阳朔县各项税收、非税收入征管等职责。

【组织收入】 2018年，阳朔县国家税务局科学谋划，精准施策，多方发力，千方百计地挖潜增收，将34户重点税源列入动态监控，落实领导班子联系重点税源企业制度，重点税源税收贡献率超过40%；向风险应对要收入，组建风险分析团队，积极开展纳税评估，以查促管，以查促收，通过征管系统下发疑点户并评估核查。1—7月评估核查11户，查补税款及滞纳金359.93万元。1—7月，阳朔县国家税务局完成地方政府考核口径税收收入1.31亿元，同比增幅14.13%，组织收入实现历史性突破。

【税制改革】 2018年，阳朔县国家税务局深入推进“一厅通办”“一网通办”“一键咨询”等举措，整合县国家税务局与地方税务局服务事项，全面实现统一办税流程、统一导税服务、统一网上办税平台、统一宣传咨询，实现纳税人“进一个厅，办所有税务事”，确保办税效率更高、服务质量更优、纳税人获得感更强。不折不扣落实增值税税率降低、供给侧结构性改革、国务院六项减税政策、广西降成本“新28条”等税收优惠政策，1—7月，共有2146户纳税人享受优惠，减免增值税2145.91万元，减免企业所得税200.57万元。认真开展“优惠政策”大辅导，制定《税收优惠政策辅导工作实施方案》，积极组织各相关单位开展大辅导工作，1—7月召开座谈会7次，培训622人次，上门辅导983户。

3月22日，阳朔县国税局举行2018年第一期最新税收政策纳税人辅导班　（县税务局　供稿）

【税收征管】 2018年，阳朔

县国家税务局建立内外协调联动机制，坚决打击发票违法犯罪活动。组织对辖区内重点稽查对象开展督导自查，1—7月企业自查入库税款53.21万元，滞纳金15.71万元，涉及不予在税前列支的加油费等发票10417份。切实转变税收征管方式，完善事中事后管理体系，全力推行新税收管理员制度，实施纳税人分类分级管理，建立大数据支撑的风险管理运行机制。积极做好对上级部门推送风险任务的核查，按照推送的风险指标进行再分析，自主采取具体应对措施，探索风险防范新型管理机制。

【纳税服务】 大力推广“互联网+纳税服务”，推行网上办税、税库联网、短信申报、微信申报等便民申报方式。搭建交流平台，畅通沟通渠道，加强税企交流，问计问需于企业。通过开展“我听您说”满意度电话回访、征纳面对面、联户进企大走访等一系列深入贴近纳税人的活动，全面了解纳税人真实诉求。截至7月19日，电话、短信回访纳税人2216户，举办征纳面对面活动9场，联户进企大走访236户，收集纳税人意见建议105条。针对收集到的意见建议，进行整理分析、快速响应，出台一系列接地气服务措施，有效解决纳税人最关心最直接的问题。大力开展全面走访联系纳税人、联户进企等活动，结合县国家税务局干部联系企业制度、纳税人满意度调查及后续管理工作，税务人员深入企业宣传有关税收政策，提供税收咨询服务，1—7月走访联系纳税人2300户。结合第27个“税法宣传月”活动，深入金橘种植基地、旅游景区景点、街道社区，向群众、纳税人深入解读税收政策，以更高的热情为纳税人服务。

（刘　婧）

4月22日，阳朔县国税局到格格树酒店进行增值税税率调整税收宣传，税收优惠政策送上门　（县税务局　供稿）

地方税务

【概况】 阳朔县地方税务局组建于1994年12月28日，全系统人员编制、机构实行省（区）级垂直管理。截至2018年7月19日，县地方税务局共有干部职工119人，其中在职人员62人、助征员13人、协税员14人、退休人员30人。机关内设7个职能股室：办公室、人事股、监察室、法规税政股、征管和科技发展股、收入规划核算和财务管理股、征收服务股。设6个征收管理分局：阳朔税务分局、高田税务分局、白沙税务分局、福利税务分局、兴坪税务分局和葡萄税务分局。2018年7月20日，阳朔县国家税务局、阳朔县地方税务局正式合并，挂牌成立国家税务总局阳朔县税务局，具体承担阳朔县各项税收、非税收入征管等职责。

【征管范围】 阳朔县地方税务局负责企业所得税、个人所得税、土地增值税、耕地占用税、契税、房产税、土

4月2日，阳朔县白沙美艺石材制品厂在阳朔县地税局办税服务厅成功申报并缴纳环境保护税，开出阳朔县首张环境保护税税票，标志着环境保护税在阳朔县正式实施　　（县税务局　供稿）

地使用税、印花税、车船使用税、资源税、城建税、环境保护税等税种的税收管理以及教育费附加、地方教育费附加、工会经费、水利建设基金、残疾人保障金的征收。

截至2018年7月19日，阳朔县有地方税纳税户10012户。其中，国有企业36户，集体企业37户，股份有限公司(包括股份合作、股份合伙企业)53户，其他有限责任公司(包括私营)3249户，外资企业(包括中外合资、外商投资股份有限公司)24户，港澳台独资经营公司15户，个体工商户6338户，事业单位和国家机关260户。

【地税收入】 2018年，受“营改增”试点全面推开、供给侧结构性改革、国务院六项减税政策、广西降成本“新28条”措施等减税力度不断加大因素的影响，组织收入形势异常复杂严峻。为了保持收入稳定增长，圆满完成税收收入任务，县地税局严格坚持组织收入原则和规范税收执法，做到应收尽收、应免尽免，实现税收收入“量质齐增”。1—7月组织入库市级口径税收收入1.52亿元，同比增长15.10%，增收1999万元，完成年度计划55.30%；组织入库县级税收收入1.49亿元，同比增长15.22%，增收1975万元，完成年度计划60%。

【税收征管】 2018年，县地方税务局全面摸底，夯实税收征管体制改革基础支撑。以实现事前审核向事中事后监管、固定管户向分类分级管户、无差别管理向风险管理、经验管理向大数据管理的“四个转变”为目标，对全局人员岗责分配、征收管理现状进行全覆盖摸底，从机构配置、人力协调、流程再造三个方面夯实初期管户制向管户制的基础支撑。优化办税服务，进门宣传优惠，优化营商环境。进一步落实办税服务制度，提升纳税人办税感受，严格按照“最多跑一次”清单，精简办税流程节省纳税人办税成本，优化绿色办税通道拓宽纳税人办税快捷渠道，强化办税大厅人员专项技能培训，提升纳税人办税效率，多措并举打造方便、快捷、高效的办税环境。不断深化国税、地税征管体制改革，与县国税局充分建立常态化协调沟通机制，联席会议机制、协调机制、督查机制和通报机制。成立阳朔县国地税合作工作领导小组，统筹协调，积极推进工作开展。联合下发《全面深化阳朔县国地税合作工作实施方案》，制定合作共性清单和个性任务清单，坚持高标准、严要求、全覆盖的要求，全面推进和落实由县级层面承担的各项合作事项，实现合作领域的深化拓展。组建国地税数据治理小组，定期清理双方的异常数据，为信息管税保驾护航。

【税法宣传】 2018年，县地税局与县国税局共同谋划联合开展税收宣传月活动、纳税人

5月28日，县税务局组织业务骨干开展以“深化政务公开，优化营商环境”为主题的“政务公开日”活动　　（县税务局　供稿）

学堂、局长接待日主题日活动等活动，深度融合、统筹整合宣传资源，丰富宣传形式和平台，发挥合力，提高宣传效果，扩大合作成效。4月开展以“优化税收营商环境，助力经济高质量发展”为主题的税收宣传月活动，联合县国税局开展“春风行动进景区”活动启动仪式，就小微企业税收优惠、营改增等热点问题开展纳税辅导、税法咨询，现场为纳税人解答涉税问题，向纳税人和群众发放税收宣传册，重点宣传“便民办税春风行动”“放管服”改革、“最多跑一次清单”和“全程网上办清单”。

【信息化建设】 2018年，县地税局高度重视税收征管电子档案推广工作，对办税服务厅业务岗、扫描岗电脑进行电子档案系统调试，构筑良好系统运行环境。加强网络安全和信息化工作组织领导，加快信息化建设步伐，保障网络安全。（邝桂冰）

银行·保险

7月27日,阳朔农合行组织员工开展“云闪付”宣传工作

（阳朔农合行　供稿）

中国人民银行阳朔县支行

【概况】 2018年，中国人民银行阳朔县支行内设办公室、综合业务股、会计国库股、货币金银股和保卫股5个部门。在编正式职工28人，其中男性21人，女性7人；本科学历16人，专科学历9人，中专或高中学历3人；中共党员14人，民盟盟员1人；20~30岁的6人，30~40岁的3人，40~50岁的5人，50岁以上的14人。

【金融体系建设】 2018年年末，阳朔县共有银行业金融机构8家，包括工商银行、农业银行、中国银行、建设银行、邮政储蓄银行、桂林银行、广西阳朔农村合作银行、桂林国民村镇银行。营业网点39个，从业人员500人。年末，阳朔县银行业金融机构人民币各项存款余额117.60亿元，同比增长8.96%，其中单位存款26.87亿元，同比增长8.25%，个人存款90.35亿元，同比增长9.05%。人民币各项贷款余额64.49亿元，同比增长0.85%。其中：中长期贷款余额52.71亿元，同比增长2.70%，短期贷款余额11.78亿元，同比减少6.69%。

【货币信贷】 2018年，中国人民银行阳朔县支行强化货币信贷工作。一是发挥基层央行窗口指导作用，指导各银行业金融机构积极调整信贷资金结构，推广惠农政策，保持合理的信贷投放力度，确保信贷资金有效支持三农、小微企业等重点领域与薄弱环节。二是稳步推进辖区金融机构利率市场化改革，贯彻落实降息的导向和信号作用，一定程度上减轻了当地企业及其他社会主体的融资成本，巩固了前期宏观调控的政策效果。三是加强存款准备金管理和银行流动性管理，确保地方法人金融机构及时足额缴存法定存款准备金，为建立存款保险准备金作各方调研。四是重点关注地方经济金融运行态势，加强货币信贷形势分析与宏观经济分析，着力提高对辖区经济金融运行前瞻性和把握能力。五是加强对农行三农事业部的风险监测和评估，引导其各项政策向县域和三农领域倾斜。六是完善“两管理、两综合”工作机制，开展综合执法大检查，规范金融机构经营管理行为。七是健全信贷政策导向效果跟踪机制，加强对房地产、高能耗企业、中小企业、金融民生工程等方面的金融监测机制的建设。八是灵活运用货币政策工具，发挥支合意贷款、差别存款准备金动态调整的导向作用。2018年申报地方法人金融机构新增贷款计划3.6亿元，同比减少0.1亿元。

【金融稳定】 2018年，中国人民银行阳朔县支行积极构建金融稳定管理框架，强化系统性金融风险防范的制度保障；开展地方法人金融机构金融风险监测评估分析，提升金融风险评估预警水平；加强存款保险管理工作，规范辖区金融机构存款保险宣传及标志的制作与公布方式，指导、协助地方法人金融机构提高管理水平并做好保费缴纳等工作；密切关注阳朔县金融业、地方政府融资平台、民间融资活动、互联网金融的风险状况及非法金融活动风险，关注信贷投放速度、信贷集中度及房地产市场波动等社会经济各方面可能导致的信用风险；完善金融突发事件应急机制建设，做好重大事项信息收集和反馈，提升金融风险处置能力和突发事件应急管理水平。

【征信管理】 2018年，中国人民银行阳朔县支行全面加强征信管理。一是全面推进农村信用体系建设。积极开展农户信用信息系统数据采集工作。截至12月31日，阳朔农户信用信息系统采集66343户农户信息，入库率89.58%，超额完成了全年65%的入库率工作目标。2018 年 12 月末，阳朔县累计创建信用村 69 个、信用乡 5 个、金融服务室 99 个、诚信示范景区 1 个。二是继续加强机构信用代码创建与更新工作。2018 年阳朔县机构信用代码累计发放 4299 个，其中当年新增 662 个。三是认真做好信用报告查询服务工作。2018 累计查询个人信用报告 4533 份，企业信用报告 67 份。四是积极开展征信知识进校园活动。9 月 19 日，中国人民银行阳朔县支行联合阳朔农合行到高田中学开展“征信知识进校园”宣传活动，增强学生的诚信意识。五是组织开展征信信息安全管理自查工作，不断强化征信信息泄露风险防范与信息安全管理。

【支付结算】 2018 年，中国人民银行阳朔县支行加快推进农村支付服务环境建设，不断完善支付结算环境。一是持续推进“两点一站”建设工作，全县创建助农取款服务点 99 个，实现农村惠农支付服务行政村全覆盖。二是加大旅游商圈支付工具布放力度，方便中外游客刷卡消费。2018 年年末，全县布放 ATM 机 157 台，POS 机 2666 台。三是积极推广非接、移动支付、扫码支付等新型电子支付工具，全县布放的 POS 机大都支持非接触式快捷支付。四是支付业务量持续稳定增长，为经济金融有序发展提供了坚实支撑。2018 年年末，全县银行卡保有量 81.25 万张，业务量 685.43 万笔，金额 2472708.53 万元；网上银行、手机银行、电话银行开户量分别为 20.95 万户、23.10 万户、10.73 万户，业务量分别为 157.60 万笔、120.80 万笔、0.73 万笔，业务金额分别为 930967.52 万元、1379265 万元、688.24 万元。五是积极落实惠农支付服务财政补贴资金，提升涉农金融机构对农村地区金融市场投入的积极性。六是联合县工信局、县公安局、县工商质监局等部门，在全县范围内开展整治非法买卖银行卡信息专项行动，遏制和打击非法买卖银行卡信息违法犯罪行为，维护安全稳定的金融环境。七是认真贯彻落实“三证合一，一照一码”登记制度改革精神，做好银行结算账户管理工作，强化账户行政许可管理。

【货币发行】 2018 年，中国人民银行阳朔县支行累计投放货币 31.48 亿元，回笼货币 43.14 亿元，保证了阳朔、恭城、平乐、荔浦四县的现金合理供应；收缴假币 17.18 万元，维护了人民币的信誉；回笼完整券 18.78 亿元，损伤券 24.36 亿元，不断提高流通人民币的整洁度。

【经理国库】 2018 年，国家金库阳朔县支库牢固树立从严治库理念，坚守国库资金和国库信息系统运行安全“两条”底线，加强对财政预算收支的监督，促进预算资金运行的质量与效益不断提升。2018 年全县实现国库收入 136836.23 万元，增长 40.1%，其中：各级公共预算收入 76304.20 万元，增长 7.6%；国库支出完成 223510.26 万元，增长 6.9%，其中公共预算支出完成 170266.04 万元，下降 4.3%。一是按照《国库会计业务标准化指引（试行）》，进一步规范国库会计业务，提高国库会计工作质量，实现“零风险、零差错、零案件”的目标。二是做好 2018 年政府收支分类预算科目参数维护，TCBS 系统、TIMS 系统、国库事后监督管理子系统升级工作，严防系统运行风险。三是根据《中国人民银行国库局关于税务机构改革后国库业务有关事项的通知》，积极配合国税地税征管体制改革实施。四是制定《中国人民银行阳朔县支行国库业务系统突发事件应急处置预案》，开展 2018 年国库业务系统应急演练，提升国库人员应急处置能力。五是配合桂林中支做好 2018 年国库会计业务实地检查工作。六是扎实开展大起底、大了断自查自纠工作，金融风险相关问题集中排查和遵规守法集中排查，营造风清气正的工作氛围。七是加强国库监督管理，开展国库业务管理自查工作，依法对广西阳朔农村合作银行实施国库业务管理与办理情况执法检查，加强对商业银行代理国库业务的指导与监督，积极防范国库资金风险。八是认真履行国库事后监督职责，构建安全型国库。九是加强储蓄国债管理，开展储蓄国债承销机构国债发行巡查，开展国债知识宣传活动，传播"投资国债　安全理财"信息。十是继续深化国库统计分析和信息调研工作，进一步提升国库参谋服务作用。

【反洗钱】 2018年，中国人民银行阳朔支行认真传达学习上级反洗钱工作会议精神和反洗钱工作要点。一是深入开展调查研究，关注新常态下反洗钱工作的新问题、新风险，加快研究成果向实际应用转化。二是组织召开反洗钱工作联席会议。三是加强反洗钱监督管理，对桂林国民村镇银行阳朔县支行开展反洗钱监管走访。四是做好反洗钱义务机构反洗钱年度报告及附表的编审工作，开展反洗钱分类评级工作。五是组织开展反洗钱知识宣传和培训。

【金融消费者权益保护】 2018年，阳朔县支行积极推动金融消费权益保护工作，坚持金融知识普及宣传，有效维护了辖内金融消费者合法权益，进一步提高金融服务水平，在辖区营造了稳定和谐的金融环境。全年共组织大型宣传活动6次。3月15日，与县工商、县公安局、县发改局等13个政府相关部门和辖内8家金融机构联合举办消费者权益日"品质消费　美好生活"宣传活动。3月22日，阳朔县金融工会联合会组织辖内保险公司参加道路交通事故案件法院判决和保险理赔标准联席会，辖内9家保险公司负责人参加此次联席会议。6月14日，以"珍爱信用记录，从我做起"为主题，阳朔县支行在白沙镇立龙小学开展征信知识进校园宣传活动。8月19日—20日，阳朔县支行组织辖内金融机构在西街及周边商业区开展整治拒收现金专项行动。9月26日，阳朔县金融工会联合会在福利镇体育场举办了金融知识进万家"金普杯"气排球比赛，阳朔县银行、保险等行业共13家会员单位报名参赛。9月28日，阳朔县支行联合中国银行阳朔县支行在阳朔县民办学校——欧美达英文书院开展了一场别开生面的反假币知识宣传。2018年累计发放宣传资料18500份，接受群众现场咨询4500人次，参与宣传的人员235余人，悬挂横幅30条，取得良好的宣传效果，提高了群众的金融法制意识。

（莫海珊）

中国工商银行阳朔县支行

【概况】 中国工商银行股份有限公司阳朔县支行（以下简称工行阳朔县支行）内设办公室和客户经理部，下辖营业部和蟠桃路二级支行2个营业网点。2018年，工行阳朔县支行在岗员工31人。年内，按照上级行提出的总体工作目标，狠抓对公存款、储蓄存款、资产业务和中间业务发展，灵活运用"薪金溢""融E联""E支付""结构存款""大额存单""商户盈"等优势金融产品，支持地方经济发展。

【存款业务】 2018年，工行阳朔县支行面对国家经济增速减缓和复杂金融形势，围绕"稳中求进"目标，出台存款业务考核激励方案，分解落实目标任务，强化思想动员，落实组织推动措施，全力调动员工立足市场攻坚克难抓存款业务发展积极性，秉承"服务立行、服务兴行"理念，加大业务培训力度，加强服务规范检查管理，提升服务工作效率和水平，优化客户服务体验，创造一流服务窗口，助力存款业务发展。年末，工行阳朔县支行各项存款余额59273万元，比上年增加8799万元，增幅17.43%。其中:对公存款余额12897万元,比年初增加5698万元,增幅79.15%;储蓄存款余额46376万元,比上年增加3100万元,增幅7.16%。

【信贷管理】 2018年,工行阳朔县支行立足县域实际,积极拓展营销思路,加大营销辐射半径,与上级行专业部门建立营销联动措施,为地方招商引资项目、小微企业提供金融服务支持。对存量贷款,加强贷后风险管控,落实到期贷款还款提醒和逾期贷款催收责任制,严防贷款劣变风险,为确保存量贷款质量优良提供可靠保障。工行阳朔县支行信贷业务一直处于劣势,近3年多来未能成功发放一笔贷款。上级行把信贷业务对工行阳朔县支行作为重点帮扶对象,其间历任三位主要负责人。其中2018年9月新到任领导申忠华向上级行立下军令状,要在短期内改变这一状况,到任后有针对性地制订考核方案,在信贷方面治重病下重药,加大营销人员奖励标准,动员全行员工参与,重点营销,领导身先士卒。由于措施得力,普惠金融信贷领域取得了突破性进展,共发放各项贷款21笔,其中公司法人贷款1笔,小微企业贷款4笔,个人住房贷款14笔,个人消费贷款2笔。年末,工行阳朔县支行各项贷款余额19763万元,比上年减少1149万元,降幅为5.60%。其中:公司客户贷款下降1300万元,降幅为8.04%,个人客户贷款增加151万元,增幅为7.01%。全年无不良贷款发生,实现不良贷款“0”控制目标。

【电子银行业务】 2018年,工行阳朔县支行电子银行业务稳健快速发展,以网点为阵地,通过悬挂横幅、摆放折页、张贴宣传画、LED滚动播放广告宣传电子银行产品;通过微信网络、电视媒体宣传手机银行、网上银行等金融知识,通过融E联、电话、短信、上门、沙龙推介工行电子银行产品全面营销,充分利用客户到柜面办理业务的时机,柜面及大堂充分利用网点无线WiFi、新一代网银自助终端,以电子银行新流程新产品为内容,现场进行电子银行产品演示,增进了广大客户对工行电子银行业务知识和产品功能优势的了解,吸引客户选择工行电子产品。年末,工行阳朔县支行网点共安装智能终端6台、网上银行演示机2台、自助回单打印2台。

【银行卡业务】 2018年,工行阳朔县支行落实精准营销及智能终端获客办卡,大力发展“码上赢”渠道获客;将E支付和商户盈捆绑推介,充分利用E支付操作简单、商户盈收益可观的优势,大力拓展新客户;以“融E借”“E分期”“消费转分期”等促销活动为助推器,构建多维度获客渠道,推动全行积极营销信用卡客户、大力拓展收单商户、主动推介分期付款业务,突出分期付款“期数长、费率低、申请简便、放款快速”的优势,提高客户对工行的忠诚度,进一步发挥银行卡产品对稳定客户、稳存增存的作用,提升银行卡业务经营贡献度,壮大银行卡客户群。

【中间业务】 2018年,工行阳朔县支行把加快中间业务发展作为新形势下增强市场竞争力的核心业务来抓,采取完善考核机制、强化业务、抓住时机的方式发展中间业务,在强化POS商户维护的基础上,大力拓展二维码商户、信用卡分期付款业务,进一步加大代发工资、代理保险、代理重点基金和贵金属产品等业务营销力度。年末实现中间业务收入434.08万元,同比增量118万元,同比增幅33.9%,全年完成序时目标任务84.1%。

【产品创新】 2018年,工行阳朔县支行推出一系列创新产品。如“薪金溢5号”,只要是代发工资,在工行任意网点签订薪金溢5号协议后，账户资金随时存取，当账户日均余额达到指定指标后，每季度末月21日将获得“薪金溢5号”的额外利息。“节节高2号”，工行阳朔县支行万元以上客户及他行客户可根据实际存期需求，选择2年期、1年期、6个月、3个月等不同期限节节高2号产品。产品特点：产品系列期限丰富；各期限产品均按实际存期，享受同期限央行基准利率上浮30%；随存随取，提前支取靠档计息。“商户盈1号”，面向资金流动频繁、结算量大的商户客群，包括各类商品交易市场经营户、中小型企业主（股东）以及管理人员、商业街区经营户、互联网店铺经营户等商贸类个人客户，客户签约商户盈1号，签约账户季日均余额达到一定金额可享受相应的增值利息。

【内部管理】 2018年，工行阳朔县支行按照从严治行方针，层层组织签订内控案防“目标责任书”“承诺书”，明确职责，强化“一岗双责”履职意识。年内，开展“学规定　守纪律　防风险　保安全　促发展”、《桂林分行2018年内控合规“固本强化年”主题活动工作方案》《桂林分行“以案说纪　以案说规”警示教育活动方案》等主题活动，认真学习《员工行为禁止规定》《员工违规行为处理规定》和典型案例、案例剖析、监察室提醒您、风险提示书以及员工违规行为处理通报、世界杯期间不得参与赌球警示等，深化员工依法合规与遵纪守法思想教育；特邀县纪委监察专家上“做忠诚干净担当的高素质干部”法纪警示教育课。组织开展“学习监管规则　强化制度执行”大讨论，组织“学规定”知识闭卷测试和举办内控合规“固本强化年”知识竞赛、桂林分行“以案说纪　以案说规”主题警示教育培训、“履职担当　践行责任”主题合规课，大力传导合规文化理念，营造浓重廉洁文化氛围。强化员工异常行为管控，加大违规违纪行为问责与处罚力度，为助力业务持续稳健发展与经营依法合规创造良好内部环境。

【党风廉政建设】 2018年，工行阳朔县支行遵照上级行党委从严治党要求全面落实党风廉政建设责任制，组织签订目标责任状，使之与抓业务发展同布置同落实。年内，根据桂林分行抓党风廉政建设工作要求，组织制订《2018年支部工作计划》，组织签订《党风廉政建设和反腐败工作责任书》，明确责任内容、工作目标，主体责任，强化组织推动。组织党员干部认真学习上级行党委、纪委转发的关于贯彻落实习近平总书记进一步纠正“四风”加强作风建设重要批示，组织学习重要节日有关廉洁过节特别提醒，组织学习《桂林分行“四风”问题专项整治工作方案》、有关党员干部违规违纪违法典型案件，中纪委公开曝光违反中央“八项规定”精神问题，结合再学习中共十九大精神和新党章，为党员干部上“不忘初心　争做合格党员”教育课。持续扎实的学习教育，使党员干部不忘初心、牢记使命，坚定政治信仰与理想信念，以严明的纪律、良好的党性修养、求真务实的工作作风、抓铁有痕的干劲，立足岗位实际敬业工作，为抓管理促发展起到应有模范表率作用。

（覃薇霖）

中国建设银行阳朔县支行

【概况】 中国建设银行股份有限公司阳朔支行（以下简称建行阳朔支行）是一家股份制商业银行，成立于1993年3月，主要为客户提供全面的商业银行产品与服务。经营领域包括公司银行业务、个人银行业务和资金业务等。全县设置营业网点1个和附行式自助银行1个，离行式自助银行（城西自助银行）1个；有存款、存取款自动柜员机（ATM）6台、个人和对公自动查询终端机各1台，智慧柜员机5

台、“95533”电话银行、网上银行等高科技“无人网点”和“无形柜台”为客户提供24小时高效快捷服务。除存款、贷款、结算等传统业务外,同时还推出全方位、多层次、本外币一体化金融服务,可为客户提供各种形式贷款、实现资金安全存放和快捷划转,设计各种理财方案,提供代发工资、代收代扣固定话费和手机话费、代收保险公司续期保费、代缴工商规费、代缴税款、代收学杂费等服务。2018年,支行员工18人,大专学历以上16人。

【业务发展】 2018年,建行阳朔支行以存款为抓手,其他业务齐头并进,各方面发展上新台阶。

存款 一般性存款64089万元,较年初新增7362万元,完成103%。其中,对公存款18061万元,较年初新增1835万元,完成89%;个人存款46028万元,较年初新增5527万元,完成118%;

产品 全年办理保险业务220笔,总计605万元,其中趸缴61万元,办理信用卡458张,理财产品3820万元,办理储蓄卡3713张;对公方面:新开账户189个,对公网银28个,对公结算产品51个。

信贷 经过2018年持续拓展,深能环保等4个项目落户建行阳朔支行;重点加大对公客户的拓展力度和支持本地经济建设,投放2218万元流动贷款资金扶持小微企业发展,为阳朔乌布小镇及乌布小院楼盘发放按揭贷款2500万元;2018年年末成功完成了阳朔县人民医院2000万元授信材料的申报,为2019年信贷业务的突破打下良好的基础。

(莫 辉)

中国银行阳朔支行

【概况】 中国银行阳朔支行内设营业部、业务发展部、办公室。2018年有干部职工22人,其中大专以上学历19人,党员12人,年内,中国银行阳朔支行认真贯彻执行区分行工作会议精神,围绕中国银行发展战略,按照桂林分行党委“一二三四”工程发展要求,因地制宜,积极拓展旅游特色业务,大力支持地方经济发展。

【经营效益】 截至2018年12月31日,实现营业收入1125万元,同比减少64万元,增幅-5.39%;实现拨备前利润577万元,同比减少90万元,增幅-13.48%;实现净利润434万元,同比减少72万元,增幅-14.26%。

【存款业务】 截至12月31日,本外币存款51107万元,较上年新增1067万元。其中:个人存款余额41085万元,较上年新增3179万元,同比增幅8.67%;公司存款余额10022万元,较上年负增长2112万元,同比负增长17.4%。

【信贷业务】 截至12月31日,贷款余额10431万元,全年投放3727万元,较上年新增2360万元。其中:个人贷款余额为9131万元,全年投放2427万元,较上年新增1060万元,同比增幅13.13%;公司贷款余额1300万元,实现零的突破;普惠金融业务总计投放2笔共计450万元,分别为中小企业贷款300万元、个人经营性贷款150万元,实现支行2018年旅游特色和普惠金融贷款两个零的突破。2016年10月以来,中国银行阳朔支行个人、公司贷款一直保持零不良零关注。

【案防管理】 2018年,中国银行阳朔支行积极开展“员工异常行为”专项排查和整治银行业乱象主题活动,同时加强反洗钱等业务培训和每日晨会“案防一分钟”学习,努力提升员工风险合规意识及案件防范意识。同时,组织员工开展“防抢”及“消防安全”演练，使员工在应对突发事件时能沉着冷静，确保人员及财产平安。

（中国银行阳朔支行）

广西阳朔农村合作银行

【概况】 2018年，广西阳朔农村合作银行（以下简称阳朔农合行）在职员工183人，内设办公室、人力资源部、信贷管理部、统计信息部、风险管理部、财务会计部、市场开发部、电子银行科技部、法律合规部、稽核审计部、监察室、安全保卫部共计12个职能管理部门，下辖1个营业部，8个支行，4个分理处，营业网点覆盖全县各乡镇。

【存款业务】 截至2018年12月31日，阳朔农合行各项存款余额50.03亿元，比年初增长4.39亿元，增幅为9.61%，各项存款余额占全县金融市场份额的42.6%，位居全县金融机构之首。

【贷款业务】 截至2018年12月31日，阳朔农合行各项贷款余额40.10亿元，比年初增长3.6亿元，增幅为9.86%，存贷比为80.15%，各项贷款余额占全县金融市场份额的62.18%，在阳朔县金融机构中排名第一。

【电子银行业务】 截至2018年年末，阳朔农合行累计办理手机银行户数为28833户，较上年新增8230户。

【银行卡业务】 截至2018年年末，阳朔农合行累计发放借记卡321467张，较2017年新增107350张；累计发放信用卡10490张，较2017年新增4377张。

【中间业务】 2018年，阳朔农合行积极拓宽利润来源，中间业务收入稳步增长，全年总收入达2303.86万元，较2017年增加1716.45万元。

【内部管理】 阳朔农合行坚持以习近平新时代中国特色社会主义思想和中共十九大精神为指导，始终坚持稳中求进的工作总基调。一是立足县域经济，抢抓项目建设机遇。二是优化信贷结构，缩减办贷时间。三是履行社会责任，搭建便民服务平台，促进电子银行业务持续发展。

（黎桂阳）

中国人民财产保险公司阳朔县支公司

【概况】 中国人民财产保险股份有限公司阳朔支公司（简称人保财险阳朔县支公司），是国有控股的中国人民保险集团公司下属业务经营子公司，属股份制企业。主要职能是转移风险、分摊损失和提供经济补偿，为企业和个人提供优质的保险服务，为阳朔经济发展保驾护航。2018年，公司有业务骨干12人，营销人员35人，理赔人员4人，协赔人员1人。

【客户服务】 2018年，人保财险阳朔县支公司秉承“人民保险、服务于民”服务理念，与阳朔县卫计局签约建档立卡贫困人口医疗兜底保险“一站式”服务，有效推进社会资源的综合利用，推动政府转变职能和提升政务服务效能，创新医疗费用报销流程，便民惠民。与阳朔县人民法院签订“法院调解+保险”战略协议，将保险服务和民事诉讼相结合，促进保险与司法的进一步融合，有效整合社会资源，公平高效地实现社会治理。深化警保协同作战，推动警企共治共建迈上新台阶。积极贯彻落实公安部交通管理局关于协同做好道路交通事故理赔救援服务工作举措，推动桂林市交通事故协助处理、车管便民协同服务、空地一体救援合作、农村交通安全管理、建立信息会商研判机制、理赔“心服务站”等便民服务。

【业务发展】 2018年，人保财险阳朔县支公司实收保费收入3644.34万元，完成计划的88.73%，同比增长15.14%，实现利润564.02万元，完成利润计划的161.61%。已决各类赔案共计3878件，赔付款项1417.6万元，赔付成本1557.45万元，综合赔付率49.9%，同比上升5.97个百分点。

财产险　企财险保费收入22.98万元，同比下降33.49%；家财险保费收入83.06万元，同比增长6.49%。

车险　车险保费收入2239.72万元，其中商业险保费收入1475.19万元；交强险保费收入764.53万元，同比增长14.83%；车险增量市场份额占比42.6%。

意外健康险　意外健康险保费收入498.22万元，同比增长10.55%。

农业险　实收保费179.48万元，同比下降14.14%。

船货险　实收保费3.4万元，同比减少39.18%。

责任险　实收保费399.62万元，同比增长7.19%。

【经营管理】 2018年，人保财险阳朔县支公司积极加强公司业务经营管理，提升管理水平。一是推行量化考核。公司利用车险业务带动非车险业务发展，实行奖惩并举，全员参与营销，按照分配任务进行量化考核，激励员工发展业务热情和潜力。二是注重车险续保和团购活动。公司将车险业务进行数据清分，明确归属，跟踪维护各业务人员业务，续保专员负责维护司控业务。每周业务管理团队跟踪各业务员脱保业务，防止或减少客户流失，提高续保率。同时以车险团购活动巩固续保业务，以车险带动意外险、家财险等星散型效益险种。三是抓渠道发展。继续加强与4S店、车行、修理厂、汽车美容店合作，利用送修资源配置，推动业务增长；利用产寿互动活动，抓好人保寿产能提升，通过晨会培训人保寿业务员车险承保要素及基本车险知识，在人保寿职场配置专用电脑并教会使用报价系统，提高寿险人员工作效率。四是抓理赔服务。为进一步提升理赔服务满意度，打造公司优质服务品牌，紧紧围绕“让服务有温度，让理赔更简单”的理念，推行“网上办、方便办，一站办、快捷办，帮着办、主动办，专业办、用心办”四方面16项车险理赔服务便民新举措，全面升级客户体验，持续打造全方位的、超出预期的理赔服务。五是抓团队建设。年内，公司为每位员工投保办理医疗保险，建立困难员工帮扶制度，及时走访慰问贫困员工、患重大疾病或特殊困难的员工及家属，帮助员工解决实际困难。同时，将“家”的理念融入公司管理，通过开展生日慰问、设立公司食堂、健身室、图书室，开展“为爱行走”徒步公益活动，举办摄影比赛、职工气排球比赛等活动，丰富员工业余生活情趣，激发职工工作热情。（蒋新玲）

中国人寿保险公司阳朔县支公司

【概况】 2018年，中国人寿保险股份有限公司阳朔支公司（以下简称人寿阳朔支公司）有员工217人，其中营销员206人。年内，人寿阳朔支公司深入贯彻落实“新国十条”精神（即《国务院关于加快发展现代保险服务业的若干意见》），开创发展新机遇，各项经营指标完成较好。全年总保费收入5356万元，占总保费市场份额为51.3%。长险首年保费收入

1640.2万元，其中首年期交保费675.6万元。短期险355.1万元，其中意外险保费173.8万元。全年缴纳税款276.71万元。

【发展责任保险】 2018年，人寿阳朔支公司推进人身保险行业服务人民群众的普惠性政策，帮助贫困群体摆脱“因病、因灾致贫、返贫”的恶性循环，开展小额人身保险工作，扩大小额保险覆盖面，缓解意外事故和疾病风险对低收入家庭造成的困难。全年承保人数22562人，保费收入34万元，给付金额52万元；独生子女关爱保险保费收入39万元，为9356户独生子女家庭送去保险保障，投保疾病住院或者意外死亡获理赔117人次，给付金额53万元；与阳朔县妇联、县卫计局共同开展关爱女性两癌保险，承保人数2665人，保费收入21万元，给付金额50万元；开展国寿孝心保保险业务，80岁高龄也能投保，解决家中老人因年纪大买不了保险、外出万一摔倒受伤需要支出昂贵医疗费的问题。

【理赔服务】 2018年，人寿阳朔支公司处理各种赔款给付合计9834件（人）次，给付金额6171万元，其中寿险年金给付262万元，寿险满期给付4683万元，寿险死亡给付金额74万元，寿险医疗给付39万元；短期意外险赔款37万元，短期健康险赔款39万元；短期赔款6976件（人）次。

【社会公益】 2018年，人寿阳朔支公司积极参与阳朔建设，通过扶贫、助学、环保等活动回馈社会。年内，人寿阳朔支公司慰问贫困户13户，发放慰问金2600元，为白沙镇都林村委争取资金1万元。

【创新工作】 2018年，人寿阳朔支公司创新保险产品，防癌险、“鑫福赢家”“国寿福”等产品引领市场。推进“科技国寿”建设，通过网络扁平化和保全、理赔、收付费三大作业平台，推广e投保、e宝账、e门店、云助理、云桌面、云标牌等移动互联应用。（容科生）

综合管理

7月26日，阳朔县召开解决拖欠工资问题工作会议

（县人社局　供稿）

宏观经济管理与监督

【概况】 2018年,阳朔县深入贯彻落实中共十九大精神,坚持新发展理念,统筹做好稳增长、调结构、惠民生、保稳定等工作,全县经济社会保持平稳,各项主要经济指标执行情况均好于预期,成为全国运输服务与旅游融合发展现场会、全国乡村绿化美化现场会的实地考察点;获评"2018中国最美县域",并在全区县域经济分类考核中蝉联重点生态功能区第一名,再次荣获广西科学发展先进县特誉。全县实现地区生产总值130.57亿元,同比增长7.5%。其中第一产业完成28.39亿元,同比增长6.5%;第二产业完成37.28亿元,同比增长3.6%;第三产业完成64.91亿元,同比增长11.1%。完成固定资产投资47.18亿元,同比增长17.1%;财政收入7.32亿元,同比增长6.66%;社会消费品零售总额32.19亿元,同比增长9.3%。城镇、农村居民人均可支配收入分别为37791元、16655元,分别同比增长7.1%、10.7%。银行存贷款余额分别为117.6亿元、69.49亿元,分别同比增长8.96%、0.85%。全年接待旅游总人数1751.95万人次,旅游总消费242.32亿元,分别同比增长13%,33.7%。三次产业结构比为21.7∶28.6∶49.7。

【投资管理】 2017年阳朔县固投基数调整为40.3亿元,2018年完成固定资产投资47.18亿元,实现17.1%的增速目标,全额完成年度计划。

【统筹推进重大项目建设】 2018年,阳朔县列入自治区层面统筹推进重大项目共6项(含12月下达的第二批增补项目1项)。项目计划总投资136.66亿元,2018年度计划投资17亿元,完成投资17.2亿元,完成年度计划101.18%。列入市领导跟踪服务推进的重大项目4项,分别是阳朔县新城区建设项目一期工程、阳朔·兴坪休闲养生度假区项目、阳朔宋城演艺项目、阳朔之心、阳朔县生态环保科技园、阳朔县古风博物馆。年度计划投资30.7亿元,完成投资31.08亿元,完成年度计划的101.24%。列入桂林市级统筹推进重大项目共41项,全年完成投资76.31亿元,完成年度计划101.83%。

(县发改局)

人力资源

【概况】 阳朔县人力资源和社会保障局(以下简称县人社局)是代表政府调节社会关系、化解社会矛盾、维护社会稳定、促进社会发展的重要职能部门。局机关内设政秘股、政策法规股、劳动关系股、管理股、工资福利股、社保股、职改股、就业促进股等8个职能股室;下辖阳朔县社会保险事业局、阳朔县就业服务中心、阳朔县劳动保障监察大队、阳朔县劳动人事争议仲裁院、阳朔县人才交流咨询服务中心、阳朔县干部培训管理办公室等二层机构6个,全系统现有在编干部职工95人。负责企、事业单位和公务员的人事(或档案)管理、劳动合同、用工(人)、引进国外专家;养老、失业、工伤、生育、医疗五种社会保险;劳动人事监察、劳动人事仲裁、行政复议;职业与技术培训、公务员(事业单位人员)招录(聘)等工作。2018年,县人社局以"以人为本,保障民生"为工作核心理念,认真贯彻落实《中华人民共和国公务员法》,严格招录(聘)、考核程序,加强公务员网络培训力度,认真做好职称评审、资格考试和科级以下公务员和事业单位人员的考核、交流、奖励、辞职辞退等工作,积极推进公务员队伍和专业技术人员队伍建设,认真落实干部职工福利待遇,为实现人才强县战略,维护阳朔县和谐稳定做出积极贡献。

【公务员管理】 2018年,县人社局坚持人才强县战略,统筹推进人才队伍建设。年内,认真贯彻“公开、平等、竞争、择优”和德才兼备的原则,认真做好公开招录工作,严把人员“入口”关,全县招录公务员17人、参公人员18人、选调生4人、定向委培政法干警4人。按照人事管理程序办理公务员调动3人、参公人员调动1人、参公人员辞职手续1人。办理2016年新录用公务员(含参公人员)44人见习期满转正及任职手续,2017年度公务员(含参公人员)登记44人,2017年公务员(参公人员)职务与职级晋升(科员晋升副科级)32人。举办2017年度新录用公务员(参公人员)初任培训班1期,培训公务员(含参公人员)51名。

【事业单位人事制度改革】 2018年,完成260个事业单位3501人的岗位设置工作,并按照相关政策兑现工资。同时,全县积极开展事业单位人事岗位管理系统工作。

5月25日,阳朔县举办2017年度新录用公务员(参公人员)初任培训班 (张 晴 摄)

【人才引进和专业技术人员管理】 2018年,县人社局根据国家和自治区中长期人才发展规划纲要精神,以及人力资源和社会保障部关于开展新一轮专业技术人才知识更新工程的部署,积极组织开展专业技术人员“一带一路”倡议和学习中共十九大精神公需科目继续教育活动,全县报名参加培训学习3838人,通过考试3657人,考试成绩合格。

【大学毕业生就业指导】 2018年,县人社局接待应届大、中专毕业生就业报到464人次,接收档案1029份。离校未就业大学生实名登记184人,截至年末,未就业人员6人,就业率达96.25%。推进大学生及社会青年就业,组织开展“就业援助月”“春风行动”“民营企业招聘周”等就业专项服务活动,先后举办现场招聘会10场次,提供就业岗位5000余个,为大学生毕业返乡创业就业提供良好平台。

【企业军转干部工作】 2018年,县人社局多举措做好企业军转干部工作。一是规范使用上级拨付企业军转干部解困资金,并将企业军转干部解困资金纳入财政预算,确保资金充足并及时足额发放。二是利用春节慰问、日常走访、召开座谈会等形式,及时了解企业军转干部思想动向。三是做好上访人员接待、解释工作。做好摸排工作,提前介入,做好来信来访答复及回访工作,确保上访人思想稳定,全年未发生群体性事件及串联上访现象。四是完善军转安置政策,全面落实年度军转安置各项工作任务，安置转业士官1人。

【职称评审与资格考试】 2018年，全县职称年审、申报、评审工作有序开展。全年全县申报高级职称91人，其中卫生系列39人；中小学教师系列50人；农业系列1人；工程系列1人。申报中级职称51人，其中农业系列7人；工程系列8人；中小学教师系列33人；艺术系列3人。评审初级职称161人（转正定职55人），其中工程系列3人；中小学教师系列91人；农业系列10人；艺术系列2人。

【干部继续教育与奖惩】 2018年，县人社局根据自治区公务员局《关于做好2018年全区行政机关公务员全员培训工作的通知》（桂公局函〔2018〕311号）要求，组织全县公务员、参公人员1671人进行公务员网络全员培训，1671人培训合格。根据组织部、人事部《关于印发〈公务员考核规定（试行）〉的通知》（中组发〔2007〕2号）和《关于印发〈公务员奖励规定（试行）〉的通知》（中组发〔2008〕2号）精神，经县第十六次政府常务会研究决定，全县2015—2017年连续三年年度考核优秀给予记三等功并奖励40人，2017年年度考核优秀嘉奖216人。

【工资福利与退休养老保险】 2018年，县人社局积极做好干部职工及退休人员工资福利与退休养老保险工作。全年完成全县行政机关、参公单位工作人员2017年年终一次性奖金、奖励性绩效工资审批工作；全县办理机关事业单位调动、岗位变动、新录（聘）用、转正定级、取得较高学历等各类人员调资手续1928人；办理符合退休条件人员手续180人；办理遗属生活困难补助24人；办理丧葬费、一次性抚恤金71人；做好2018年全县机关事业单位离退休人员生活补助审批工作。

（县人社局）

劳动和社会保障

【概况】 2018年，县人社局坚持以中共十九大精神、“两学一做”重要思想为指导，牢牢树立以民为本理念，大力开展就业与再就业工作，完善社会保险制度，积极开展社会保险扩面征缴工作，加大劳动监察力度，努力构建和谐劳动关系，为阳朔社会稳定和经济发展做出新的贡献。

【就业与再就业】 全县新增就业2977人，完成年2800人目标任务；城镇登记失业率2.39%，控制在4.5%目标以内；失业人员再就业率、就业困难人员帮扶就业率分别达102.86%和102.38%。开展各类专场招聘活动10场次，帮扶县内各企业招工1100余人。开展转移就业技能培训班次12个，培训人数达638人，其中建档立卡贫困家庭劳动力136人。培训易地扶贫搬迁劳动力39人，签订三方协议2760份，实现易地搬迁转移就业401人。开展职业技能鉴定567人。新开发公益性岗位14个，新增困难人员实现稳定就业648名。全年发放就业补助资金203.6万元，其中：公益性岗位补贴46.3万元，社保补贴83.7万元，职业技能鉴定补贴12.7万元，职业技能培训补贴60.8万元。在完成指标任务工作的同时积极开展就业扶贫车间、就业见习基地创建工作。建设并认定阳朔来源家居用品有限公司为阳朔首家就业扶贫车间，吸纳贫困劳动就业5人。2018年已建成阳朔县人民医院和阳朔碧莲江景大酒店高校毕业生就业见习基地2家。成功举办阳朔县第四届农民工技能大赛，经过3场（次）角逐选出18名优秀选手参加市级复赛，获得餐厅服务员一等奖1名，获得中式烹调师、砌筑工、餐厅服务员二等奖共3名，获得美发师、砌筑工三等奖

2名，其中3名选手代表桂林参加自治区技能大赛。

【职业培训】 2018年，县人社局坚持"培训促就业"的工作方向，把职业培训工作作为一项重要工作来抓。就业培训任务指标细分到乡镇，做到任务责任明确、工作开展有目标。年内，组织开展电工维修、育婴师等培训班12个班次，培训人数达638人，其中建档立卡贫困家庭劳动力136人。培训易地扶贫搬迁劳动力39人，签订三方协议2760份，实现易地搬迁转移就业401人。开展职业技能鉴定567人。

【养老保险】 2018年，县人社局进一步完善社会保障体系，提升社会保险经办服务质量。全年全县城镇职工基本养老保险参保人数16731人，基金征缴15732万元；参加城镇职工基本养老保险的离退休人员7321人，发放退休人员养老20063万元。利用人脸识别系统完成城镇职工基本养老保险资格认证7225人，认证率99.93%。机关事业单位养老保险工作有序推进，全县共有参保单位266个，参保人数8918人，共征收养老保险费12133.06万元、职业年金2970.87万元，发放退休人员养老待遇15446.64万元；7月首次开展机关事业单位待遇领取人员资格认证工作，完成资格认证3068人。城乡居民基本养老保险完善待遇调整机制，1月起基础养老金最低标准由每人每月90元提高至每人每月108元，7月起由每人每月108元提高至每人每月116元，65周岁及以上已参保的城乡老年居民提高至每人每月121元；年内，城乡居民基本养老保险参保人数151133人，基金征缴1284.3万元，为符合待遇领取条件的49599人发放养老金7079.34万元，社会化发放率100%；代发967名村干补助199.59万元，代发198人村医补助93万元；开展城乡居民基本养老待遇领取人员资格认证47653人，认证通过率为98.5%，其中通过手机认证40112人，认证率为84%。

【基本医疗保障制度】 2018年，全县基本医疗保险参保人数为296955人，基金累计征收27831万元，其中，城乡居民基本医疗保险的参保人数274399人，参保率97.9%，个人缴费标准为180/元·年，基金征收18767万元。全县基本医疗保险保障水平进一步提高，城镇职工基本医疗保险待遇支付2209.94万元，同比增长13.9%，城乡居民基本医疗保险待遇支付20012.34万元，同比增长79.9%。医保助力脱贫攻坚作用成效显著，全县建档立卡贫困人口参保人数11366人，参保率100%，实现建档立卡贫困人口参保全覆盖；严格落实医保门诊、住院待遇、用药保障和大病保险等有关政策向建档立卡贫困人口倾斜，全年共为建档立卡贫

7月26日，阳朔县举办第四届农民工技能大赛。图为美发师比赛现场 （县人社局 供稿）

困人口2687人次报销住院费用939万元，为5106人次报销特殊慢性病费用142.56万元，为6615人次支付普通门诊费用36.39万元。加快推进跨省异地就医直接结算，全国异地就医备案平台内可直接结算的医院达12862家，全县城乡居民医保参保人实现异地就医直接结算261人次，统筹报销218.7万元。

【劳动保障法制建设】 2018年，县人社局积极加强劳动保障法制建设。

构建纵横向协同联动的工作机制和责任全覆盖的治理格局　一是构建政府负总责的工作体制。成立保障农民工工资支付工作专项整治攻坚行动领导小组，县委常委、常务副县长任组长，联席会议成员单位分管领导为成员。领导小组不定期研究和协调解决工作中的重大问题。同时，县联席会议分别与各乡镇人民政府、联席会议成员单位签订了工作责任书，明确各乡镇人民政府的主体责任和各主管部门的监管责任。二是制定治欠保支年度工作计划，要求各成员单位从思想上务必高度重视，全面落实监管责任，严格按照“属地管理，分级负责”和“谁主管，谁负责”的原则。行业主管部门落实行业监管责任，从源头上控制，对农民工工资支付做到早排查、工作早布置、措施早落实，加强成员部门之间沟通联动机制，形成工作合力。对联席会议成员以外有项目建设任务单位，要求建立工资无拖欠责任制，指定分管领导亲自抓，确保按规定支付农民工工资。

建立农民工周转金制度　根据国务院办公厅、自治区人民政府各级关于全面治理拖欠农民工工资问题的意见，结合阳朔实际建立农民工工资应急周转金制度。农民工工资应急周转金由县政府主导，县财政出资设立，县人社部门专户管理，专项用于先行垫付农民工部分工资或基本生活费、返乡路途费等解决临时生活困难补助。2018年全县设立农民工工资应急周转金30万元。

从源头上全面推进工程建设领域市场秩序整治　首先是各成员单位严格按照上级指示，贯彻上级精神，强化整改措施，狠抓任务落实，并要求按照“及时、全面、准确、真实”的标准完善基础工作台账，实行“每星期一报”工作机制。其次是住建、交通、水利等主管部门加大开展工程建设领域市场秩序专项整治攻坚力度，督促各施工单位按照督查意见及相关文件落实施工现场治欠保支工作。重抓：各施工总承包企业与农民工签订规范的劳动合同、实行农民工实名制管理、落实农民工工资保证金、落实按月足额发放工资、施工现场设置维权告示牌、签订治欠保支工作责任书等工作。三是将治欠保支责任对应落实到全县每个工程项目。2018年8月起，县联席会议与县内16个在建工程项目分别签订《工程建设项目保障农民工工资支付工作责任书》，要求每一个工程项目签订一份责任书，把项目监管部门和监管责任人与工程项目形成一一对应关系，层层负责、包干解决，全面推动落实各项管理制度。四是推动劳动保障执法与刑事司法有序衔接。人社局对拖欠农民工工资案件及时依法处理或处罚，对涉嫌犯罪案件及时移送；公安部门联合劳动监察、信访、维稳等部门妥善有效防控和处置因拖欠农民工工资引发的群体性事件。五是推动建立工资支付诚信体系。制定了阳朔县“黑名单”管理办法，落实拖欠农民工工资“黑名单”制度并在“诚信广西”平台上公示，实现“一处违法，处处受限”。

稳步推进劳动用工备案营造和谐劳动关系　劳动保障监察与社保局密切配合，稳步推进，深入开展劳动用工备案工作，成效显著。充分发挥劳动保障监察日常巡查作用，及时更新劳动用工备案数据，实现数据的动态掌握。通过监察与就业、社保工作的有机融合，形成劳动关系工作同步进行局面，促进了劳动保障工作的整体协调发展。截至11月底，全县劳动用工备案企业劳动合同签订率达96.8%，圆满完成年度劳动用工备案工作目标。

深入开展劳动保障监察网格化和网络化管理工作　阳朔县结合实际，以乡镇为点设置网格，并分别承担网格内劳动保障监察的基础管理工作，指导督促各类用人单位与劳动者依法签订劳动合同、参加社会保险、及时足额支付工资等。全力推进“两网化”建设工作，实现对企业网络化及网格化管理。全县9个乡镇分成3个网格，帮助企业通过劳动用工备案系统进行用工动态管理，全年网上备案的用工单位2455家。

【劳动仲裁】 2018年，全县劳动人事争议调解仲裁工作进一步加强。全年接待和处理群众来电、来访200余次。接劳动争议案件69件，其中案外调解23件，立案处理38件，不予受理8件。结案37件，其中，裁决结案24件，调解结案13件，结案率97.4%，涉案金额72.8万余元。

【劳动保障监察】 2018年，全县加大劳动保障维权工作力度，努力建立和谐稳定的劳动关系。全年接待来信来访150余起，受理拖欠农民工工资投诉案件24起，办结24起，涉及劳动者311人次，涉及金额261.04万元。开展劳动用工“百日行动”、清理拖欠农民工工资和缴纳社会保险等执法检查专项行动6次，检查企业263户，涉及劳动者10255人，签订劳动合同9927份，实现农民工劳动合同签订率95%的工作目标。全年新增用工企业3家，新增用工人数73人，新签订劳动合同人数73人。

（县人社局）

物价管理

【概况】 2018年，阳朔县物价局在县委、县政府和区、市物价部门的正确领导下，认真落实稳增长、控物价、调结构、惠民生、促和谐等价格调控政策，深化价格改革和服务，保障和改善民生，加强队伍建设，为全县经济社会发展创造良好的环境。

【价格调控】 2018年，阳朔县物价局不断强化价格监测预警工作，加强对与群众生活密切相关的粮、油、肉、蛋、菜等商品价格的重点监测，坚持上、中、下旬定时定点采价。每月编制《阳朔县市场价格动态》，分析研究居民生活必需品、农资价格走势，为掌握市场价格动态、调整价格监管措施提供依据，切实发挥价格监测信息指导作用，对可能引发价格异常波动的倾向性、苗头性问题及时预警。2月份和10月份启动社会救助和社会保障标准与物价上涨挂钩联动

10月30日，阳朔县扶贫就业大推荐现场招聘会在阳朔戏楼举行启动仪式　（邬秀萍　摄）

机制，向困难群众发放价格临时补贴，全年共向困难群众发放价格临时补贴248691.68元。

【价格服务】 履行职能做好价费审批工作。严格执行定调价有关规定，规范价费审批制度，把住价费审批关口。审批了高田经阳朔、葡萄至金宝城乡公交车票价、碧莲洞景区门票价格、葡萄山景区门票试行价格。桂林千古情演出票价、莫一奇峰演出票价、九里花海生态农业参观点票价等实行市场调节价管理，由经营企业根据市场供求、运营、维护成本等自主定价，之后国家有新政策规定、按新政策执行。调整已开办的各公立幼儿园及阳朔县镇实验幼儿园等5所新开办幼儿园的保教费收费标准。公平公正做好涉案物品价格认定工作。组织相关人员认真学习《价格认定规定》，认真贯彻落实《价格认定行为规范》，注重评估程序和案卷规范化管理。全年共完成估价118件，估价金额49.65万元。其中：刑事案件116件，估价金额41.75万元；民事案件2件，估价金额7.9万元。

【维护价格秩序】

价格专项检查　一是开展转供电环节价格行为检查。先后派出检查人员60余人次，走访检查转供电主体和终端用户，发放《提醒告诫函》、电价宣传资料80余份。同时，加强与阳朔县供电局合作，召开电网企业、转供电主体三方的政策宣传和提醒告诫会，通过宣传、实地检查等多种形式，进一步清理规范转供电环节加价行为，确保终端用户享受改革红利。二是开展景区门票价格检查。重点检查景点景区执行政府定价、对老年人优惠落实情况，以及阳朔县A级景区是否落实《广西壮族自治区人民政府办公厅关于印发2018“山水暖你　壮乡等你—冬游广西”联合促销活动实施方案的通知》（桂政办发〔2018〕326号）文件规定的景区门票优惠。同时，收集汇总景区在执行门票降价、老年人优惠办法等政策文件过程中遇到的困难及建议。检查中发现景区门票都做好明码标价，在执行政府定价、政府指导价和景区门票优惠政策方面情况良好。三是开展涉企收费专项检查。重点对交通、公安系统及有业务关联的单位或企业、医保电子政务平台、涉及企业融资的中介机构和有关部门、铁路、公路、航空等部门和单位开展价格检查。检查发现，被查单位存在收费单位收费公示更新不及时、价费政策衔接不及时等问题。针对检查发现的情况，检查组提出整改要求，责令各收费单位坚决落实各项收费政策，做好收费公示制度，并加大涉企政策宣传，努力改善企业发展外部环境。四是开展学校、幼儿园教育收费检查。采取双随机的方式，按照5%左右的抽查比例，对9个乡镇和县城的100多个学校、幼儿园随机抽选，开展教育收费专项检查。检查中发现，公

12月28日，县物价局检查组在福利镇超市检查明码标价情况

（莫桂生　摄）

办幼儿园都能按要求将收费文件、项目标准、收费承诺等情况进行了公示,做到不乱收费;少数私立幼儿园伙食费未及时公示结算。对此,检查组人员要求其严格做好伙食费、代收费的公示制度,严禁存在如开展兴趣班等违规收费行为。

重大节日期间的市场价格监管　全年开展了元旦、春节、三月三、“五一”、中秋、国庆等节日期间的市场价格检查。重点加强对农产品、成品油、液化气、景点景区、宾馆酒店、客运票价、停车场、超市、餐饮等行业的价格检查,确保节日期间粮油肉蛋等生活必需品供应充足,停车、客运等服务收费价格稳定,没有发生囤积居奇、哄抬价格等现象。

完善价格投诉热线　不断提升“12358”举报投诉热线接听人员的工作能力和服务态度。全年累计接收受理各类价格举报131件,办结率100%。同时严格执行节假日24小时值班制,确保对来信、来访、来电都能做到详尽记录和妥善解决。

【重点领域价格改革】　一是推进旅游价格改革。根据《政府工作报告》精神,按照广西壮族自治区物价局《关于降低重点国有景区门票价格的紧急通知》(桂价格〔2018〕94号)和桂林市物价局《关于降低我市景区门票价格的通知》(市价格〔2018〕21号)的要求,下调了20个实行政府指导价的景区门票价格,其中属市级管理景区10个,属县级管理景区10个。同时鼓励实行市场调节价的景区也降低门票价格。二是理顺医疗服务价格。积极落实自治区各项医改政策,全年调整了2个镇(兴坪、葡萄)中心卫生院病房床位费的收费标准;阳朔县人民医院、金宝乡中心卫生院病房床位费的调整工作也在进行当中。新增3批医疗服务项目价格共188项(其中66项为民族医医疗服务项目),放开了20项医疗服务项目价格。进一步理顺了医疗服务比价关系,更好地体现医务人员医疗技术劳务价值,满足人民群众不断提高的医疗服务需求,切实保障公立医疗机构和老百姓的切身利益。

(县物价局)

工商行政管理与质量技术监督

【概况】　2018年,阳朔县工商行政管理质量技术监督局(以下简称县工商质监局)有行政编制人员47人,机关后勤服务人员4人,事业编制人员5人,设12个内设机构,派出12个工商行政管理质量技术监督所。2018年获阳朔县文明单位、第十批桂林市文明单位、阳朔县先进基层党组织等荣誉称号。

【服务县域经济发展】　承担市场主体准入监督管理、市场经营秩序监督管理、反不正当竞争、消费者权益保护、合同、商标广告、生产领域和流通领域的产品质量、标准化、计量、认证认可、特种设备安全等职责。2018年,县工商质监局不断探索、拓宽工作思路,加强市场主体准入、市场经营秩序、反不正当竞争、合同、广告、商标、产品质量安全、标准化、计量、认证认可、特种设备安全监督管等工作,维护市场稳定,服务县域经济发展。

【加强市场监管与商品质量监测】　2018年,县工商质监局在强化市场监管执法,抓好日常监管的同时,结合全县开展的旅游秩序综合整治“百日行动”,牵头相关部门开展旅游购物场所整治,重点对旅游购物场所市场主体资格是否合法、商品外包装标志是否规范、商品是否存在虚假宣传、商户使用的计量器具是否合格等问题进行专项整治。同时,认真开展流通领域商品质量专项整治行动,通过随机抽查与重点检查相结合的农资市场日常监管机制,结合“美丽广西·幸福乡村·整治市场”活动，重点对与人民群众生产生活息息相关的化肥、电动车、成品油等商品进行抽样检验。2018 年，共出动执法人员 300 余人次，执法车辆 85 台次，检查上述行业经营户 200 余户次。其中，抽检化肥 13 批次，不合格 5 批次；电动车 2 批次，不合格 1 批次；成品油 6 批次，不合格 0 批次。对检验不合格的相关经营户立案查处，全年共立案 67 起，实现罚没款 32.1 万元。

【商事制度改革】 深化商事制度改革、推行“双随机一公开”监管、落实“354560”改革等，不断优化营商环境，积极推进工商登记便利化，办事效率明显提高，发展环境不断优化，市场活力持续激发。2018 年，阳朔县共有各类市场主体 14665 户，注册资本(金)共计 921234.86 万元，分别比上年同期增长 5.37% 和 40.33%。各类市场主体发展情况如下：企业 2129 户，注册资本(金)739426.63 万元，分别比上年同期增长 8.7% 和 39.64%；农民专业合作社 257 户，出资总额 24514.8 万元，分别比上年同期增长 18.98% 和 34.07%；个体工商户 12279 户，资金数额 157293.43 万元，分别比上年同期增长 4.1% 和 44.7%。推行“双随机、一公开”监管，通过印发文件、召开会议、开展培训等方式指导、督促全县各部门开展“双随机一公开”工作，完善“一单两库一细则”(随机抽查事项清单，随机抽查对象库、执法检查人员名录库，随机抽查工作细则)，转变工作方式、方法，切实按照双随机的监管模式开展监管。2018 年，全县 2017 年度企业年报率为 93.99%、农民专业合作社年报率为 88.29%，个体工商户年报率为 86.49%，各类市场主体的年报率均已完成上级部门下达的任务，企业和个体工商户年报率均位列全市第三。

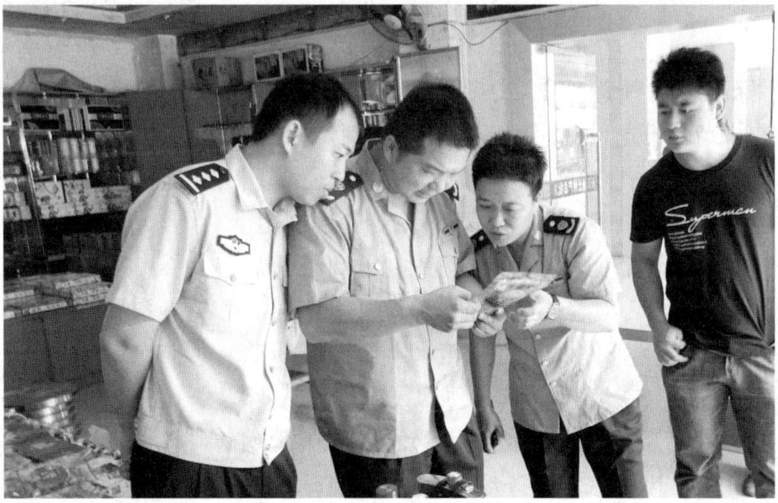

6 月 6 日，县工商质监局工作人员开展“百日行动”旅游购物环境整治

（董 欣 摄）

【广告与商标监督管理】 加强对驰名、著名商标的保护力度，支持企业实施商标战略，帮助企业创广西著名商标，指导企业实施品牌战略、走品牌发展之路；查处侵犯注册商标专用权、“傍名牌”、制售假冒商品的违法行为。对广告主、广告经营者、广告发布者进行全方位监督，严查各类广告违法。开展医疗广告和以健康名义发布虚假违法广告专项整治行动，加大执法力度，整治广告违法行为，规范市场经营秩序。2018 年，共查处发布违法广告案 1 起，查处销售侵犯注册商标专用权商品案 1 起。

【消费者权益保护】 2018 年，县工商质监局开展“品质消费　美好生活”消费者权益日现场宣传活动，为消费者普及相关消费知识及法律法规，发放消费维权宣传资料 3000 余份。对民众公布和宣传投诉中心电话、微信、广西“12315”网络、全国“12315”互联网平台等多种投诉维权渠道，同时通过电视台、原车站LED大屏幕滚动播放消费维权宣传片，提升消费者主动维权的意识及识真辨假的能力。开展“放心消费”示范街、示范店创建活动。7月6日，阳朔县创建益田西街“放心消费”示范街启动暨“12315”消费维权服务站揭牌仪式在益田西街举行，2018年年底已完成创建工作。全年共受理消费者咨询、投诉、举报约300件，为消费者挽回经济损失约45万元。

【计量监督管理】 开展中小企业精准施“测”活动，指导企业合理配备计量检测设备、实施有效的计量检测活动，积极为“桂林独峰建材有限公司”等企业上门开展精准计量服务；进一步落实强检计量器具免费检定政策，全年共为企事业单位、个体工商户免费检定计量器具3552台(件)，强制检定免费17.97万元，其中强制免费检定燃油加油机130枪，强制检定率100%；强制免费检定水表1225台，强制检定率100%；强制免费检定衡器706台，强制检定率100%；检定天平19台、砝码1311组，强制免费检定工作压力表160台，强制检定率100%。通过对在用计量器具的检定，既服务了地方经济，又确保全县在用计量器具准确、可靠，维护人民群众的合法利益。

【标准化监督管理】 2018年，完成桂林市地方规范《观光采摘园服务规范》修制定，该规范已上升为地方标准发布。向上级主管部门申报《自然岩壁攀岩技术条件及服务规范》《景区安全管理规范》《农产品电子商务售后服务规范》3项地方标准研制，其中《自然岩壁攀岩技术条件及服务规范》均获得区质监局立项批文。完成《金橘干加工技术规程》《印象·刘三姐实景演出服务与管理规范》《阳朔漓江景区排筏旅游服务规范》3个地方标准的立项，已完成对征求意见稿的修改并形成送审稿。7月10日，阳朔县“图腾古道”景区获批区旅游标准化试点单位。10月31日，阳朔县农村综合改革(美丽乡村建设)标准化试点项目正式获国标委批准实施。

【国家农业综合标准化示范县工程】 加强标准宣贯力度。6月7日，联合县农业局、县科协举办金橘栽培及系列标准宣贯培训班，向广大种植户进行金橘种植管理技术培训，并现场请专家讲解《金橘》国家标准和《金橘避雨避寒技术规范》等相关标准，提高农户标准化种植的意识和水平。建设完成金橘、优势特色产品标准化种植核心示范基地3个，砂糖橘示范基地2个，茶叶、苗木示范基地各1个，金橘采摘园7个，金橘加工基地1个，全力推动标准化种植，引领农业现场生产。全县标准化种植面积达到4.9万亩，辐射带动农户10000多户，面积达到16.8万亩。

【国家基层标准化改革创新先行区创建】 3月19日，邀请中国航空综合技术研究所阳建新研究员以“标准引领阳朔全域旅游发展”为课题给全县四家班子领导和全县在职副科级以上领导干部进行了专题培训；5月11日，召开阳朔县创建国家基层标准化改革创新先行区专家研讨培训会，会议邀请各级领导以及有关专家学者，就如何有效推动阳朔国家基层标准化改革创新先行区相关工作，促进全域旅游健康有序发展进行发言与交流讨论。通过邀请相关专家实地调研、召开座谈会等形式，就制订《阳朔县民宿管理办法》《阳朔县民宿服务质量与评定》团体标准、应急管理体系、新兴特色旅游标准化、完善农业农村标准化综合体等方面搭建标准体系，着力解决在旅游、应急、农业等方面存在的问题。

【特种设备安全监察】 2018年，通过制作发放《燃气安全使用手册》、在阳朔电视台及LED大屏幕播放液化石油气的安全使用及注意事项、张贴和发放《液化石油气安全使用须知》等方式广泛开展宣传，进一步普及市民安全使用液化石油气知识；狠抓日常监管。落实特种设备使用单位主体责任，着重对燃气公司、液化气库、益田西街、戏楼、医院等重点行业加大监管力度；完善特种设备、防洪抢险等安全生产应急预案，加强安全生产宣传工作，在日常检查工作中加强对业主的安全意识宣传教育，落实企业主体责任。全年共出动特种设备安全监察人员348余人次，检查特种设备使用单位87家，检查特种设备168台(套)，发现一般隐患9处，下达《特种设备安全监察指令书》13份；立案查处特种设备违法案件2起。

【地理标志产品保护申报】 落实2018年县党代会工作报告的重点任务，切实提高阳朔沙田柚、阳朔黑皮果蔗产品质量、知名度和市场竞争力，牵头并联合县农业局做好阳朔沙田柚、黑皮果蔗国家地理标志产品申报工作，已获县政府立项，正收集整理相关材料上报区局审核。（县工商质监局）

审 计

【概况】 2018年，阳朔县审计局核定编制数16人(行政编10人，工勤编1人，参公事业编5人)，在编18人(大学本科9人，大专8人，中专1人；高级职称1人，中级职称8人，初级职称6人)。机构设置：政秘股(办公室)、财政金融审计股、行政事业审计股、经济责任审计办公室、固定资产投资审计股(政府投资审计中心)。

【审计成果】 2018年，阳朔县审计机关共完成审计项目11个，查出主要问题金额23518万元，其中：违规金额1398.03万元，管理不规范金额22119.97万元；核减工程造价额484.56万元，向被审计单位提出审计建议24条，促进被审计单位建立和完善规章制度9项，监督完成整改23项。向上级报送各类审计信息、宣传文章73篇，采用52篇，上报县委、县政府审计要情1篇。

【财政审计】 2018年，县审计局调整工作思路、审计的重点和方式，积极探索计算机审计，运用广西审计数字化系统进行大数据分析和疑点筛查。紧扣政府预算执行，突出预算管理和财政支出绩效，侧重从体制机制上查找和发现问题，从促进管理的角度开展审计，成效明显。共查出问题资金21551.24万元，提出审计建议4条。促进财政加强资金的管理，完善相应制度，堵塞漏洞，并受县政府的委托向人大常委会作了县本级财政预算执行及其他财政收支的审计工作报告。

【资源环保审计】 2018年，阳朔县审计局对杨堤乡党委书记和乡长首次开展自然资源资产责任审计，对杨堤乡土地资源、森林资源进行重点审计。通过对领导干部任职期间履行自然资源资产管理和生态环境保护责任情况进行审计，重点关注自然资源资产是否得到有序开发、节约利用和合理保护，是否存在因被审计领导干部履职不当等人为因素造成所在地区出现重大资源损毁、生态破坏和环境污染等典型问题。促进领导干部依法保护自然资源资产，合理开发利用自然资源，实现经济、社会、生态环境的协调和可持续发展。截至12月底，审计意见书已经征求完意见，准备出具正式审计意见书。

【固定资产投资审计】 2018年的固定资产投资审计，县审计局不再以结算审计为主，不再以核减工程造价来衡量工作成效。工作重点转移到跟踪审计、竣工决算审计为主、结算审计为辅的方向上来。从项目的规范性出发，

6月27日，自治区审计厅厅长眭国华在阳朔县审计局调研指导工作（审计局 供稿）

重点关注项目立项审批、工程招投标、物资采购、工程结算、资金管理等环节的进行全过程监督，促进项目规范管理，提高资金使用效益。完成览胜路二标结算审计1个，总造价2863.66万元，核减工程造价484.56万元。对县疾病预防控制中心工程大楼、社会保障服务中心大楼、县二中宿舍楼等3个项目进行跟踪审计，并按跟踪审计实施方案的要求出具各时间节点的跟踪审计报告。

【经济责任审计】 2018年，阳朔县审计局完成福利镇、金宝乡、县环保局、县物价局、县安监局等单位的原主要领导干部经济责任审计，共查出问题资金1719万元，提出审计建议19条。审计发现的问题有普遍存在的，也有一些新问题。针对审计发现的问题向县委、政府报送审计要情1篇，得到县委、县政府的充分肯定。正在实施的县市容局、县林业局、县交运局、县食药监局、县水库移民局以及县历史文化民俗风情旅游区管理中心等6个单位的经济责任审计项目，已有2个项目进入征求意见阶段，其余项目正在紧张地审计当中。

【专项资金审计(调查)】 2018年，阳朔县审计局继续坚持“围绕中心、服务发展、关注民生、构建和谐”的工作思路，加强民生资金专项审计，促进惠农政策落实。一是做好保障性安居工程跟踪审计，从保障性安居工程使用和运营管理方面入手，揭露保障性安居工程存在的突出问题，欠缴的58.17万元租金得到了收缴，并督促相关单位完善了有关制度规定。二是做好农业综合开发资金审计，从资金和政策两个方面入手，揭露专项资金管理使用中存在的突出问题，从制度上提出完善管理的意见和建议2条，促进了利民惠农政策措施的落实。

【队伍建设】 2018年，县审计局以创新规范立业，以自身建设立信为根本，抓好审计人员业务能力提升工作。积极主动参加上级审计机关组织的各类业务培训，提高审计人员整体业务水平。特别是年内的自然资源资产责任审计培训、广西数字化审计业务工作平台业务培训，县审计局派出了全部审计业务人员参加，并派员赴福建等先进省份学习自然资源资产审计方面的经验和做法。同时领导班子还参加县委组织到河南、江西、南京等地学习中共十九大精神主题教育培训班。通过不断地加强学习，审计人员业务能力得到大幅提升，有高级审计师1人，审计师3人，通过了计算机审计AO认证9人，并注重以实战锻炼队伍，10位审计业务人员全部做项目主审，每人承担1~2个项目，实行老将带新手、强手带新兵的方式，打破股室界限，整合内部审计资源，使每个审计人员都得到充分的锻炼提高。

【廉政建设】 以落实“两个责任”为抓手，努力锻造审计铁军。班子成员始终严格要求自己，自觉增强廉洁自律意识，狠抓两个责任落实。年初制订《阳朔县审计局2018年党风廉政建设工作计划》《阳朔县审计局2018年度党风廉政建设责任状》，主要领导与班子成员、股室（中心）负责人层层签订党风廉政建设责任书，形成主要领导亲自抓、分管领导具体抓，层层抓落实，一级抓一级，一级对一级负责的党风廉政建设工作机制，使责任制运行环环紧密相扣，确保责任制的全面落实，推动了党风廉政建设和反腐败工作深入开展。认真贯彻落实建立健全教育、制度、监督并重的惩治和预防腐败体系工作任务。强化廉政风险防控，让大家时刻绷紧法纪这根弦，保持清醒头脑，敬畏法纪，守住纪律红线，不触法律底线。自觉接受被审计单位和社会监督。按照国家审计署要求，结合工作实际情况，要求所有审计项目进点前，将《审计“四严禁”工作要求》《审计“八不准”工作纪律》随审计通知书一并发放到被审计单位，且张贴在被审计单位公告栏处。并把《审计“四严禁”工作要求》《审计“八不准”工作纪律》做成制度牌挂在每名审计干部办公室，随时提醒自己。

【党的建设】 习总书记在中央审计委员会第一次会议特别强调“要加强审计机关自身建设，以审计精神立身，以创新规范立业，以自身建设立信。审计机关各级党组织要认真履行管党治党政治责任，努力建设信念坚定、业务精通、作风务实、清正廉洁的高素质专业化审计干部队伍”，提出了新时代的审计“三立”观。以审计精神立身为根本，狠抓党建工作。县审计局党组认真贯彻落实党要管党，从严治党的工作要求，切实履行主体责任，扎实抓好党组织建设。通过集中学习、网络学习，特别是通过参加审计署每期的“审计大讲堂”提高了审计人员的知识面，培养审计人员敢于担当作为、忠诚事业、操守职业、爱岗敬业的审计精神。抓好党支部规范化建设，促动其他各项工作提效。2018年，严格落实“两学一做”学习教育和每月主题党日活动，形式不断丰富，依托原有办公场所、设施和庭院，投入近5万元资金，建设了党建宣传墙，文化走廊。扎实开展以“不忘初心、牢记使命”为主题的教育活动，增强党员干部核心价值观。并以“责任　忠诚　清廉　依法　独立　奉献”为审计党建品牌，强化了组织阵地建设，抓好审计业务和党务工作融合，以党建促工作，把党建文化、廉政文化、审计文化有机结合起来，使党建工作与审计工作同步发展、相互促进，打造推动审计工作的坚强战斗堡垒。同时注重抓好党员的发展工作，全年共吸收预备党员2名，为党组织增添新鲜血液。

（陆　文　王　英）

统　计

【概况】 2018年，阳朔县统计局（简称县统计局）内设机构7个，在职在编人员12人。县统计局扎实抓好落实各项统计工作，不断提升统计数据质量和统计服务水平。

【统计分析】 2018年，县统计局认真对上报的数据增量、结构以及逻辑关系按照统计平台审核模板进行初步审核，再由市统计局进行验收审核，切实提高数据审核质量。同时各专业以原始数据为基础，充分考虑指标之间的相关性、匹配性、逻辑性，采用科学方法对统计数据的真实性、准确性进行判断和分析，对可能存在的数据质量问题进行追溯和核实。

【统计服务】 定期分析预测全县经济运行情

况,深入分析经济运行中存在的问题,及时编发经济工作简报、经济运行分析资料,不断提高统计服务水平。做好GDP月度监测,及时收集统计数据,按时有效地报送GDP监测情况,有针对性地做好经济运行的协调工作。2018年编写经济工作简报4期,经济运行分析材料22篇,统计信息12篇。重视统计数据咨询、反馈工作,采取电话、纸介质等工作措施,各专业协调配合,进一步提高数据咨询功能。

【统计法制建设】 认真制定部门随机抽查工作细则、"双随机、一公开"年度工作方案、2018年"双随机"抽查等"双随机、一公开"内容,并在广西协同监管平台完成"检查对象名录库"等"双随机、一公开"信息录入工作;配合市统计局对阳朔县工业和固定资产投资开展统计执法。组织全体干部职工参加普法考试,进一步提高国家工作人员法治思维,全局12名干部职工全部通过普法考试。

【统计信息化】 2018年,县统计局积极强化统计信息化和内网建设。年内,对所有统计内网联网直报系统用户和VPN账户信息进行实名登记管理,提高统计信息化安全。按照谁使用、谁负责的原则,全局各专业签订统计保密承诺书,切实增强联网直报系统用户名、密码以及VPN用户名、密码等统计信息安全,确保"一套表"统计联网直报数据信息安全。

【统计基础建设】 做好各种报表报送工作,高质量完成年报、定报统计、基本单位名录库年报更新维护、"四上"企业入库、新时代基层统计工作规范化建设等工作。全年完成10家企业入库、5家个体户入库。全县9个乡镇、74家联网直报企业(6家退库外)完成摸底、自评。指导乡镇认真做好制度建设、资料整理等规范化工作。推进农业统计联网直报工作,全县9个乡镇实现农业统计联网直报。

【经济普查】 扎实做好第四次全国经济普查工作。认真落实经普业务人员和办公场地,做好经普预算以及手持移动终端设备(PDA)保管维护,开展业务培训。通过中国移动通讯向全县手机用户群发四经普宣传短信3万条等多种形式和渠道加大普查宣传。截至2018年11月15日,全县完成法人单位清查3394户,个体工商户清查11914户,其中有工商执照个体工商户清查7116户。

【人口抽样调查】 10月,全县开展1%人口变动情况抽样调查,抽查调查小区4个,涉及4个乡镇约328户、1350人,抽中调查小区全部完成正式数据采集与上报、查遗补漏等各项工作。 (曾明威　胡言芳)

国土资源管理

【概况】 2018年,阳朔县国土资源管理局(以下简称县国土资源局)重点保障阳朔县城新区建设和全县重点项目建设,狠抓耕地保护、土地管理、矿产资源勘察和地质环境管理等工作,实现国土资源"保护与发展"双赢目标。年内,被桂林市国土资源局评为"桂林市国土资源系统管理工作特等奖"和"先进基层党支部"。

【国土资源规划】 2018年,县国土资源局做好规划修编和调整完善的规范管理。《阳朔县土地利用总体规划(2006—2020年)调整完善方案(2015年调整)》通过国土资源部审核。《阳朔县"十三五"土地整治规划》数据库成果通过国土资源部的复核;建立了新一轮土地利用总体规划项目库,引导项目业主用地按规划进行选址。

【耕地开发】 完成阳朔县福利镇、葡萄镇和兴坪镇等3个镇旱改水项目以及福利镇福利村委等10个村旱改水项目施工和验收确认，共新增水田面积55.7384公顷；兑现向上级部门承诺的24.3356公顷水田指标；葡萄镇、杨堤乡、普益乡等3个乡镇旱改水项目已立项，实施面积57.0023公顷；葡萄镇葡萄、仁和、马岚等3个村委旱改水项目正在做可研项目，面积67.7602公顷，为今后的项目用地占补平衡打下了基础；在福达阳朔之心城市综合体（一期）建设项目进行耕作层表土剥离13.45公顷，剥离土方量67276.5立方米，改造改良耕地面积18.36公顷。

【耕地保护】 完成耕地占补平衡挂钩的建设用地项目11个（其中含2个农村宅基地农转用批次），耕地面积10.9805公顷；完成区级三级联审项目6个，耕地面积8.0034公顷；完成设施农用地备案9宗，面积1.0031公顷；完成高标准农田建设上图入库工作，其中，"十二五"建成高标农田7180公顷，"十三五"已建成面积780公顷；完成征地统一年产值标准更新工作；阳朔镇城镇低效用地再开发专项规划通过区厅评审。

【用地审批】 全年共报批5个项目（阳朔县2018年第一批次城市建设用地、阳朔县2018年第三批次城市建设用地、阳朔县2011年度征转分离用地第四批次城市建设用地农用地转用、阳朔县生态环保科技园项目、阳朔县2018年第一批次乡镇建设用地），总面积65.797公顷，新增建设用地60.4356公顷，农用地50.083公顷，耕地8.0034公顷。

【土地市场管理】 排查核实全县批而未供土地、闲置土地、低效用地、存量建设用地的宗数和面积，并有序进行储备。全年供应建设用地使用权80宗，面积197.3543公顷，收取土地出让金7.809亿元，其中：以招拍挂方式出让5宗，面积24.4556公顷，收取土地出让金7.67亿元；对划拨补办出让宗地以协议方式出让33宗，面积4167.76平方米，收取土地出让金1390.811万元；以划拨方式供地42宗，面积172.4819公顷；全面完成了县政府与市政府签订责任状的收储和出让任务，全年共完成收储30.126公顷，完成任务数的320%；结合土地例行督察，对供后土地进行多次实地管理巡查，将监管系统更新工作常态化，处置率和交地巡查达标率均为100%。

【土地资源调查】 通过"互联网+在线举证"的方式，开展2018年度土地变更调查与遥感监测工作，下发遥感监测图斑300个，监测面积158.567公顷，调查成果已通过国家审查。

【不动产登记】 按照"简明、高效"的基本原则，增设窗口，真正实现统一受理、统一发证的"一站式"服务模式，抵押登记办结时间由原来的10个工作日压缩到5个工作日；启用"最多跑一次"信息平台和不动产登记自助查询一体机，实现不动产登记"一窗受理，并行办理"，不动产登记服务质量得到全面提升，群众满意度大幅提升。全年共受理各类不动产登记3784件，发放不动产权证书1979本，发放不动产登记证明1392张，抵押金额268378.8万元，查询4295件，处理历史遗留问题25件。投入249.5万元完成阳朔县不动产登记存量数据整合；不动产登记和房产交易职责整合基本完成。

【土地评估】 在全市率先开展公共项目服务用地基准地价定级工作，完成公共项目服务用地土地定级和土地地价更新工作；遵循公平公正公开的原则，建立评估机构备选库二期，进一步降低政府采购成本。

【土地监察】 坚持执行巡查、制止、抄告、报告及重大案件专题报告制度。定期和不定期组织对漓江重点区域进行动态巡查，全年共开展95次巡查，下发《责令停止违法行为通知书》90份，立案80宗，其中非法采石采砂取土7宗，违法占地73宗，有效制止国土资源违法行为的发生；全面核实2018年全天候遥感监测图斑15个(其中合法图斑5个、违法图斑2个、伪变化图斑8个)，2个违法图斑占地面积1.16公顷，均已结案并移交法院，收缴罚款3.1万元；处理25件违法线索举报工作，其中12336微信平台线索6件，局网站线索6件，实名举报线索8件，上级转办线索5件。

卫片执法　对2017年度全县土地矿产卫片违法用地图斑52个进行执法检查，涉及土地面积8.158公顷(其中耕地面积1.805公顷)，均已立案结案，收缴罚款58.6万元；拆除违法占地面积1.8公顷，收缴罚款100.5889万元；扣除省级以上重点工程、扶贫、民生、“一户一宅”后，全县违法用地占耕地为0.427公顷，恢复耕地面积0.167公顷，没收违法建筑占地面积2.453公顷，拆除违法建筑物面积0.299公顷，违法用地占用耕地比例约6.3%；树立“禁止违法开山采石”“禁止非法开采矿产资源”等警示牌80块。

查处违规开采　对全县范围内对疑似违法采石、采砂场进行排查，对发现的5起非法采石采砂取土行为予以制止，查处并结案。

【地籍管理】 开展全县测绘地理信息成果检查、测绘地理信息保密检查、测绘资质巡查、问题地图排查，进一步规范测绘市场；组织开展“8·29”测绘法宣传活动、“美丽中国”第四届全国国家版图知识竞赛和少儿手绘地图大赛，提高民众版图意识；开展全县第三次国土调查，已完成辖区面积1435.62平方千米的内外业调查及数据库建设；完成残次林地、废弃园地调查专项，调查成果已作为单独图层并入第三次国土调查数据库；加快推进数字县域空间地理信息框架建设，在搭建地理信息空间框架平台的基础上，研发了教育资源信息服务系统、城乡规划建设信息管理系统以及国土资源一张图管理系统，项目已通过预验收，进入试运行阶段，计划于2019年3月底向广西自然资源厅申请正式验收。

【矿产资源监督管理】《阳朔县矿产资源总体规划(2016—2020年)》已由县政府发布实施；制定《阳朔县巩固采石场专项整治成果工作方案》并开展环境集中整治工作，巩固采石场专项整治复绿成果；做好县2017年度矿山储量动态监督管理工作，完成阳朔县富绢砖厂、福阳砖厂普益分厂、福阳砖厂2017年资源储量核实报告。

【地质灾害防治】

防治排查　编制的《2018年阳朔县地质灾害防治方案》经县人民政府发布实施；召开地质灾害防治专题会议，将地质灾害防治责任层层落实到位；举办地质灾害防治工作会议暨地质灾害防治知识培训会；在阳朔县中等职业技术学校举办阳朔县地质灾害应急避险演练现场会。

项目治理　抓好地质灾害治理项目的监督管理，对全县88个地质灾害隐患点进行了巡查排查，投入871.06万元资金完成8个地灾防治治理项目(兴坪镇朝板山旅游通道危岩应急治理，阳朔县中等职业技术学校危岩地质灾害治理，阳朔县外语实验中学危岩地质灾害治理，普益乡枫木坳等3处危岩、白沙镇都林村委都林新村等4处滑坡治理，阳朔县杨堤乡双全渡口危岩应急治理，阳朔县福利镇福利村委古榕隧道北侧山体岩石崩塌应急治理，阳朔县普益乡大山村委沙冲村滑坡隐患点治理，葡萄镇福旺村委东瓜寨岩石应急抢险)建设并通过市国土资源局竣工验收。

【矿产资源】 截至2018年，全县发现矿种19种、矿产地69处，有用矿产有：铁、锰、铜、铅、锌、伴生银、伴生镓、伴生镉、锑、汞、重晶石、泥炭、磷、大理石、建筑石料用石灰岩、水泥用灰岩、砂页岩、方解石、地热等。可分为：燃料矿产、黑色金属矿产、有色金属矿产、非金属矿产和地热泉水等5大类。其中中型矿床2处，小型矿床10处，矿点57处。查明矿产资源储量约8种，其中铁矿保有资源量218万吨；锰矿保有资源量0.7万吨；铜矿保有资源量1.0119万吨；铅保有资源量3.0527万吨，锌保有资源量4.8231万吨；汞矿金属量111吨；重晶石保有资源量17万吨；大理石保有资源量723.58万立方米。

（李永香）

11月3日，执法人员在福利镇一柿饼加工点清运染色柿饼

（食药监局　供稿）

食品药品监督

【概况】 2018年，县食品药品监督管理局紧紧围绕保障人民群众饮食用药安全这一中心任务，加强全县食品药品监管，深入开展食品药品专项整治行动，严厉打击各类食品药品违法犯罪行为，积极创建自治区食品安全示范县，各项重点工作有序推进，全县“四品一械”安全形势持续稳定向好。

【食品药品专项整治】 牵头开展餐宿、娱乐等场所旅游秩序整治“百日行动”，重点组织开展旅游景区食品安全、保健食品欺诈和虚假宣传、网络订餐、非洲猪瘟防控、校园及周边食品安全、进口食品安全综合治理、网络食品销售经营、第二类精神药品销售管理、终止妊娠药品、特殊管理药品、中药饮片质量安全、无菌和植入性医疗器械经营使用等专项整治行动，严厉打击生产经营“染色柿饼”、非法制售假冒壮阳药品、违法违规经营使用医疗器械等行为。

【食品安全预警体系】 2018年，县食品药品监督管理局完善《食品安全事件防范应对规程》，完善食品安全和农产品质量安全重大信息报告制度，进一步完善食品安全事故应对处置机制，及时、妥善处置各类食品安全事件，完善《阳朔县食品安全事故应急预案》，完善食品安全信息发布机制，妥善处理监测和上级通报的舆情信息。在县食品药品监督管理局官方微信公众号“阳朔食话实说”、阳朔电视台、车站电子大屏幕、移动短信平台等发布春（夏）季食品安全、中高考食品安全、节假日食品安全及预防野生毒蘑菇中毒，预防饮用自配药酒中毒等预警和辟谣156条次。

【基层监管机构建设】 不断完善“全面覆盖、分级管理”的“县、乡（镇）、村（社区）”三级食品安全监管网络，重点强化乡（镇）食药监管所和村（社区）食品安全协管员队伍建设，不断夯实基层监管队伍执法和服务水平，全县食品安全监管工作实现“有岗、有责、有人、有手段”。各乡(镇)均设立了食品药品监管所，2018年在编人员到岗率已达97%，全县114个行政村(社区)均聘请了食品安全协管员。

【打击违法行为】 紧跟群众关注焦点热点和食品安全领域突出问题，加大案件查办力度，完善行刑衔接机制，不断深入推进稽查办案工作，坚持重拳出击、重典治乱，严厉打击食品药品违法犯罪行为。一是运用好“12331”投诉举报专线，获取制假造劣案源信息，全年通过“12331”专线受理投诉举报221件，调查核实后立案25件，调查率、处置率、回复率均为100%。二是做到稽查与日常监管相结合。通过日常监督检查发现案源55起，立案查处55起。全年共立案查处食品药品违法生产经营案件80起，截至12月底，结案71起，罚没款金额共计25万元。通过加大案件查办力度，有效规范了全县食品药品市场秩序，有效震慑和遏制了食品药品违法犯罪行为。

(县食品药品监管局)

2月9日，执法人员在世外桃源景区查看旅游食品质量情况

(食药监局　供稿)

安全生产监督

【概况】 阳朔县安全生产监督局(以下简称县安监局)设5个内设机构，下辖全额拨款事业单位1个，人员总编制13名，在职14人。主要负责组织、指导、协调全县安全生产宣传教育，监督有关部门加强安全生产管理。

【安全生产事故】 2018年，全县通过全国事故联网直报系统报送事故25起，同比增加400%，死亡19人，同比增加280%，主要是道路发生交通安全事故。建筑施工、非煤矿山、危险化学品、烟花爆竹、工贸企业、民爆物品、电力、农机等行业(领域)无事故。

【安全生产宣传教育】 2018年，县安监局以安全生产月活动为契机，结合自身实际，全面加强安全生产法律法规宣传。年内开展以“生命至上、安全发展”为主题的安全生产活动咨询日，组织安全生产文艺演出1场次。悬挂横幅50条，展板20余块，印制安全手册、安全宣传环保袋各6000份，安全画扇、安全生产资料折页各10000份，投入经费70000余元。

【安全生产常规检查】 2018年，县安监局积极加强部门联动执法，拓宽安全监管面和覆盖点，严厉打击、从重从严处罚安全生产非法违法行为。年内，全县申报备案职业病危害企业82家。县安监局组织开展尾矿库安全专项检查6次，排查隐患10处，整改10处；联合公安局开展烟花爆竹领域安全监管“打非治违”专项行动4次，销毁非法烟花爆竹二批，价值约30万元；联合各乡（镇）人民政府、县公安局、县工商质监局等部门开展加油站和非法加油站点全面大排查、大整治，发现无证无照经营点16家，查处汽油1.06吨，柴油4.7吨，查处加油设备6台；开展职业病危害专项检查3次，检查粉尘、竹木加工企业28家，排查隐患13处，整改13处。

【安全生产专项整治】 5月，县安委办制定下发《阳朔县安全生产隐患大排查大整治工作方案》（朔安委办〔2018〕8号），开展为期3个月的消防、道路交通、人员密集场所、中小学生防溺水、旅游、特种设备、建筑施工、水利等安全隐患大排查大整治行动。全县检查单位125家，督促整改隐患92处，下发责令改正通知书84份，办理行政处罚案件4起；查处酒驾10起、其他交通违法行为43起。开展摩托车、电动车非法加装遮阳伞整治行动，拆除收缴摩托车、电动车非法安装遮阳伞900余把；县公安局出动警力30余名，会同当地乡镇政府，排查出租屋、酒店、网吧、洗浴中心等人员密集场所200余家；7月，县教育局牵头印发《关于做好2018年暑假工作的通知》（朔教字〔2018〕43号），编印《防溺水知识讲座》宣传册、《给家长的一封信》6万余份，各乡镇人民政府组织对辖区危险水域开展隐患大排查，排查出险水域342处，设立防溺水警示牌330块，整治危险水域18处，提高全县防溺水的安全性。成立旅游安全检查组6个共60人，检查旅行社（服务网点）、旅游饭店、旅游景区、星级农家乐、车站码头等旅游企业40多家，发现安全隐患20处，责令整改20处。开展特种设备、建筑施工、水利安全等重点行业（领域）专项检查，坚决遏制各类事故的发生，全县安全形势稳定。

【安全生产行政执法】 认真组织开展建筑施工、旅游、道路交通、危险化学品、烟花爆竹、重大工程、工商贸和人员密集场所消防安全等重点行业领域“强监管、严执法”专项行动，开展危险化学品、烟花爆竹、旅游、道路交通和管道燃气等行业检查，严格执法检查，依法严厉打击、从重从严惩处非法违法违规行为。全年下发执法文书25份、责令停产整顿3起、行政处罚5起（其中危险化学品企业1起，处罚2万元；烟花爆竹企业1起，处罚6.6万元、水电站企业1起，处罚5万元；职业卫生企业1起，处罚0.5万元；创标企业1起，罚款3万元，合计处罚17.1万元）。 （唐 涛）

对外开放

【概况】 2018年，县投资促进局围绕年初确定的目标任务，主动适应经济发展新常态，勇于应对挑战，抢抓机遇，开拓创新，为经济稳增长夯实项目基础。年内，实施招商引资项目8个（内资项目4个，外资项目4个），新签亿元以上项目4个。内资到位资金20.5亿元，完成年度任务的107%，外资到位资金3210万美元，完成年度任务的102%。2018年，阳朔县被桂林市招商引资工作领导小组授予“2018年度招商引资专项考评优秀单位”称号，获得奖励40万元资金、50亩建设用地指标。

【投资软环境建设】 2018年，县投资促进局全力推进阳朔县新城区的招商工作，综合考虑阳朔经济发展，针对符合阳朔县发展方向的大项目重点跟踪，组织落实外商投资企业并购重组，鼓励已完工项目增加新投资、新项目，扩大企业规模，发展壮大经济实体。年内组织大型外出招商 5 次。

【招商引资】 2018 年,全县新签重大项目 4 个,即:桂林福达集团“阳朔之心”项目、广西阳朔洲际度假酒店项目、音乐特色小镇项目、凤凰·阳朔国际时尚艺术客厅项目。

【外资投资项目结构】 2018 年,全县实施外资项目 4 个(桂林阳朔泉野酒店二期、阳朔归义生态农业项目、阳朔铂尔曼温泉度假酒店项目、阳朔星天乐旅游项目),实际利用外资 3210 万美元,完成年度任务的 102%。

（倪向阳）

教育・科技

5月17日，阳朔县召开义务教育均衡发展迎国检工作推进会　　（莫品军　摄）

教 育

【概况】

学校　2018年,阳朔县有各级各类学校162所。其中,独立幼儿园60所(公办16所、民办44所),县直小学1所,乡镇中心小学9所,村级完全小学40所,村级小学教学点38所,独立初级中学7所,九年一贯制学校2所,完全中学1所,高级中学1所,中等职业技术学校1所,特殊教育学校1所,民办学校1所。

学生　2018年,全县在校学生44113人。其中,学前教育学生10444人(独立幼儿园学生9505人,附设幼儿班学生939人),小学生20282人,初中生8876人,高中生4168人,特殊教育学校学生104人,中等职业技术学校学生239人。

教师　2018年,全县教职工共3291人。其中,幼儿园1035人(含民办633人),小学1159人,初级中学506人,九年一贯制学校174人,完全中学190人,高级中学174人,特殊教育学校10人,中等职业技术学校43人。全县专任教师2670人。其中,幼儿园教师533人(含民办341人),小学教师1186人,初中教师612人,高中教师291人,殊教育学校教师6人,中等职业技术学校教师42人。

教师与学生比例　幼儿园1∶19.6,小学1∶17.1,初中1∶14.5,高中1∶14.3,特殊教育学校1∶17.3,中职职业教育学校1∶5.7。

校园面积　2018年,全县中小学校园占地总面积1050062.39平方米。其中,幼儿园121267.38平方米,小学521164.41平方米,初级中学193979.4平方米,九年一贯制学校54158平方米,完全中学76705平方米,高级中学52507.2平方米,特殊教育学校18000平方米,中等职业学校12281平方米。生均校园面积:小学25.7平方米,初中27.96平方米,高中30.0平方米,特殊教育学校173.1平方米,中等职业学校51.4平方米。

校舍面积　2018年,全县学校校舍总面积453364.54平方米。其中,幼儿园74132.29平方米,小学179840.98平方米,初级中学86585.27平方米,九年一贯制学校31713平方米,完全中学38650平方米,高级中学33800平方米,特殊教育学校1451平方米,中等职业学校7192平方米。生均校舍面积:小学8.7平方米,初中13.3平方米,高中17.4平方米,特殊教育学校13.95平方米,中等职业学校30.1平方米。

每万人口在校生　2018年,全县每万人口在校生:幼儿园317.9人,小学617.3人,普通初中270.1人,普通高中126.9人,中等职业学校7.3人。

基础教育普及程度　2018年,全县学前三年入学率94.65%,普惠性幼儿园覆盖率77.82%,小学学龄儿童入学率100%,小学教育巩固率100%,小学毕业升学率100%,初中入学率100%,九年义务教育阶段巩固率99.54%。

【教育经费收入与支出】 2018年,全县教育经费总收入40541.37万元,同比减少7483.35万元,减少15.58%。总收入中财政拨款收入40247.58万元(含上级补助收入1088.08万元),同比减少7620.84万元,减少15.92%;预算外收入293.79万元,同比增加137.49万元,增加87.97%。

2018年,全县教育总支出39543.50万元,同比减少8437.18万元,减少17.58%。总支出中财政拨款支出39159.50万元,同比减少7653.85万元,减少16.35%;预算外支出384万元,同比减少783.33万元,减少67.1%。总支出中人员经费21917.56万元(含离退休1704.50万元),占55.43%;公用经费支出8174.55万元,占20.67%;基本建设支出9451.39万元,占23.9%。

【学前教育】 2018年,阳朔学前教育有独立幼儿园教育和小学附设幼儿班教育两种形式。全县有独立幼儿园60所。其中,公办16所(不含兴坪中心小学幼儿园)、民办44所;位于镇区33所、乡村27所。民办44所幼儿园中有19所属于普惠性幼儿园。全县学前三年毛入园率94.65%,公办幼儿园在园幼儿占比41.5%。

2018年,全县幼儿园校园占地面积121267.38平方米,校园面积中绿化用地面积27315.4平方米,运动场地面积45559.5平方米。全县幼儿园校舍建筑面积74132.29平方米,其中当年新增校舍面积10164平方米。校舍建筑面积中教学及辅助用房54173.1平方米、行政办公用房4924.8平方米、生活用房7878.5平方米、其他用房7155.89平方米。全县幼儿园有图书51626册。

2018年,全县学前教育学生总数10444人,其中男生5509人、女生4935人;独立幼儿园学生9505人、小学附设幼儿班学生939人;就读托班94人、小班2535人、中班2816人、大班4999人。独立幼儿园学生中,公办幼儿园学生3947人,民办幼儿园学生5558人。当年入园(班)人数4682人,当年离园(班)人数4124人。

2018年,全县幼儿园教职工(含民办)1035人。其中,男73人,女962人,具有学前教育专业教师455人。教职工中,园长83人,专任教师533人,保健医生4人,保育员242人,其他173人。公办幼儿园教职工402人,其中园长24人、专任教师192人、保健医生1人、保育员110人、其他人员75人。民办幼儿园教职工633人,其中专园长59人、专任教师341人、保健医生3人、保育员132人、其他人员98人。

全县幼儿园园长和专任教师共616人,其中男教师10人、女教师606人。园长和专任教师的学历结构为:研究生毕业2人、本科毕业180人、专科毕业332人、高中阶段毕业96人、高中阶段以下毕业6人;职称结构为:中学高级教师2人、小学高级教师37人、小学一级教师59人、小学二级教师65人、小学三级教师1人、未定职称452人;年龄结构为:24岁以下60人、25~29岁188人、30~34岁161人、35~39岁117人、40~44岁60人、45~49岁16人、50~59岁14人。

5月17日,阳朔镇第二小学、阳朔镇第二幼儿园全景

(莫品军　摄)

2018年,全县各乡镇幼儿园分布情况:县直公办幼儿园1所,阳朔镇公办3所、民办13所,白沙镇公办2所、民办8所,福利镇公办2所、民办8所,兴坪镇公办1所、民办5所,葡萄镇公办1所、民办2所,高田镇公办2所、民办3所,金宝乡公办2所、民办4所,普益乡公办1所、民办1所,杨堤乡公办2所。

全县公办独立幼儿园16所,分别是阳朔县幼儿园、阳朔镇第一幼儿园、阳朔镇第二幼儿园、阳朔镇实验幼儿园、白沙镇中心幼儿园、白沙镇第二幼儿园、福利镇中心幼儿园、福利镇忠和幼儿园、葡萄镇中心幼儿园、高田镇中心幼儿园、高田镇乐响幼儿园、金宝乡中心幼儿园、金宝乡新村幼儿园、普益乡中心幼儿园、杨堤乡中心幼儿园、杨堤乡中南幼儿园。另兴坪镇中心小学附设幼儿园。

全县幼儿园教育分大班、中班、小班三种班级进行教学，一般入学儿童为3~5岁。幼儿园均采用广西壮族自治区幼儿园适应性发展课程教材进行教学。课程设有:健康、语言、社会、科学、艺术等5门学科。

2018年，全县共有60所小学和小学教学点附设小学幼儿班教育(其中小学21所，教学点39所)，在校幼儿939人(其中男生491人、女生448人)，专任教师43人。附设幼儿班全部设在各小学内，属于各小学的附设部分，均是公办性质，没有专门编制的教师，一般招收5~6周岁左右的幼儿入学，教学中使用广西统一的学前班教材进行教学，幼儿在校学习一年后一般直升本校小学一年级就读。

2018年，全县新增9独立幼儿园，其中公办5所、民办4所。新增设的阳朔县阳朔镇实验幼儿园、阳朔县白沙镇第二幼儿园、阳朔县高田镇乐响幼儿园、阳朔县金宝乡新村幼儿园、阳朔县杨堤乡中南幼儿园5所幼儿园为公办幼儿园，属于阳朔县教育局管理的财政全额拨款公益二类事业单位，均于当年9月开园招生。新增设的4所民办幼儿园为阳朔镇大村门艺小幼儿园、白沙镇爱迪童话幼儿园、白沙镇贝贝乐幼儿园、福利镇爱心小家庭幼儿园。

2018年，根据自治区下放学前教育收费权政策，由县人民政府召集教育、财政、物价等部门两次召开协调会，重新核定公办幼儿园收费标准。春季学期起，自治区示范性幼儿园(阳朔县幼儿园)收费由每月300元提高到每月350元，县城普通幼儿园由每月260元提高到每月300元，乡镇中心幼儿园由每月130元提高到每月220元，农村幼儿园由每月110元提高到每月200元。

附:阳朔镇实验幼儿园简介 阳朔县阳朔镇实验幼儿园位于阳朔县新城区笔架山旁，毗邻阳朔镇第二中学。校园占地面积9325.4平方米，建筑面积4092.5平方米，首任园长莫可强。幼儿园总投资1100万元(其中中央和自治区支持学前教育发展资金400万元，县级财政拨付700余万元),2015年开工建设，2018年9月开始招生，建设规模为12个班级。2018年，招收6个班级，在园幼儿166人，教职工24人，其中专任教师14人。

幼儿园在广西师大邹海瑞博士的指导下，践行“以游戏为基本活动”的教育理念，以“安吉游戏”教育模式为蓝本，创设综合活动区、建构区、沙水区、涂鸦区、泥塑区、挑战区、生活区、自然活动区等户外活动区，室内创设建构区、观察区、阅读区、装扮区等活动区，在各个活动区投放低结构、可移动、可组合、生活化的游戏材料，为幼儿在游戏中的探索学习提供适宜条件。幼儿园还设立幼儿绘本阅读馆，投放大量图文并茂、充满趣味、富有哲理的绘本供孩子们阅读。

【小学教育】 2018年，全县开展小学教育学校91所。其中，独立小学(含教学点)88所，九年一贯制学校2所，民办学1所(阳朔漓江中学设有小学部，招收部分小学生)。独立小学中，县直完全小学1所，乡镇中心小学9所，村级完全小学40所，村级小学教学点38所。

2018年，全县小学在校学生20282人，其中男生10417人、女生9865人。当年招生3661人，毕业3058人。寄宿学校学生2014人，其中男958人、女1056人。全县小学一年级118个教学班，学生3661人；二年级117个教学班，学生3412人；三年级89个教学班，学生3328人;四年级88个教学班,学生3240人;五年级82个教学班,学生3351人;六年级79个教学班,学生3290人。

2018年,全县小学专任教师1186人,其中男教师420人、女教师766人;镇区教师484人、乡村教师702人。全县小学专任教师学中,研究生毕业4人、本科毕业733人、专科毕业382人、高中阶段毕业66人、高中阶段以下毕业1人;中学高级教师15人、小学高级教师712人、小学一级教师204人、小学二级教师55人、小学三级教师4人、未定职称196人;24岁以下97人、25~34岁243人、35~44岁518人、45~54岁263人、55~60岁65人。

2018年,全县小学(含教学点)校园占地面积521164.41平方米,校园面积中绿化用地面积80413.7平方米,运动场地面积185252.2平方米。全县小学校舍建筑面积179840.98平方米,当年新增校舍面积7661.84平方米。校舍建筑面积中,教学及辅助用房114072.68平方米、行政办公用房8138.46平方米、生活用房43005.48平方米、其他用房14624.36平方米。全县小学有图书557763册、计算机1941台、教室854间(其中多媒体教室400间);固定资产总值11474.098万元,其中仪器设备总值2367.25万元。

2018年阳朔县各小学名称(含教学点)一览表

乡镇	学校名称	备注
县直学校	阳朔县实验小学	1所
阳朔镇	阳朔镇中心小学、阳朔镇第二小学、东岭小学、凤鸣小学、矮山小学、木山小学、樟桂小学、骥马小学、★高洲小学	9所
白沙镇	白沙镇中心小学、白沙镇第二小学、五里店小学、扶龙小学、观桥小学、遇龙小学、旧县小学、立龙小学、古板小学、★蔡村小学、★蕉芭林小学	11所
兴坪镇	兴坪中心小学、西山小学、书家堡小学、江村小学、画山小学、★庄头小学、★桥头铺小学、★大源小学、★西塘小学、★胡家园小学、★思的小学、★大坪小学、★古皮寨小学	13所
福利镇	福利镇中心小学、学渡头小学、枫林小学、老桥小学、双桥小学、青鸟小学、龙尾小学、忠和小学、夏村小学、★洞心小学、★顺梅小学、★绛村小学、★锁石小学、★屏山小学、★将军学校	15所
高田镇	高田镇民族学校、乐响小学、蒙村小学、龙村小学、★凤楼小学、★龙潭小学、★朗梓小学、★安定小学、★下山小学	9所
葡萄镇	葡萄镇中心小学、厄头小学、西岭小学、周寨小学、下岩小学、报安小学、马岚小学、仁和小学、★杨梅岭学校、★垌村小学、★陵陂小学	11所
金宝乡	金宝乡中心小学、新村小学、红莲小学、大桥小学、大利小学、★阳朔洞小学、★长乐小学、★延村小学、★枫木寨小学、★大水田小学、★久大小学	11所
杨堤乡	杨堤乡凤凰学校、中南小学、★土岭小学、★浪石小学、★浪洲小学、★官岩小学	6所
普益乡	普益乡中心小学、★勇村小学、★古乐小学、★留公小学	4所

说明:1.高田镇民族学校、杨堤乡凤凰学校是九年一贯制学校。2.有★号的是教学点。3.白沙镇古板小学、白沙镇蕉芭林小学、杨堤乡官岩小学、兴坪镇古皮寨小学4所学校2018年9月停止招生

在2014年至2018年期间，下列村级小学和教学点于附注时间因学校规模偏小、学生自愿到别的学校去学习，造成学校因无学生而不再开展教学，但学校名称、场所、机构代码继续保留。分别是：白沙镇插花桥小学（2014年9月），白沙镇白面山小学（2015年9月），兴坪镇水洛小学（2016年9月），白沙镇古板小学（2018年9月），白沙镇蕉芭林小学（2018年9月），杨堤乡官岩小学（2018年9月），兴坪镇古皮寨小学（2018年9月）。2018年9月1日，阳朔镇凤鸣小学从阳朔镇抗战路132号原址整体搬迁到阳朔镇石马路134号（原阳朔镇第二中学校址）新校址，其阳朔镇抗战路132号原址由阳朔镇第二幼儿园使用。

12月19日，国家专家评估组在阳朔镇二小评估认定阳朔县义务教育均衡发展工作

（莫品军　摄）

2018年，全县小学学制为六年。开设的课程：一年级、二年级有语文、数学、音乐、美术、体育、活动、品德与生活等学科；三年级、四年级、五年级、六年级有语文、数学、科学、音乐、美术、品德与社会、小学综合实践活动、小学信息技术、小学英语、体育等学科。在各年级课程计划中，还安排有法制、健康、环境、安全、民族常识等知识教育。

2018年阳朔县教育局修改后的九年义务教育课程计划表

课程		周课时 \ 年级	一	二	三	四	五	六	七	八	九
课程门类		思想品德与生活	2	2							
		思想品德与社会			2	2	2	2			
		思想品德							3	3	2
		语文	6	6	6	6	6	6	6	6	6
		数学	4	4	4	4	4	4	4	4	4
		外语			2	2	2	2	2	2	2
	科学	历史							2	2	2
		地理							2	1	
		科学	1	1	3	3	3	3			
		物理								1	2
		化学									3
		生物							2	2	

续表

课程		周课时 \ 年级	一	二	三	四	五	六	七	八	九
课程门类	体育与健康		4	4	4	4	4	4	3	3	3
	艺术(音乐、美术)		3	3	3	3	3	3	3	3	3
	综合实践活动	探究性学习			1	1	1	1	1	1	1
		信息技术			1	1	1	1	2	2	1
		综合学习与实践	2	2	2	2	2	2	1	1	
	地方与学校课程		4	4	2	2	2	2	3	3	4
周学科课时			26	26	30	30	30	30	34	34	34
晨会(夕会)			每天十分钟								
周活动课时	班团队活动		1	1	1	1	1	1	1	1	1
	科技文体活动		4	4	2	2	2	2	1	1	1
周课时总计			31	31	33	33	33	33	36	36	36

附:阳朔镇凤鸣小学简介　阳朔镇凤鸣小学2018年9月1日搬迁后,新校址位于阳朔镇石马路134号(原阳朔镇第二中学校址)。学校始建于1962年,时称莲峰小学,校址位于阳朔镇抗战路132号,校园占地面积3300平方米。1988年,学校更名为阳朔县城关乡凤鸣中心小学。1999年,因阳朔镇与城关乡合并,学校随之更名为阳朔镇凤鸣小学。2000年9月,阳朔县师范附属小学和阳朔镇大村门教学点、田家河教学点撤并到阳朔镇凤鸣小学。

2018年9月,阳朔镇凤鸣小学占地面积17982平方米,建筑面积8584平方米,有一到六年级教14个学班,学生688人,教师36名。

阳朔镇凤鸣小学原是一所位于城乡接合部,办学规模相对较小的学校,随着城镇化建设的推进,阳朔县城不断扩展,学校位置现已属县城中心地带。近年来,学校以"德育为本、仁爱为先、明德博学、全面发展"为办学理念,以"把学校办成发展学生个性,传承儒家仁爱思想,注重学生实践创新,全面推进素质教育的特色学校"为办学目标,教育教学质量不断提高。

【初中教育】 2018年,全县开展初中教育学校11所。其中,独立初中7所,九年一贯制学校2所,完全中学1所,民办学校1所。

独立初中分别是阳朔镇第二中学、白沙镇初级中学、兴坪镇朝板山初级中学、福利镇初级中学、葡萄镇初级中学、金宝乡初级中学、普益乡初级中学,九年一贯制学校分别是高田镇民族学校和杨堤乡凤凰学校,完全中学是阳朔县外语实验中学,民办学校是阳朔漓江中学。2018年9月,普益乡初级中学因学校规模偏小,学生全部自愿到距离普益乡较近、刚搬迁新址、学校设施相对较好的阳朔镇第二中学就读。普益乡初级中学2018年秋季学期不再开展教学,该校部分教师随之调入阳朔镇第二中学,但学校名称、场所、机构代码继续保留。

2018年,全县在校初中学生8876人,其中男生4457人、女生4419人。当年全县初中招生3026人,毕业2524人。全县共183个教学班。其中,初一年级64个教学班,学生3026人;初二年级62个教学班,学生3052人;初三年级57个教学班,学生2798人。寄宿学校学生共5755人,其中男生2635人、女生3120人。

3月16日,阳朔参加中考学生举行百日誓师活动

(县教育局 供稿)

2018年,全县初中专任教师612人,其中男教师221人、女教师391人;镇区教师529人、乡村教师83人。全县初中专任教师中,研究生毕业11人,本科毕业544人,专科毕业55人,高中阶段毕业2人;中学高级教师75人,中学一级教师397人,中学二级教师79人,中学三级教师10人,未定职称51人;24岁以下30人,25~34岁129人,35~44岁307人,45~54岁138人,55~60岁8人。

2018年,全县初中(不含普益初中,下同)校园占地面积324842.4平方米,校园面积中绿化用地面积50102平方米,运动场地面积119451平方米。全县初中校舍建筑面积156948.27方米,当年新增校舍面积5011平方米。校舍建筑面积中,教学及辅助用房58824.19平方米、行政办公用房4027.9平方米、生活用房92671.67平方米、其他用房1424.51平方米。全县初中学校有图书517490册、计算机1291台、教室349间(其中多媒体教室269间);固定资产总值14465.48万元,其中仪器设备总值2453.8万元。

2018年,全县初级中学学制为三年,开设的课程有:初中一年级开设思想品德、语文、数学、英语、生物、地理、中国历史、音乐、美术、体育与健康、信息与技术、初中综合实践活动等学科;初中二年级开设思想品德、语文、数学、英语、物理、生物、地理、中国历史、音乐、美术、体育与健康、信息与技术、初中综合实践活动等学科;初中三年级开设思想品德、语文、数学、英语、物理、化学、世界历史、音乐、美术、体育与健康、信息与技术、初中综合实践活动等学科。在各年级课程计划中,还安排有法制、心理健康、安全、环保、民族常识等知识教育。

2018年,阳朔县实行初中毕业考试和升学考试两考合一。考试科目为语文、数学、英语、物理、化学、思想品德、历史、体育与健康。考生的学科书面笔试成绩和升学考试总成绩均以等级制呈现,总成绩从一等到八等由高到低分为8个等级,单科成绩按A、B、C、D、E、F、G、H从高到低分为8个等级。同时,实施初中毕业生综合素质评价,评价结果以A、B、C、D四个等级呈现。综合素质评价的结果,是体现学生初中阶段综合发展情况,反映和衡量学生是否达到初中毕业标准的依据,也是高中阶段招生录取的重要指标。

2018年阳朔县各初中学校基本情况一览表

学校名称	学校性质	校园面积（平方米）	校舍面积（平方米）	学生数（人）	教职工（人）	校长
阳朔镇第二中学	独立初中	54748	16659.47	1359	78	李永钢
阳朔漓江中学	民办学校	9999	9995	524	62	林木青
白沙镇初级中学	独立初中	26453.4	14830.6	932	69	周有明
葡萄镇初级中学	独立初中	46400	13352	1001	83	李文春
福利镇初级中学	独立初中	19173	12469	1054	88	秦　伟
兴坪镇朝板山初级中学	独立初中	16896	8539.2	820	64	赵维清
金宝乡初级中学	独立初中	20310	10740	919	62	谢明芳
普益乡初级中学	独立初中	19800	4110	2018年秋季学期学生自愿全部到阳朔镇第二中学就读		
杨堤乡凤凰学校	九年一贯制	10100	6326	250	39（初中22）	秦桥光
高田镇民族学校	九年一贯制	44058	25387	1334	135（初中83）	覃卫忠
阳朔县外语实验中学	完全中学	76705	38650	683	190（初中53）	陈玉龙

附:阳朔县阳朔镇第二中学简介　阳朔县阳朔镇第二中学是阳朔镇唯一公办初级中学。学校创建于1964年,原名阳朔县城关乡初级中学。1999年,原阳朔县城关乡与阳朔镇合并后,学校更名为阳朔镇第二中学。2018年9月1日,学校从阳朔镇石马路134号原址整体搬迁至阳朔县新城区林溪路东与兴福路北交叉处(阳朔镇高岩村南侧)新校址(其原校址阳朔县阳朔镇石马路134号由阳朔县阳朔镇凤鸣小学迁入)。

阳朔镇第二中学新校区于2016年5月开工建设,2018年9月正式交付使用。校园占地面积54748平方米,校舍面积16659.47平方米,规划为一所义务教育全寄宿制初级中学。年内学校一期工程全部完工,建有教学楼2栋,实验楼1栋,食堂1栋,学生宿舍楼4栋,标准400米跑道运动场1个,篮球场4个,其他体育设施若干。学校二期工程一栋图书馆办公综合大楼,2栋学生宿舍楼在建。

学校有设备先进的3个物理实验室,2个化学实验室,2个生物实验室和理、化、生各仪器室及其功能室;有电教室和学生电脑室,所有教学班均配有目前较先进的86寸西沃交互式电教设备;有一个可以同时容纳50位教师观摩听课,可以对上课进行全程跟踪录播并进行各种大数据统计分析的录播室;有2个音乐室和一个能同时容纳几十人进行舞蹈训练的舞蹈室。2018年学校增添图书5万册,藏书接近7万册。

2018年秋季学期,学校教学班26个,在校学生1359人,其中寄宿生850人。学校教职工由原来的66人增加至78人,其中专任教师75人。专任教师中,获本科以上学历75人;高级职称15人,中级职称53人;女教师47人。

学校沿"探寻规律更新教育观念、加强管理提高师生素质、优化环境形成良好校风、深化改革提高办学效益、注重科研促进学校发展"的办学思路,以"依法治校、以德立校、科研兴校、质量强校、环境美校"为办学宗旨,以"一带山河,少年努力"为校训,以"登高致远,上善若水"为校风,"博学善导,厚生乐教"为教风,以"乐学善思,灵动坚韧"为学风,努力创建学习化、数字化、生态化、人文化"四化"校园。

【高中教育】 2018年,全县开展高中教育学校有阳朔县阳朔中学和阳朔县外语实验中学2所。阳朔县外语实验中学是一所完全中学,阳朔县阳朔中学是一所自治区示范性高中。

9月30日,阳朔县召开控辍保学工作会议,县教育局与乡镇中心校签订责任状 (莫品军 摄)

2018年,全县在校高中学生4168人,其中男生1717人、女生2451人。当年招生1468人,毕业1234人。全县高中共有69个教学班。其中,高中一年级24个教学班,学生1468人;高中二年级23个教学班,学生1374人;高中三年级22个教学班,学生1326人。寄宿学校学生3914人,其中男生1558人、女生2356人。

2018年,全县高中专任教师291人,其中男教师115人、女教师176人;阳朔县外语实验中学133人,阳朔县阳朔中学158人。全县高中专任教师中,研究生毕业11人、本科毕业279人、专科毕业1人;中学高级教师72人、中学一级教师142人、中学二级教师69人;24岁以下7人、25~34岁68人、35~44岁126人、45~54岁84人、55~60岁6人。

2018年,全县高中校园占地面积129212.2平方米,校园面积中绿化用地面积9790平方米,运动场地面积28620平方米。全县高中校舍建筑面积72450平方米,校舍建筑面积中教学及辅助用房19010平方米、行政办公用房3200平方米、生活用房43125平方米、其他用房7115平方米。全县高中学校有图书224383册、计算机770台、教室118间(其中多媒体教室105间);固定资产总值5385万元,其中仪器设备总值1106万元。

2018年,全县高中招生以初中毕业升学考试总成绩等级和综合素质评价等级为录取依据,实行学区生、特长生政策。阳朔中学(自治区示范性高中)录取分数线为:总成绩等级为二等,综合评价为A等;招收学区生总成绩等级为四等、综合素质评价为A等;招收特长生总成绩等级为四等、综合素质评价为A等。阳朔县外语实验中学录取分数线为:总成绩等级为五等,若不能完成招生计划,可往下由高到低录取,但总成绩不能低于六等,综合评价为B等。

2018年阳朔县高中学校基本情况一览表

学校名称	性质	校园面积(平方米)	校舍面积(平方米)	学生数(人)	教职工(人)	校长
阳朔县外语实验中学	高完中	76705	38650	2744 (高中2061)	190 (中高137)	陈玉龙
阳朔县阳朔中学	自治区示范性高中	52507.2	33800	2107	174	龙土发

全县高中学制为三年。高中一年级开设思想政治、语文、数学、英语、物理、化学、地理、中国近代现代史、信息技术、艺术、劳动技术、体育与健康等课程。高中二年级开始分设文、理科教学，文科专业开设语文、数学、英语、政治、历史、地理等课程；理科专业开设语文、数学、英语、物理、化学、生物等课程。高中三年级文、理科专业开设课程与高中二年级相同。全县高中阶段实行毕业会考制，历史、地理在高一进行毕业会考，政治、物理、化学、生物、信息技术在高二进行毕业会考，语文、数学、英语在高三进行毕业会考，会考科目全部过关才能准予毕业。

2018年，阳朔县继续实施高中阶段免费教育，阳朔籍的应届高中学生免收学费、杂费、课本费、寄宿生住宿费、水电费、保安费等费用。2018年县政府拨款960万元作为全县高中免费教育补助经费。

【特殊教育】 2018年，阳朔县特殊教育有普通学校随班就读、特殊教育学校就读和送教上门等形式。残疾学生纳入自治区中小学生学籍信息管理系统，县教育局按生均公用经费6000元/生·年的标准拨付给普通学校随班就读学生、特殊教育学校学生和送教上门残疾学生到所在学校。全县特殊教育学生237人，其中男生157人、女生80人。残疾学生入学率97.86%。全县特殊教育学生中，就读小学一年级43人、二年级25人、三年级47人、四年级34人、五年级20人、六年级20人，就读初中一年级20人、二年级13人、三年级15人。

阳朔县特殊教育学校位于阳朔县阳朔镇神山路百里新村。2018年，学校校园占地面积18000平方米，其中绿化面积100平方米、运动场面积600平方米。学校校舍面积1451平方米，其中教学及辅助用房171平方米、行政办公用房57平方米、生活用房80平方米、其他用房1143平方米。在校学生104人，其中男生69人、女生35人；小学一年级39人、二年级16人、三年级30人、四年级10人、五年级2人、初中一年级5人、初中二年级2人。教职工10人，其中男教师2人、女教师8人，专任教师6人、行政人员1人、工勤人员3人。6名专任教师全部受过特殊教育培训，均为女教师，其中本科毕业4人、专科毕业2人；小学一级教师3人、小学二级教师1人、未定职称教师2人。阳朔县特殊教育学校主要招收本县内7~16岁的脑残、唐氏综合征、自闭症、多动症等智力低下的残疾适龄儿童。学生中言语残疾3人、肢体残疾11人、智力残疾80人、精神残疾6人、多重残疾4人。学校开设课程有生活语文、生活数学、生活适应、劳动技能、绘画与手工、运动与保健、唱游与律动、感觉统合、益智游戏等课程。

2018年，县教育局加强全县普通学校残疾儿童、少年随班就读和资源指导工作，培训普通学校特殊教育师资，组织县特殊教育学校教师送教上门，对全县90名普通教育学校教师进行特殊教育指导，选派随班就读教师参加特殊教育基本功比赛；选派特殊教育学校学生参加桂林市中小学第七届特殊奥林匹克运动会，获得金牌1块、银牌3块、铜牌2块。

【全面推进义务教育均衡发展】 阳朔县全面推进义务教育均衡发展工作自2017年12月通过自治区评估验收后，2018年主要是迎接迎接国家级评估验收。

2018年初，召开迎接自治区评估验收工作总结会，对前期工作进行认真总结分析，对下一步工作进行部署。3月23日—24日，组织义务教育均衡发展工作相关领导、管理人员及迎检学校校长共78人赴来宾市忻城县参观学习。4月4日，在阳朔镇第二中学召开全县义务教育均衡发展工作现场会，县委常委、宣传部部长、县人民政府副县长孟璇对全县义务教育均衡发展下一步工作作部署。4月16日，县教育局召开义务教育均衡发展工作布置会。5月16日—17日，举办全县义务教育均衡发展模拟迎国检观摩演练活动暨工作推进会，邀请全国中小学教育督导评估专家、自治区人民政府督学撒忠民到场指导和培训。9月12日，县人民政府在县教育局五楼会议室组织召开全县义务教育均衡发展迎国检工作“再动员、再布置”大会，县人民政府分管领导，各乡（镇）人民政府分管领导，县政府办、县委宣传部、县委政法委、县编办、县教育局、县发改局、县公安局、县民政局、县财政局、县人社局、县国土资源局、县住建局、县卫计局、县安全生产监管局、县文新广体局、县食品药品监管局、团县委、县妇联、县残联等19个成员单位领导及教育部门相关人员100多人参加会议。9月21日、25日，县教育局对部分学校义务教育均衡发展迎检准备工作进行督查。11月，县教育局组成档案检查组，对50所义务教育均衡发展学校开展档案专项检查。11月19日，县教育局召开全县义务教育均衡发展迎国检工作布置会，布置迎检工作。

12月19日，国家督学、福建省福州市钱塘小学原校长、特级教师廖秀梅率领义务教育均衡发展国家督导评估专家组一行4人，到阳朔县开展义务教育均衡发展评估认定工作。桂林市政协副主席郑毅，自治区教育厅、桂林市人民政府、桂林市教育局有关领导，阳朔有关领导周彦、孟璇、黄燕、蔡龙德陪同检查评估。评估中，国家评估专家组认真听取汇报，详细查阅相关档案材料，观看义务教育均衡发展专题片，深入到高田镇民族学校、福利镇老梧小学、福利镇龙尾小学、阳朔镇二中、阳朔镇二小、县实验小学、白沙镇初中、葡萄镇初中、金宝乡大水田小学、金宝乡大桥小学等10所义务教育阶段中小学校实地查验，与师生、家长交流，现场提问，多角度、全方位了解各校校园环境、基础建设、功能室建设、校园文化建设、教师队伍建设、办学特色等方面情况，对全县义务教育均衡发展状况作出全面、系统、科学评估。12月22日，国家督导评估专家组在南宁召开广西县域义务教育均衡发展国家督导检查反馈会，国家评估专家组一致认为，阳朔县义务教育均衡发展达到国家级评估验收标准。

【素质教育】 2018年，全县学校加强德育工作，强化养成教育，引导广大学生做有担当的时代新人。全县评选出桂林市三好学生323名、优秀学生干部162名、先进班集体64个。

县教育部门多形式开展德育教育。组织开展祭英烈活动，让学生了解革命历史进程；开展“五四”青年节、“六一”儿童节、经典诵读等活动；开展“时刻听党话　永远跟党走”小学生讲故事和中学生演讲比赛，共评出特等奖4名、一等奖4名、二等奖4名、三等奖8名、优秀奖1名；组队参加桂林市读书活动小学生讲故事比赛，获一等奖1名、三等奖2名；组织开展全县中学生汉字听写比赛，共评出团体一等奖2名、二等奖3名、三等奖4名、优秀奖2名；组队参加桂林市汉字听写大赛获团体二等奖、优秀组织奖、优秀指导老师奖，选手获一等奖1名、二等奖2名、三等奖2名；开展“新时代好少年”活动，营造“学校—家庭—社区（村）”三位一体的德育大教育网络。

加强体育、卫生、艺术、国防、环境、科普教育。组织全县初中一年级学生参加国防知识考试，组织高中、初中一年级新生开展入学军事训练。组织开展世界环境日宣传系列活动，与县环保局共同举办2018年阳朔县中小学生环境小报评比活动。在60所中小学校开展戏曲进校园活动。开展中小学校艺术素质测评活动，评选出优秀等级学校12所、良好等级学校7所、合格等级学校3所。举办2018年全县校园文化艺术节系列活动，选送优秀节目参加桂林市校园文化艺术节比赛，现场书画比赛获二等奖5人、三等奖5人、指导老师奖4人，童声合唱节合唱比赛获三等奖。组队参加2018年“旭辉杯”广西象棋锦标赛，荣获优秀组织奖和体育道德风尚奖。开展全县中小学生乒乓球、篮球和田径运动会等比赛。组队参加桂林市中小学生篮球赛，获小学男子组第二名、初中男子组第三名、初中女子组第二名。组队参加桂林市中小学生田径运动会比赛，获高中组第五名、初中组第一名、小学组第一名。

组织开展“5·12”防灾减灾日活动，集中开展消防演练、防地质灾害演练、交通事故防范教育、食品安全培训，发放资料12000多份。举办阳朔县2018年中小学生禁毒征文评比活动，开展以“学法、知法、守法、用法”为重点的普法系列教育活动，请法制副校长上法制课1000场次。

【教育教学管理】 2018年，县教育局与各级各类学校签订《教育目标责任书》，组织学校校长进行教育教学相关法律法规知识培训，深入学习《中华人民共和国教育法》《中华人民共和国义务教育法》《中华人民共和国教师法》等相关法律法规，不断完善教育常规管理，实行挂联联制度。局机关组成10个挂联组经常到全县中小学校开展督促、检查、指导工作，全面检查学校落实中小学课程计划、学校安全、卫生、教育教学等情况。

2018年，县教育局认真做好全县中小学招生计划，制定《阳朔县2018年秋季学期县城公办义务教育学校新生入学管理办法》，规范招生秩序，全县所有中小学实行划片入学政策。制定《阳朔县2018年初中毕业升学考试与高中阶段招生工作方案》，由县人民政府审批下发文件，严格执行自治区、桂林市各项招生考试、录取规定，按2018年下达的招生计划和录取原则，普通高中完成招生1468人。

2018年，县教育局制定《控辍保学工作方案》《阳朔县义务教育学校控辍保学工作实施办法》《阳朔县义务教育控辍保学工作责任追究制度》《阳朔县义务教育学校辍学学生劝返复学制度》《阳朔县义务教育学校学生排查报告制度》，保证控辍保学工作有效开展。每个学期开学初，扎实开展控辍检查工作，严禁歧视和排挤学习有困难的学生，绝不允许学生因家庭经济困难原因流失。各学校成立劝返学生工作组，摸清未到学生的情况，填报《未回校学生调查表》，及时掌握学生回校动态。全县九年义务教育巩固率为99.54%，超桂林市九年义务教育巩固率分县区目标值。

9月18日，全县中小学同步举行防空演练，图为阳朔县外语实验中学演练场景　（莫品军　摄）

2018年，县教育局注重学校常规管理及安全管理，全年全县各学校无安全责任事故。上半年集中开展全县中小学常规工作检查，下半年集中开展公办、民办幼儿常规检查评估，对全县中小学、幼儿园进行抽查。认真落实校园安全管理，组织开展全县中小学、幼儿园消防安全大检查，召开全县校园周边环境治理工作暨2018年学校安全工作会议，排查、治理校园安全及周边环境隐患200多处。全年教育局组织消防专项检查4次，防地质灾害专项检查2次，学生接送车辆专项检查4次，食品安全检查4次，流行病防控专项检查2次，联合县交警大队、农机、运管等部门对全县乡镇学校进行联合执法2次。

规范化、信息化管理中小学生学籍。2018年，全县中小学校学籍管理人员110人，通过全国中小学生学籍信息管理系统即可适时对学生学籍注册、招生入学、毕业升级、综合查询等进行规范化管理。年内为3600多名小学新生注册电子学籍，通过学籍系统完成3000多名初中学生和1400多名高中学生招生录取工作。完成3000多名小学生、2400多名初中学生和1200多名高中学生的毕业升级。及时处理中小学生问题学籍85条，变更524名学生关键信息，完成176名学生跨省转学业务，办理583名学生省内学籍异动审核。

【教育经费管理】 2018年，县级预算教育经费2711万元。其中包括：农村税费改革转移支付资金65%用于教育部分的足额预算601万元；教育费附加750万元；财政基金400万元；高中阶段免费教育补助经费960万元。至年末，教育部门用款并拨付到位2711万元，用款率100%。上级教育专项经费下达13708.35万元，教育部门用款并拨付到位11268.96万元，尚余2439.39万元等待教育部门用款时拨付，用款率82.2%。中央和自治区下达义务教育阶段寄宿制贫困学生生活费补助资金403.79万元，县财政预算配套44万元，共447.79万元，至年末已足额拨付，拨付率100%。

2018年，县教育局进一步规范全县中小学校公用经费管理使用。县教育局分别在6月和10月，组织2次全县中小学校财务培训。通过财务管理知识讲解、会计实务操作、案例分析、学校在财务管理中出现的偏差现象剖析等培训，提高学校领导、财务人员按规操作，规范学校财务收支行为。通过对全县中小学校财务管理工作培训、学校自查、检查组抽查等形式，加强学校对公用经费使用和管理，明确公用经费开支使用范围，特别强调义务教育阶段中小学公用经费不得用于人员经费、基本建设投资、偿还债务等方面的开支。全县所有中小学校实行财务公开，定期公布财务收支情况，自觉接受教师和社会的监督。

2018年，全县义务教育阶段和高中阶段学校学生全部免费入学，学校的收费主要是学前教育费用和寄宿制学校学生食堂伙食费。县教育局分别在3月和9月，配合县物价局、县财政局对全县中小学校和11所公办幼儿园收费工作进行全面检查。检查结果表明，学校在收费工作中规范操作，没有发现乱收费现象。

【改善办学条件】 2018年，自治区、桂林市和县级下达教育工程项目资金16419.35万元，已用款并拨付到位资金15138.64万元，余1280.71万元将按计划逐项拨付，用款率92.2%。全年全县中小学校校园维修建设经费预算315万元，用于对学校教学楼、学生宿舍、厕所、食堂、围墙、道路、运动场等设施进行维护，至年末已拨付完毕，使用率100%。

2018年，全县学前教育工程建设项目8个。其中阳朔镇实验幼儿园、高田镇乐响幼儿园、金宝乡新村幼儿园、白沙镇第二幼儿园已于9月交付使用；阳朔镇实验幼儿园二期的学生食堂已完成主体建设；兴坪镇第二幼儿园、福利镇第二幼儿园、葡萄镇第二幼儿园、葡萄镇下岩幼儿园等4所在建幼儿园建筑面积共8800平方米，投资2000万元。

义务教育中小学校建设项目6个。阳朔镇第二中学已完成一期项目、附属工程建设，共新建学生宿舍楼4栋,办公综合楼、教学综合楼、图书馆各1栋,建筑面积17312.9平方米,总投资3462.6万元,于当年9月交付使用;高田镇民族学校学生食堂、葡萄镇初级中学学生食堂已竣工并交付使用;新建阳朔镇第三小学一期一栋教学楼已竣工;金宝乡中心小学新校区教学综合楼一期建设竣工待验,学生宿舍楼建设工程完成基础建设;高洲小学新建一栋综合楼已竣工并交付使用。

义务教育均衡发展功能室建设项目共27个,总建筑面积27908.82平方米,总投资3120万元,年内已竣工并交付使用。这些学校分别是:白沙镇旧县小学综合楼、白沙镇立龙小学综合楼、白沙镇五里店小学综合楼、福利镇渡头小学综合楼、福利镇夏村小学综合楼、福利镇忠和小学综合楼、福利镇青鸟小学综合楼、高田镇乐响小学综合楼、高田镇龙村小学综合楼、高田镇蒙村小学综合楼、金宝乡大利小学综合楼、金宝乡大桥小学综合楼、金宝乡新村小学综合楼、葡萄镇报安小学综合楼、葡萄镇厄头小学综合楼、葡萄镇马岚小学综合楼、葡萄镇仁和小学综合楼、葡萄镇西岭小学综合楼、葡萄镇下岩小学综合楼、葡萄镇周寨小学综合楼、兴坪镇江村小学综合楼、兴坪镇书家堡小学综合楼、兴坪镇西山小学综合楼、兴坪镇中心小学综合楼、阳朔县矮山小学综合楼、阳朔镇樟桂小学综合楼、杨堤乡凤凰学校教学配套用房A楼。

白沙镇初级中学、葡萄镇初级中学、白沙镇观桥小学等48所义务教育学校维修改造及综合楼附属工程建设项目48个,总投资1280万元。其中,新增学生运动场地9704平方米,新增围墙1200米,新建校门4座;翻新阳朔镇高洲小学、兴坪镇画山小学校舍,新建高洲小学综合楼一栋;新建福利镇忠和小学、兴坪镇西山小学运动场。

普通高中建设项目阳朔中学综合楼竣工交付使用,外语实验中学综合楼进行内部装饰。

2018年,全县投入2097.3万元增添学校教学设备。其中,投入230万元,采购103台交互智能平板、103台视频展台、103套环保教学白板,完成多媒体网络教室设备安装、调试、验收;投入454万元,采购44间学生计算机教室设备、1109台学生计算机、44台教师计算机及配套设备,完成学生计算机教室设备安装、调试、验收;投入670.8万元,采购图书482043册及配套的仪器柜和图书管理系统;投入742.5万元,采购数学、物理、化学、生物、地理、音乐、美术、体育、卫生器材等教学仪器设备352485台(件、套)。

11月7日,阳朔镇第二中学设备先进的多媒体教室

(县教育局 供稿)

【学生资助】 2018年,全县学生接受各类资助12881人次,资助金额1917.6625万元。其中,学前教育阶段免除建档立卡贫困户在园幼儿保教费,全年资助354人次,资助金额30.82万元。农村义务教育阶段家庭经

济困难寄宿生生活补助费,全年资助7634人次,资助金额449.3万元。普通高中国家助学金,全年资助1857人次,资助金额145.1万元。普通高中贫困户子女免除学杂费,全年减免403人次,减免金额31.75万元。库区移民子女就读普通高中减免学费,全年减免150人次,减免金额7.54万元。中等职业学校学生免学费,全年资助221人次,资助金额16.57万元。中等职业学校国家助学金,全年资助100人次,资助金额9.96万元。对考上大学贫困新生给予路费和短期生活费资助,全年资助324人次,资助金额24.65万元。大学生生源地信用助学贷款,全年贷款人数1431人,贷款金额1030万元。高校应届毕业生学费和国家助学贷款补助,全县补助人数212人,补助金额154.91万元。全县各界爱心人士、社会团体资助贫困学生195人次,资助金额17.05万元。

【教学研究】 2018年,全县教学研究的重点是继续深化教学改革,指导各中小学开展学科大集体备课活动,突出教师主导作用,把课堂交给学生,充分调动学生学习主动性,培养学生自主探究学习能力。县教研室教研员每周至少两天深入到全县各学校开展教研活动,全年深入课堂听课900节,作专题报告50场次,培训教师1600人次。

根据《村级学校常规管理要求》,县教育局分片对全县80所村级学校进行全面调研,对学校常规管理进行评估。组织中小学骨干教师参加在广西各市举办的广西中小学各科优质课评比暨观摩活动及全市的各学科技能培训,全年参培人员1000人次。

组织各学段各学科600名教师参加桂林市教科所组织的新教材培训,开展与新教材相关的系列教研活动。4月,桂林市教科所组织市高中学科教研员和桂林市教学骨干到阳朔指导高中备考工作。5月,桂林市电教站组织桂林市骨干教师到阳朔送教。11月,桂林市教科所对阳朔各学段进行教学调研视导。11月,组织完成高中课改实验自治区级新课标网络培训活动。

开展形式多样的教学观摩研讨、教学技能评比、教学论文、教学设计、案例评比等活动,为教师提供成长和展示平台,让老师们的教学能力在相互交流学习中提高。全县教师教学论文、教学设计、案例评比有210人次获得自治区、桂林市级奖励。5月,各学科开展全县中小学教师"一师一优课,一课一名师"竞赛活动,1422名教师参与,共晒课256节,阳朔中学教师侯云飞代表桂林市参赛获自治区一等奖;中学化学、英语、数学、化学、历史、生物及小学语文、英语、数学等学科参加市级比赛,多名教师获得市级一、二等奖。10月,全县开展小学新五届教师优质课竞赛。

学前教育开展训研结合活动。全年举办《3~6岁儿童学习和发展指南》解读专题讲座4次,出版学习专栏30个。组织民办幼儿园园长25人参加桂林市培训2次。对全县41所公办、民办幼儿园及学前班教育教学工作进行视导。县幼儿园组织50人次到乡镇各幼儿园送教下乡。阳朔镇第一幼儿园园长李秀丽老师参加桂林市比赛获幼儿园教学比赛一等奖。

开展形式多样的信息技术项目应用活动,推进"教学信息与学科教学的整合"。4月13日,在阳朔县实验小学举办学生计算机教室设备维护和教学应用培训,培训人数35人。4月27日,在阳朔县实验小学举办多媒体教学应用示范课和"一师一优课"教学指导培训,培训人数111人。5月2日—4日,分别在福利镇、白沙镇、葡萄镇举办多媒体设备维护和教学应用培训,培训人数186人。5月25日,在阳朔镇东岭小学举办学生计算机和电子白板教学应用培训,培训人数30人。10月23日—25日,在阳朔县白沙镇第二小学和白沙镇初级中学分别举办中小学装备管理信息化和实验教学培训，培训人数150人。11月12日—13日，在阳朔县实验小学举办中小学教师多媒体应用操作能力培训，培训人数380人。组织全县中小学教师参加桂林市教育局电教仪器站举办的教学设计、课件制作、微课设计、现场说课竞赛活动。组织教师参加桂林市中小学实验教师操作技能与实验教学创新培训暨中小学教师实验说课比赛。

2018年，继续推广县教育局研究课题《义务教育理念下均衡阳朔校本教研促进教师专业成长课题研究》成果，组织全县科研骨干教师、县教学标兵到薄弱学校兴坪镇朝板山初中、白沙镇初中、兴坪镇西山小学、杨堤乡中南小学及各乡镇幼儿园指导教学，开展有效课堂展示活动。年内，全县有5个教育科研课题立项、16个市级课题结题，其中阳朔中学高中语文科专项课题获结题鉴定优秀等级。

【教师队伍建设】 2018年，公开招聘中小学教师19人，通过赴高校双选会直接面试签约招聘教师3人，首次采取聘用教师控制数公开招聘幼儿园教师28人，公开招聘农村义务教育阶段特岗教师10名。

阳朔县2015年首次通过农村义务教育阶段学校特设岗位计划招聘的特岗教师89名，至2018年8月服务期满三年仍在岗继续任教的还有72名，全部考核合格，其中有5名考到其他事业单位，其余67名按规定程序全部转岗入编。办理新招录人员、特岗转岗入编手续、工资关系127人，新录用、调动人员签订《聘用合同》171份。

2018年秋季学期，新任免学校领导136人次，县内学校教师调动44人次。全县校际间教师交流轮岗人数233人，占符合交流条件教师的21.04%。

2018年，全县参加年度考核的在编教师2375人，定为优秀350人，定为合格1929人，因请假超半年和退休超半年不考核46人，见习期不定等次50人。全县参加年度考核的特岗教师91人，定为优秀12人，定为合格69人，见习期不定等次10人。

2018年，核定、发放2017—2018学年度边远山区发展基金231.49万元，发放2017—2018年阳朔县中小学绩效考评经济奖励“教学质量奖”“教学管理奖”300万元。

2018年，全县教师培训实行县、乡、校“三级联动”共管，以国培、省（区）培、市培“三培计划”为契机，以网络为平台，加强校长和教师培训。全年组织实施国培计划项目5项，送培37人；省（区）培计划项目20项，送培174人；市培计划项目21项，送培159人。县教研室组织各类学科专业知识与技能培训33次，参训教师5344人次。县教育局电教站等其他业务股室举办培训18次，参训教师2213人次。县直学校及各中心校举办培训56次，参训教师5534人次。县教师培训中心在暑假期间，先后组织42位县级教师培训专家和56位中

10月12日，阳朔县举行首届中小学生童声合唱艺术节

（莫品军　摄）

小学校长赴南京师范大学参加高级研修。

【中考情况】2018年,阳朔中考由桂林市中考改革领导小组统一领导和组织,桂林市招生考试院、阳朔县招生考试办负责实施,实行初中毕业考试和升学考试两考合一。考试科目为:语文(120分)、数学(120分)、英语(120分)、物理(100分)、化学(100分)、思想品德(60分),历史(60分)、体育与健康(60分),总分合计740分。思想品德和历史采用"同堂合卷"的考试模式。体育与健康测试必考项目:50米跑(男女)20分,1000米跑(男)22分、800米跑(女)22分;选考项目:引体向上(男)、仰卧起坐(女)、实心球、一分钟跳绳、立定跳远(各18分需选其中一项)。

考生的学科书面笔试成绩和升学考试总成绩均以等级制呈现。升学考试总成绩由各考试学科书面笔试成绩、中考体育测试成绩、政策性加分三项相加构成。

2018年,全县中考2214名考生报名参加考试,共设9个考点79个考场。考试时间为6月24、25、26日三天。中考全县获得学科组合6A的有8人,总成绩获得一等140人、二等251人、三等341人、四等362人、五等355人、六等356人、七等368人、八等33人。

【高考情况】2018年,全县普通高考报名人数1324人,参考人数1246人,实考人数1068人。高考报名人数中男生500人、女生824人;文科综合考生541人、理科综合考生705人、报考单独招生78人。考点设在阳朔县阳朔中学,共设43个考场,其中文科考场19个、理科考场24个。考试时间为2018年6月7日、8日两天。2018年,阳朔高考试卷为全国卷三。文科考试科目为:语文(150分)、数学(150分)、英语(150分)、文综(含政治、历史、地理,共300分);理科考试科目为:语文(150分)、数学(150分)、英语(150分)、理综(含物理、化学、生物,共300分)。全县高考一本上线121人,上线率11.33%;二本以上上线710人,上线率66.48%;专科以上上线1062人,上线率99.44%。当年全县高考文科第一名成绩为605分,理科第一名成绩为629分。

2018年,全县成人高考共有535人报考,其中报高中升专科251人、专科升本科284人。

【中等职业和成人文化教育】阳朔县中等职业教育主要由阳朔县中等职业技术学校承担。阳朔县中等职业技术学校位于阳朔县阳朔镇桑园路89号,是一所公办综合性中等职业技术学校,由阳朔县教育局直接管理,学制三年,主要招收初中毕业生,学生毕业后取得国家承认的中专文凭。开设计算机应用、旅游服务与管理、学前教育、农村电气技术4个专业。

2018年,阳朔县中等职业技术学校校园占地面积12281平方米,校园面积中绿化用地面积750平方米,运动场地面积3050平方米。学校校舍建筑面积7192平方米,其中教学及辅助用房3218平方米、行政办公用房574平方米、生活用房3000平方米、其他用房400平方米。学校有图书25851册、计算机110台、教室22间(含多媒体教室3间);固定资产总值6359895.86元,其中仪器设备总值3705750元。在校学生239人,其中男116人、女123人;一年级92人、二年级68人、三年级79人;旅游服务与管理72人、计算机应用22人、农村电气技术70人、学前教育75人。教职工43人,其中专任教师42人。专任教师中高级职称13人、中级职称19人。

2018年,阳朔县中等职业技术学校继续分别与桂林市职教中心、广西商业高级技工学校、桂林技师学院签订合作办学协议,与广西国际商务职业技术学院结成帮扶对子,为优秀中职毕业生直升本、专科院校开通绿色通道；与广西国际商务职业技术学院、桂林技师学院、桂林市旅游学院等本、专科院校对接，为学生拓宽升学平台；为满足学生顶岗实习和对口就业需求，与阳朔县蝴蝶泉旅游发展有限公司、阳朔县碧莲江景大酒店、阳朔县碧玉大酒店有限责任公司、阳朔县桃源饭店、天津市鹏天阁酒店有限责任公司、桂林江山旅游服务有限公司、桂林阳朔山水旅游开发有限公司、悦榕庄大酒店等企业长期合作。

2018年，中职全日制招生任务350人，完成招生356人，完成率101.7%；中职非全日制招生任务150人，完成招生156人，完成率104%；中职全日制送生任务607人，完成全日制送生610人，完成率100.5%；中职非全日制送生任务150人，完成全日制送生152人，完成率101.3%。

2018年，全县成人文化技术学校都设立在各乡镇中心校。各乡镇成人文化技术学校坚持以服务“三农”为指导思想，配合县农业部门、人事劳动部门、科技部门、扶贫办等有关部门，开展农业先进实用技术培训、农村劳动力转移培训、扶贫开发等培训，指导农民学科技、用科技，走科技致富道路。

【社会力量办学】 阳朔县社会力量办学由民办幼儿园、民办中学、民办中等职业技术学校、民办职业教育培训机构、民办少年儿童课外培训机构组成。2018年，全县民办幼儿园44所、民办中学1所、民办中等职业技术学校10所、民办职业教育培训机构8个、民办少年儿童课外培训机构10个。

民办幼儿园　所有民办幼儿园均接受县教育局管理，纳入县教育局教育教学指导范围。采取自筹资金办学，园舍多为租赁私人或集体住宅，一般实行午托，中午幼儿不接送回家，幼儿在园吃午餐、睡午觉。44所民办幼儿园分别是：阳朔县山水幼儿园、阳朔矮山幼儿园、阳朔晨晨幼儿教育中心、阳朔博爱幼儿园、阳朔新世纪幼儿园、阳朔镇小天才幼儿园、阳朔阳光中英文幼儿园、阳朔小博士幼儿园、阳朔四叶草幼儿园、阳朔镇书童幼儿园、阳朔镇开心幼儿园、阳朔镇七彩幼儿园、阳朔镇大村门艺小幼儿园、白沙镇明珠幼儿园、白沙镇吉祥幼儿园、白沙镇金龙桥幼儿园、白沙镇小精灵幼儿园、白沙新时代幼儿园、白沙镇博雅幼儿园、白沙镇爱迪童话幼儿园、白沙镇贝贝乐幼儿园、福利镇快乐宝宝幼园、福利镇枫林幼儿园、福利育苗幼儿园、福利顺梅凤凰幼儿园、福利未来星幼儿园、福利镇青鸟红星幼儿园、福利镇漓江幼儿园、福利镇爱心小家庭幼儿园、兴坪镇宝康幼儿园、兴坪江村盼盼幼儿园、兴坪镇朝阳幼儿园、兴坪桥头铺小天使幼儿园、兴坪镇兰灵幼儿园、葡萄明星幼儿园、葡萄希望幼儿园、高田镇望星幼儿园、高田乐响蓝天幼儿园、高田蓓蕾幼儿园、金宝乡红太阳幼儿园、金宝乡双艳幼儿园、金宝大桥童心幼儿园、金宝乡金星幼儿园、普益苗苗幼儿园。

阳朔漓江中学　阳朔漓江中学办学层次是举办小学教育和初中教育，面向全县招生。2018年，校园占地面积9999平方米，校舍建筑面积156948.27方米，图书2154册，计算机71台，教室23间(其中多媒体教室21间)；固定资产总值14465.48万元。阳朔漓江中学有小学生455人(男生253人、女生202人)，其中小学一年级2个班89人、二年级2个班75人、三年级2个班82人、四年级2个班59人、五年级2个班76人、六年级2个班74人；有初中生524人(男生273人、女生251人)，其中初一3个班151人、初二3个班178人、初三3个班195人；有教职工62人(男18人、女44人)，其中行政人员5人、教辅人员7人、工勤人员10人。

张艺谋漓江艺术学校　张艺谋漓江艺术学校是一所民办中等职业技术学校，位于阳

12 月 13 日，学前智慧教育百城公益行走进阳朔　（莫品军　摄）

朔县城印象刘三姐景区附近，由桂林市教育局审批和管理，学制三年。2018 年，主要开设舞蹈、音乐等专业。学生毕业后取得国家承认的中专文凭，由学校推荐就业。生源主要来自省内外的初中毕业生，在校学生与公办学校学生一样享受国家有关资助政策。

民办职业技术培训机构　2018 年，全县 8 个民办职业技术培训机构分别是：阳朔欧美达英文书院、阳朔卓悦英文书院、阳朔奥伦英文书院、阳朔欧美加国际交流书院、阳朔能达太极武校、阳朔大户外（口语）拓展基地、阳朔县飞亚特外语学校、阳朔西街外国语学校。这些民办职业教育培训机构利用阳朔有“地球村”“旅游名县”“外语角”等美誉，吸引全国各地的青年到此学习英语和其他技能，以“休闲、修学、旅游”为办学特色。

民办少年儿童课外培训机构　2018 年，全县 10 个民办少年儿童课外培训机构分别是：阳朔景萱教育培训学校、阳朔明星艺术培训学校、阳朔丹丹艺术培训学校、阳朔舞艺飞扬艺术培训中心、兴坪阿哩哩艺术中心、阳朔白沙小板凳艺术中心、阳朔丁丁艺术中心、福利正德教育、白沙润新文化艺术培训中心、阳朔优培教育。这些民办少年儿童课外培训机构主要开展少年儿童兴趣爱好业余培训，由县教育局审批和监管。11 月，县教育局再次对这些机构的办学条件进行整改复查，阳朔景萱教育培训学校具有办学许可证，其余 9 个培训机构未取得办学许可证。县教育局对符合办学条件的阳朔明星艺术培训学校、阳朔丹丹艺术培训学校、阳朔舞艺飞扬艺术培训中心、兴坪阿哩哩艺术中心、阳朔白沙小板凳艺术中心、阳朔丁丁艺术中心指导其完成完善筹设工作；对不具备招生、培训、办学资质的阳朔优培教育下达停止招生通知书；对不具备办学条件的福利正德教育、白沙润新文化艺术培训中心下达停办通知书。

（莫小军）

科　　技

【概况】 2018 年，县科学技术知识产权局在职人数 7 人，内设科技知识产权股、科技项目股；下设科技情报所和生产力促进中心（两块牌子，一套人马），在编人数 5 人。2018 年，积极争取和实施各级科技项目，努力促进科技成果转化，加快新技术新品种的试验示范和推广应用，以及在开展科技服务、实施发明专利双倍增计划等方面取得较好成绩。

【自治区级科技项目】 2018 年，实施阳朔县贫困村科技特派员服务创业基地及科技能力建设示范项目，此项目为自治区科技厅下达科技项目。该项目分别在金宝乡阳朔垌和红莲、兴坪镇古皮寨、高田镇古登、福利镇龙尾 5 个贫困村建立 5 个科技特派员服务创业示范基地，总面积 14.11 公顷；建设基层科技

4 月 26 日，在阳朔公园文化长廊开展知识产权宣传日活动

（县科技局　供稿）

能力示范点 2 个，面积 4.66 公顷；建设金橘标准化栽培示范基地 2 个，面积 54.66 公顷。通过项目实施，进一步提升基层科技服务能力和示范基地果农管护水平，提高金橘的品质和产量。

【县级科技项目】 2018 年，围绕全县产业经济发展，以促进技术创新和科技进步为目标，结合上级部门工作要求，扎实开展本级科技项目调研、立项和管理工作。通过深入调查研究、分析、论证，联合县财政部门下达县本级科技项目 6 项，总投资 604 万元，其中县本级财政资金 25 万元。

【“星创天地”】 2018 年，积极动员和鼓励科技特派员、大学生、返乡农民工、职业农民等各类创新创业人才深入农村开展“大众创业、万众创新”，鼓励各农业企业、农民专业合作社、农业产业协会、家庭农场等新型农业经营主体，围绕全县农业产业创建“星创天地”。年内，以白沙镇古板水果专业合作社为主体，向广西区科技厅申报“阳朔县金橘产业星创天地”获得认定，助推全县农业农村领域“双创”工作开展。

【贫困村科技扶贫】 根据自治区党委组织部、自治区科技厅《关于选聘“十三五”脱贫攻坚贫困村科技特派员和产业科技服务团队的通知》文件精神，明确阳朔县科技特派员 10 名（其中 2 名为自治区指派）覆盖全县 23 个贫困村，以当地科技需求为主导做好科技服务工作。全年开展专题科技下乡 40 余次，举办实用技术培训 40 期，培训人员 1800 人次，培训贫困村创业致富带头人 120 多人。

【科技普及】 组织参加 2018 年广西第二十七届科技活动周（南宁）及广西第八届发明创造展览交易会活动；组织抓好科技“三下乡”“4·26”世界知识产权宣传日、十月科普大行动等科普宣传活动；与桂林市“三农”专家服务团、县农业局等单位开展实用技术培训 24 场次，培训种养农户 1200 多人次，培养种养能手、科技示范户 69 人，接受技术咨询 5000 多人次，发放技术资料（科普图书）1.2 万份、知识产权宣传手提袋 1 万个及专版资料 2 万份。

【视频科技培训】 2018 年，继续在县电视台开设《农村科技新视界》视频科技培训栏目，每天定时播放农业科技种养技术视频 2 小时，全年播出新品种 20 多个、新技术 60 余项、新工艺新方法 50 多种；出版《阳朔科技报》4 期 1.2 万份；利用“阳朔科技动态”微信公众号平台抓好金橘等特色产业产前、产中、产后服务工作，全年发布各种信息近 100 条。

【科技服务】 2018 年，围绕阳朔农业特色产

7月5日，科技特派员到葡萄陵陂村委指导沃柑栽培技术

（县科技局　供稿）

业积极开展科技服务，为"一村一品""一乡一业"的农业发展格局提供技术保障。针对阳朔农业主打产业金橘、砂糖橘、沃柑栽培展开科技研究，推广运用柑橘高产高效栽培、科学预防病虫害、覆膜挂果越冬、控梢保果等适用技术，全面提升果品产量和质量，实现农业增效，农民增收。

【知识产权宣传】 2018年，围绕自治区、桂林市知识产权发展战略实施意见，按照广西发明专利双倍增计划要求，深入实施《阳朔县开展全民发明创造活动实施方案》《阳朔县专利申请资助及奖励暂行办法》，扎实开展知识产权工作。不定期地组织专利申请人、专利权人参加培训，进一步提高科技创新含金量；到乡村和企业开展高新技术企业培育的宣传发动和服务工作，通过与业主、专利权人沟通，及时发现和解决在发明创造、专利申请过程中遇到的困难和问题。"4·26"知识产权宣传活动周期间，在县城文化长廊开展以"倡导创新文化、尊重知识产权"为主题的宣传活动，发放宣传资料约4000份，现场咨询1000多人次。

【专利申请】 2018年，全县完成专利申请68件，其中发明专利申请10件、实用新型专利15件、外观设计专利43件；专利授权33件，其中发明专利授权4件、实用新型专利授权6件、外观设计专利授权23件；有效发明专利拥有量31件，同比增长10.71%。

（黄光远　黄振前）

文化·体育·卫生

5月15日，阳朔县卫生和计划生育局举行"5·15日国际家庭日"宣传活动　　（唐曾燕　摄）

文　化

【文化基础设施建设】 2018年,新建10个村级公共服务中心建设项目全部投入使用,村级公共服务中心具备文体娱乐、健康服务、文化学习、宣传教育等功能。项目分布于阳朔镇矮山村委、白沙镇观桥村委、兴坪镇白山底村委、福利镇青鸟村委、福利镇屏山村委、高田镇乐响村委、高田镇下山村委、葡萄镇报安村委、金宝乡延村村委、金宝乡长乐村委。

【大型群众文化活动】 年内,开展新春文化月、阳朔县妇女第四届广场舞大赛、“壮族三月三”广场舞竞技、阳朔县青少年声乐器乐才艺大赛等活动。开展32场精准扶贫政策宣传巡演,覆盖县内23个自治区级贫困村。全县有关乡镇举办“三月三”“五月八”“九月九”“十月香”等系列民族传统习俗文化活动,开展演艺惠民送戏下乡。

【群众文艺服务】 深入农村、社区、企业、校园等开展群众文化服务活动。采取免费集中培训的形式开展声乐、舞蹈、彩调、广场舞等系列文艺业务骨干培训,培训文艺骨干1100多人次。

【公益电影放映】 全年公益电影放映1200场次,观众累计20多万人次。到农村放映科普教育短片《五位一体》《四个全面》《远离毒品　珍爱生命》《土地流转》《农村生活环境治理》等1500场次。举行新春文化月电影展、电影进军营、爱国主义电影进校园、“三月三”民俗文化节电影专场、庆“五一”国际劳动节电影周、宣传贯彻中共十九大精神电影专场等,宣传党的方针政策,丰富人民群众精神文化生活。

【农家书屋】 2018年,对全县81个“农家书屋”进行出版物更新,对30个点单独配送《习近平新时代中国特色社会主义思想三十讲》,全县114个村(居)委实现村村都有农家书屋。

【文化市场管理】 2018年,集中打击各种侵权盗版活动,严厉查处营业性演出点非法演出活动,严厉打击文化市场各种违法违规经营行为。检查文化经营场所500多人次、印刷企业50家次、打字复印单位45家次、出版物经营单位89家次、网吧212家次、娱乐场所56家次,查处违规网吧10家次、印刷企业案件1起、网络侵权案件1起,收缴非法和侵权盗版出版物2100余册(盘),确保文化市场繁荣健康有序发展。

【图书】 2018年,阳朔县图书馆共设有报刊阅览室、电子阅览室(文化资源共享县支中

11月24日,在遇龙河畔举行2018中国—东盟“太极一家亲”系列交流活动

(县文广体旅局　供稿)

心)、图书外借室、少儿图书室、多媒体视听室、书库、政府信息公开查阅点、公益悦读书吧等8个功能室,并设立流动图书点8个。年内,有图书借阅证读者近3000人,全年图书借阅量近8万册。及时在图书馆微信公众号和网站上发布工作动态,不断加强与读者沟通交流。定期或不定期举办读书沙龙、少儿"阅读之星"评比、新书推荐、朗诵比赛、送书下乡、送春联下乡等丰富多彩的阅读推广活动。开展"我悦读,我智富"文化惠民赠书活动,筹措经费近万元购买400余册包括科学种养、少儿故事、经典名著、生活百科、医药卫生等方面新书,免费赠送给群众。

【文物保护】 文物普查新近发现约80处不可移动文物,并登记在册,做好保护工作。开展"5·18"国际博物馆日和"国家文化遗产日"宣传活动。1月,阳朔县新城区老鸦山东侧建设工地发现三座规模较大的古墓葬,经桂林市文物考古研究院对墓葬进行抢救性发掘,出土器物素面陶纺轮3个、环首铁刀1把、棺钉8枚、镶蓝宝石戒面银戒指1枚、素面铜手镯2个、手链串珠1条、陶瓷残片若干、墓砖标本8块等。这些出土文物对研究阳朔县南北朝时期社会状况和地方墓葬形式有一定研究价值。

【非物质文化遗产保护】 在县城益田西街举办"三月三"非物质文化遗产展板展示和"桂彩文"专场展演。组织开展白沙"六·廿三"和"漓江渔火"民俗文化活动参加自治区级非物质文化遗产项目申报工作。6月,开展"世界非物质文化遗产日"系列宣传活动,宣传阳朔县特色文化遗产,展示阳朔县文化遗产保护成果。在活动现场发放非遗保护倡议书,设立非遗项目展示区,邀请非物质文化遗产传承人现场展示,活动参与人数4000余人。

(文新广体和旅游局)

体　育

【概况】 2018年,全县有体育单项协会9个、漂流公司1家、健身馆1家、太极武术学校2家、户外休闲运动俱乐部6家、滑翔运动营地1家、攀岩俱乐部20家、篮球俱乐部12家。

【阳朔铁人三项赛】 9月16日,由广西壮族自治区体育局、桂林市人民政府主办,阳朔县人民政府、桂林市体育局承办,阳朔县文化新闻出版广播电视体育局、广州中体体育有限责任公司执行承办的2018阳朔铁人三项赛在阳朔境内举行。在上届赛事成功举办的基础上,该届赛事全新升级,赛事延长至113千米,全程涵盖阳朔最经典的山水美景。赛事项目包括精英组、挑战组和铁人两项赛。游泳赛道为漓江精华河段,骑车赛道是环广西自行车巡回赛精华路段,跑步赛道为风景如画的十里画廊,途经图腾古道、遇龙河、蝴蝶泉、月

9月16日,举行阳朔铁人三项赛。图为选手比赛瞬间

(县文广体旅局　供稿)

亮山等风景名胜。该赛事吸引了来自美国、英国、德国、墨西哥、马来西亚等9个国家和地区,国内23个省(自治区、直辖市)和中国港澳台地区1000多名选手参加。

【环广西公路自行车世界巡回赛】 10月21日,由广西壮族自治区人民政府和大连万达集团共同主办的“环广西公路自行车世界巡回赛”在桂林收官。赛事途经阳朔县葡萄镇、白沙镇、阳朔镇、高田镇、福利镇、兴坪镇等6个乡镇的25个村(居)委和75个自然村,共97.6千米,沿途有居民1万多人。

【第十一届阳朔攀岩节】 11月11日,由阳朔县文化新闻出版广播电视体育局主办的2018第十一届阳朔攀岩节在广西阳朔落幕。来自中国、新加坡、美国等国家和地区的百余位专业攀岩运动员和攀岩爱好者参加活动。本届攀岩节设置红点大赛(自然岩壁赛)、男子攀石及女子攀石赛(人工岩壁赛),同时为初学者设置攀岩小游戏及攀岩体验活动等。红点比赛场地设于酒瓶山岩场、月亮山岩场及雷劈山岩场,共设有50条线路。

【群众体育活动】 新春文化月举办中国象棋、羽毛球、气排球、乒乓球、五人制足球超级联赛等赛事活动。先后组织开展阳朔大众篮球赛、广西万村篮球赛乡镇级比赛、桂林100国际超级越野赛、广西万村篮球赛县级总决赛、全民健身日第十届广西体育节开幕式、阳朔县篮球协会“体彩杯”第三届俱乐部联赛等赛事活动。2018年,县业余体校有52名运动员代表桂林市二队参加在百色市平果县举行的广西青少年田径锦标赛,获得金牌2枚、银牌3枚、铜牌3枚。参加桂林市中小学生田径运动会,获得初中组团体总分第一名、小学组团体总分第一名、高中组团体总分第五名,个人项目获得金牌22枚、银牌16枚、铜牌17枚。获得桂林市重点中学男子篮球赛第二名,桂林市小学生男子篮球赛第二名,桂林市第九届大众篮球赛第七名,荔浦市六县篮球邀请赛第一名。

【全民健身工程】 2018年,阳朔县全面完成6个以奖代补为民办实事全民健身工程村(屯)级篮球场项目,即福利镇新寨村委李家村、福利镇渡头村委新思龙村、高田镇高田村委高田村、兴坪镇桥头铺村委太婆山村、兴坪镇画山村委厄根底村、金宝乡金宝村委下葡萄岭村为民办实事全民健身工程村(屯)级篮球场项目的建设任务,并通过自治区级验收。村(屯)级篮球场的建成更有利于农民开展全民健身体育活动。

11月11日,举行第十一届阳朔攀岩节。图为选手在比赛

(县文广体旅局　供稿)

【体育人才培训】 2018年,县文新广体局组织人员参加上级培训班,加强社会体育指导员队伍建设。年内,有教练员17人。其中,专职教练员3人、聘请教练员14人;初级职称7人、中级职称10人;具有大学文凭

13人、大专文凭4人；田径教练8人、乒乓球教练2人、羽毛球教练1人、篮球教练4人、武术散打教练1人、中国象棋教练1人。为继续抓好体育后备人才培训，开展乒乓球、田径、篮球、羽毛球、中国象棋、武术散打等培训项目，利用周末、寒暑假时间，把初选出来的学生集中到县城，进一步观察和培训。

（文新广体和旅游局）

阳朔县参加省（区）级体育比赛成绩表

序号	姓名	代表单位、教练员	比赛名称	项目	名次	主办单位
1	莫　芸	桂林市二队 陆军、莫燕飞	2018年广西青少年田径锦标赛	女子乙组标枪	1	广西壮族自治区体育局
2	陈和超	桂林市二队 陆军、梁维	2018年广西青少年田径锦标赛	男子甲组100米	1	广西壮族自治区体育局
3	汪振华	桂林市二队　莫燕飞	2018年广西青少年田径锦标赛	男子丙组标枪	3	广西壮族自治区体育局
4	蒋秉泽	桂林市二队梁维	2018年广西青少年田径锦标赛	男子乙组4×400米	2	广西壮族自治区体育局
5	蒙彦达	桂林市二队陆军	2018年广西青少年田径锦标赛	男子乙组4×400米	2	广西壮族自治区体育局
6	张夏泽	桂林市二队陆军	2018年广西青少年田径锦标赛	男子丁组4×400米	3	广西壮族自治区体育局
7	唐　钺	桂林市二队陆军	2018年广西青少年田径锦标赛	男子甲组4×400米	4	广西壮族自治区体育局
8	韦海建	桂林市二队陆军廖丙发	2018年广西青少年田径锦标赛	男子甲组4×400米	4	广西壮族自治区体育局
9	张少锋	桂林市二队陆军	2018年广西青少年田径锦标赛	男子甲组4×400米	4	广西壮族自治区体育局
10	罗世杰	桂林市二队莫燕飞	2018年广西青少年田径锦标赛	男子丙组标枪	4	广西壮族自治区体育局
11	蒋鑫微	桂林市二队梁维	2018年广西青少年田径锦标赛	女子甲组三级跳远	4	广西壮族自治区体育局
12	蒙彦达	桂林市二队陆军	2018年广西青少年田径锦标赛	男子乙组200米	6	广西壮族自治区体育局
13	邢佳丽	桂林市二队陆军廖丙发	2018年广西青少年田径锦标赛	女子甲组800米	6	广西壮族自治区体育局
14	莫永祥	桂林市二队陆军	2018年广西青少年田径锦标赛	男子丙组400米	6	广西壮族自治区体育局
15	林国龙	桂林市二队陆军	2018年广西青少年田径锦标赛	男子丁组4×100米	7	广西壮族自治区体育局
16	唐　钺	桂林市二队陆军	2018年广西青少年田径锦标赛	男子丁组4×100米	7	广西壮族自治区体育局
17	韦海建	桂林市二队陆军廖丙发	2018年广西青少年田径锦标赛	男子丁组4×100米	7	广西壮族自治区体育局

续表

序号	姓名	代表单位、教练员	比赛名称	项目	名次	主办单位
18	张少锋	桂林市二队陆军	2018年广西青少年田径锦标赛	男子丁组4×100米	7	广西壮族自治区体育局
19	沈小云	桂林市二队陆军	2018年广西青少年田径锦标赛	女子甲组800米	8	广西壮族自治区体育局
20	黄兰惠	桂林市二队陆军	2018年广西青少年田径锦标赛	女子甲组标枪	2	广西壮族自治区体育局

阳朔县参加市级比赛成绩表

序号	姓名	代表单位	比赛名称	项目	名次
1	华雪洋	阳朔镇二中	2018年桂林市中小学生田径运动会	初中女子100米	1
2	莫冰怡	阳朔镇二中	2018年桂林市中小学生田径运动会	初中女子100米	2
3	秦炳健	阳朔镇二中	2018年桂林市中小学生田径运动会	初中男子100米	1
4	黎永灵	阳朔镇二中	2018年桂林市中小学生田径运动会	初中女子400米	1
5	廖承芳	阳朔镇二中	2018年桂林市中小学生田径运动会	初中女子400米	2
6	朱泽恩	阳朔镇二中	2018年桂林市中小学生田径运动会	初中男子400米	2
7	邢佳丽	阳朔中学	2018年桂林市中小学生田径运动会	高中女子1500米	3
8	杨耀翔	阳朔镇二中	2018年桂林市中小学生田径运动会	初中男子1500米	2
9	刘幸发	阳朔镇二中	2018年桂林市中小学生田径运动会	初中男子1500米	3
10	廖承芳	阳朔镇二中	2018年桂林市中小学生田径运动会	初中女子800米	1
11	杨文秀	阳朔镇二中	2018年桂林市中小学生田径运动会	初中女子800米	2
12	杨耀翔	阳朔镇二中	2018年桂林市中小学生田径运动会	初中男子800米	2
13	华雪洋	阳朔镇二中	2018年桂林市中小学生田径运动会	初中女子200米	1
14	谢晓兰	阳朔镇二中	2018年桂林市中小学生田径运动会	初中女子200米	2
15	莫冰怡	阳朔镇二中	2018年桂林市中小学生田径运动会	初中女子200米	3
16	秦炳健	阳朔镇二中	2018年桂林市中小学生田径运动会	初中男子200米	1
17	朱泽恩	阳朔镇二中	2018年桂林市中小学生田径运动会	初中男子200米	2
18	罗　建	阳朔中学	2018年桂林市中小学生田径运动会	高中女子30000米	2
19		阳朔镇二中	2018年桂林市中小学生田径运动会	4*100初中女子	1
20		阳朔中学	2018年桂林市中小学生田径运动会	4*100高中男子	2
21		阳朔镇二中	2018年桂林市中小学生田径运动会	女子县初中组4x400米	1
22		阳朔镇二中	2018年桂林市中小学生田径运动会	男子县初中组4x400米	1
23	莫惠媛	阳朔实验小学	2018年桂林市中小学生田径运动会	小学甲组女子400米	3
24	黄泽涛	阳朔实验小学	2018年桂林市中小学生田径运动会	小学甲组男子400米	3
25	李玉慧	阳朔实验小学	2018年桂林市中小学生田径运动会	小学乙组女子400	3
26	覃雨娴	阳朔实验小学	2018年桂林市中小学生田径运动会	小学乙组女子60	1
27	黄云聪	阳朔实验小学	2018年桂林市中小学生田径运动会	小学乙组男子60	3
28	练小渝	阳朔实验小学	2018年桂林市中小学生田径运动会	小学甲组女子100	2
29	卢彦良	阳朔实验小学	2018年桂林市中小学生田径运动会	小学乙组男子100	3
30	覃雨娴	阳朔实验小学	2018年桂林市中小学生田径运动会	小学乙组女子200	1

续表

序号	姓名	代表单位	比赛名称	项目	名次
31	练小渝	阳朔实验小学	2018 年桂林市中小学生田径运动会	小学女子甲组 200	1
32	卿润萍	阳朔实验小学	2018 年桂林市中小学生田径运动会	小学女子甲组 200	2
33	莫钰圆	阳朔实验小学	2018 年桂林市中小学生田径运动会	小学女子甲组 400	2
34		阳朔实验小学	2018 年桂林市中小学生田径运动会	小学女子乙组 4x100 米	1
35		阳朔实验小学	2018 年桂林市中小学生田径运动会	县小学女子甲组 4x100 米	1
36		阳朔实验小学	2018 年桂林市中小学生田径运动会	小学男子乙组 4x100 米	1
37		阳朔实验小学	2018 年桂林市中小学生田径运动会	小学男子甲组 4x100 米	1
38	黎传坤	阳朔镇二中	2018 年桂林市中小学生田径运动会	初中男子跳高	1
39	陶晓奕	阳朔镇二中	2018 年桂林市中小学生田径运动会	初中女子三级跳远	1
40	徐培富	阳朔镇二中	2018 年桂林市中小学生田径运动会	男子初中跳远	1
41	陶晓奕	阳朔镇二中	2018 年桂林市中小学生田径运动会	女子初中跳远	1
42	黎永灵	阳朔镇二中	2018 年桂林市中小学生田径运动会	女子初中跳远	2
43	龙玲丽	阳朔实验小	2018 年桂林市中小学生田径运动会	女子小学甲组铅球	1
44	郑其坤	阳朔实验小学	2018 年桂林市中小学生田径运动会	男子小学甲组铅球	1
45	卿润萍	阳朔实验小学	2018 年桂林市中小学生田径运动会	女子小学甲组跳远	1
46	王娴璐	阳朔实验小学	2018 年桂林市中小学生田径运动会	女子小学甲组跳远	2
47	龙玲丽	阳朔实验小学	2018 年桂林市中小学生田径运动会	女子小学甲组跳远	3
48	文　浩	阳朔实验小学	2018 年桂林市中小学生田径运动会	男子小学甲组跳远	2
49	阎震杰	阳朔实验小学	2018 年桂林市中小学生田径运动会	男子小学乙组跳远	1
50	杨艳虹	阳朔实验小学	2018 年桂林市中小学生田径运动会	女子小学乙组跳远	1
51	管子齐	阳朔实验小学	2018 年桂林市中小学生田径运动会	女子小学乙组跳远	2

卫　生

【概况】 2018 年，阳朔县卫生计生系统共有公立医疗卫生机构和计生部门 26 个：县卫生和计划生育局、县疾病预防控制中心、县卫生计生监督所、县人民医院、县妇幼保健院以及 9 所乡镇卫生院、9 所乡镇卫生和计划生育服务所（仅业务指导）。另有县计划生育协会、县计划生育县直机关办公室、县初级卫生保健委员会办公室。全县有乡村卫生室 99 家、乡村医生 230 个；个体诊所 46 家、个体医生 51 个。2018 年，全县有执业医师（含执业助理）367 人，执业护士 513 人。

【医疗卫生体制改革】

深入推进县级公立医院综合改革　加强对合理检查、合理治疗的监管，严格执行物价收费标准；严抓医疗管理环节，严格控制药占比；探索降低门诊和出院均次医药费用途径，开展落实各科临床路径管理，降低门诊、住院人均费用；加强成本管理，减少浪费，医药费用控制工作显成效。

稳步实施分级诊疗制度改革　制定定点挂院帮扶实施方案，稳定充实基层医疗队伍，促进卫生工作重心下移、优质医疗资源下沉。积极推进医联体建设，建立完善分级诊疗、双向转诊机制。县人民医院内二科、妇产科分别与桂林医学院附属医院、柳州市工人医院签署专科联盟协议书；县妇幼保健院与桂林市

181 医院、济宁市任城区妇幼保健院建立妇科专科联盟，加入桂林医学院附属医院不孕不育专科联盟协作医院。

建立县内卫生人员双向流动机制　6 月，县人民医院与白沙镇中心卫生院、兴坪镇中心卫生院，妇幼保健院与金宝乡卫生院、普益乡卫生院签字协议，组建紧密型医共体，参与率为 50%。通过专家长期坐诊，从卫生院发展、科室设置、人才队伍建设等方面给予指导。

【开展家庭医生签约服务】 不断提高慢性病签约率，按照签约协议至少提供 4 次健康管理、健康体检、慢性病随访服务等。年内本县常住公卫拨款人口数 28.66 万人，广西卫生计生信息综合管理子平台第二次年报查询常住人口家庭医生签约数 10.95 万人，常住公卫拨款人口签约率 38.22%。重点人群 10.19 万人，签约重点人群 6.73 万人，重点人群签约率 66.07%。建档立卡贫困人口 1.12 万人，建档立卡贫困人口签约数 1.12 万人，签约率 100%。建立建档立卡贫困人口电子健康档案 1.12 万份，电子建档率 100%。

【加强重点传染病预防监控】 2018 年，报告各类传染病同比下降 11.95%，病死率 1.18%。报告的各类传染病中甲类为零；乙类 10 种 840 例，同下降 6.67%，病死率 3.21%；丙类传染病同比下降 14.74%。

【妇女儿童保健】 2018 年，办理结婚登记 1680 对，婚检人数 1671 对，婚检率 99.46%。产筛率 86.98%；新筛率 98.96%；听力筛查率 98.98%；阳性孕妇丈夫地贫筛查率 93.5%，地贫基因和产前诊断补助率 100%；宫颈癌任务完成率 178.93%，乳腺癌任务完成率 106.31%；免费孕前优生项目任务完成率 100%。住院分娩率 100%，孕产妇系统管理率 93%，产后访视率 97.39%，孕产妇死亡率 24.82/10 万，新生儿破伤风发生率为 0，新生儿、婴儿、5 岁以下儿童死亡率分别为 2.23‰、3.97‰、5.46‰。

【卫生监督执法】 加强县政务服务中心窗口建设，实行一个窗口对外、一次性告知制度，提高卫生行政审批效率，做到透明、公开，接受群众监督，为群众提供优质服务。至年末，政务窗口受理各类申请 627 件，办结 627 件；全部事项在承诺时限内办结，群众满意度 100%。全年立案 29 件，卫生行政案件查处 29 起，处罚款人民币 4.33 万元。对于无证行医人员责令其立即停止执业活动，收缴医疗器械、药品 15 件。

5 月 15 日，阳朔县卫生和计划生育局举行家庭医生签约活动

（唐曾燕　摄）

【基本公共卫生服务】 2018 年，全县建立规范化电子健康档案 234880 份，建档率 81.95%；老年人健康管理人数 20636 人，健康管理率 72.36%；原发性高血压患者管理 16730 人，任务完成率 103.91%，规范管理率 79.41%，Ⅱ型糖尿病患者管理 5526 人，任务完成率

100.47%，规范管理率 81.27%；严重精神障碍患者登记在册 1164 人，检出率 4.06‰，规范管理 958 人，规范管理率 82.30%。

【开展“救心行动”】 3 月 2 日，阳朔县人民政府与广东省红十字会、广东省陈绍常慈善基金会、广东省中医院等单位联合开展“救心行动”活动，免费为阳朔县贫困家庭的先天性心脏病儿童进行手术治疗。由广东省中医院专家对申请救助的先天性心脏病儿童进行医学筛查与相应的体格检查，通过会诊、开展手术治疗与医疗费用等评估，确定符合手术指征共 21 人，并安排患儿分批前往广东省中医院接受手术治疗，年内手术全部完成并康复出院，医疗费用共计 96 万多元。活动通过“三个一点”的方法，即由广东省红十字会和陈绍常基金会资助、城乡居民医保报销、广东省中医院减免的方法，为手术患者提供全额资助。

【落实大病专项救治行动计划】 制定全县农村贫困人口大病专项救治实施方案，除儿童先天性心脏病、儿童白血病按自治区批复新农合定点医疗机构的文件执行，其余病种定点医院均为阳朔县人民医院。2018 年，广西全民健康信息平台显示国家规定的九种大病和白内障、尘肺、肺癌、宫颈癌、乳腺癌患病 172 人，救治 172 人，救治率 100%。其中，先天性心脏病 9 人，救治 9 人（儿童先天性心脏病 3 人）；食管癌患病 4 人，救治 4 人；结直肠癌患病 13 人，救治 13 人；终末期肾病患病 27 人，救治 27 人；老年性白内障患病 78 人，救治 78 人；白血病患病 5 人，救治 5 人；尘肺患病 1 人，救治 1 人；肺癌患病 11 人，救治 11 人；宫颈癌患病 6 人，救治 6 人；乳腺癌患病 18 人，救治 18 人。

【对贫困人员实行医保补贴】 对部分参加城乡居民医疗保险个人缴费部分实行财政补贴，其中对五保户、特定优抚对象、百岁以上老人、孤儿、重度残疾人、农村独生子女和双女结扎户参加城乡居民医疗保险个人缴费部分给予全额补助；对未享受财政参保个人缴费补助政策的建档立卡贫困人员，由县扶贫办提供名单，财政给予一定补助。

【实施农村贫困患者“先诊疗后付费”】 2018 年，县域内 11 家定点医疗机构全面实现先诊疗后付费和“一站式”结算，全县建档立卡贫困人口享受先诊疗后付费政策 1993 人，享受率 100%；享受政府兜底建档立卡贫困户 5137 人次，兜底金额 229 万多元；住院实际报销比例 91.1%；29 种门诊特殊慢性病实际报销比例 85.67%。

6 月 15 日，阳朔县妇幼保健院“救心行动”筛查现场

（唐曾燕　摄）

【建立互帮互助工作机制】 充分发挥村计生专干和村医对贫困户的服务能力，利用计生协会联系面广、会员众多的优势，在全县 23 个贫困村（居）委建立村级健康扶贫互帮互助联动机制，共建立互帮互助队伍23支，

对因病致贫的贫困户从医疗服务、生产和生活上给予帮助。

【加快中医药项目建设】 依托桂林市首批国家健康旅游示范基地创建活动，在桂林市中医院和广东省中医院指导下，运用中医理论，坚持预防为主、防治结合的原则，加快完成阳朔县中医药健康旅游服务中心生态养生堂项目，开发推广中医养疗保健服务；依托白沙镇中心卫生院主动融入健康元素，结合桂林—阳朔—荔浦生态休闲旅游精品线路建设，逐步打造医疗应急保障、休闲养生、疗养为一体的“旅游医疗驿站”。

【加强中医医疗安全管理和风险防范】 对全县提供中药饮片服务的各级各类医疗机构进行不定期检查督导，加强对全县医疗机构中药饮片管理，保障医疗安全和医疗质量。

【实施中医惠民项目】 多次开展中医药健康文化推进、服务百姓健康行动等义诊活动，免费为群众提供中医养生、中医保健、健康咨询等中医药服务，宣传普及中医药养生保健、防病治病知识。

【卫生基础设施建设】 2018年，阳朔县人民医院门诊综合楼搬迁投入使用，开设有中医科病房、儿科病房、层流手术室、产科妇科等，功能分区更加科学合理，医疗设备更加齐全，环境更加舒适优美。阳朔县中医医院门诊楼及医技楼已封顶，部分已完成验收。阳朔县妇幼保健院妇幼公卫楼建设项目年内验收并投入使用，开设标准化的妇产科、手术室、住院部等，诊疗环境进一步优化。投资840万元的7所乡镇卫生院污垃电项目（除阳朔镇卫生院已完成主体施工）已投入使用。对全县23个贫困村委卫生室进一步建设或维修，其中22所卫生室年内已完成。

【医疗队伍建设】 2018年，全县各医疗机构共选派33名优秀业务骨干到广东省中医院、桂林市人民医院、柳州市工人医院等进修学习，提升医疗服务能力。湖南中南大学湘雅医院通过远程教育对县内医务人员进行业务培训2680人次；上级医院专家到本县开展业务培训6次，培训880人次；组织全县医务人员开展业务培训12期，培训879人次；举办“中医沙龙”活动7期，培训310人次；桂林市中医医院专家对县内9家乡镇卫生院进行中医适宜技术驻点培训，培训医务人员及乡村医生310名；实施《村医、村级妇幼保健员规范化培训方案》，每季度对村医、村级妇幼保健员进行业务培训。

【卫生专业技术人才招聘】 2018年，全县乡镇卫生院招录基层医疗卫生事业单位新机制人员44名，县级医疗卫生机构招聘实名制编制人员6名，县级公立医院录用聘用人员58名，县人民医院公开招聘高层次专业技术人员3名，落实10名农村订单定向免费医学生签订就业协议，接收6名农村订单定向免费医学毕业生安排至乡镇卫生院工作。

【爱国卫生运动】 2018年，开展以“关注小环境，共享大健康”为主题的第三十个爱国卫生月活动，进一步改善城乡环境卫生面貌，提高群众文明健康素质，全面推进健康阳朔建设。结合“美丽阳朔·生态乡村”活动，组织各乡镇、各单位开展群众性爱国卫生运动，共发动群众6529人次，清运垃圾336吨，清理卫生死角362处，疏通沟渠2357米。

【推进创建自治区健康促进县】 2018年，阳朔县被列为健康促进县区自治区级试点县。6月，启动自治区健康促进县创建工作，投入项目建设资金108万元。

【继续推进健康素养项目及健康教育】 充分发挥县疾控中心健康教育科的专业指导作用,健全各单位开展健康素养项目行动和健康教育网络,结合健康教育工作,组织开展以健康素养、健康教育讲座108次,健康教育公众咨询活动81次,健康巡讲活动2000多人次参加。在阳朔电视台播放以健康素养、合理用药等内容为主题的电视公益广告,每月播放累计不少于100次,全年播放1200多次。

【文明卫生村创建】 2018年,完成2个桂林市文明卫生村创建和5个自治区卫生村、1个自治区卫生乡镇申报。 (黄　琴)

人口和计划生育

【目标管理】 2018年,全县出生人口4121人,死亡2122人,自然增长率6.14‰,比责任指标9.5‰低3.36个千分点。出生人口性别男女比104.8∶100,比桂林市下达指标低7.2个百分点。

【政策落实】 2018年,计划生育奖励扶助政策兑现率100%。落实年度国家奖扶1218人,发放奖励资金175.39万元;落实年度国家特别扶助33人,发放奖励资金46.05万元;落实广西农村计划生育奖励救助对象227人(户),兑现一次性奖励28.35万元;落实55~59周岁广西农村计划生育奖励救助对象489人,兑现奖励扶助资金35.20万元;落实城镇居民独生子女父母年老奖励408人,发放奖励资金46.73万元;发放全县3710户独生子女家庭年度独生子女保健费40.78万元;给予参加企业职工基本养老保险非财政拨款企事业单位实行计划生育的165名退休人员办理增资审核;落实独生子女和双女结扎户考生中考加分323人、高考加分306人;为实行计划生育政策的领证独生子女户、双女结扎户家庭代缴城乡居民基本医疗保险35923人,代缴金额646.61万元。

【生育关怀公益金】 2018年,全县有9户计生家庭获得桂林市诚信计生—生育关怀公益金,救助金额28.8万元(其中市级救助14.4万元,县级财政配套14.4万元)。

【继续深化诚信计生工作】 2018年,根据实施全面两孩政策有关规定,重新修改《诚信计生承诺书》《诚信计生保证书》,使其内容做到与时俱进,各乡(镇)均完成续签和新签工作。积极探索完善村民自治章程、村规民约、居民公约,推进群众诚信自律建设,将诚信计生内容纳入村民自治章程和村规民约。制定《诚信计生长效机制实施方案》,全县114个村(居)委全部开展诚信计生,开展面100%;成立诚信计生小组3481个,参加诚信计生小组育龄妇女48383人,参与率94%。

(黄　琴)

3月1日,阳朔县卫生和计生局开展“把健康带回家”流动人口卫生计生关怀关爱专项宣传活动 (陆胤锟　摄)

新闻传播

7月9日,“画里山水　栖居阳朔”全国摄影大赛第一名作品“疑是银河落九天”　　（县文广体旅局　供稿）

报　纸

【概况】 2018年,《今日阳朔》报社充分发挥喉舌作用,紧紧围绕县委、县人民政府中心工作,突出宣传农业农村、全域旅游、精准扶贫、新城区建设、创建文明县城、各项重大体育赛事等,充分展示阳朔县改革开放、经济社会发展取得的新成就,为更好地服务全县发展大局发挥积极作用。2018年,阳朔报社共出版《今日阳朔》93期。

【主旨宣传】 进一步强化政治意识、大局意识、责任意识和服务意识,紧跟时代步伐,围绕县委、县人民政府中心工作,积极策划宣传报道活动,精心采编,加大宣传报道力度,为改革、发展和稳定提供舆论支持。每期报纸除安排县内各项重大活动之外,还加大对民生题材的报道力度,以及县内各行业各领域的深度文章。围绕美丽阳朔建设、诚信计生、新农保、新农合、雨露计划、大学生贫困户贴息贷款、危房改造等,向社会各界征求意见和建议,问计于民。根据有关惠民政策的出台和落实,加大社会保障、医疗保险、维稳维权等方面的宣传力度,营造"重视民生、关注民利"的氛围。通过宣传报道,积极引导广大干部群众树立大局观念和改革发展意识,增强建设富裕文明和谐新阳朔的决心。

【对外宣传】 2018年,《今日阳朔》报社把落实对外宣传任务作为一项重要工作来抓,加大外宣力度。该报记者在《广西日报》等省(区)级纸质媒体发表稿件近30篇,在《桂林日报》等市级纸质媒体发表稿件50余篇,积极宣传推介阳朔旅游发展、新农村建设、体育赛事、交通管理等方面的经验和做法。

【栏目开设】 围绕县委、县人民政府中心工作,《今日阳朔》报适时开辟专栏,策划宣传报道相关活动,在全县上下营造解放思想、抢抓机遇、加快发展、奋发向上的良好舆论氛围。对重大工作部署、重要会议、重大活动、重要事项及时进行专题报道。开辟《学党章党规学系列讲话做合格党员》《在习近平新时代中国特色社会主义思想的指引下——庆祝改革开放40周年·自治区成立60周年》《两学一做》《践行社会主义核心价值观》《扎实推进新城区建设》《精准扶贫同步小康》《决胜精准扶贫》《深入贯彻习近平总书记在深度贫困地区脱贫攻坚座谈会上的讲话》《培育和践行社会主义核心价值观》《学生园地》以及聚焦重大体育赛事等多个专栏,在报纸中缝位置长期刊登精神文明建设、社会主义核心价值观等宣传标语,在第四版不定期刊登公益广告,引导广大干部群众树立大局观念和改革发展意识,增强建设富裕文明和谐新阳朔的决心。

【通讯员培训】 2018年,《今日阳朔》报资深记者编辑定期或不定期分赴各乡镇和县直单位为通讯员授课。全年开办通讯员培训班7期,培训通讯员300多人次,通讯员的写稿积极性和新闻写作水平得到一定提升。举办新闻暨舆情信息培训班,对各乡镇宣传委员、宣传干事、舆情信息员以及县直相关单位工作人员进行培训,内容包括新闻的定义和特点、如何抓好新闻体裁、如何写好新闻通讯及消息、如何提高新闻上稿率和舆情信息的定义、如何写舆情信息、舆情信息的写作要求等,培养了一批新闻与舆情信息通讯员队伍。

(于代娥)

广播电视

【概况】 2018年,阳朔县文化新闻出版广播电视体育局坚持正确政治导向，尊重新闻规律，创新方法手段，配合县委、县人民政府的各项中心，在新闻宣传阵地上为阳朔“两个建成”奋斗目标鼓与呼。

【电视节目制作】 用心打造节目精品，再次取得突破性成绩。社教专题作品《爱上西街》获桂林市广播电视优秀作品一等奖，新闻作品《记者带你玩转阳朔攀岩节》《藏在节目单里的脱贫日志》《传承中华美德路遇老人摔倒应该扶》获二等奖，《阳朔迈进空中120时代》等一批作品获三等奖。协助中央电视台拍摄的《广西破立并举 做好水文章》在《新闻联播》头条播出，这是阳朔广播电视台建台以来首次有新闻作品在《新闻联播》头条播出。另有大量反映阳朔县经济社会发展、全域旅游建设、群众文化活动开展的新闻在中央电视台各频道、各栏目播出。

【体育赛事报道】 2018年，阳朔县主办或承办环广西国际公路自行车赛、阳朔攀岩节、阳朔铁人三项赛等重大国际体育赛事。阳朔县广播电视台克服设备、技术上的各种困难，圆满完成各项赛事宣传报道任务，采写的新闻达到了省（区）、市电视台的播出标准，为今后各类重大赛事、重大活动宣传报道积累宝贵经验。

【电视新闻报道】 2018年，围绕县委、县人民政府中心工作，加大本土新闻宣传力度，积极传播正能量，使报道更加贴近实际、贴近生活、贴近群众，大力宣传先进人物、先进事迹，围绕阳朔热点和民众关心的问题，对扶贫攻坚、全域旅游、教育文化、城乡建设、市容环境整治、食品卫生、医疗服务等方面进行广泛报道，特别对“漓江、遇龙河旅游环境综合整治”“重大项目建设”“县城秩序整治”“新城区建设”“扫黑除恶”等重大新闻题材进行了全面深入报道。

2018年，《阳朔新闻》播发稿件3300余条，节目时长7500余分钟；《阳朔人阳朔事》专题栏目播出52期；播出电视专题片40余部；上传广西电视台播出新闻50余条，上传桂林电视台播出新闻400余条，协助中央电视台采拍新闻10余条。

【大屏幕宣传】 利用县城中心广场LED大屏幕宣传窗口，全天滚动播出阳朔风光风情片，展示阳朔秀丽风光和风土人情，挖掘地方特色，展示地方风采。

【公益广告制作】 运用创意独特、内涵深刻的艺术手段，制作《一人富是本分，共同富是责任》《民族团结一家亲》《改革开放40年，华夏人民好梦圆》3部公益广告，宣传党的方针政策，弘扬正能量。

【安全播出】 2018年，全年实现广播电视安全播出无事故。进一步加大安全播出检查力度，完善安全播出应急预案，落实安全保障措施，重要安全播出敏感期领导带班。香炉山机房24小时值班值守，做到无停播、无事故。

【网络建设与传输】 全年在实现农村光纤入户4000多户基础上，进一步提升全县数字电视平台宽带网络平台支撑能力，加快建设公安天网、政法雪亮工程等专网项目。

（县文广体旅局）

社会事务

12 月 29 日，阳朔县消防救援队伍举行授衔换装仪式，县领导蒋春华、何宗伦、彭剑辉、韦星等参加仪式

（县消防大队　供稿）

民政事务

【概况】 阳朔县民政局位于阳朔镇蟠桃路16号,内设政秘股、社会福利和社会事务股、计划财务股、优抚安置股、社会救灾救助股、基层政权和区划地名股下辖阳朔县光荣院、阳朔县殡葬管理所、阳朔县城乡居民最低生活保障工作办公室、阳朔县低收入居民家庭经济状况核对中心、阳朔县婚姻登记处、阳朔县老龄工作委员会办公室等6个二层机构。2018年,全局人员编制25名,在职人员28人。年内,阳朔县民政局切实加强社会救助、社会福利、优抚安置、救灾救济、基层政权和区划地名工作。兴坪镇获广西养生养老小镇荣誉称号。

【优抚安置】 2018年,全县足额发放义务兵家属、三属(革命烈士、因公牺牲军人、病故军人的家属)、残疾军人、带病回乡退伍军人、在乡老复员军人共673人369.382万元的优待金和立功奖金,优待面100%。发放各类优抚对象1895人定抚金和参战涉核退役人员、年满60周岁农村退役人员生活补助金916.8万元。筹资17.06万元为全县各类优抚对象购买新农合和城镇医疗保险;解决门诊医疗补助28.16万元,发放医疗补助金106人次34.14万元。春节、“八一”期间发放慰问金74.83万元。

【退役士兵安置】 认真落实《退役士兵安置条例》,接收2017年秋、冬季退役士兵85人,发放自主择业经济补助金109.35万元转业士官4人,全部安置到行政单位工作。投入技能培训经费17.51万元,组织退役士兵参加市、县举办各种职业技能培训,培训率达84%。

【社会救助】 2018年,全县共有农村低保2525户5165人,全年发放低保资金1415.26万元,月人均补助200元;城市低保148户223人,低保资金115.12万元,月人均补助378元。年内新增城乡低保148户300人,取消城乡低保1018户2496人。全年为914人次发放医疗救助金130.81万元,为1969名农村特困人员发放特困供养金1025.33万元,为9名城市特困人员发放特困供养金4.158万元。为360户1340人发放临时救助金35.92万元。

【救灾救济】 2018年,全县符合农村住房政策性保险71500户,参保率100%。共理赔因灾损坏和倒塌房屋31户,理赔资金27.55万元。2017—2018年冬春救助受灾4799户12940人,发放救助资金328.45万元,及时解决冬春荒期间受灾群众的生活困难问题。

【改善和兴建福利设施】 2018年,在原有养老服务设施基础上引进广西“12349”平台,投入20万元建成阳朔县兴坪镇居家养老服务中心,构建兴坪镇老年人信息数据库共7000余人,为辖区开展居家养老服务提供数据支持。年内,投资530万元的阳朔镇敬老院基本建成,占地面积1000平方米左右,总建筑面积为2486.72平方米,设床位50张。

【婚姻登记】 2018年,全县办理结婚登记1853对,离婚登记646对,补发结婚证293对,补发离婚证76条,登记合格率100%。

【社团管理】 2018年,县民政局及时向有关业务主管单位及社会团体、民办非企业单位下发《关于开展社会团体、民办非企业单位年度检查工作的通知》和《关于实施社会组织统一社会信用代码和换发社会组织登记证书的通知》,明确年检、换证对象,确定年检、换证的程序和时限。全县已登记社会组织109个,其中:社会团体55个(农村经济协会3个,老年协会23个),民办非企业单位54个;年内,新登记注册6个社会团体,民办非企业4个,注销5个社会团体。

【老龄工作】 加强《中华人民共和国老年人权益保障法》宣传,维护老年人合法权益。对高龄津贴的发放进行动态管理,及时进行新增和死亡名册的更新及晋档调整,全年发放100岁高龄老人生活补贴共530人次15.84万元;发放90~99周岁高龄老人生活补贴共4304人次123.55万元;发放80~89周岁高龄老人生活补贴共30036人次264.4万元。全年发放老人优待证1117份。推进全县基层老年协会规范化建设,全县登记注册的区示范性老年协会25个。

【勘界工作】 2018年,县民政局深入推动“平安边界”创建工作,建立边界突发纠纷问题应急处理预案和边界线联合检查长效机制。切实加强县级行政区域界线的管理,认真开展县级行政区域界线联检工作,年内完成阳朔县与临桂区、平乐县县界联检任务,并签订创建平安建设和谐边界责任书,促进边界地区社会稳定和经济发展。 (廖勇平)

侨台事务

【概况】 2018年,阳朔县人民政府侨务办公室、台湾事务办公室(简称县侨台办)坚持“国内侨务为基础、国外侨务为主导”的工作方针,坚持“涉台工作无小事”的指导思想,依托阳朔旅游名县优势,立足“以人为本、为侨服务”的宗旨,继续加强与县内港澳侨台眷属、海内外侨胞、港澳台同胞的交流联谊,努力推进全县与海外“大交流、大合作、大融洽、大发展”局面,凝聚祖国统一共识,切实推动两岸关系和平发展。

【服务工作】 2018年,县侨台办开展多种活动,全方位爱侨护侨,凝聚侨心。春节期间,开展“五个一(发一份贺卡、打一次电话、走访一次归侨侨眷、组织一次联谊活动、发一份宣传资料)”活动。全年共走访涉港澳侨台困难家庭32户,发送新年贺卡340余份,电话慰问60余人次,发放涉港澳侨台宣传资料2600余份。协调处理好涉台案件5起、涉侨来信来电来访9件,依法维护涉港澳侨台人员和企业的合法权益。

【联谊工作】 2018年,县侨台办坚持做好到阳朔的港澳侨台参访团、回阳朔恳亲港澳侨台重要代表人士接待联谊工作。年内,接待香港广西桂林市同乡联谊会义工代表团、香港广西义工团香港国际经贸合作协会、香港广西妇女联会乡情体验考察团、台湾桂林工商友好考察团一行、台湾水漾桂林参访团一行、台湾花莲县少数民族交流团一行、广西籍陆配及子女回娘家一行等参访交流团体共计500余人次。参访考察全县旅游业带动农村第三产业和城镇化发展的情况,就现代农业、旅游环境、生态建设、经贸发展、投资环境等课题进行座谈交流和共享,进一步增进与港澳侨台同胞的友谊,为阳朔发展增添强劲动力。

【交流与合作】 2018年,县侨台办积极加强与台湾在现代农业及教育方面的交流。年内,推进阳朔香草森林台湾精致农业生态旅游项目和阳朔县白沙镇旧县生态农业观光园项目实施,先后组织3个批次共计6名领导干部(宣传部长、组织部长、政协副主席、林业局局长、农业局副局长、台办副主任)赴台分别参加教育和现代农业方面的参访交流。组织涉农领导干部赴台参加两岸青年农业论坛活动,并在台湾实地考察宜兰市橘之乡蜜饯工厂、台北源鲜智慧农场、南投生态休闲农场、彰化埔心蘑菇部落生态农场等。赴台参访以"加强沟通交流,推动朔台合作"为主题,让台湾人民进一步了解和认识阳朔,也带回台湾经验,为海峡两岸和阳朔台湾的共同发展奠定坚实的基础。 (县侨台办)

灾害事故

【安全生产】 2018年,全县通过全国事故联网直报系统报送事故25起,同比增加400%,死亡19人,同比增加280%,主要是道路发生交通安全事故。建筑施工、非煤矿山、危险化学品、烟花爆竹、工贸企业、民爆物品、电力、农机等行业(领域)无事故。

(县安监局)

【火灾】 2018年,阳朔县消防大队共接警149起,其中火灾103起,抢险救援、社会救助40起。出动车辆304台次,出动警力1888人次,抢救被困人员45人,抢救财产价值256.79万元。参战人员死亡0人,受伤0人。

(县消防大队)

【道路交通事故】 2018年,全县接处道路交通事故警情2654条,同比增长23%;简易录入905条,同比增长16%;一般录入133条,同比增长100%;死亡54人,同比增长60%;受伤403人,同比增长10%;经济损失1825811元,同比增长20%。其中:死亡案件录入54条,死亡54人,受伤19人,经济损失273000元;伤人案件录入79条,受伤109人,经济损失155500元;简易案件录入905条,受伤275人,经济损失1397311元。

(县交警大队)

社会经济抽样调查

【概况】 国家统计局阳朔调查队是经国务院批准由国家统计局实行垂直管理的正科级机构,既是政府统计调查机构,也是统计执法机构,依法行使统计调查、统计监督的职权。

【住户收支与生活状况调查】 2018年,国家统计局阳朔调查队完成阳朔县10个住户调查点100个记账户的记账培训、电子记账推广工作。年内,阳朔县城镇居民人均可支配收入37791元,同比上年增长7.1%,阳朔县农村居民人均可支配收入16655元,同比上年增长10.7%。

【粮食产量调查】 2018年,国家统计局阳朔调查队"三加强"确保调查数据质量。加强访户力度、加强业务培训、加强数据审核。年内,国家统计局阳朔调查队组成测产小组,深入到各产量调查点对抽中的样本田块进行现场

7月16日,阳朔调查队到高田镇安定村委安定村开展农业实割实测产量调查 (廖朔冰 摄)

实割实测，确保调查数据质量的真实性、完整性。2018年阳朔县粮食播种面积19480.63公顷，粮食总产量94417.16吨。

【常规调查】 2018年，国家统计局阳朔调查队开展批发、零售、住宿、餐饮行业抽样调查，建筑业小微企业抽样调查，农户固定资产投资调查，退耕还林(草)监测调查，农民工监测调查，劳动力调查，农产品生产者价格调查，主要农产品中间消耗调查等常规性调查，为各级党委、政府科学决策提供相关数据依据。

（封思妍）

社会经济主要指标

2018年阳朔社会经济主要指标统计表

项目	单位	2018年
年末总人口	人	330515
出生人口	人	
人口出生率	‰	
人口自然增长率	‰	
农机总动力	万千瓦	31.3
有林面积	公顷	2067
森林覆盖率	%	64.21
实现地区生产总值	亿元	
比上年增长	%	7.5
人均地区生产总值	元	45180
第一产业增加值	亿元	
比上年增长	%	6.5
第二产业增加值	亿元	
比上年增长	%	3.6
第三产业增加值	亿元	
比上年增长	%	11.1
农林牧渔业总产值	亿元	44.73
比上年增长	%	6.62
农业产值	亿元	33.76
粮食播种面积	万公顷	1.95
比上年增长	%	0.31
粮食总产量	万吨	9.44
比上年增长	%	4.04
水果总产量	万吨	55.87
比上年增长	%	13.64
林业产值	亿元	1.35

续表

项目	单位	2018 年
牧渔业产值	亿元	8.35
猪出栏	万头	22.4
牛出栏	万头	1.22
羊出栏	万头	4.26
肉品总产量	万吨	2.78
水产品产量	万吨	0.7018
家禽出栏	万羽	499.86
工业总产值	亿元	
规模以上工业产值	亿元	
比上年增长	%	10.2
接待游客	万人次	1751.95
比上年增长	%	27.5
旅游总消费	亿元	242.32
比上年增长	%	33.7
社会消费品零售总额	亿元	32.19
比上年增长	%	9.3
利用外资	万美元	
公共预算支出	亿元	22.03
比上年增长	%	10.5
地方公共财政预算收入	亿元	5.14
比上年增长	%	8.9
固定资产投资	亿元	
比上年增长	%	17.1
金融机构各项存款余额	亿元	117.6
比上年增长	%	9
金融机构各项贷款余额	亿元	64.49
比上年增长	%	0.9
城镇居民人均可支配收入	元	37791
比上年增长	%	7.1
农民人均纯收入	元	16655
比上年增长	%	10.7

乡　镇

4月9日，北京大学王剑侠教授（右）在阳朔县举办的学习贯彻中共十九大精神专题培训班上与学员进行互动

（县委组织部　供稿）

阳朔镇

【概况】 阳朔镇是阳朔县人民政府所在地。东与福利镇、普益乡交界，南与高田镇相邻，西与白沙镇接壤，北与兴坪镇相毗邻，总面积76.5平方千米，辖6个社区居民委员会、5个村民委员会，有130个村民小组和102个居民小组，16611户，总人口4.88万人。耕地1116公顷，其中水田752.37公顷，旱地363.63公顷。主栽作物为水稻和金橘、砂糖橘、茂谷柑等特色果树。境内交通便利，国道321线、漓江穿镇而过。先后荣获桂林市2017年度脱贫攻坚工作先进集体、桂林市2017年度"美丽桂林·乡村建设"工作先进集体、阳朔县2018年度先进基层党组织等荣誉称号。

【中共阳朔镇五届三次会议】 1月24日，在镇政府四楼会议室召开。大会应到代表124名，因病因事请假19名，实际到会105名。会议组织代表们观看《2017咱们阳朔这一年》专题宣传片。听取并审议通过《中共阳朔镇第五届委员会作工作报告》《中共阳朔镇第五届纪律检查委员会作工作报告》。

【阳朔镇人大五届三次会议】 1月26日召开。会议分两个阶段进行，上午组织人大代表到高洲村委、宋城·桂林千古情、县应急指挥中心、县新城区等地视察重点项目建设情况。下午在镇政府四楼会议室召开正式会议。会议应到代表71名，因病因事请假7名，实际到会64名。会议听取和审议《阳朔镇第五届人民政府工作报告》《阳朔镇第五届人大工作报告》和《阳朔镇第五届人大二次会议代表建议、批评、意见办理情况的报告》，审查通过《2017年阳朔镇财政预决算执行情况和2018年财政预算安排(草案)的报告》(书面)。

【阳朔镇人大五届四次会议】 5月26日，在镇政府四楼会议室召开。大会应到代表69名，因病因事请假代表5名，实际到会代表64名。大会依法选举产生阳朔镇人民政府副镇长1名。

【财政税收】 2018年，全镇实现地区生产总值37.12亿元，完成社会固定资产投资7.04亿元；组织财政收入2.07亿元，城镇居民人均可支配收入43880元，农村居民人均可支配收入16655元。

【农业水利】 2018年，全镇重点抓好金橘、砂糖橘、茂谷柑、蓝莓等特色优质水果产业发展，水果种植总面积1226.66公顷，总产量5.04万吨。重点打造樟桂柑橘特色农业示范园(镇级)和骥马观赏荷花、北门厄油菜花等特色农

5月26日，阳朔镇第五届人民代表大会第四次会议在镇政府会议室召开
(李美迪　摄)

业示范基地(村级)4个。培育壮大新型农业经营主体,樟桂村茂谷柑合作社被认定为自治区级示范社。做好镇、村两级河长制和小型水利改革,普查小型水利94处,维修高洲村、道光村沟渠200余米。开展漓江绿化美化工程,在瀑布塘村种植乌桕、秋枫等绿化树木600多株。

【农村土地确权】 5—9月,全镇开展集体土地所有权和农村宅基地使用权确权登记发证工作。涉及9个村(居)委,132个村民小组,农户数3924户,确权面积864.92公顷,颁发农村土地承包经营权证书3727本,占应颁发证书的96.6%。

【农村集体清产核资调查】 11月农村集体产权制度改革,开展农村集体资产清产核资调查摸底。全镇9个村委(含社区),133个村民小组,共清查143个单位,12月30日前完成清产核资报表的填报、录入、审核和上报工作。通过清产核资,全镇农村集体总资产约5114.9万元。其中,村委(含社区)集体农业总资产共计约21.39万元,流动资产935.22万元,固定资产总资产约4158.29万元。农村集体流动负债5.64万元,农村集体有经营性资产约1603.13万元,农村集体有非经营性资产3511.79万元。

【第四次经济普查】 全镇组织安排90余名普查员,在全镇各个普查小区担任PAD操作员、普查员,具体开展普查工作。清查企业单位1686户,清查率114.47%;清查4050户个体工商户,清查率159.76%,超额完成上级分配的任务。

【城镇建设】 2018年,全镇持续加大城乡基础设施建设力度,累计投入资金640余万元,完成樟桂村委党群综合服务中心主楼建设工程以及屏风山社区、莲峰社区、鲤鱼井社区、凤鸣社区的党群综合服务中心改造提升工程、东岸村雨污管道分流改造工程、龙岳路随缘桥至知音桥段道路硬化亮化工程,完成神山村至东桃村、樟桂村至上阵村、人中厄至黄泥崴村等3条通自然村道路和高洲村、瀑布塘村、六合村、落家岭村等6个自然村村内道路的路灯亮化工程,共安装有线路灯47盏,安装太阳能路灯363盏;配合县市容局完成古榕隧道至东岭加油站的路灯亮化工程,硬化完成白沙湾村、黄泥崴村、石路脚村、管家村等自然村篮球场6个,启动燕村"六个一"村级文化活动中心建设,硬化东桃村村内道路609米。

【"宜居乡村"建设】 2018年,全镇投入资金80余万元,全镇各自然村生活垃圾全部纳入镇统一转运范围,农村生活垃圾治理有效。建立村级保洁员关爱激励机制,开展"夏送清凉""冬送温暖"慰问活动,发放慰问金(慰问品)26000余元,设立考评奖励资金,发放考评奖励资金72200元。强化"四乱一脏""大棚房"等专项整治行动,依法拆除各类违法违章建筑119处,总建筑面积20000多平方米,查处违法开山挖石4起,协助查处违法毁林开荒2起,整改土地卫片执法图斑5个。坚持开展动态巡查,巩固木山下莫崴、船崴和凤鸣交椅山等3个采石场的生态复绿成果。完成农村改厨、改厕各266户。高洲村委获"美丽广西"乡村建设示范村称号,月亮洲村、瀑布塘村、石板桥村等顺利通过桂林市新农办"生态乡村示范村"检查验收。

【重大项目建设】 2018年,新城区阳朔镇范围内累计拆除主住房屋219座47300平方米,完成主住房屋搬迁安置宗地抽签237户,开工建设104户,房屋主体结构完工53户,补征收土地160余亩。新城区公交调度中心、元宝山公交场站、甲秀桥、阳朔镇二中，阳朔镇实验幼儿园、自来水加压泵站等项目相继建成投入使用，规划的25条城市主次干道完成总工程量的85%。“福达·阳朔之心”“彰泰·阳朔十里春风”“阳朔·凤凰山水尚境”等项目落户新城区。宋城·桂林千古情、樟桂民兵武装仓库、乌布小镇、凤鸣马山主题公园等项目建成投入使用，阳朔工作会晤类阵地、骥马28米大道、乌布小院等项目基本建成。凤鸣路北段、神山至红颈山绕城道路、县城河湖连通水系一期工程等项目开工建设。县空气自动监测站和水质自动监测站、刘宇一艺术中心（二期）、阳朔绿膳食尚谷等项目基本完成征地搬迁，县汽车北站项目开展土地平整、地质勘探等前期工作。

【脱贫攻坚】 2018年，全镇发放结对帮扶资金97000元，发放产业奖补资金104400元，为17名在校学生发放“雨露计划”补助资金29000元，22户贫困户56人顺利通过“双认定”，实现脱贫摘帽。贫困村高洲村委实施各类项目13项，累计争取各类资金780余万元。完成瀑布塘村沿江旅游休闲步道三期建设工程（含沿江段和虎山瀑布段），建设旅游步道1684米，完成瀑布塘村“两延伸”项目建设工程，硬化道路363米。完成高洲村委办公楼前至漓江河岸旁道路硬化工程，硬化道路314米。完成瀑布塘村、高洲村、月亮洲村沿江房屋外立面风貌改造61户，完成高洲村公路排水沟建设工程，完成高洲小学师生食宿综合楼及校园规范化建设工程，基本完成月亮洲村乡土特色示范村建设工程。年末，高洲村委集体经济收入达40000元。

【民生保障】 2018年，全镇城乡居民基本养老保险参保缴费人数7306人，满60周岁以上养老金发放人数3700人，累计发放养老金365.22万元。全年发放各类低保抚恤补助及救灾救济款138.6万元，受益群众7097人。坚持创业带动就业，实现城镇新增就业及再就业507人，农村新增劳动力转移就业520人。

【旅游业发展】 2018年，坚持全域旅游发展战略，积极配合做好国家全域旅游示范区、十里画廊遇龙河国家级生态旅游示范区的创建工作。年内，漓江、遇龙河景区（阳朔镇段）全年接待游客90.07万人次，沿岸受益群众享受资源保护补助费518.4万元。推进“旅游+”深度融合，配合做好全国运输服务与旅游融合发展现场会、全国乡村绿化美化现场会的服务工作。加快提升旅游基础设施和服务管理水平，配合做好十里画廊景区夜景照明工程和景观环境提升工程，开展十里画廊遇龙河景区保护与管理调研，收集各类意见建议39条。开展旅游秩序综合整治“百日行动”，集中整治旅游市场

12月8日，阳朔镇组织人员对农村土地承包经营权确权登记颁证验收资料进行整理。图为资料整理现场　（杨礼橙　摄）

违法违规行为，及时化解各类旅游投诉和矛盾纠纷，优化旅游发展环境。突出打造特色旅游品牌，墨兰山舍、后院、霁云上院等高端精品民宿，不断丰富自驾游、体验游、滑翔运动等一批旅游产品。

【文化教育】 2018年，文化教育工作不断进步。年内，以“廉洁文化进高洲”为主题，在高洲村委开展新春文化月送戏下乡活动，“三月三”“三八”国际妇女节、“九九”重阳节等节庆文艺会演活动，《策马奔腾》获阳朔县第四届广场舞会演大赛一等奖。阳朔镇商会成功承办第三届“合力杯”文体赛事活动。教育事业均衡发展，自筹资金66万元支持阳朔镇第一幼儿园、第二幼儿园、实验幼儿园、阳朔镇小学、第二小学、矮山小学、凤鸣小学、樟桂小学、阳朔镇第二中学等9所中小学进行校园维修改造或购置教学设备，8月，阳朔镇凤鸣小学搬迁至原阳朔县阳朔镇第二中学校址，阳朔县阳朔镇第二中学搬迁至新校区。

【卫生计生】 2018年，全镇卫生计生工作有序推进。城乡居民医疗保险农村居民参保人数34131人，建立居民健康档案33690人，发放艾滋病宣传资料2万余份，镇辖区内出生人口693人，人口自然增长率9.5‰，兑现各类计划生育奖励扶助资金56.13万元，完成计划生育家庭关爱保险2126户。12月，阳朔镇卫生院门诊楼顺利搬迁至凤鸣社区西南路投入使用(乌布小镇旁边、豪源锦绣小区对面)。

【重大体育赛事】 2018年，全镇积极协助开展各类体育赛事活动。9月16日，协助完成2018阳朔铁人三项赛；10月21日，协助完成2018年环广西公路自行车世界巡回赛；11月10日，协助完成第十一届阳朔攀岩节；12月1日，协助完成第五届漓江越野跑等重大文化体育活动的保障工作。 (赖读勇 李美迪)

白沙镇

【概况】 白沙镇位于阳朔县中部，北距桂林市56千米，南距县城9千米，G321贯穿境内，桂梧高速公路在白沙设有出入口。辖区总面积154.2平方千米，集镇面积约3平方千米，耕地面积3.8万亩，其中水田1533.33公顷。全镇辖16个村(居)委会，115个自然村，总人口5万。先后获自治区重点镇、“广西金橘之乡”、自治区“生态名镇”“国家级生态乡镇”“2016全国综合实力千强镇”称号。2018年，获农业部批准启动农业产业示范强镇建设。

【中共白沙镇十五届四次会议】 1月26日，在镇政府会议室召开，会期半天。大会应到代表122名，实际到会122名。大会听取并审议通过《中共白沙镇第十五届委员会作工作汇报》《中共白沙镇第十五届纪律检查委员会作工作汇报》及各项议程。

【白沙镇人大十八届三次会议】 1月26日，在镇政府会议室召开，会期半天。大会应到代表71名，实际到会71名。大会听取并审议通过《白沙镇人民政府工作报告》《白沙镇人大工作报告》及各项议程。

【财政税收】 2018年，全镇组织税收收入1662万元，占预算的101.34%，同比增长7.39%。镇本级税收收入完成523.6万元，占预算的101.61%，同比增长7.69%。完成固定资产投资超3亿元，农民人均年收入17134元。

【农业水利】 2018年，全镇金橘种植总面积6133.33公顷，苗木花卉种植面积保持666.67

1 月 26 日，中共白沙镇十五届四次会议在镇政府五楼会议室召开
（白沙镇政府　供稿）

公顷，设立监测点 42 处。七仙峰茶叶休闲农业示范区、遇龙金丹绿色食品产业示范园获广西现代特色农业县级示范区。白氏特色休闲农业示范园、富硒金橘示范园、羿春族蜂业示范园获乡级示范园称号。金钱山天沐农业引种源于华盛顿脐橙的芽变系品种“金桂蜜”春橙 133.33 公顷。桂珠专业合作社获无公害农产品认证。培育壮大新型农业经营主体和新型职业农民队伍，古板水果合作社被认定为自治区级示范社。白沙镇获农业部批准启动农业产业强镇示范建设。完成 50 千米以下河流河长公示牌布点，全镇排查并设立有警告标志溺水安全隐患点 10 处。投资近 200 万元实施各村水利及实事好事项目。

【第四次经济普查】 9—12 月，全镇开展全国第四次经济普查工作。参与普查员 69 名，分 20 个普查小区，每个普查小区均有一名普查指导员和两名普查员入户普查工作。12 月底完成入户清查工作，清查法人或产业活动单位 448 家、个体户 1877 家。

【农村土地确权】 2018 年，全镇开展集体土地所有权和农村宅基地使用权确权登记发证工作。涉及 15 个村委，113 个自然村，332 个村民小组，农户数 10390 户，确权面积 2198 公顷，颁发农村土地承包经营权证书 8897 本，占应颁发证书的 85.6%。

【农村集体清产核资调查】 9—12 月，全镇开展农村集体清产核资工作。涉及全镇 15 村委，359 个村民小组，清查单位 375 个。12 月 31 日全镇完成清产核资报表的填报、录入、审核和上报工作。通过清产核资，全镇农村集体总资产约 5221.87 万元，其中，村委集体总资产约 3146.83 万元，村民小组集体总资产约 2075.04 万元。农村集体有经营性资产约 906.46 万元，其中，村委有经营性资产约 716.39 万元，村民小组有经营性资产约 190.07 万元。农村集体有非经营性资产 4315.41 万元，其中，村委（含社区）有非经营性资产约 2430.44 万元，村民小组有非经营性资产约 1884.97 万元。

【城镇化建设】 2018 年，投资 660 万元完成扶龙至集镇段道路改扩建征地；投资 600 余万元完成 2.8 千米集镇道路开挖及修建工程；投资 200 万元实施管网下线工程。

【“宜居乡村”建设】 2018 年，全镇实施农村环境提升工程，修复蕉芭林、五里店等村委农村环境连片整治污水处理设施。加强生态环境执法，严控露天焚烧，强化“四乱一脏”综合整治，切实抓好中央环保督察“回头看”工作反馈问题整改工作。大力整治生态环境保护问题，全面巩固已关停采石场的生态修复成果。加大“两违”及毁林开荒等破坏生态的行为打击和查处力度，全镇所有自然村粘贴宣传资料1600余份，拆除观桥、遇龙、六龙等基本农田保护区范围内违法建筑600多平方米。加强改厨改厕工作，全镇完成自建厨房153户、厕所245户，企业改造厨房647户、改造厕所555户。发放建房审批表200份，实地审核符合审批181户，办理建房手续152户，占地面积15052.43平方米，建筑面积55773.08平方米。查处违法建筑32宗，下发拆除通知37户。实地看点审批农村空闲地建房申请120户，其中符合土地利用规划共90户，不符合条件30户。

【重点工程建设】 2018年，全镇完成观桥、大石寨、夏棠三个乡土特色村建设项目；旧县观光农业生态园项目建设申报的《阳朔县现代特色农业稻渔示范区》列入《阳朔县现代特色农业示范区增点扩面提质升级(2018—2020)三年行动实施方案》2018年县级示范区建设，园区总体规划进入筹备阶段。在遇龙村建成阳朔县白沙镇萤火虫休闲农业示范园21.33公顷，经营主体投入820万元，建成台湾生机立体种植大棚面积2856平方米；配合上级部门做好古风博物馆的前期规划设计及土地征收工作；完成阳朔镇神山路至红颈山绕城公路、县城定点屠宰场项目征地；完成观桥村委富里湾村村级公共服务中心建设；110千伏白沙变电站安装调试完毕；深化国道321沿线基站建设；配合上级部门做好县城到白沙镇集镇主干道亮化工程建设；全镇近50项“一事一议”项目建设总投资317万元；村级党建示范点和综合服务中心提档升级投资400多万元。

【精准帮扶】 2018年，全镇精选112名帮扶队员及22名信息员，帮扶贫困户402户1208人。年内，完成脱贫攻坚巡视、考核、督查、评估、审计、民主监督等发现和反馈问题14批次、九大类35个方面180个问题整改；贫困村蔡村65户204人贫困人口实现脱贫摘帽，顺利通过区市“四合一”检查核验；完成危房改造37户，补助资金114.36万元；投入贫困村基础设施、村级服务中心建设资金334万元；补贴贫困户房屋修缮资金28万元；发放产业奖补资金260户37万元；发放结对帮扶资金305户45.5万元；全镇“5+2”产业模式“柑橘、百香果、鸡、蜜、蜂、乡村旅游+花卉苗木、牛”特色产业覆盖80%以上贫困户。

【民生保障】 2018年，全年发放优抚金207.25万元；社会救济371.9万元；救灾救济5.16万元；城乡医疗救助6.72万元；重度残疾人16.62万元。其中低保金11.37万元，农村低保金121.73万元，临时救助18.6万元，80岁老人补助37.62万元。完成城乡居民养老保险参保27150人，60周岁以上享受养老金待遇7850人。

【旅游】 2018年，全镇积极组织开展旅游环境综合整治“百日行动”，依法对山口、竹桥、富里桥等非法竹筏漂流点整治8次，收缴并销毁竹筏440张，抓获处置非法组织人员55人。拆除遇龙码头有碍观瞻的临时搭建1处，六龙村非法违章建筑庙宇1座。全年遇龙河白沙段营业额7485万元，占遇龙河收益的67%，分红达758万元，其中旧县村委86万元，遇龙村委470万元，观桥村委198万元，中间岽村2.8万元，不断提升旅游富民获得感。

【乡镇企业】 推进发展与生态环境相融合、农业旅游相促进的新型工业。依托特色农产品优势，抓好金橘深加工，制作金橘干片、金橘茶、金橘牛轧糖等“伴手礼”产品。全镇企业1077个，从业人数达7485人，其中工业企业287个，包括塑料泡沫筐生产、大理石加工、水果清洗包装、竹木衣架，工业总产值约7.7亿元。

【文化教育】 2018年,全镇加大教育投入,夯实教育基础,义务教育均衡发展顺利通过国家督导评估认定。举行中共十九大精神进校园、"法进校园"、秋季开学工作暨教师节表彰大会等多种形式的教育活动,开展各种群众性文化活动30多场次,全民建设广泛开展。

【卫生计生】 2018年,全镇深化医药卫生体制改革,认真开展城乡居民医疗和村卫生室规范化建设,推进示范中医科建设。落实计划生育各项奖励政策,实施全面两孩政策,创优诚信计生。年内,全镇门诊6.34万余人,住院4109人次,住院补偿金额970万元。人口出生率为9.96‰,出生政策符合率为97%,人口死亡率6.91‰,人口自然增长率为3.05‰,采取各种节育措施189例。征收违法生育社会抚养费7.2万元。

【节庆活动】 2018年,全镇积极组织开展新春文化月送戏下乡文艺演出、金橘文化广场新春游园、新春广场舞联欢会、庆元宵主题晚会、庆祝国际劳动妇女节暨学习贯彻中共十九大精神文艺会演等活动。8月4日,成功举办白沙镇"六·廿三"民俗文化节,该活动被列为桂林市第五批非物质文化遗产,让群众共享文化发展成果。（张　昱）

8月4日,白沙镇第四十届"六·廿三"民俗文化节在白沙镇金橘广场举行　（白沙镇政府　供稿）

福利镇

【概况】 福利镇位于阳朔县城东部,东与平乐县沙子镇、福兴乡交界,南与普益乡相邻,西与阳朔镇接壤,北与兴坪镇和恭城县西岭乡相毗邻。桂梧公路横穿东西,漓江纵贯南北,交通十分便利。全镇总面积222.8平方千米,辖17个村(居)委会,118个自然村,总人口5.1万人,其中包括壮、瑶、苗等少数民族4400多人,农业人口48073人,从业人口26911人。2018年,福利镇获第七批"中国历史文化名镇""桂林市先进基层党组织""桂林市文明村镇"等荣誉称号。

【中共福利镇十四届三次会议】 1月26日上午,在福利镇政府六楼会议室召开。会议应到会代表113名,因病因事请假7名,实际到会106名党员代表。会议听取和审议《中共福利镇委员会工作报告》《中共福利镇纪律检查委员会工作报告》《党费收缴、使用和管理情况报告》。

【中共福利镇十四届四次会议】 5月10日,在福利镇政府六楼会议室召开。会议应到会代表111名,因病因事请假10名,实际到会101名党员代表。会议通过无记名投票依法补选中共福利镇党委委员1名。

【福利镇人大十八届三次会议】 1月26日下午,在福利镇政府六楼会议室召开。会议应到会代表69名,因病因事请假7名,实际到会62名代表。会议听取和审议《福利镇政府工作报告》《福利镇人大工作报告》《福利镇2017年财政预算执行情况和2018年财政预算安排(草案)的报告》。

【财政税收】 2018年,全镇完成地区生产总值16.09亿元,同比增长7%;完成社会固定资产投资1.85亿元;全年组织财政收入1100万元,同比增长10%;农村居民人均可支配收入12793元,同比增长11%。

【农业】 2018年,全镇继续挖掘特色优势产业,巩固扩大果蔗、淮山种植面积,全年种植黑皮果蔗约1266.67公顷,种植淮山约733.33公顷,种植水稻约666.67公顷;创建现代特色农业示范区7个,其中蔗香甜园、旺泉畜牧养殖示范基地为全县2个自治区级现代特色农业核心示范区。加强"三品一标"认证,做好黑皮果蔗国家地理标志产品申报工作。10月,成功举办中国农民丰收节暨首届果蔗文化节,扩大福利果蔗品牌宣传。抓好农产品质量安全监管,全年召开农产品质量安全监管会议6次。做好耕地地力保护惠农资金发放工作,发放地力保护补贴资金395万元。举办水稻、沃柑、砂糖橘、黑皮果蔗等种植技术培训班10期,培训600余人次,满足群众对掌握科学种养技术的需求。

【畜牧业】 抓好重大动物疫病防疫工作,特别是非洲猪瘟防疫宣传工作,排查养猪场343个,发放消毒药水200余箱。继续抓好黑山羊广西(区)标准化养殖示范场建设,该示范场成为广西(区)羊业协会理事单位和桂林市黑山羊种羊繁殖基地。

【水利】 2018年,投资3.3万元,完成夏村庙背园大岭坝修复工程。投入水利资金330万元,完成双桥村、下坪塘村、桥头村等6个饮水工程自来水管道铺设。争取资金96万元完成10个高效节水灌溉项目。投入400万元完成渡头田园化升级改造硬化及机耕道道路建设工程,投资125万元完成渡头5230米水渠三面光维修工程。投资258万元在屏山村委新建水柜58座,总容积3740立方米,受益人口2830人。

10月27日,福利镇首届中国农民丰收节暨首届果蔗文化节在枫林村举行 (夏兆云 摄)

【林业】 积极开展荒山造林工作,2018年在龙尾、锁石和屏山等村委种植杉树5.33公顷,共计8000余棵。开展保护漓江绿化漓江活动,在福利漓江河岸豆腐洲种下竹子600余株。全年发放退耕还林资金27.6万元,发放生态公益林资金167万元,发放天然林资金11.9万元。年内全镇无重大火灾事故发生。

【乡镇企业】 2018年,全

镇有企业、个体户共计684家，其中规模企业3家，从业人员达4000余人，独峰水泥厂全年产值达3500万元。4月，成功引进投资5.9亿元的市级重点项目阳朔县生态环保科技园项目，并完成土地征收和进场道路清表工作。11月，投资200万元的忠和村冷库项目开工建设。

【农村基础设施建设】 2018年，全镇投入1371万元完成屏山桃源路口至锁石，龙尾其龙至莫家巷等通村四级道路硬化12条21.1千米。维修养护农村四级公路13条63.2千米。完成福利集镇辖区路灯安装100盏及管网下地等工程，完善集镇污水处理厂管网铺设工作。争取"一事一议"项目资金349万元完成36个自然村的道路硬化、路灯安装工程。投资150万元的忠和村委头坝村乡土特色示范村基本完成建设。投入600余万元加强村级组织阵地建设。福利至新城区一级公路、阳朔漓江二桥项目前期工作加快推进。

【生态乡村建设】 全面开展第二次全国污染源普查工作，完成中央环保督察组交办群众举报问题1件。推进农村环境整治，投入115万元启动农村生活污水处理站污水管网整改工作，完成农村改厨改厕1600户。打造头坝、公祖背、人仔山等生态乡村示范点建设，社门山村获2018年区级绿色村屯称号。抓好地质灾害监测、土地和矿产动态巡查，开展巡查150余次，查处违法案件35宗，对已关停的枫林采石场、老梧采石场、顺梅采砂场的开展生态复绿工作。

【农村土地确权】 全镇集体土地所有权和农村宅基地使用权确权登记发证涉及16个村委118个自然村，378个村民小组，农户数11354户，确权面积0.45万公顷，颁发农村土地承包经营权证书10900本，占应颁发证书的96.46%。

【农村集体清产核资调查】 9月29日，全镇启动农村集体清产核资工作。全镇16村委，108个村民小组，清查单位398个。12月31日完成清产核资报表的填报、录入、审核和上报工作。通过清产核资，全镇农村集体总资产约13721.04万元，其中，村委集体总资产约4922.74万元，村民小组集体总资产约8798.30万元。全镇农村集体有经营性资产约41.55万元，其中，村委有经营性资产约1.55万元，村民小组有经营性资产约40万元。全镇农村集体有非经营性资产3310.64万元，其中，村委（含社区）有非经营性资产约2435.49万元，村民小组有非经营性资产约875.15万元。

【第四次经济普查】 9月，全镇启动全国第四次经济普查工作，参与普查员64名。共分22个普查小区，每个普查小区均有一名普查指导员和两名普查员入户普查工作。12月底完

12月27日，投资5.9亿元的市级重点项目阳朔县生态环保科技园项目在福利镇举行进场道路清表仪式　（李小梅　摄）

成入户清查工作，清查法人或产业活动单位274家、个体户1301家。

【农村土地建房管理】 2018年，全镇积极加强土地法制宣传，合理审批建房，严控违法建设。年内，全镇层层签订基本农田保护责任书。在“4·22”世界地球日、“5·12”防灾减灾日、“6·25”全国土地日期间，全镇通过悬挂横幅、发放宣传资料、开展专题咨询活动等形式，广泛宣传《中华人民共和国土地管理法》《风景名胜区条例》等法律法规。全年实施规划定点215宗，合法审批96家，建筑面积9600平方米。完成农村危房改造10户。保持对“两违”整治的高压态势，重点对福兴路、S305省道“两违”的综合整治，加强对沿线道路的巡查，对新的违法建筑早发现、零容忍、零补偿、强拆除。全年查处违法违章建筑25处，拆除违建面积3400平方米。

【民生保障】 2018年，全镇发放耕地地力保护补贴39.51万元、退耕还林补助27.67万元、农机购机补贴26.14万元。全镇发放耕地地力保护补贴3950841.48元、退耕还林补助276687.5元、农机购机补贴261390元。完成新型农村养老保险缴费15410人，参保率达98.78%。城乡医疗保险41994人参保，参保率97.13%。发放养老金8230人788万元。发放优抚对象优待金1973户共计39万元。发放农村最低生活保障金198万元。发放城镇最低生活保障金11万元；发放80岁以上高龄补助29万元，发放90岁以上老人高龄补助11万元。投资1385万元完成24个自然村的电网改造。新建基站11个，进一步加快网络提升工程。

【精准脱贫】 2018年，全镇应纳尽纳贫困户13户48人。年内，全镇帮助2303名建档立卡贫困户（含2014、2015年退出户）全部购买医疗保险，没有1例建档立卡贫困户家庭适龄儿童少年辍学失学。全年发放奖补317户45万元；发放结对帮扶资金356户51万元。发放扶贫小额信贷11户32万元，“雨露计划”补助本科6人3万元，中、高职25人3.75万元，落实扶贫信息员9名。投资690万元硬化锁石、屏山、龙尾等3个贫困村共15条道路21.1千米。全年完成脱贫72户216人，龙尾村委实现脱贫摘帽，顺利通过自治区扶贫成效考核“四合一”核验。

【文化教育】 2018年，成功举办“新春文化月”、“三八”妇女节、“五月八”民俗文化旅游节等文化节庆活动，组织开展文艺下乡等演出活动50余场次，送电影下乡60余场次。完善文化基础设施建设，新建屏山村委、龙头山村2个村级公共服务中心。全镇义务教育均衡发展顺利通过国家督导评估认定。8月，举办第一届“金秋助学”活动，筹资2万余元奖励新考入大学学生17名。

【卫生计生】 2018年，全镇积极加强公共卫生和计生工作。年内，全镇参加新型农村合作医疗人数41994人，参合率达97.13%。全年组织开展公众健康咨询、健康知识讲座、惠民义诊、医疗卫生下乡等活动50余场次。全面实施一对夫妇可生育两个孩子政策，继续落实计生奖扶优惠政策，免费孕前优生健康检查目标人群覆盖率达98%，全面完成关爱保险收缴任务，完成关爱保险2090份。

（黄志裕　叶媛芳）

兴坪镇

【概况】 兴坪镇地处阳朔县东北部，介于北纬24° 84′ ~25° 06′，葡萄镇、兴坪镇接壤，南与福利镇、阳朔镇相邻，北与灵川县潮田乡毗邻。兴坪镇依漓江北岸由西向东沿江而建，原为古熙平县址，历史悠久，至今有1740多年历史。全镇总面积313.77平方千米，耕地面积2346.67公顷，其中水田1573.33公顷。辖14个村委和2个居委，124个自然村，总人口46491人，是一个多民族聚居乡镇，农业和旅游业为主导产业。兴坪镇先后荣获"中国历史文化名镇""全国特色景观旅游名镇""国家级生态乡镇""自治区历史文化名镇""广西特色景观旅游名镇""广西特色景观旅游名镇""桂林市新型城镇化示范乡镇"、"市级文明镇"等称号。2018年，兴坪镇荣获广西养生养老小镇荣誉称号。画山村委厄根底村获市级"宜居乡村示范村"称号，画山村委杨家、西山村委十八门楼村获县级"宜居乡村示范村"称号，水洛村委龙坳村获市级"生态乡村示范村"称号，大坪村委大坪村获市级"文明卫生示范村"称号。

【中共兴坪镇十四届三次会议】 1月26日在兴坪镇政府会议室召开。大会应到代表111名，因病因事请假4名，实到代表107名。大会听取并审议通过《中共兴坪镇委员会工作报告》《中共兴坪镇纪律检查委员会工作报告》（书面）和《全镇党费收缴、使用和管理情况工作报告》（书面）。

【兴坪镇十八届人大四次会议】 1月26日在兴坪镇政府会议室召开。大会应到代表70名，实到代表70名。大会听取并审议《政府工作报告》《人大主席团工作报告》《兴坪镇第十八届人大二次会议代表议案办理情况报告》（书面）和《财政预算工作报告》（书面）。

【财政税收】 2018年，全镇完成固定资产投资4.73亿；组织财政收入657.4万元，同比减少1.1%；接待中外游客400万人次，同比增长14.3%，实现旅游总收入5亿元，同比增长11.1%；城镇居民人均可支配收入34350元，同比增长8%；农民人均可支配收入16670元，同比增长10%。

【农业水利】 2018年，完成兴坪镇百香果种植示范园"广西现代特色农业乡级示范园"创建44公顷，全镇新增百香果面积20公顷，水果种植面积达3333.33公顷，年产水果10万吨，实现水果产值6.75亿元。全镇砍除柑橘黄龙病树5.33公顷。新增农民合作社8家，累计31家。全镇出栏生猪2.5万头，牛0.62万头，家禽37.09万羽。维修大源河、兴坪河流域河堤、堰坝等建设工程，确保水库安全度汛。

【第四次全国经济普查】 9—12月，全镇开展全国第四次经济普查工作。全镇划分16个普查区，22个普查小区，抽调政府干部、镇直单位工作人员、村干部71名普查员开展普查工作，每个普查小区均有一名普查指导员和

1月26日，兴坪镇第十八届人民代表大会第四次会议召开

（龙　璐　摄）

两名普查员入户普查工作。12月底完成入户清查工作，清查法人或产业活动单位244家、个体户849家。

【农村土地确权】 1—12月，全镇开展集体土地所有权和农村宅基地使用权确权登记发证工作。涉及14个村委165个自然村，343个村民小组，农户数10085户，确权面积0.2759万公顷，颁发农村土地承包经营权证书9548本，占应颁发证书的94.7%。

【农村集体清产核资调查】 10—12月，全镇开展农村集体清产核资工作。涉及全镇14村委，119个村民小组，清查单位134个。12月31日全镇完成清产核资报表的填报、录入、审核和上报工作。通过清产核资，全镇农村集体总资产约2754万元，其中，村委（含社区）集体总资产约1630万元，村民小组集体总资产约1124万元。全镇农村集体有经营性资产约90万元，主要属于村委（含社区）经营性资产。全镇农村集体有非经营性资产2663万元，其中，村委（含社区）非经营性资产约1540万元，村民小组非经营性资产约1123万元。

【城镇化建设】 2018年，兴坪国家投融资模式创新特色镇项目建设基本完成，搬迁房屋13座。投入4000余万元完成兴坪古镇新圩上段道路扩宽工程、集镇街巷道“明亮工程”、滨江公园提档升级改造、滨江码头及湖南街水系景观改造、集镇道路改扩建、绿化美化等工程。

【“宜居乡村”建设】 2018年，兴坪镇加快推进“美丽阳朔”宜居乡村建设，持续推进农村环境整治和乡土特色示范村建设工作。年内，阳朔至兴坪城乡公交开通运营。全镇投入152万元改厨改厕1600户，改造完成南埠村污排系统；整合资金1600万元，硬化回龙至羊崴、荷包山至老村头等通村道路10条共24.4千米；硬化村内活动场所6064平方米，安装太阳能路灯918盏，建设厄根底、太婆山等村级篮球场建设7个，新建白山底胡家源村级公共服务中心1个，全镇累计完成村级公共服务中心建设10个；筹资750万元基本完成大河背、杨家、厄根底、太婆山、角田村等5个广西乡土特色示范村的建设。厄根底村获市级“宜居乡村示范村”称号，杨家、十八门楼村获县级“宜居乡村示范村”称号，龙坳村获市级“生态乡村示范村”称号，大坪村获市级“文明卫生示范村”称号。

【重点工程建设】 2018年，兴（坪）至阳（朔）二级公路、火车站连接线扫尾及历史遗留问题全面完成。完成火车站安置区部分抽签安置及给水、供电、场地“三通一平”等基础设施建设，火车站安置区第二批次共100户搬迁户安置抽签，完成率达84%。阳朔·兴坪休

11月12日，兴坪镇江村举行易地扶贫搬迁安置点交房仪式

（伍 燕 摄）

闲养生度假区(一期)建设稳步推进,完成安置地抽签124户144宗和项目二期征地土地指标批复、征前公告等前期工作。

【精准脱贫】 2018年,全镇组织帮扶干部310人联系贫困户801户,选派市、县、镇三级脱贫攻坚(乡村振兴)工作队员36名,聘用扶贫信息员10名,切实履行职责,从精准扶贫、乡村振兴、加强基层组织、为民办实事好事、提升治理水平等方面推进扶贫各项工作。年内,全镇147户498人实现脱贫,古皮寨村达“十一有一低于”标准,完成脱贫摘帽工作任务。落实各项扶贫补贴、奖补政策,为113名在校学生发放“雨露计划”补贴资金19.75万元,发放新农合补贴资金29.69万元,发放结对帮扶资金79.4万元,发放产业奖补资金101.08万元,发放小额贷款资金1129.93万元,贴息54.86万元。建立水洛、西山、古皮寨3个贫困村扶贫产业示范基地共106.67公顷,发放百香果扶贫产业奖补资金14.2万元。完成江村、古皮寨易地扶贫搬迁集中安置点建设,安置贫困户36户95人,帮助贫困户实现“离土不离乡”的安居梦。整合扶贫资金395万元在古皮寨村委新修建通村道路3条共4.88千米、修建新屈家桥一座、富合崴人饮工程一处及古皮寨新堰、狮子头道路过水路面两处。促成桂林棕榈仟坤文化旅游投资有限公司、阳朔龙颈河森林生态旅游有限公司等23家爱心企业和社会人士与贫困户结对子、认亲戚,吸纳45人入企就业。主办多场“春风行动”现场招聘会,8家辖区内的优质企业提供200多个岗位,30多名建档立卡人员与用工单位签订就业意向协议。

【民生保障】 2018年,全镇发放耕地地力保护、农机购置补贴资金346.9万元,发放城乡居民基本养老保险金972.9万元,发放低保资金、救灾救济金、医疗救济金、老人高龄生活补贴金等共412.8万元,全面开展退役军人和其他优抚对象信息采集工作完成100%。改造完成农村危房30户。

【旅游发展】 2018年,全镇完成3个旅游码头的升级改造,安装集镇“夜景工程”路灯186盏,新建改建旅游厕所5座。开展旅游秩序综合整治“百日行动”,组织综合整治5100人次,取缔非法竹筏漂流点1个,取缔非法私设照相点2处,处置收缴违章占道经营摊点333处,配合县交通局、县交警大队查处非法营运车辆180辆。年内,阳朔·兴坪休闲养生度假区、莲花岩景区、“阳朔·春风漓水”等休闲体验文化旅游项目开始试运营,佳景酒店项目建设稳步推进。全镇精品民宿酒店达103家。兴坪高铁输送旅客150.4万人次,同比增长33%,漓江景区(兴坪段)接待游客223.3万人次,同比增长8.4%,龙颈河漂流6万人次,同比增长20%。景区内群众利益分成惠及沿江6个村(居)委25个自然村,近万名沿江群众享受景区收入总额10%的资源保护补偿。

【文化教育】 2018年,兴坪镇举办新春文体活动月、建党97周年、自治区成立60周年和改革开放40周年等节庆日主题文体活动80多场次,送戏、送电影下乡18场次。进一步改善教育教学条件,完成朝板山初中、桥头铺小学等15所学校校园提升改造工程;筹资4万元资助32名学子上大学。做好教师关爱工作,全镇教育教学质量稳步提高。

【卫生计生】 2018年,全镇组织医疗义诊60多次,开展健康扶贫活动20场次,受益群众13000人次。深入推进“诚信计生”和“阳光计生”工作,推进“阳光计生”工作,实施全面二孩政策,出生二孩354人。

（万林滨　温正秋）

高田镇

【概况】 高田镇位于阳朔县正南方，距县城10千米，东与普益乡相邻，西与金宝乡交界，南与荔浦县接壤，北与阳朔镇毗连，国道321、包茂高速公路穿境而过，乡村公路四通八达，交通十分便利。全镇总面积156.61平方千米。下辖12个村(居)委，共128个自然村，总人口约3.8万人，其中壮族人口占总人口的58%，是桂林市壮族居民聚居最多的乡镇之一。旅游资源丰富，有大榕树、月亮山、遇龙河、聚龙潭等景点景区，与龙潭、朗梓古民居建筑群构成高田独特的旅游主线。全镇以农业产业为主，实际粮食种植面积733.33公顷，种植各种水果近2000公顷，年产水果达3万吨。主要作物有水稻、砂糖橘、马水橘、马蹄、慈菇、蜂糖李等。2018年，高田镇获桂林市委、市政府授予"桂林市第三批新型城镇化示范乡镇"荣誉称号，位列桂林市第三批新型城镇化示范乡镇建设第7名。朗梓村获"广西特色旅游名村"荣誉称号。

1月23日，召开中共高田镇第五届党员代表大会第三次会议

（林志强　摄）

【中共高田镇五届三次会议】 1月23日，在高田镇党校会议室召开。大会应出席代表115名，因病因事请假2名，实到代表113名。会议分两个阶段进行，上午组织全体党代表视察正好希尔顿项目、金宝河河堤改造、"书记工程"建设、易地扶贫搬迁集中安置点及朗梓党建示范点建设等项目。下午会议听取并审议镇党委工作报告，审议镇纪委工作报告、镇党费收缴使用和管理工作报告(书面)。大会以不忘初心、砥砺前行，为建成宜居秀美、和谐富饶壮乡继续奋斗为主题，从"八大事件""五大发展"等方面回顾2017年高田镇基层党组织建设、党风廉政建设、基础设施建设、生态环境建设、重大项目建设、产业结构调整等工作成效，安排部署2018年全镇发展工作重点。

【高田镇人大五届三次会议】 1月24日在高田镇党校会议室召开。会议应到代表64名，实到代表64名。会议分两个阶段进行，上午组织全体人大代表视察新型城镇化建设、易地扶贫搬迁集中安置点建设、特色农业产业发展等重点项目建设情况。下午会议听取和审议《高田镇人民政府工作报告》《高田镇人大工作报告》，审议《高田镇二〇一七年财政预算执行情况和二〇一八年财政预算安排(草案)报告》《高田镇第五届人民代表大会第二次会议代表建议、批评、意见办理情况的报告》(书面)。

【财政税收】 2018年，全镇财政总收入7198.4万元(不含上划中央和区四税)，同比下降29.9%。其中国税组织财政收入为192.1万元，同比增长9.3%，地税组织财政收入为64.7万元，同比下降53.4%，上级补助收入6941.6万元，同比减少30.2%。全镇财政总支出7198.1万元，同比增加52.9%，全社会固定资产投资完成5.3亿元。全年接待旅游总人数400万人次，旅游总消费达1.1亿元。

【农业水利】 2018年，全镇继续抓好砂糖橘、安定马蹄、高田慈菇等原有特色产业发展，加大龙村、蒙村等村黄龙病整治，及时铲除黄龙病树。按照“一村一品”调整农业产业结构，发展蜂糖李产业。年内，全镇建立村级农业产业发展示范点4个，县级农业产业发展示范点1个，分别为富绢大棚蔬菜种植示范点、桥头蔬菜种植示范点、江口村6.67公顷蜂糖李示范点、古登柑橘种植示范点、安定马蹄种植示范园。投资1600余万元完成金宝河龙村至凤楼12千米河堤整治，投资1000余万元开展龙村、蒙村、龙潭、高田石漠化治理。

【经济普查】 9—12月，全镇开展全国第四次经济普查工作。参与普查员45名，分15个普查小区，每个普查小区均有一名普查指导员和两名普查员入户普查工作。12月底完成入户清查工作，清查法人或产业活动单位182家、个体户486家。

【农村土地确权】 全镇基本完成农村土地承包经营权确权登记颁证工作，涉及全镇11个村委102个自然村，296个村民小组，农户8208户，实测耕地44574块，实际确权承包地面积2222.8公顷。12月，农村土地确权成果数据全部通过农业部初检。

【农村集体清产核资调查】 9—12月，全镇开展农村集体清产核资工作。涉及全镇11村委，294个村民小组，清查单位306个。12月31日全镇完成清产核资报表的填报、录入、审核和上报工作。通过清产核资，全镇农村集体总资产约4564.8万元，其中，村委集体总资产约1391.79万元，村民小组集体总资产约3173.01万元。全镇农村集体有经营性资产约819.07万元，其中，村委有经营性资产约639.55万元，村民小组有经营性资产约179.52万元。全镇农村集体有非经营性资产3745.72万元，其中，村委有非经营性资产约752.23万元，村民小组非经营性资产约2993.49万元。

【城镇化建设】 2018年，全镇城乡基础设施建设加快发展。投入480万元建设芋苗塘等四级路3条；争取“一事一议”财政奖补项目投资300余万元，硬化村道8千米、安装太阳能路灯290盏及5000余平方米的公共活动场所硬化；投资2600万元整治金宝河河堤，其中龙潭至竹莞寨段基本完工，龙潭至龙村段在治理中。年内，高田镇获市委、市政府授予“桂林市第三批新型城镇化示范乡镇”荣誉称号，名列桂林市第三批新型城镇化示范乡镇建设

4月18日，高田镇举办壮乡“三月三”文体活动。图为民间自发组织的歌圩
（诸葛雪玲　摄）

第7名。

【"宜居乡村"建设】 2018年,全镇认真开展督查暗访,定期督查各村委环境卫生和漓江风景名胜保护区遇龙河沿岸、金宝河沿岸排污情况,对存在问题村委、污染较大的排污口及时下发限期整改通知书,并责令整改。年内,配合县委、县政府,依法强制拆除十里画廊景区、新321国道、高田集镇的临时违章农家餐馆及违章建筑95户,拆除违法建筑面积约1.2万平方米,有力打击违法建设行为。

【重点工程建设】 2018年,全镇有市、县重大建设项目14个,总投资15.6亿元。年内,阳朔县新城区山水大道南段完成沥青铺设。3月,阳朔至鹿寨高速公路(阳朔段)全长4.25千米复工建设,补征收土地52.15亩,完成投资8000万元。新街坊壮乡风情街项目建设完工交付使用。如意峰索道项目投资1.27亿元。阳朔正好·希尔顿酒店项目投资1.2亿元。河畔酒店二期项目投资2.5亿元;罗兰夏朵项目安置地征收土地3.93公顷,投资6500万元完成罗兰夏朵项目安置区建设。

【精准扶贫】 2018年,全镇合并识别减少老人户7户9人,返贫纳入贫困户1户2人。年内,完成古登、下山2个贫困村、蒙村等9个面上村共46户154人脱贫摘帽目标任务;发放"雨露计划"补贴32人次5.85万元;建档立卡贫困人员100%实现参保;投资近1000万元完善古登、下山2个贫困村的水、电、路、公共服务等设施建设;安排产业奖补资金和结对帮扶资金53.5万元,特色产业覆盖80%以上贫困户;发放扶贫小额信贷119户484.5万元;设立易地扶贫搬迁集中安置点党建工作站,安排党员志愿者集中安置就业20户76人。

【民生保障】 2018年,全镇抓好各项民政救助和社会保险参保、就业服务等工作。年内,实现农村劳务输出523人,城镇新增就业259人,农村劳动力转移返乡再就业为579人。全年发放农村贫困人口困难补助低保金118.72万元,特困供养金102.31万元,临时救济资金3.02万元,城乡医疗救助资金2.51万元,孤儿生活费1.44万元,发放高龄补助43.84万元,残疾人护理及生活补贴10.68万元;争取因灾倒塌、受损房屋维修资金0.55万元;发放现役军人及优抚军人优待金、慰问金、门诊费等费用补贴19.16万元,各类人员春节慰问金264人共5.26万元。全镇新型农村合作医疗参合率97%,城乡居民社会养老保险续保人数11706人,60周岁以上享受养老金待遇7198人,待遇发放金额800多万元。

【旅游业健康稳步发展】 2018年,全镇不断完善旅游基础设施建设,加强集镇综合停车场、十里画廊大门停车场建设、竹筏管理,开展"厕所革命"等,旅游业健康稳步发展,全年安全事故发生率为零,投诉处理率为100%。年内,在新蒙村村委楼建设A级厕所1座,金水岩景区改建AAA级厕所1座;建设凤楼、蒙村旅游红色驿站2个;组织筏工参加水厄底码头、龙潭码头筏工技能培训1200余人次。全年接待游客400余万人,实现旅游收入1.1亿元。古登和朗梓的竹雕、木雕,平塘、凤楼的绣球等手工艺品年产值200万元。朗梓村获"广西特色旅游名村"荣誉称号。

【文化教育】 2018年,高田镇全面提高义务教育质量,积极推进义务教育均衡发展,提升学校办学水平。年内,投入745万元完成乐响小学、龙村小学、蒙村小学综合楼功能室建设,并顺利通过义务教育均衡发展国家评估验收。完成民族学校运动场建设工作,党群服务中心及录播室装修,以及民族学校食堂扩建及镇第二幼儿园(乐响小学)项目建设。

投入1140万元建设8个服务惠民中心、2个公共服务中心。

【卫生计生】 2018年，继续抓好健康扶贫工作，全镇建档立卡户100%进行家庭医生签约服务，30种慢性病人员享受上门随访服务。投资1万元改造升级古登、下山村委卫生室2个，投资2万元成立龙潭及高田村委卫生室并投入使用。完成精准残疾人康复57人。全镇老年人免费体检2965人。开展免费义诊活动4次。学生体检1800人。全面实施两孩政策，全镇出生人口534人，计生率97.6%。

（高田镇政府　供稿）

葡萄镇

【概况】 葡萄镇位于阳朔县北部，北距桂林市区43千米，南距阳朔县城22千米，西距桂梧高速路6千米，桂阳公路贯穿全境，交通便利，地理位置优越。全镇总面积131.8平方千米，辖11个村委会，1个居委会，共81个自然村，262个村民小组，居住着汉、壮、回等几个民族，总人口34768人，耕地面积2695公倾，其中水田1770公顷，旱地925公顷，人均耕地面积1.16亩。葡萄镇地势平坦，地下水资源丰富，以农业为主要产业，主要农作物有水稻、玉米、花生等，土特产有金橘、砂糖橘、提子、葛根、板栗等。2018年，葡萄镇获桂林市委新型城镇化示范乡镇、民兵军事化训练先进单位、葡萄镇商会为2018广西“四好”商会。下岩村党支部为自治区党委组织部命名的第二批星级农村基层党组织。

【中共葡萄镇五届三次会议】 1月24日，在镇政府会议室召开。会议应到代表105名，因病因事请假11名，实到代表94名。会议听取并审议通过《葡萄镇党委工作报告》《葡萄镇纪委工作报告》，审查《关于全镇党费收缴、使用和管理情况的报告》。

【葡萄镇五届人大三次会议】 1月24日，在镇政府大会议室召开。会议应到代表64名，因病因事请假8名，实到代表56名。会议听取并审议《政府工作报告》《人大工作报告》。

【财政税收】 2018年，全镇地区生产总值13.5亿元，同比增长4.44%；组织财政收入797万元(其中国税695万元，地税102万元)，全社会固定资产投资6.05亿元；农民人均纯收入10206元，同比增长1.4%。

【农林水利】 2018年，全镇继续巩固国道321沿线花卉苗木、马岚仁和砂糖橘、杨梅岭金橘、西岭葛根、下岩葡萄等农业示范基地。年内，全镇发展种植果树面积200公顷，其中金

1月24日，葡萄镇第五届人民代表大会第三次会议在镇政府会议室召开

（赵唐妍　摄）

橘面积33.33公顷，砂糖橘面积166.67公顷。创建陵陂莲藕扶贫产业示范基地1个面积8公顷。组织开展重大动物疫病防控工作，有效防控非洲猪瘟疫情。抓好特色农产品品牌申报和认证服务，马岚砂糖橘顺利通过有机水果认证核验。加强农产品质量安全监管和宣传工作，全年没有发生农产品质量安全事故。抓好森林防火、病虫害防治工作，足额发放退耕还林343431元。投入资金10余万元维修下岩、老寨、马岚村水利工程6处。投入资金6万余元，解决辖区4个水库用电问题，提升水库综合防汛能力。

【第四次经济普查】 2018年，全镇开展全国第四次经济普查工作。安排每个普查小区均安排一名普查指导员和两名普查员入户进行普查工作，12月底完成入户清查工作，清查法人活动单位230家，个体户709户。

【农村土地确权】 2018年，镇认真开展农村土地承包经营权确权登记颁证各项工作，完成8507户农户的外页调查、公示、合同签字及档案整理，发放土地确权证书7400本，占应颁发证书的86.99%，后续将开展农村土地承包经营权颁证及纠错工作。

【农村集体经济清产核资】 2018年，全镇开展农村集体清产核资工作。涉及全镇12个村(居)委，截至12月底全部完成清产合资报表的填报、录入、审核和上报工作。通过清产核资，全镇农村集体总资产约5087.53万元，其中村委集体总资产约4731.91万元，村民小组集体总资产约355.62万元。全镇农村集体有经营性资产约193.75万元，其中村委有经营性资产约158.76万元，村民小组经营性资产约34.99万元。农村集体有非经营性资产4893.78万元，其中村委(含社区)有非经营性资产约4573.15万元，村民小组有非经营性资产约320.63万元。

【城镇化建设】 2018年，全镇利用新型城镇化示范乡镇建设、321国道和慢行绿道全线贯通的重大机遇，通过产业调整、项目带动，实现全镇基础设施建设质的提升。年内，葡萄镇大门改造、葡萄历史文化陈列馆、葡萄镇初级中学大门改造、葡萄山风景区升级改造、葡萄镇政务服务中心全部顺利完工并投入使用，荣获桂林市委颁发的葡萄镇新型城镇化示范乡镇荣誉称号。

【"生态乡村"建设】 2018年，全镇依托桂阳公路优势，结合"产为富民""服务优惠""基础便民"重点打造报安村委老寨村、福旺村委东瓜寨村、下岩村委三家村示范点3个，建设功能更加完善、服务更加便利、环境更加宜居的新农村。其中报安老寨村示范点建设清除旧房面积1100平方米，村主道沿路两侧文化墙面积约693平方米；下岩三家村清理修复废弃多年淤塘，硬化村内主道路约1.5千米；东瓜寨村完成村内水域改造与排水沟建设。抓好农村改厨改厕，全镇完成改厨990户、改厕825户。

【脱贫攻坚】 2018年，全镇40户贫困户146人实现脱贫，贫困村陵陂村委完成脱贫摘帽。年内，多次邀请专家到葡萄镇举办砂糖橘种植、莲藕种植技术培训。发放结对帮扶资金33.4万元，产业奖补资金51.94万元。发放小额信用贷款145人526.1万元，四季度贴息6.25万元。贫困户享受低保160户396人，享受残疾补贴贫困人口76人。贫困学生享受"雨露计划"春、秋两季教育补助71人次，补助金额9.45万元。危房改造10户全部竣工并入住。加强扶贫宣传，全镇制作宣传展板69块、宣传横幅56条，印发扶贫政策性清单1300余份、帮扶政策宣传册578本。组织发表扶贫信息

128篇，其中区级媒体上稿3篇、市级媒体上稿4篇、县级报刊《今日阳朔》发表23篇、县级微信平台发表15篇、镇级微信平台发表80篇。

【民生保障】 2018年，全镇发放低保1747户3964人229万元，其中建档立卡贫困户624户1659人95万元。发放80岁以上3975人老年高龄生活补贴68.746万元。全镇城乡居民基本医疗保险参保缴费应参保人数32199人，扣减人数1893人，任务实际数30306人，实际参保28739人，完成任务的94.83%。

【旅游】 2018年，全镇立足保持原生态乡村和田园山水景观，定位生态休闲度假、生态农业观光休憩以及探险探秘等，进一步发展旅游产业。年内，组织举办第七届诸葛亮文化旅游节。发展百里新村葡萄段沿线杨梅岭古石城旅游，带动当地农业产业发展和美丽乡村建设。翠屏五指山景区、莫一奇峰景区知名度不断提升。龙泉度假山庄成功申报自治区五星级农家乐。葡萄山景区全年接待游客30余万人次。

【文化教育】 2018年，全镇积极加强文化教育建设。年内，报安下寨村获桂林市文艺村、李树光户获市文艺户荣誉。积极组织开展经典诵读、革命歌曲合唱比赛、“我的书屋·我的梦”征文比赛、学雷锋志愿服务活动、缅怀先烈活动，引导学习和践行社会主义核心价值观；开展送春联下乡活动、文艺下乡活动、新春文化活动、“三八”妇女节文化活动、学习宣传贯彻中共十九大精神暨文艺交流活动、广场舞表演活动、气排球邀请赛、庆祝改革开放40周年和自治区成立60周年文艺晚会等形式多样的活动。加强教育建设，葡萄镇初级中学、葡萄镇中心小学完成运动场改造。投资50万元完成葡萄镇初级中学校门改造，新修中心小学周边道路，改善校园基础设施和校园周边环境。

【卫生】 2018年，葡萄镇有卫生院1所，村（居）委卫生室11所，医务人员60名，其中临床执业医师9名，临床执业助理医师10名，执业护士17名，乡村医生12名。推进乡村卫生服务一体化工作，全镇诊断传染病68例，报告率100%，无传染病漏报、错报。接种卡介苗、乙肝疫苗等各种一类疫苗7411人次。投资192万新建卫生院门诊综合大楼并于1月投入使用。7月，葡萄镇卫生院与南溪山医院建立医联体关系。

5月28日，第七届葡萄诸葛亮文化旅游节在葡萄镇文化广场举办。图为开幕式特色节目《诵读诫子书》　　（熊寒涛　摄）

【人口与计生】 2018年，全镇为149户计生家庭办理各种计生奖扶及小额贴息，发放资金20余万元。免费为符合条件的农村计划生育独生子女户或双女结扎户考生办理中、高考加分32户。全面推进计划生育关爱保险工作，开展计划生育特殊家庭“双岗”联系活动，免费办理计生户爱心保险345份，计划生育特殊家庭就医绿色通道覆盖率100%。

【节庆活动】 2018年，全镇开展各类文体活动和志愿服务活动40余次。组织开展“人文葡萄·最美峰林”摄影比赛、民俗节庆活动第七届葡萄诸葛亮文化旅游节和第二十四届全国诸葛亮学术研讨会，充分挖掘葡萄镇特色和传统文化。 （邹 魏 秦国驹）

金宝乡

【概况】 金宝乡隶属于阳朔县，位于阳朔县西北部，东与白沙镇，南与金宝乡、荔浦县双江镇，西与永福县堡里乡接壤，北与葡萄镇和临桂县南边山乡毗邻。乡政机关驻地位于金宝乡集镇内信廉路，地处金宝至白沙四级油路，金宝至高田三级油路，金宝至葡萄三级油路，金宝至荔浦双江四级公路交会点，距县城25千米；葡萄至高田三级油路23.2千米贯穿全乡南北，包茂高速（阳朔段）贯穿枫木寨、延村、大利3个村委共7千米，在葡萄至高田三级油路3.5千米处设有互通。全乡总面积约205平方千米，森林覆盖率为76.3%，为阳朔第一大林区乡，耕地面积1653.63公顷，产业以农林为主。下辖12个行政村和一个居委，133个自然村，总人口约35076人，居住壮族、苗族、瑶族等少数民族，人均纯收入11761元。集镇规划建成面积1.6平方千米，以金宝村为中心村，2018年集镇居住人口1950人。民国属金宝乡，1950为第五区，1954年为金宝区，1957年为金宝乡和新村乡，1958年为金宝公社，1961年为金宝、新村两公社，1962年为金宝区，1968年为金宝公社，1984年复置乡至今。2018年，金宝乡获“美丽阳朔”乡村建设活动先进乡镇三等奖，阳朔县脱贫攻坚工作先进责任单位。大利村委门楼村获“自治区卫生村”“自治区绿色村屯”等称号。

【中共金宝乡十四届三次会议】 1月26日上午在金宝乡政府四楼会议室召开。大会应出席代表102名，因病因事请假12名，实到代表90名。会议听取并审议乡党委工作报告、纪委工作报告。并对2018年全乡工作作了总体部署，扎实推进乡村振兴、生态保护、民生保障、法治社会、主体责任等重点工作。

【金宝乡人大十八届三次会议】 1月26日下午在金宝乡政府四楼会议室召开。大会应出席代表62名，因病因事请假6名，实到代表56名。会议听取并审议乡人民政府工作报告、乡人大工作报告及代表建议、批评、意见办理情况报告、乡财政预决算执行情况报告。

【财政税收】 2018年，全乡完成固定资产投

1月26日，中共金宝乡十四届三次会议在金宝乡政府会议室召开
（韩 静 摄）

资1.4亿元，财政总收入3282万元（含上级补助收入），农村居民人均可支配收入11761元，同比增长10%，金融机构存款、贷款余额分别为3.2亿元、1亿元。

【农业水利】 2018年，全乡推进“产业富民”专项活动，13个行政村制定村级经济发展计划、建立现代农业生产示范基地。创建红莲村委南山冲现代特色农业示范园和阳朔垌村委槌木田、马鞍村委燕子岩、新村村委朝阳寨等4个现代特色农业示范点，引种柑橘品种20个。南山冲种得美专业合作社、阳朔垌龙门山专业合作社等2个专业合作社获无公害农产品认证。完成枫木寨利学至延村中小河流治理工程。全面推行“河长制”，构建河湖管理新机制。

【农村土地确权】 2018年，全乡开展农村土地承包经营权确权登记工作，涉及12个村委会231个村民小组，计划确权登记土地总面积1643.53公顷。截至12月底，全乡完成入户调查登记和外业测量工作，实测总面积1643.53公顷，完成率100%。内业工作陆续开展，12个村委会完成公示信息和确认签名，进入制证阶段。

【农村集体产权制度改革】 全乡12村委（含社区），131个村民小组，清查单位共144个。12月31日前完成清产核资报表的填报、录入、审核和上报工作。通过清产核资，全乡农村集体总资产约10466万元，其中，村委（含社区）集体总资产约6158万元，村民小组集体总资产约4308万元。全乡农村集体有经营性资产约197万元，其中，村委（含社区）有经营性资产约197万元，村民小组有经营性资产共计约0万元。全乡农村集体有非经营性资产共计10269万元，其中，村委（含社区）有非经营性资产共计约5961万元，村民小组有非经营性资产共计约4308万元。

【第四次经济普查】 9—12月，全乡开展全国第四次经济普查工作。参与普查员41名，分16个普查小区，每个普查小区均有一名普查指导员和两名普查员入户普查工作。12月底完成入户清查工作，清查法人或产业活动单位150家、个体户771家。

【城镇化建设】 2018年，金宝乡新型城镇化建设工程，全乡总体规划全部完成编制及审批。城镇化示范乡镇建设项目总投资8390万元，完成投资6885万元，投资完成率82%。实施项目9个大项、26个小项，开工项目24个，竣工13个。完成2个片区饮水工程建设；配合县交通部门完成投资1300多万元、长10.54千米的金宝至阳朔垌道路建设，硬化棉花冲、熊家2个通自然村道路；完成金宝桥、金村桥、新村桥等3座水毁桥梁建设，推进利学桥、延村桥重建工程；争取上级财政奖补资金279.5万元，完成“一事一议”财政奖补项目建设22个，硬化道路7.2千米、安装路灯353盏、硬化村内公共活动场所1546平方米，受益人口1.1万人；投入14万元完成乡村振兴亮化工程，安装路灯54盏；投入近20万元加强47.5千米农村道路养护；投入146万元完成农村改厨改厕共770户。投入60万元建设延村社贝、长乐龙珠寨2个村级公共文化中心，投入资金80万元推进13个村级综合服务中心建设。

【“宜居乡村”建设】 加强露天焚烧管理，巩固“清洁乡村”成果，争取上级补助25万元打造门楼、冲口、西南垌等市、县生态乡村示范点。投入100余万元基本完成12个农村环境连片整治污水处理设施维修工程。开展河流水库“清四乱”、非法采砂、开山毁林等专项整治行动，保护生态环境。2018年，大利村委门楼村荣获“自治区卫生村”“自治区绿色村屯”等称号。

【精准扶贫】 2018年，金宝乡动态调整“应纳尽纳”贫困户22户78人,因病、因灾等返贫户2户6人,剔除错评贫困户4户16人。组织开展扶贫文艺演出7场。落实县、乡、村三级信息员9名,3个贫困村设有科技特派员。红莲、阳朔垌2个贫困村及全乡159户584人实现脱贫摘帽。全乡发放“雨露计划”补贴68人次13.35万元。发放扶贫小额信贷14户40.5万元。建档立卡贫困人员100%参保,实施贫困人口“先诊疗,后付费”,贫困户报销实现“一站式”结算,医疗总费用实际报销比例超90%。投资1000余万元完成红莲、阳朔垌2个贫困村的水、电、路、公共服务设施等项目建设18个。安排奖补资金和结对帮扶资金110.7万元扶持产业发展,县级“5+2”特色产业覆盖80%以上贫困户。为贫困户发放30箱种蜂发展养蜂产业。完成金宝集镇集中安置点建设,56户238人顺利入住。完成贫困户危房改造42户、住房修缮10户。

【文化建设】 2018年,组织完成科技、文化、卫生“三下乡”活动20余次,13个村(居)委实现“村村都有农家书屋”。6月,组队参加自治区农民篮球赛获得阳朔赛区二等奖;12月,金宝乡组织举办庆祝改革开放40周年和自治区成立60周年举办广场舞比赛,并组队参加县级比赛获一等奖。编辑《山乡文学》书籍4册,通过乡土文化推动,提高金宝的知名度。

【教育事业】 2018年,全乡投入55万元开展校园文化建设及为延村小学、枫木寨小学等6所小学改善办学条件。3月,阳朔垌小学整体搬迁,争取社会力量投入10万元为阳朔垌小学建设爱心食堂。投资1500万的金宝乡中心小学新校区建设项目顺利推进,投资200万元的中心校办公楼完成主体工程建设。义务教育均衡发展高标准通过国家级义务教育督导评估认定。全乡教育教学成绩位居全县前列,2018年中考2人获6 A,考取一等生27人。

【计生工作】 2018年,金宝乡总人口为35076人,其中已婚育龄妇女6973人。出生人口392人(男孩191人,女孩201人),政策内出生381人,政策外出生11人,符合政策生育率为97.19%。其中:一孩出生127人,计划内127人;二孩出生243人,计划内243人,计划外0人,二孩符合政策生育率为100%;多孩出生22人,政策外多孩出生11人;政策外多孩率为2.81%;出生率为11.2%;人口性别比为95;全年共兑现一次性奖励5户6500元,国家奖扶163人234720元,广西奖扶15人10800元,兑现各项计生奖扶政策资金25万余元。开展农村计划生育家庭爱心保险及关爱保险工作,完成关爱保险2162份,理赔案件23件,理赔金额2.6万元。

11月,金宝乡易地扶贫集中安置区 (何国茂 摄)

【维护社会稳定】 开展扫黑除恶专项斗争,严厉打击违法犯罪活动,全年破获各类刑事案10起,提请批准逮捕4人,查处各类治安案件25起,治安处罚13人,行政拘留4人。加强社会治安防控体系建设，在13个村(居)委设立村级法律顾问。

【社会保障】 2018年，全乡加强农村医疗保障和社会救济、救灾工作。新农合参合率97.9%，补偿1869人次335.4万元。规范城乡低保发放，实行低保对象动态管理。全乡低保779人，发放农村低保资金211.5万元，临时救助225人次6.2万元。

（徐　武　王艺捷）

普益乡

【概况】 普益乡位于阳朔县东南面，漓江下游，与县城水陆两通，水路距县城20千米，陆路距县城17千米，交通便利。下辖普益、大山、上游、古乐、上观、勇村、木桥、留公8个村委会和1个居委会。全乡有56个自然村，102个村民小组，面积70.2平方千米。耕地面积1047.93公顷，其中水田641.67公顷，旱地406.27公顷，有林面积1478.67公顷。全乡总人口12997人，有汉、壮、瑶、苗等民族。全乡以农业种养为主，主要种植砂糖橘、沃柑、南丰蜜橘、柚子、柿子，养殖虫仔鸡、三黄鸡等。2018年，普益乡获“美丽阳朔”乡村建设活动清洁乡村一等奖，连续两年获评阳朔县脱贫攻坚工作先进责任单位。普益乡勇村村获第十批桂林市文明村，勇村村党总支部获自治区党委组织部命名第二批“五星级农村基层党组织”，古乐村党总支部获“桂林市先进基层党组织”，古柳村获桂林市2017年文明卫生村镇称号。

【中共普益乡十四届三次会议】 1月25日，在普益乡政府三楼会议室召开。大会应到代表86名，因病因事请假14名，实际到会72名。大会听取和审议《中国共产党普益乡委员会2017年度工作报告》《中国共产党普益乡纪律检查委员会2017年度工作报告》《普益乡2017年度党费收缴、使用和管理情况报告》。

【普益乡人大十二届三次会议】 1月25日，在普益乡政府三楼会议室召开，全乡46名人大代表参加会议。大会听取和审议《普益乡人民政府2017年度政府工作报告》《普益乡人大2017年度工作报告》《普益乡2017年财政预决算执行情况报告(草案)》；审议《普益乡人大代表第十二届代表大会第二次会议代表批评、意见和建议办理情况报告》。

【财政税收】 2018年，全乡实现固定资产投资6056万元。全年组织财政收入89.16万元，同比增长12.8%；税收收入268万元，同比增长9%；城镇、农村居民人均可支配收入分别为37791元、16655元，分别同比增长7.1%、10.7%。

【农业】 2018年，全乡农业发展稳中有进。

1月25日，普益乡第十二届人民代表大会第三次会议在乡政府会议室召开

（普益乡政府　供稿）

年内,全乡新种、改种优质水果133.33公顷,在大山、木桥两个贫困村发展砂糖橘基地各1个,全年组织砂糖橘、沃柑种植技术、虫子鸡、三黄鸡养殖技术培训13次,参训1400多人。在留公、普益等沿漓江村庄种植油菜花10公顷。全镇动物春、秋"两防"注射生猪疫苗3300余头,牛370头,家禽1.2万羽。组织开展打击非法捕鱼专项行动2次。全乡完成农村土地承包经营权确权登记面积893.31公顷,颁发证件2898户。

【农村土地确权】 2018年,全乡开展集体土地所有权和农村宅基地使用权确权登记发证工作。涉及8个村委56个自然村,95个村民小组,农户数2898户,确权面积893.13公顷,颁发农村土地承包经营权证书2756本,占应颁发证书的95.1%。

【农村集体清产核资调查】 2018年9月—12月,全乡开展农村集体清产核资工作。涉及全乡8村委,95个村民小组。2018年12月31日全乡完成清产核资报表的填报、录入、审核和上报工作。通过清产核资,全乡农村集体总资产约2856.74万元,其中,村委集体总资产约503.48万元,村民小组集体总资产约2353.26万元。全乡农村集体有经营性资产约266.74万元,其中,村委有经营性资产约218.22万元,村民小组有经营性资产约48.52万元。全乡农村集体非经营性资产2590万元,其中,村委(含社区)非经营性资产约285.25万元,村民小组有非经营性资产约2304.75万元。

【第四次经济普查】 9—12月,全乡开展全国第四次经济普查工作。参与普查员32名,分12个普查小区,每个普查小区均有一名普查指导员和两名普查员入户普查工作。12月底完成入户清查工作,清查法人或产业活动单位95家、个体户419家。

【城镇化建设】 2018年,全乡城乡基础建设快速推进。年内,争取资金近300万元,新建和升级改造基层组织阵地5个;投入500万元建设全乡基层组织阵地规范化村(居)委9个;投入资金80余万元,硬化木桥四队、高龙等村村道1846米;实施自然村路灯全覆盖(试点)工程,安装普益、大山、上游等3村委路灯221盏。投入220余万元改扩建小湾自来水厂,日供水量400立方米,满足集镇群众用水需求。

【"宜居乡村"建设】 2018年,全乡重点打造勇村村、古柳村、留公村3个宜居乡村示范点。投资10万元提升勇村村人文文化建设,投资200万元建设古柳村基础设施建设,投入150万元完成烟厂岭乡土特色示范村建设。全乡参与"一元计划"村委7个共1963户6294人次。全乡改厕335座,改厨335户。落实《环保目标目标责任制》的各项考核内容,树立环保标志牌3块,悬挂宣传横幅16条,发放宣传资料300余份。

【重点工程建设】 2018年,普益乡被列为桂林市第四批新型城镇化示范乡镇建设,项目总投资7610万元,共9方面27项建设项目。年内,开工项目17个,完成建设项目10个,完成投资4242万元。投入1500万元完成沿江路、上游至栗木、马草坪上下村、夏留至龙仙等道路建设近13千米。投入120余万元建设集镇旅游集散中心,投入260余万元完成普益老街青石板铺设工程。争取资金近2000万元实施普益乡主街道旧路改造项目。

【精准帮扶】 2018年,全乡共有建档立卡贫困户123户、403人。年内,全乡脱贫12户36人,筹资400多万元完成马草坪上下村、马草坪至彭家、木桥一队至六贯岭、木桥一队至小洞、木桥牛沟至社奴增加工程等5条道路扩宽及硬化工程,木桥二队至桃子林、木桥一队至二队等砂石路工程，新建马草坪桥1座。两个贫困村第一书记工作经费5万元全部投入部分水毁道路维修和产业路硬化建设。投入奖补资金10万元支持木桥村产业路扩建、古井维修、田间产业路、硬化活动中心等项目4个。争取水利资金35万元修建木桥村水渠1.2千米。

【民生保障】 2018年，全乡民生保障工作进一步落实。年内，全面核查农村低保户133户287人，共停发31户66人，调标1户，新增4户。发放城镇居民低保金72120元、农村居民低保金482730元、困难残疾人生活补贴和重度残疾人护理补贴69850元。发放特困人员医疗救助8305元、丧葬费4452元、补贴灾区灾民修缮房屋4550元、临时救济困难家庭13户救济金13100元。发放重点优抚对象医疗补助18060元、60周岁以上农村籍退役人员老年生活补助27675元。发放80岁以上老人380人生活补助共123480元、90岁以上老人63人生活补助57900元。办理符合条件的老人优待证33人。

【旅游】 2018年，全乡充分发挥地方传统文化优势，举办留公“十月香”民俗文化节，并利用人文景观三色潭、应求宫、得月楼等优美风光积极发展旅游业。年内，全乡全年接待游客近2100人次，漓江下游段竹筏游、徒步游、自驾游接待游客1700余人次，节假日期间全乡旅游综合收入20万元。

【文化】 2018年，全乡文化教育工作进一步发展。全年依托“新时代讲习所”“理论小广场”“三下乡”“新春文化月”和“五四”青年节等节假日、圩日等宣讲平台开展宣讲活动50余场次。开展阳朔县“携手同行、脱贫奔小康”精准扶贫工作专题文艺演出2场次。

【义务教育均衡发展顺利通过国家认定】 2018年秋季学期，普益初中150余名学生保留普益初中建制，转入阳朔镇二中就读，普益小学迁入原普益初中办学，原普益小学改办中心幼儿园。年内，争取资金30万元，美化普益小学校园环境，并对中心幼儿园大门和普益小学校门改建和维修。投入10万元对古乐、留公、勇村等3个教学点的校园环境进行升级改造，每个教学点新建升旗台，丰富校园宣传文化，增加办公电脑，全乡顺利通过义务教育均衡发展国家认定。

11月17日，普益乡留公村举办第二十一届“十月香”民俗文化节

（普益乡政府　供稿）

【卫生计生】 2018年，全乡缴纳城乡居民医疗保险10551人，参保率87%，新型农村合作医疗基金支出183.05万元，补偿参合农民7711人次，参合农民住院实际报销比例85%。开展结核、艾滋病防治知识宣传活动5次，发放各类宣传资7000余份。全年人口出生166人，其中男婴95人，女婴71人。计划内162人，计划外多孩4人，死亡82人，人口自然增长率6.4‰。

处理违法生育案件3件,征收社会抚养费5.3万元。

【留公“十月香”节庆活动】 普益乡具有地方特色的民族活动——留公“十月香”起源于明万历年间(1573—1620),距今约有400年的历史。每年“金秋十月,五谷丰登”的农历十月初十举办一次文艺活动,庆祝平安、庆祝丰收,古人把它命名为“十月香”。改革开放后,留公村恢复这一传统佳节。2018年11月,“十月香”在留公村文化广场举办,其间举办唱灯、舞狮、傩舞等丰富节目,吸引游客1000余人。

(陆仕松)

杨堤乡

【概况】 杨堤乡位于阳朔县城北部,乡政府驻地杨堤圩,距县城39千米,离桂林市区40千米,总面积102.80平方千米。东与兴坪镇交界,西南与葡萄镇相连,北与雁山区大埠乡、草坪乡接壤。辖杨堤、中南、土岭、浪石、浪洲、唐家、地水、杨堤居委7个村委及1个居委会,38个自然村,85个村民小组,3242户,总人口12126人,其中杨堤、中南、唐家、地水等4个村为“十三五”贫困村。全乡属典型“喀斯特”熔岩地貌区,境内群山耸立,山多地少,素有“九山半水半分田”之称。全乡耕地面积612.33公顷,其中水田面积424.13公顷,旱地面积188.2公顷,特色农产品有黄皮果、山葡萄、金槐、三黄鸡等,主要种植水果有夏橙、砂糖橘、沙田柚、沃柑等,经济作物以水稻、花生、玉米为主,养殖业以三黄鸡、生猪、肉牛、蜜蜂为主。2018年,杨堤乡荣获“自治区卫生乡镇”“桂林市文明村镇”“桂林市征兵工作先进单位”“阳朔县文明单位”等荣誉称号。

【中共杨堤乡十三届三次会议】 1月24日,在杨堤乡政府三楼会议室召开,大会应到代表82名,因病因事请假9名,实际到会73名。会议审议并通过《中共杨堤乡委员会2017年度工作报告》《中共杨堤乡纪律检查委员会2017年度工作报告》。

【杨堤乡人大十二届三次会议】 1月26日,在杨堤乡政府三楼会议室召开,大会应到代表48名,因病因事请假10名,实际到会38名。会议审议并通过《杨堤乡人民政府2017年工作报告》《杨堤乡2017年人大工作报告》《杨堤乡第十二届人民代表大会第二次会议代表意见、建议、批评办理情况的报告》和《杨堤乡2017年财政预算执行情况及2018年预算报告》。

【财政税收】 2018年,杨堤乡完成地区生产总值1.967亿元,同比增长7.3%;社会固定资产投资增长5%;财政收入200万元,比上年减少9万元,同比减少4.5%,其中国税完成185万元,比上年减少1万元,地税完成15万元,比上年减少8万元;农村居民可支配收入9381元,同比增长10%。

【农业】 2018年,全乡完成水稻种植面积83公顷,发展沃柑、砂糖橘等果树种植53公顷,冬种绿肥135公顷,培训农村实用技术果树管护技术2000余人。全乡畜禽疫病预防免疫率100%,无重大疫情发生;落实农机购置补贴政策,发放农机购置补贴1.5万元;发放生态公益林补助118万元,退耕还林补助23万元,耕地力保护补贴90.67万元;

【第四次经济普查】 9—12月,全乡开展全国第四次经济普查工作。参与普查员19名,分9个普查小区,每个普查小区均有一名普查指导员和两名普查员入户普查工作。12月底完成入户清查工作,清查法人或产业活动单位64家、个体户184家。

1月24日，中共杨堤乡第十三届代表大会第三次会议在乡政府三楼会议室召开　　（卢利琼　摄）

261万元完成沙子岩村4.7千米通村公路建设，投入165万元完成浪洲—河伯源3千米道路硬化项目。

【"宜居乡村"建设】 2018年，全乡继续深入开展宜居示范乡村建设。年内，投资400余万元实施官岩、水岩头、浪石3个乡土特色示范村建设，水岩头村成功申报市级"宜居乡村示范村"和"生态乡村示范村"，荣获广西"绿色村屯"称号；全乡完成农村完成改厨户234户、改厕户234户，人居环境进一步改善；启动垃圾中转站和6个农村环境连片污水处理设备修复工程。

【重点工程建设】 2018年，全乡投资29万元完成枫木崴村人饮工程建设；投资65万元完成中南村福溶尾消水洞扩宽项目；投入200万元实施教育"改薄"项目，新建凤凰学校综合楼1座，投入12万元维修土岭、官岩和浪洲3所小学校校舍；投入50万元实施中南村、枫木崴和刁崴3个村农网改造。投入20余万元改造双全渡渡船，解决出行难问题；实施中南村古定桥修缮和自来水取水点换点等项目。投资89.5万元完成鸡籁崴村、浪石村等5个自然村村道硬化和黄泥崴村村屯亮化"一事一议"项目。

【精准帮扶】 2018年，全乡完成动态调整纳入符合条件贫困户6户29人，剔除识别不准的建档立卡户2户8人，全乡共有贫困户433户1412人。年内，脱贫摘帽杨堤村、中南村2个贫困村，脱贫39户127人。全年发放结对帮扶资金20.8万元、产业奖补资金16.58万元；帮助21名贫困学生申请雨露计划，补助7.5

【农村土地确权】 11—12月，全乡开展集体土地所有权和农村宅基地使用权确权登记发证工作。涉及7个村委35个自然村，82个村民小组，农户数2406户，确权面积77.45公顷，颁发农村土地承包经营权证书2316本，占应颁发证书的96.26%。

【农村集体清产核资调查】 9—12月，全乡开展农村集体清产核资工作。涉及全乡7村委，35个村民小组，清查单位43个。12月底全部完成清产核资报表的填报、录入、审核和上报工作。通过清产核资，全乡农村集体总资产约4139.1万元，其中，村委集体总资产约3778.08万元，村民小组集体总资产约361.02万元。全乡农村集体经营性资产约365.99万元，其中，村委经营性资产约240.28万元，村民小组经营性资产约125.71万元。全乡农村集体非经营性资产3791.11万元，其中，村委（含社区）非经营性资产约3537.79万元，村民小组非经营性资产约253.32万元。

【交通】 2018年，全乡投入726万元硬化和修复道路12.7千米。其中，投入300余万元完成5千米"八杨公路"路面修复工程，投入万元；组织培训农村致富骨干16名；投入15万元采购优质沃柑苗7000株，发放贫困户90户；杨堤、中南、唐家、地水4个贫困村通过发展集体经济，入股分红收入达4万元。全乡投入资金366万元实施建设项目7个，其中扶贫资金全额投资项目5个，扶贫资金配套项目2个；房屋修缮59户(其中贫困户38户)。

【民生保障】 2018年，全乡继续加大关注民生力度，落实国家相关的城乡低保、农村养老等民生保障政策。年内，发放城乡居民低保金145.73万元、临时生活救助金9.5万元、五保供养金49.4万元、高龄补贴13.66万元、优抚慰问金4.75万元、优抚对象医疗救助金2.16万元、残疾人补贴4.5万元；全乡新农合参保缴费4198人，金额57.94万元，签订三方协议75人；发放60周岁以上领取养老保险待遇2049人补助金额201.6万元。新增城镇就业人员110人，转移农村劳动力就业165人。

【旅游】 2018年，全乡坚持把旅游作为乡域经济发展的重头戏，进一步加大旅游事业投入力度。年内，重点对漓江景区(杨堤码头)排筏实施升级改造；集中整顿码头、停车场等地区旅游市场秩序；配合市漓管委、海事、航管所等部门开展日常安全生产大检查，组织开展旅游从业人员特别是筏工业务培训，全年培训旅游从业人员3500人次。坚持农旅融合，延长旅游产业链，推介浪石、浪洲等漓江古村休闲游，鼓励引导农民参与旅游发展，开发观光休闲游、农家饭等项目，丰富杨堤旅游内涵。全年接待游客31余万人次。

【文化与教育】 2018年，全乡充分挖掘杨堤乡本土传统优秀文化。扶持下榨村彩调队、中南彩调队、杨堤舞蹈队、官岩舞蹈队等民间文化艺术团队发展，多次组织彩调队、舞蹈队参加县级比赛和文艺演出。义务教育均衡化发展，9月秋季学期，投入15万元的中南村幼儿园顺利开园，投入60万元购置杨堤乡凤凰学校各功能室设备，改善教学条件。

【医疗卫生】 全乡城乡居民基本医疗保险参保10335人，参保率100%。乡卫生院加强医德医风建设，改善就医环境，开展基本公共卫生服务、药品零差率销售工作；完善村级卫生室规范化建设，做好医联体的建立，着力解决百姓看病难的问题，增添荧光免疫定量检测平台(微测)、全自动血流变分析仪、全自动电解质的分析仪等一批先进医疗器械，有效解决百姓看病难的问题，全乡医技水平提高。

10月31日，杨堤乡在中南村举办贫困户养蜂技术培训会

(杨伊婧　摄)

【人口与计生】 2018年，全乡出生142人，人口出生率10.63‰，死亡85人，人口自然增长率4.27‰。年内，全乡诚信计生参与率95%以上。发放奖扶资金8.2万元，完成计划生育关爱保险购买工作。(贲维兆　卿良芳)

人　物

孝老爱亲道德模范雷明（中）与她的儿子、婆婆一起共进午餐　　（县妇联　供稿）

先进人物

自治区“最美丽家庭”——雷明家庭

雷明，女，1970年12月出生，阳朔县人，中共党员，1991年7月参加工作，研究生学历，现任阳朔中学高中部语文教师。她最大的愿望：不忘初心，问心无愧地活着，做一个善良温暖的人。

1992年至2018年，她跟婆婆在一起整整生活了26年，相敬如宾。26年来，她与婆婆、家长和睦相处，共同经历丈夫车祸、带着婆婆和女儿再婚、丈夫又因病去世等人生多次重大变故，所有的苦难，所有的幸福，让一家四口相互依靠、相互鼓励，无法割舍。邻居们、同事们都说：“她们不是母女，却胜似母女。”

2017年，雷明获阳朔县首届孝老爱亲道德模范，2018年3月雷明一家获桂林市妇女联合会颁发2016—2017年度桂林市“五好家庭”，2018年9月获广西壮族自治区五部委颁发广西“最美家庭”称号。

近年来，雷明在平凡的教师岗位上默默奉献，教育成绩突出。2017年9月获2016—2017学年度阳朔县“一师一优课，一课一名师”优课评比高中语文学科一等奖。2017年11月获桂林市第十二届中小学信息技术与学科教学深度融合观摩比赛活动一等奖。2018年1月，获全区中小学信息技术与学科教学深度融合优秀课例展示观摩评选活动自治区级决赛一等奖，2017—2018年连续两年获阳朔县期末教学质量检测评比中学组教学成绩一等奖。2017—2018年桂林市中学语文优秀教师。

（秦　彬　唐平英）

雷明与婆婆一起做家务　　（县妇联　供稿）

百岁老人

截至2018年12月31日，阳朔县百岁老人共有43位，名录如下：

黄吴妹　女，生于清光绪三十四年（1908年）8月7日，住阳朔镇东岭社区江东巷。

黄苟仔　男，生于清宣统三年（1911年）2月16日，住阳朔镇东岭渔业新村52号。

徐桂招　女，生于清宣统三年（1911年）4月18日，住阳朔镇莲峰社区桂花路65号。

徐秀珍　女，生于民国3年（1914年）2月12日，住阳朔镇凤鸣社区龙岩门村。

黄玉珍　女，生于清宣统二年（1910年）7月24日，住阳朔镇木山村委木山村。

吴月英　女，生于清宣统二年（1910年）11月2日，住白沙镇白沙村委九龙村。

容科祥　男，生于民国5年（1916年）2月2日，住白沙镇立龙村委立龙村。

宁凤英　女，生于民国6年（1917年）2月28日，住白沙镇立龙村委白沙堡村116-1号。

陈　胜　女，生于民国

6年(1917年)7月1日,住白沙镇扶龙村委扶龙村150号。

邓二嫂　女,生于民国6年(1917年)12月1日,住白沙镇白沙村委兴隆街10号。

郭玉英　女,生于民国7年(1918年)10月18日,住白沙镇遇龙村委西牛塘村42号。

李凤英　女,生于民国4年(1915年)10月13日,住福利镇福利居委兴隆街。

何秀英　女,生于民国5年(1916年)1月12日,住福利镇枫林村委枫林村。

蔡秀英　女,生于民国7年(1918年)8月17日,住福利镇枫林村委枫林村。

蔡运姣　女,生于民国6年(1917年)1月24日,住福利镇将军村委马鞍村。

张秀英　女,生于民国6年(1917年)10月2日,住福利镇夏村村委上村。

廖老贶　男,生于民国7年(1918年)1月15日,住福利镇洞心村委巢口村。

莫桥送　男,生于民国4年(1915年)5月15日,住兴坪镇西山村委老虎头村。

屈方琬　男,生于民国6年(1917年)9月4日,住兴坪镇古皮寨村委新屈家村。

王玉英　女,生于民国6年(1917年)8月20日,住兴坪镇画山村委老村头37号。

何秀英　女,生于民国5年(1916年)7月27日,住兴坪镇白山底村委胡家园村。

黄先招　女,生于民国7年(1918年)7月8日,住兴坪镇渔业居委。

毛召妹　女,生于民国7年(1918年)7月14日,住兴坪镇西塘村委西塘村。

刘桂英　女,生于民国7年(1918年)10月16日,住兴坪镇兴坪居委老街。

刘素英　女,生于民国2年(1913年)8月21日,住高田镇乐响村委思和村。

陆四妹　女,生于民国7年(1918年)4月19日,住高田镇龙村村委飞鼠岩村。

曾争弟　女,生于民国3年(1914年)1月30日,住葡萄镇报安村委老寨村。

朱积嫂　女,生于民国5年(1916年)3月8日,住葡萄镇报安村委报安村。

陈双嫂　女,生于民国5年(1916年)9月8日,住葡萄镇马岚村委塘郡村。

秦贶嫂　女,生于民国5年(1916年)4月5日,住葡萄镇下岩村委禄迪村。

伍财弟　男,生于民国3年(1914年)10月11日,住葡萄镇下岩村委下岩村。

毛运妹　女,生于民国7年(1918年)6月12日,住葡萄镇下岩村委下岩村。

陈桂嫂　女,生于民国5年(1916年)10月4日,住葡萄镇仁和村委铁厂26号。

罗小嫂　女,生于民国6年(1917年)8月10日,住葡萄镇葡萄村委西岭村100号。

廖十二嫂　女,生于民国6年(1917年)7月13日,住葡萄镇杨梅岭村委小耀门村。

龙兆球　男,生于民国5年(1916年)10月19日,住金宝乡金宝居委金宝街。

谢运秀　女,生于民国5年(1916年)12月12日,住金宝乡大利村委门楼村61号。

蒿日妹　女,生于清光绪三十四年(1908年)12月17日,住金宝乡大水田村委大水田村。

蒋益千　男,生于民国6年(1917年)8月24日,住金宝乡红莲村委官碑村2号。

邓洪嫂　女,汉族,生于清宣统三年(1911年)6月18日,住杨堤乡中南村委古定桥村。

邓达嫂　女,生于民国5年(1916年)5月22日,住杨堤乡中南村委古定桥村。

莫友弟　女,生于民国4年(1915年)11月21日,住杨堤乡中南村委新村。

黄秀英　女,生于民国6年(1917年)6月14日,住普益乡木桥村委新村。

(县民政局)

附　　录

阳朔西街一景　　（伍维平　摄）

关于阳朔县2017年国民经济和社会发展计划执行情况与2018年国民经济和社会发展计划(草案)的报告

——2018年1月18日在阳朔县第十七届人民代表大会第三次会议上

阳朔县发展和改革局

一、2017年国民经济和社会发展计划执行情况

过去的一年,面对困难增多、挑战严峻的宏观经济环境,在县委的正确领导和县人大、县政协的监督支持下,全县上下深入贯彻落实中共十九大精神,以习近平新时代中国特色社会主义思想为指引,牢固树立“五大发展理念”,按照“五位一体”总体布局和“四个全面”战略布局,充分利用创建国家全域旅游示范区、基层标准化改革创新先行区的重大机遇,积极顺应经济发展新常态,坚持稳中求进的工作总基调,狠抓各项任务落实,经济社会呈现出运行平稳、转型加快、民生改善、和谐有序的良好态势,计划执行总体情况较好。

预计2017年全县地区生产总值128.59亿元,同比增长8%;组织财政收入6.87亿元,同比增长8.3%;完成固定资产投资150.8亿元,同比增长17.3%;第一产业增加值25.76亿元,同比增长5%,第二产业增加值46.03亿元,同比增长7.6%,第三产业增加值56.8亿元,同比增长9.8%;社会消费品零售总额29.34亿元,同比增长11%;城镇居民人均可支配收入35091元,同比增长8%;农村居民人均可支配收入15031元,同比增长9.9%。全年接待旅游总人数1550万人次,旅游总消费132.5亿元。三次产业结构比为20.0∶35.85∶44.2。节能减排指标控制在桂林市下达目标范围以内。

2017年全县经济社会发展的主要成效体现在以下九个方面:

(一)项目建设提质增效,固定资产投资增势强劲

项目管理体制不断优化。实行县领导跟踪联系制度,明确项目日常监管责任单位职责,成立项目推进工作领导小组,制定项目倒排工期计划,定期召开重大项目推进工作例会,协调解决项目开工条件落实和建设过程中出现的问题,项目建设速度得到明显提升。

固定资产投资总量进一步扩大。2017年完成固定资产投资150.8亿元,同比增长17.3%,超额完成年度目标任务。其中房地产投资完成51079万元,同比增长848.7%。投资的稳定增长对经济加快发展起到了积极的推动作用。

重大项目建设速度进一步加快。全县列入自治区层面统筹推进的3个项目、市级层面统筹推进的4个项目和县领导联系的共64个项目稳步推进,2017年计划总投资71.8亿元,实际完成投资72.28亿元,完成年度计划的100.68%。桂林文化旅游大道建成通车,兴阳公路、阳朔高铁站连接线顺利完工。阿丽拉糖舍、阿玛瑞等国际酒店已建成开业。瑞盛国际度假区T3星天乐游客中心落成,如意峰索道开工建设。益田·西街特色商业街区已形成,阳朔戏楼旅游商贸综合体完工并投入使用,奥特莱斯等国际品牌纷纷进驻。宋

城·漓江千古情、乌布小镇、乌布小院建设进展迅速，兴坪休闲度假区一期、香樟华苹酒店、洲际度假酒店、希尔顿酒店等项目快速推进。一批高端精品民宿建成营业。

招商引资成效明显。全年新签项目4个，总投资25.5亿元。分别为福达商业旅游综合体项目、阳朔生态环保科技园项目、阳朔古风博物馆项目、阳朔绿膳食尚谷项目。实施招商引资项目8个，其中内资项目6个，外资项目2个。

（二）农业经济稳步发展，特色农业全面发展

全县农业农村经济保持平稳发展势头。全年粮食播种面积35.2万亩，粮食总产量11.92万吨。水果总面积34.1万亩，总产量50万吨。蔬菜种植面积20.77万亩，总产量29.2万吨。全年实现农业总产值41.82亿元，同比增长6.1%。农村居民人均可支配收入15031元，同比增长9.9%。

积极创建现代特色农业（核心）示范区，创建区、市、县现代特色农业（核心）示范区9个并通过验收。其中百里新村金橘产业（核心）示范区被评定为广西五星级现代特色农业（核心）示范区，遇龙河休闲农业（核心）示范区被认定为自治区三星级现代特色农业（核心）示范区。努力构建“种植+旅游”的发展模式，大力发展休闲农业，抓好百里新村万亩金橘现代农业示范区、漓江东岸万亩柑橘产业示范区等休闲园区的提升。启动第九批全国农业综合标准化示范县提升工程。实施“现代农业三年行动计划”，安排农业发展专项基金，加大对农业产业体系、生产体系、经营体系现代农业“三大支柱”的支持。“三品一标”工作再上新台阶。阳朔金橘已申报2017年中国百强农产品区域公用品牌，九龙藤蜂蜜被认定为国家地理标志产品，由阳朔提出并牵头组织制定的金橘国家标准正式颁布实施。大力培育特色养殖业发展，完成36个生态养殖场和生态养殖示范区建设，无公害养蜂、肉兔、杂交肉牛、圈养黑山羊等特色养殖业呈现规模化发展。积极发展现代林下产业和森林旅游，实现林下经济产值6亿元。完成石漠化治理封山育林2.85万亩。投资1.84亿元实施中小河流治理、农村饮水安全巩固提升工程、中央财政小农水项目、河湖水系连通工程及冬春修水利建设。2017年，农机化综合作业水平达到57.11%。

（三）工业运行质量提升，工业经济运行平稳

切实落实新增规模以上工业企业扶持政策，培育广西瑞隆生态科技有限公司、桂林康美思医疗科技有限公司、阳朔县汇佳竹木制品有限公司等7家工业企业。依托特色农产品优势，引导建立金橘加工企业，延长产业链。加快推进福利工业园区建设，引导和支持大理石、竹木制品、建材等产业转型升级。实施“旅游+工业”战略，加大招商引资力度，启动阳朔县生态环保科技园项目，切实解决全县垃圾处理及综合利用问题。投资约9805万元完善全县通讯基站建设，实现全县所有行政村、75%的自然村覆盖4G网络。预计全县工业总产值完成66.46亿元，同比增长10.8%。其中规模工业总产值预计完成53.59亿元，同比增长12.0%。预计全年工业增加值完成22.7亿元，同比增长7.1%，其中规模工业增加值完成17.9亿元，同比增长8.5%。

（四）全域旅游加速推进，服务业取得新突破

大力实施“旅游+”发展战略，加快景区旅游向全域旅游转变，实现旅游质效双提升。成立县旅发委，将旅游部门的职能从单一行业管理向全域综合治理转变。广西特色旅游名县通过复核，国家全域旅游示范区和历史文化西街4A开放景区创建工作已通过自治区验收，遇龙河国家级旅游度假区工作快速推进。十里画廊、遇龙河景区交通分级管理和

分级接驳常态化，既给游客带来更生态、更舒适宜人的旅游体验，又有效缓解了县城交通拥堵压力。成立了全区首个景区一线旅游投诉统一受理中心，不断提升服务能力和接待水平。养生度假、精品民宿、低空旅游等旅游新业态不断完善。假日旅游呈现快速增长势头，受春晚效应、大型体育赛事的影响，旅游市场持续火爆。加强与国际知名品牌集团合作，悦榕庄休闲度假酒店成为广西首批国际化高端精品酒店品牌。共有洲际假日、万豪傲途格、温德姆华美达等10家国际品牌酒店入驻阳朔，瑞盛、正好·希尔顿、宋城·漓江千古情等一批新型高端旅游项目快速推进，阳朔旅游更具国际范。进一步完善旅游基础设施，全县有星级酒店6家、慢行道40余千米，旅游导览设施66处，A（星）级旅游厕所41座，旅游步道46千米。在持续火爆的旅游业带动下，全县交通运输、物流、信息产业等其他服务业均快速发展。预计全年接待游客1550万人次，同比增长9%；旅游总消费132.5亿元，同比增长15%。全年社会消费品零售总额29.34亿元，增长11%。各项贷款余额63.82亿元，同比增长11.1%。

（五）财政收入持续增长，居民收入明显提高

全年组织财政收入6.87亿元，同比增长8.3%。随着脱贫攻坚深入推进，国家支农惠农资金不断扩大，产业扶持力度不断加强，促农增收取得良好成效。全年阳朔县城镇居民人均可支配收入35091元，增长8%；农村居民人均可支配收入15031元，增长9.9%。全县城乡居民收入稳步增长，居民生活继续改善。

（六）统筹城乡协调发展，城市面貌焕然一新

全力推进新城区建设。基本完成安置区甲一至甲十一路道路工程的建设；山水大道（南段）、金桂路、兴福路、林溪路、临月路、瑞祥路、河滨二路、河滨四路、新锐路等九条道路施工进展顺利；览胜桥、栗木河桥正进行桩基施工，甲一桥正在进行主拱施工；新城区二小、二幼已验收并投入使用，三小、三幼、二中正进行内部装修；旅游互联网+项目、综合应急指挥中心项目、基层就业和社会保障设施项目已完成主体建设，正在装修；县中医院、自来水加压泵站、元宝山公交中心场站、疾病预防中心等项目正在加快推进。老城区提升改造成效明显。完成了迎宾路、蟠桃路、抗战路、神山路、桑园路、城北路、龙岳路、清泉路、叠翠路、凤鸣南一路、规划十七路、西街小街小巷的改造提升。完成县城特色夜景灯光、漓江滨水历史文化旅游休闲带一期工程、阳朔公园和县城水系湖塘连通等工程升级改造。完善了老城区的标识标牌和各项基础设施，老城区档次明显提升。兴坪国家投融资模式创新特色镇建设、高田镇和葡萄镇的新型城镇化示范工程扎实推进。实施传统村落保护项目6个，完成12个村庄公共照明工程，在建14个乡土特色示范村，完成16个市级生态乡村示范村建设任务，促进乡村旅游发展。综合交通体系进一步完善，国道321线（阳朔段）改扩建工程、漓江西岸旅游慢行绿道及兴安至阳朔公路阳朔火车站连接线公路已建成。大力开展农村基础设施建设，全县99个行政村全部通水泥（沥青）公路，完成116千米的自然村屯连通道路建设。启动神山至红颌山的征地拆迁和漓江二桥、福利至新城区一级路的设计招投标工作。全面深入开展“宜居乡村”建设。实施农村垃圾治理、道路通行水平、饮水安全、村屯特色建设、住房安全、能源利用等六大提升工程。实施增强农村供电能力、通信能力、公共照明能力三大工程。进一步加强城乡管理，加快“三场站一中心”建设，建成县综合管理应急指挥中心，“智慧旅游”+政务+城管+警务+便民高度融合，城市管理和服务水平上新台阶，为中外游客创造了旅游体验的最优环境。

（七）各项改革成效显著，体制活力逐步增强

持续推进行政审批制度改革，县本级审批事项从2015年的394项精简为267项，精简率达32%。推进政府部门权力清单和责任清单“两单融合”工作，35个部门保留行政权力事项共3338项。调整优化县乡行政权力运行流程3489项并全部公开。加快推进不动产统一登记，简化办证业务流程。完成9个乡镇“四所合一”工作。“营改增”税务改革深入推进，医药卫生体制改革稳步推进。农村土地承包经营权确权登记办证工作全面铺开，完成阳朔大源国有林场改革和供销合作社综合改革前期工作。公务用车制度改革深入推进，公务用车统一管理平台平稳运行。

（八）扶贫攻坚全面推进，民生工程稳步实施

立足精准施策，全面打响脱贫攻坚战。完成4个贫困村（阳朔镇高洲村、普益乡木桥村、福利镇屏山村、兴坪镇西山村）摘帽，712户、2609人脱贫任务。筹措资金7793.68万元，全力推进贫困村道路硬化、人饮工程、扶贫基地建设等基础设施项目建设工作，改善贫困村群众生产生活条件。全面落实扶贫政策，落实产业扶贫资金410万元，累计发放扶贫贷款286户1000多万元，当年累计贴息金额138万元。精心选派114个驻村工作队1468名干部和23个贫困村党组织第一书记全程参与结对帮扶工作，筹措扶贫资金5656.15万元，安排结对帮扶资金322万元。采取服务创收、入股分红、“村集体经济+旅游”模式，包括23个贫困村在内的42个村集体收入突破2万元。以集中安置和分散安置方式实施易地扶贫搬迁工程。四个贫困村实现稳固住房率100%。

（九）民生质量不断提高，社会事业全面进步

公共就业服务能力进一步提高。2017年，城镇新增就业人数3625人，城镇失业人员再就业740人，就业困难人员再就业363人，农村劳动力转移就业新增人数5239人，城镇登记失业率2.53%，各项指标均完成全年任务。

社会保障体系建设不断加强。全方位编织社会保障体系网，实现新农合和城镇居民医保整合工作。城乡居民大病保险制度得到全面实施。全县城乡居民基本养老保险参保人数151363人，城乡居民基本医疗保险参保281426人。实施低保动态管理，取消城乡低保1362户3942人，低保与贫困户的重合率达到46.15%。全县农村低保对象7637人，全年发放农村低保金1429万元；城镇低保对象339人，全年发放城镇低保金117万元。做好全县特困人员救助供养工作和残疾人两项补贴工作救助工作。9所乡镇卫生院385套公租房已竣工验收并分配入住。

公共财政民生支出持续增长。2017年，地方公共财政预算支出中一般公共服务、公安安全、教育、科学技术、社会保障就业、医疗卫生等民生支出完成148371万元，同比增长15%。

卫计事业健康发展。医疗卫生基础设施进一步完善，阳朔县疾控中心项目开工建设，9个乡（镇）卫生院公租房配套基础设施建设项目基本完成，县妇幼保健院公共卫生服务业务用房项目即将完成装修投入使用，阳朔县中医院项目稳步推进。全面落实国家人口计生政策，全县人口自然增长率8.77‰。在全县范围内开展关爱保险、小额贴息贷款、免费孕前优生健康检查等项目，积极落实兑现奖扶政策。

教学质量稳步提升，教育事业全面发展。投入资金6000多万元，建设18所小学综合楼项目、47所中小学维修改造、50所义务教育均衡发展校园文化建设和一批教育技术设备，改善教育教学环境，义务教育均衡发展通过自治区督导评估。

文新广体事业繁荣发展，群众性文体活动广泛开展。新建福利镇龙尾等12个农村公共服务中心。漓江渔火节和乡镇自办节庆活动不断推陈出新。圆满完成铁人三项赛、环广西公路自行车世界巡回赛、第十届阳朔攀岩节、中国·阳朔MAXI-RACE国际山地越野赛等各项赛事。加强科技宣传，完成专利申请83件。

过去的一年，我县的国民经济运行质量和社会发展速度实现预期目标，成绩有目共睹。在总结成绩的同时，我们也清醒地看到，全县经济社会发展还存在不容忽视的困难和问题：经济下行压力较大，实体经济企业发展信心不足；财政收支压力持续增大；工业产业发展和环境保护矛盾突显；融资难、征地拆迁难、项目审批及前期手续烦琐等要素瓶颈以及一些重点领域的体制机制制约还不同程度地存在，影响了项目的推进进程；经济发展方式比较粗放，产业转型升级不快，服务业发展动力不足；城乡发展不平衡、不协调的问题仍然突出；城乡建设和管理、教育、医疗、社会保障等领域仍存在薄弱环节；脱贫攻坚任务仍然艰巨。这些困难和问题，我们将高度重视，在今后的工作中积极采取有效的应对措施，逐步加以解决。

二、2018年经济社会发展预期目标建议

2018年是全面贯彻落实中共十九大精神的开局之年，是决胜全面建成小康社会、实施“十三五”规划承前启后的关键一年，制定和做好今年的各项工作计划，意义深远，责任重大。综合分析经济走势，我县既面临宏观经济下行的困难和挑战，又有诸多的发展机遇和有利条件。我们将认真贯彻落实十九大精神，以稳增长为目标，加快发展改革，改善发展环境，优化产业结构，抓好重点项目，提高经济效益，全力推进全县经济社会健康快速发展。按照县委十三届三次会议精神和政府工作报告要求，结合发展实际，建议2018经济社会发展主要预期目标为：

地区生产总值增长7%，力争达到7.5%；财政收入增长6%，力争达到6.5%；固定资产投资增长12%，力争达到15%；社会消费品零售总额增长10%；城镇居民人均可支配收入增长7.5%，农村居民人均可支配收入增长8%；居民消费价格指数涨幅控制在3%左右；城镇登记失业率控制在4.5%以内；节能减排指标控制在桂林市下达目标范围以内。

三、2018年国民经济和社会发展的主要任务

围绕2018年发展目标，重点做好以下七个方面的工作：

（一）着力优化农业产业结构，有效促进农民增收

抓好粮食生产，确保粮食安全。确保粮食播种面积达到33.2万亩，粮食总产量11.3万吨；水果种植总面积达34.1万亩，水果总产量55.3万吨；蔬菜种植面积21.2万亩，总产量29.8万吨，全县第一产业增加值增长5.0%。继续实施发展“现代农业三年行动计划”各项工作。推进现代特色农业核心示范区和精品园区建设。培育壮大新型农业经营主体和新型职业农民队伍，推动农业增效、农民增收。狠抓农业投入品监管，确保农产品质量安全。继续加大新品种、新技术、新成果的示范推广力度，助推产业结构调整。抓好农作物新品种的引种试验、示范和农业示范基地建设，着重抓好超级稻、柑橘新品种母本园及无病苗育苗基地、金橘标准化生产、柑橘黄龙病综合防治、休闲农业等示范基地的建设。认真落实各项惠农富农政策，拓宽农民增收渠道。不断完善农业农村基础设施，加快实施农田水利、农村道路、农村饮水安全等基础工程。依法依规有序推进土地流转。

（二）狠抓工业项目建设，提升工业实力和发展后劲

围绕旅游发展新型特色工业，引导传统产

业加快转型升级,重点发展特色资源型工业产业。培育和引进农产品加工企业,延长农业产业链,提高农产品附加值。培育发展战略性新兴产业,加快旅游工业提档升级。加大葡萄工业集中区的搬迁力度,加快推进工业集中区福利片区和生态环保科技园建设,加大招商引资力度,为全县工业发展打下基础。全年实现规模工业总产值57.88亿元,同比增长8.0%,规模工业增加值19.68亿元,同比增长4.0%。

(三)完善全域旅游体系,提升服务业整体水平

实施"旅游+"战略,重点推进国家全域旅游示范区创建工作,加快遇龙河国家级旅游度假区、自治区生态旅游示范区创建工作,全力塑造"画里山水·栖居阳朔"旅居目的地新形象。巩固和完善十里画廊、遇龙河景区交通管理成果,不断完善旅游基础设施和公共服务体系。完善旅游集散中心及旅游咨询服务中心,巩固提升全县旅游市场秩序专项整治成果。引导高端民宿有序发展,为经济增长注入新的活力。加强智慧旅游建设,建设一个完善的全域旅游智慧旅游公共服务体系,推动智慧景区、智慧酒店、智慧旅游商户以及智慧乡村等建设工作。抓好限上企业培育,全面落实第三产业发展扶持办法,助推全县服务业的发展。全年实现接待旅游总人数1674万人,同比增长8%,旅游总消费151.1亿元,同比增长14%。完成社会消费品零售总额32.27亿元,同比增长10%。

(四)强推重大项目建设,增强经济发展后劲

加强项目管理队伍建设,确保人员和经费足额到位。创新项目管理模式,继续实行县领导联系项目制度和重大项目推进例会制度,落实重大项目"五个一"工作机制,对重大项目和重大问题实行限时解决。完善项目追责和激励措施,对项目推进不力的单位和个人进行问责,对作出重大贡献者进行适当激励。全力推进纳入2018年市级层面重大项目41项,年度计划投资74.94亿元。项目推进要采取六个一批的办法,竣工一批、建设一批、开工一批、盘活一批、开展项目前期一批,招商储备一批,滚动推进。依托国家重大建设项目库抓好全县项目储备工作,及时更新完善储备库中纳入三年滚动计划项目相关信息,提高申报中央预算内资金项目的成功率。加大招商力度,储备一批旅游产业项目,增强经济发展后劲。

(五)加快新区建设步伐,统筹协调城乡发展

全力推进新城区建设。完成新城区山水大道(南段)等九条路的建设,完成览胜桥、甲一桥、栗木河桥三座桥梁建设,启用一批学校等公共服务设施,完成阳朔县新城区搬迁安置区项目建设,推进安置区11条道路绿化、亮化、管网等配套设施建设,启动山水桥、朝霞桥、兰溪桥等三座桥梁的建设。全面完成老城区特色夜景灯光改造、漓江滨水历史文化旅游休闲带、十里画廊遇龙河夜景灯光等提升工程,实施骥马28米道路、响水路、凤鸣路北段改造工程,完成樟桂至红颈山绕城路建设。实施老城区水系综合改造,启动新客运站和配套道路建设。继续推进广西新型城镇化示范县、兴坪国家投融资模式创新特色镇和新型城镇化示范工程。

(六)抓好生态文明建设,完成节能减排任务

牢固树立"绿水青山就是金山银山"理念,科学协调保护与发展的关系,持续加大科学保护漓江工作力度,构建生态环境保护长效机制。开展集中式饮用水水源保护区规范化建设,保障饮用水水源安全。开展世界遗产地核心区葡萄核心景区的保护规划和景区建设工作。大力宣传绿色发展理念,加强生态环境执法。继续实施生态乡村重点区域项目建设,抓好生态旅游精品线路建设和传统古

村落、乡土特色示范村、生态乡村示范村和农村垃圾专项治理两年攻坚项目建设工作。科学保护漓江，优化生态环境。严格执行固定资产节能评估和审查制度，把好项目准入关。抓好重点耗能企业的节能目标考核、管理和监督，全面完成上级下达的各项节能减排指标任务。

（七）倍加关注民生改善，推进社会和谐发展

持续做好定点帮扶工作，加大产业扶贫力度，全力推动精准扶贫、精准脱贫各项政策落地见效，全面完成年度贫困村摘帽和贫困户脱贫任务。继续推进义务教育均衡发展，确保全县义务教育均衡发展基本达标。千方百计提高居民收入，通过开展创业、就业技能培训，多渠道拓展就业，城镇登记失业率控制在上级下达任务内。继续完善社会保障体系，巩固和提高城乡居民养老保险、新型农村合作医疗、城镇居民医疗保险等各类保险的覆盖率。提升医疗卫生水平，完善医疗卫生服务体系。落实各项人口计生惠民政策，扎实推进乡村卫生服务一体化管理，提升妇幼保健工作水平，大力推进中医壮医药发展。关心、支持妇女、儿童、残疾人和老龄事业，积极做好拥军优属工作，统筹发展文新广体、防震减灾、统计等各项社会事业，增加群众福祉。推进生态文明建设，强化节能减排和环境整治。加强重点行业领域安全监管，强化治安管理，保障社会和谐稳定。

我县2017年经济社会发展成绩来之不易，2018年的发展任务更加艰巨。我们要紧密团结在县委周围，自觉接受县人大的指导和监督，虚心听取县政协的意见和建议，锐意进取，克难攻坚，全力完成各项目标任务，为决胜全面建成小康社会、加快实现阳朔“两个建成”目标而努力奋斗！

阳朔县2018年国民经济和社会发展计划（草案）

指标名称	计算单位	2017年预期目标		2017年预计		2018年预期目标	
		绝对值	增长%	绝对值	增长%	绝对值	增长%
一、地区生产总值	亿元	125.29	6.5−7	128.59	8	142.68	7争取7.5
第一产业	亿元	25.81	4.5	25.76	5	27.46	5争取5.5
第二产业	亿元	44.10	4.6−5.4	46.03	7.6	50.38	4.5争取5.1
#工业	亿元	21.67	−0.5−0.7.2	22.7	7.1	24.48	3.6争取4.8
第三产业	亿元	55.38	9.1−9.7	56.8	9.8	64.84	10.2争取10.5
工业增加值占GDP比重	%	16.8	–	17.6	– =	17.2	–
服务业增加值占GDP比重	%	43.9	–	44.2	–	45.4	–
二、财政收入	亿元	6.72	6	6.87	8.3	7.27	6争取6.5
#公共财政预算收入	亿元	4.6	2.41	4.71	4.92	5.0	6.2
三、居民消费价格指数	上年=100	≤103	≤3	2.3	≤3	≤103	≤3
四、固定资产投资	亿元	149.13	16−17	150.8	17.3	168.9	12争取15
五、社会消费品零售总额	亿元	29.35	11	29.34	11	32.27	10
六、接待旅游总人数	万人次	1550	9	1550	9	1674	8
旅游总消费	亿元	135.52	15	132.5	12.44	151.1	14

续表

指标名称	计算单位	2017 年预期目标		2017 年预计		2018 年预期目标	
		绝对值	增长 %	绝对值	增长 %	绝对值	增长 %
七、社会事业							
九年义务教育巩固率	%	99.64	–	99.76	–	桂林市未下达	
高中阶段教育毛入学率	%	≧ 91	–	92.41	–	桂林市未下达	
中等职业教育招生规模	人	350	–	365	–	350	–
广播人口综合覆盖率	%	96	–	96.5	–	97	–
电视人口综合覆盖率	%	88	–	88.5	–	89	–
有效发明专利拥有量	件	21	–	26	–	27	–
解决农村人口饮水安全问题	万人	0.984	–	0.1594	–	1.16	–
八、人口、就业、收入和社会保障							
年末总人口(户籍人口)	万人	33.40	–	32.86	–	32.86	–
人口自然增长率	‰	12.1	–	8.77	–	9.5	–
城镇化率	%	–	–	–	–	–	–
城镇新增就业人数	人	2800	–	3625	–	未下达	
城镇登记失业率	%	≤ 4.5	–	2.53	–	≤ 4.5	–
城镇居民人均可支配收入	元	40181	7.0	35091	8.0	37722	7.5
农村居民人均可支配收入	元	14490	9.0	15031	9.9	16233	8.0
城乡两项医疗保险参保率							
1. 城镇职工参保率	%	96.9	–	97	–	未下达	–
2. 城乡居民参保率	%	97	–	97.3	–	未下达	–
城镇参加失业保险人数	人	6100	–	10765	–	未下达	–
城乡参加基本养老人数(城乡居民基本养老保险)	人	149837	–	151363	–	未下达	–
城乡参加基本养老人数(城镇职工基本养老保险)	人	12590	–	12617	–	未下达	–
九、主要农产品产量							
粮　食	万吨	11.9	0.2	11.92	1.89	11.3	−5.2
水　果	万吨	45.6	0.24	50	12.3	55.3	10.6
肉类总产量	万吨	2.9	0.43	2.87	3.21	2.96	3.14
水产品产量	吨	9729	3	9540	4.55	9970	4.51
十、资源节约与环境保护							
每万元生产总值能源消耗	吨标煤	–	–	0.4102	−4.9583	桂林市未下达	
化学需氧量排放量	吨	2646.79	−0.2	2646.79	−0.2	桂林市未下达	
二氧化硫排放量	吨	1664.2	–	1664.2	–		
氨氮排放量	吨	198.31	−0.2	198.31	−0.2	桂林市未下达	
氮氧化物排放量	吨	251.79	–	251.79	–		
森林覆盖率	%	64.7	–	64.7	–	桂林市未下达	
森林蓄积量	万立方米	355.2	–	355.2	–	桂林市未下达	
城镇污水集中处理率	%	≥ 96	–	96.46	–	≥ 96	–
城镇生活垃圾无害化处理率	%	100		100		100	

阳朔县2018年国民经济和社会发展统计公报

2018年，全县上下在县委、县政府的坚强领导下，坚持以习近平新时代中国特色社会主义思想为指导，深入学习贯彻中共十九大精神，坚持用新发展理念推动高质量发展，统筹做好稳增长、调结构、打基础、强引擎、抓环保、优生态、惠民生、保稳定等工作。全县经济运行总体平稳、稳中提质，各项社会事业全面进步，高质量发展迈出了新的步伐。

一、综合

年末全县户籍总人口33.05万人，其中城镇人口6.97万人；常住人口28.98万人，其中城镇人口10.16万人，常住人口城镇化率为35.06%。

初步核算，全年全县地区生产总值（按可比价格计算），比上年增长7.5%。其中，第一产业增加值增长6.5%，第二产业增加值增长3.6%，第三产业增加值增长11.1%。第一、二、三产业增加值占地区生产总值的比重分别为21.7%、28.6%和49.7%，对经济增长的贡献率分别为18.8%、17.1%和64.1%。按常住人口计算，全年人均地区生产总值45180元，比上年增长6.9%。

年末全县新增城镇就业人数2809人，城镇失业人员再就业630人，城镇登记失业率2.38%。

全年组织财政收入7.32亿元，比上年增长6.7%。其中，一般公共预算收入5.14亿元，增长8.9%。在组织财政收入中，税收收入4.29亿元，下降4.0%。一般公共预算支出22.03亿元，增长10.5%。

二、农业

全县农林牧渔业总产值44.73亿元，按可比价格计算，比上年增长6.6%。其中，农业产值33.76亿元，增长6.6%；林业产值1.35亿元，增长39.1%；牧业产值6.92亿元，增长2.9%；

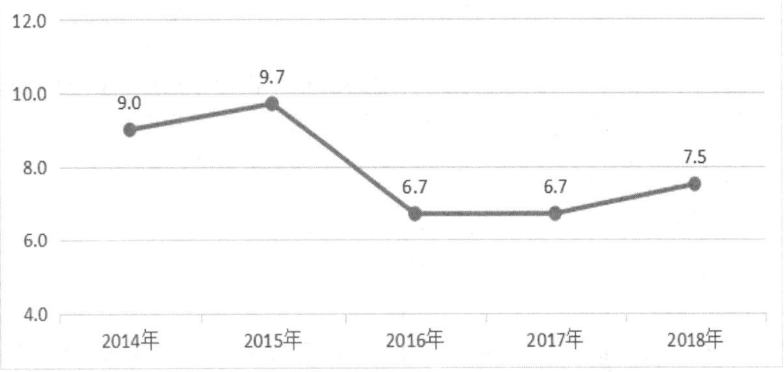

图1　2014—2018年阳朔县地区生产总值(GDP)增速(%)

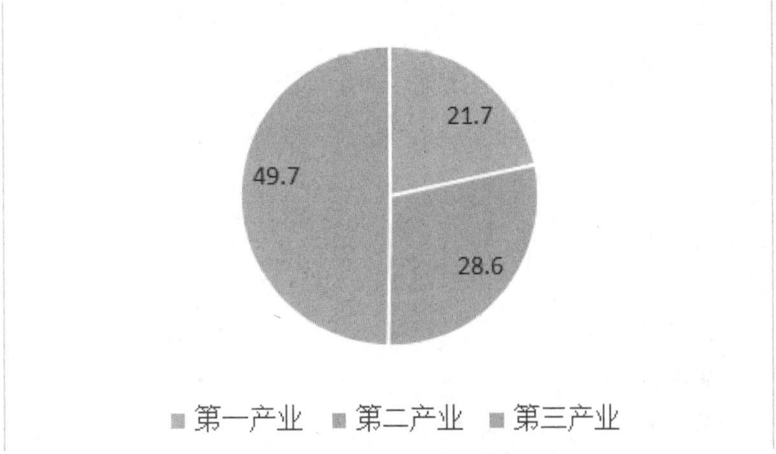

图2　2018年阳朔县三次产业结构(%)

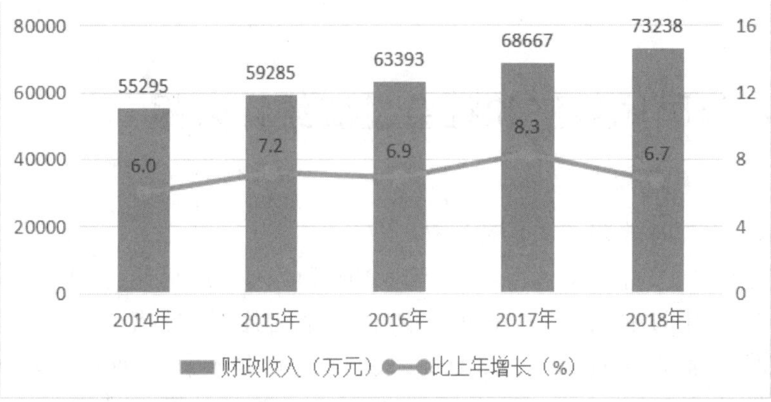

图3　2014—2018年阳朔县财政收入及其增长速度

渔业产值1.43亿元，增长4.5%。

年末农田有效灌溉面积1.32万公顷，与上年持平。年末拥有农业机械总动力31.3万千瓦，增长3.6%。农用化肥使用量（按实物量计）5.68万吨，增长0.7%；农用塑料薄膜使用量734.75吨，增长2.9%；农药使用量（按实物量计）1055.11吨，增长3.4%。

全年农作物总播种面积4.54万公顷，增长4.7%。其中，粮食作物播种面积1.95万公顷，增长0.3%；经济作物播种面积0.34万公顷，增长21.0%。全年粮食总产量9.44万吨，增长4.0%。水果总产量55.87万吨，增长13.6%；蔬菜产量33.68万吨，增长3.6%。

全年肉类总产量2.78万吨，增长1.5%；生猪出栏22.4万头，增长4.5%；家禽出栏499.86万只，下降1.3%;水产品产量0.7万吨，增长6.2%。

表1　2018年主要农产品产量及增长速度

产品名称	产量（万吨）	比上年增长(%)
粮食	9.44	4.0
#稻谷	6.97	1.3
玉米	1.43	3.5
大豆	0.12	5.2
薯类（折粮）	0.50	13.5
油料	0.43	−38.4
#花生	0.35	43.6
油菜籽	0.00	5.3
甘蔗	2.95	−1.2
#果蔗	2.95	−1.2
园林水果	55.87	13.6
#柑橘类（柑+橘）	51.72	14.5
蔬菜	33.68	3.6
肉类总产量	2.78	1.5
#猪肉	1.66	1.5
水产品产量	0.99	4.7
禽蛋产量	0.26	−0.7

三、工业和建筑业

全部工业总产值比上年增长 9.8%，其中规模以上工业总产值增长 10.2%。全部工业增加值按可比价计算增长 3.8%，工业增加值占 GDP 的比重为 10.4%，其中规模以上工业增加值增长 3.8%。在规模以上工业总产值中，从轻重工业看，轻工业增长 15.3%，占全部规模工业的 67.3%；重工业增长 1.2%，占全部规模工业的 32.7%。从经济类型看，股份制企业增长 10.0%，其他经济类型增长 10.7%。从行业看，在 6 个行业大类中，有 5 个行业累计总产值实现正增长，占行业面的 83.3%。

表 2　2018 年阳朔县规模以上工业主要产品产量及其增长速度

产品名称	单位	产量	比上年增长(%)
衣架	万个	58439	16.8
砖	万块	78085	−25.9
水泥	万吨	14.35	−8.8
日用陶瓷制品	万件	162	8.0
天然大理石建筑板材	万平方米	139.29	−1.5

全年规模以上工业主营业务收入比上年增长 10.5%；规模以上工业销售产值增长 10.5%；规模工业产品销售率为 99.7%。

全年全社会建筑业增加值 23.75 亿元，按可比价格计算，增长 3.5%。资质以上建筑业企业实现总产值 4.48 亿元，增长 15.1%。

四、固定资产投资

全年固定资产投资比上年增长 17.1%。其中，工业投资下降 18.7%，房地产开发投资下降 52.2%。

在固定资产投资中，第一产业投资下降 31.4%，第二产业投资下降 18.7%，第三产业投资增长 32.6%。

表 3　2018 年阳朔县分行业固定资产投资增长速度

行业	比上年增长(%)
总计	17.0
农、林、牧、渔业	−31.4
电力、热力、燃气及水的生产和供应业	−56.3
批发和零售业	19.8
交通运输、仓储和邮政业	202.8
住宿和餐饮业	−14.2
信息传输、软件和信息技术服务业	−29.5
房地产业	−62.8
水利、环境和公共设施管理业	45.6
居民服务和其他服务业	−7.4
教育	−42.7
卫生和社会工作	−48.2
文化、体育和娱乐业	108.2

商品房销售面积 23.48 万平方米，增长 12.2%，商品房销售额 17.49 亿元，增长 33.4%。

五、国内贸易

全年社会消费品零售总额 32.19 亿元，比上年增长 9.3%。其中，城镇消费品零售总额 29.08 亿元，增长 9.3%；乡村消费品零售总额 3.10 亿元，增长 9.5%。

限额以上批发业销售额 0.56 亿元，下降 55.4%；限额以上零售业销售额 1.16 亿元，增长 13.6%；限额以上住宿业营业额 4.39 亿元，

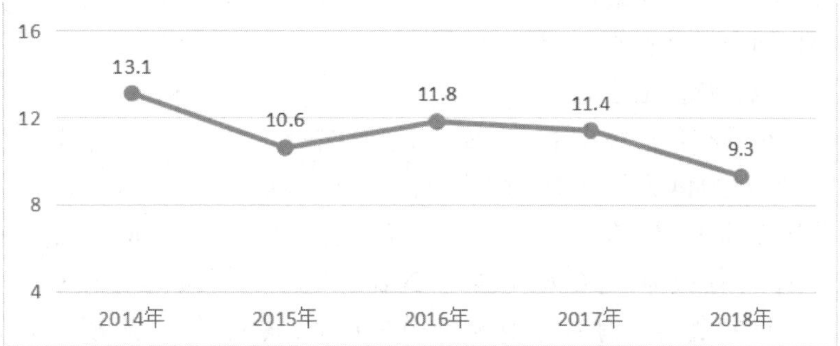

图 4　2014—2018 年阳朔县社会消费品零售总额增速(%)

同比增长 10.9%；限额以上餐饮业营业额 1.01 亿元，同比增长 26.0%。

六、交通、邮电和旅游

全年交通运输、仓储及邮政业增加值 1.94 亿元，比上年增长 4.7%。公路客货运周转量 75074 万吨千米，同比增长 9.7%；水路客货运周转量 3457 万吨千米，同比增长 4.5%。

年末机动车保有量 32643 辆，其中，摩托车 21744 辆，汽车 10899 辆。驾驶员保有量 91079 人，其中，汽车类驾驶员 50817 人，摩托车驾驶员 40262 人。年末公交车路线 9 路。年末实有公共汽（电）车营运车辆 54 辆。年末实有出租汽车 48 辆。

年末固定电话用户 1.08 万户，移动电话 24.68 万户，互联网宽带接入用户 5.82 万户。

年末全县共有 4A 级及以上旅游区（点）5 家。全年接待国内外游客 1751.95 万人次，增长 27.5%。其中，国内游客 1680.92 万人次，增长 28.5%；入境过夜游客 71.03 万人次，增长 7.4%。实现旅游总消费 242.32 亿元，增长 33.7%。其中，国内旅游总消费 215.80 亿元，增长 37.8%；入境旅游消费 40083.31 万美元，增长 10.0%，入境过夜游客人均逗留 2.35 天。

七、金融

年末全县金融机构本外币各项存款余额 117.60 亿元，增长 9.0%。其中，住户存款余额 90.35 亿元，增长 9.1%。年末全县金融机构本外币各项贷款余额 64.49 亿元，增长 0.9%。其中，短期贷款余额 11.78 亿元，下降 6.7%；中长期贷款余额 52.71 亿元，增长 2.7%。

八、教育、卫生

全县有普通中学 12 所，专任教师 973 人，在校生 13044 人。有中等职业教育学校 1 所，专任教师 36 人，在校生 263 人。有普通小学 91 所，专任教师 1116 人，在校生 20282 人。

年末全县共有医疗卫生机构 266 个，其中医院 2 个，乡镇卫生院 9 个，诊所（卫生所、医务室）47 个，村卫生室 204 个，疾病预防控制中心 1 个，卫生监督所（中心）1 个，妇幼保健院（所、站）1 个。年末全县卫生技术人员 1136 人，其中执业医师和执业助理医师 391 人，注册护士 519 人，乡村医生和卫生员 225 人。医疗卫生机构床位 868 张，其中医院 460 张，乡镇卫生院 408 张。

九、人民生活和社会保障

全县全体居民人均可支配收入 24433 元，比上年增长 7.3%。按地域看，城镇居民人均可支配收入 37791 元，比上年增长 7.1%；农村居民人均可支配收入 16655 元，比上年增长 10.7%。

年末全县参加城镇职工（包括企业和机关事业单位）基本养老保险人数 22658 人。参加城乡居民基本养老保险人数 151260 人。参加基本医疗保险人数 296955 人，其中，参加城镇职工基本医疗保险人数 22556 人，参加城乡居民基本医疗保险人数 274399 人。参加失业保险人数 14442 人。年末全县领取失业保险金人数 354 人。参加工伤保险人数 16491 人。参加生育保险人数 15721 人。年末全县社会保障卡持卡人数 238472 人。

全年享受最低生活保障的人数 5388 人，其中，城镇居民 223 人，农村居民 5165 人。全年社会福利单位床位 843 张。

十、资源、环境、能源消耗

全县森林覆盖率 64.21%。园林绿化总面积 189.47 公顷。

全县年总降雨量 1482 毫米。年平均气温为 20℃。全年气象台共发布气象预警信号 158 次。

全年全社会用电量 5.74 亿千瓦时，比上年增长 35.9%。其中，居民生活用电 2.06 亿千瓦时，增长 8.0%；工业用电 1.91 亿千瓦时，增长 131.1%。

规模以上工业万元增加值能耗比上年下降 24.0%；万元 GDP 能耗比上年下降 5.9%。

注：

[1]本公报中数据均为初步统计数。部分数据因四舍五入的原因，存在着与分项合计不等的情况。

[2]地区生产总值、各产业增加值和人均地区生产总值绝对数按现价计算，增长速度按可比价计算。

[3]常住人口指在阳朔居住半年以上的人口，以及户口在阳朔、外出不满半年或在境外工作学习的人口。

[4]2017年粮食生产、畜禽肉产量等相关数据根据第三次全国农业普查结果进行了修订。

[5]由于统计制度规定的口径调整、统计执法、剔除重复数据等因素，2018年规模以上工业企业财务指标增速及变化按可比口径计算。

[6]2017年部分产品产量数据进行了核实调整，2018年产量增速按调整后的可比口径计算。

资料来源：

户籍人口由县公安局提供，常住人口及交通邮电业务数据由自治区统计局反馈；城乡居民收入数据由国家统计局阳朔调查队提供；财政数据由县财政局提供；机动车保有量、驾驶员保有量数据由县交警大队提供；电话、移动数据由移动、电信、联通阳朔分公司提供；旅游数据由县文化广电体育和旅游局提供；金融数据由中国人民银行阳朔县支行提供；教育数据由县教育局提供；卫生数据由县卫生健康局提供；就业、社会保障数据由县人力资源和社会保障局提供；用电情况数据由县供电局提供；森林覆盖率数据由县林业局提供；总降雨量、平均气温、气象预警数据由县气象局提供；园林绿化面积数据由县园林管理所提供。其他数据均来自县统计局。

突出“五化”特色发展　绘就乡村旅游蓝图

近年来，阳朔县以创建国家全域旅游示范区为主线，大力发展特色乡村旅游，在推动乡村旅游高质量发展中加快全县脱贫攻坚步伐，助推完成11个贫困村、5412人脱贫摘帽。主要做法是：

一、坚持绿色发展，激活乡村旅游生态化

阳朔历届党委、政府秉承“绿水青山就是金山银山”理念，持续培强绿色发展支撑，率先实现自治区级以上生态乡镇全覆盖，2016年、2017年连续位列广西区29个重点生态功能区的第一名，荣获“广西科学发展先进县”。注重将生态优势转化为经济优势、发展强势，第三产业占比达58.9%，以旅游为主的服务业对经济增长的贡献率达到73.6%。2018年上半年，全县实现旅游总消费113.8亿元，同比增长30.6%，农村居民人均可支配收入同比增长10.4%，群众的幸福感获得感不断增强。

二、促进产业融合，助推乡村旅游乡土化

一是坚持以旅促农，加快全域旅游。创建9个现代特色农业（核心）示范区，休闲农业旅游精品线路和农业生态园、养生园、观光园、精品园等优势资源迅猛发展，重点培育了一批特色旅游古镇和特色旅游名村，“处处皆景、四季宜游”成为全域旅游中最亮的“阳朔模式”;二是完善服务设施,提供便捷服务。筹资30多亿元加快码头、旅游公厕、步道、景区骑行道等旅游设施建设,推进一批花海、生态公园、村屯绿化美化等景观建设,首创行政村“党群综合服务中心”,通过114个行政村补齐全域旅游布点不足的短板。三是打造文化品牌,实现旅游富民。注重挖掘特色文化,一批数百年历史的民俗文化活动得到保护传承;大力发展精品高端民宿,形成了具代表性的特色民宿近百家。目前,全县从事乡村旅游的农村居民达6.5万人,乡村旅游已成为贫困群众的主要收入来源。

三、实施品牌战略,推进乡村旅游国际化

一是实施“旅游+项目”战略,印象、悦榕庄、阿丽拉·糖舍、阿玛瑞及千古情等国际国内高端品牌先后进驻阳朔,旅游产业集群初步形成,国际国内知名品牌、多元化新业态、多要素产业集聚阳朔,大大提升了阳朔旅游的国际品位;二是实施“旅游+体育”战略,成功举办国际攀石公开赛、中法国际山地越野赛、亚洲十国超模大赛、环广西公路自行车世界巡回赛等国际赛事,阳朔旅游国际影响力进一步增强;三是实施“旅游+推介”战略,在国家级英文媒体《中国日报》《中国东盟博览杂志》和美国纽约时代广场深度宣传阳朔旅游,旅游全媒体营销效果显著。2017年全县接待海外游客223.5万人次,入境旅游总消费30.7亿元。

四、整合优势资源,引领乡村旅游标准化

加大旅游标准化体系建设,先后编制5项广西地方旅游标准,完成一批国家级、广西区级服务业标准化试点项目,民居旅馆、徒步骑行、乡村导览员等旅游标准体系得到不断完善。中英文景区导览图、文明旅游温馨提示牌、路段指示牌等符合国际标准。对乡村旅游的重点区域实行规范化管理,建立完善旅游生态补偿机制,沿江6万多群众每年享受景区收入总额10%的分红,促进1100多贫困人口脱贫摘帽。2017年7月,阳朔成为全国首个基层标准化改革创新先行区,2020年阳朔旅游标准化水平将处于全国县域领先地位。

五、创新管理体制,推动乡村旅游智慧化

全力实施智慧县域建设,以大数据平台为依托,促进旅游交通网、智慧旅游网、公共服务体系网的“三网”合一,全面提升旅游的精准化管理水平和优质化服务质量。全力补齐公共服务体系和旅游基础设施短板,广西区首家“互联网+旅游集散中心”揭牌成立,开通全县景点景区旅游观光巴士,实行交通分级管理和分级接驳,提升交通管理、交通引导和信息发布等智能管控。建立应急快速处置机制,提升了游客的安全感和群众满意度。

(阳朔县在2018年全国乡村旅游大会发言交流材料)

索　引

遇龙河漂流　　（伍维平　摄）

说　明

一、本索引采用主题分析方法，款目按汉语拼音字母（同音字按声调）顺序排列。索引范围包括主要条目。

二、文中的类目、分目在本索引中用加粗宋体字标明，其余款目用不加粗宋体字排印。

三、索引款目后的数字表示内容所在页码，数字后的拉丁字母（a、b）表示栏别（即版面的1、2栏）。

四、同一主题的内容在本年鉴多处出现的，在其款目后用不同的页码标明。内容有交叉的款目在本索引中重复出现。

A

B

C

D

E

F

G

H

K

L

M

N

S

X

Y

Z